10
18

12, AVENUE D'ITALIE. PARIS XIIIe

Sur l'auteur

Kate Summerscale est née en 1965. Elle a été de nombreuses fois membre du jury de prix littéraires, dont le Booker Prize. Son essai, *L'Affaire de Road Hill House*, a remporté le Samuel Johnson Prize for Non-Fiction 2008. Elle vit aujourd'hui à Londres avec son fils.

KATE SUMMERSCALE

L'AFFAIRE DE
ROAD HILL HOUSE

L'assassinat du petit Saville Kent

Traduit de l'anglais
par Éric CHÉDAILLE

**10
18**

« *Domaine étranger* »
dirigé par Jean-Claude Zylberstein

CHRISTIAN BOURGOIS ÉDITEUR

Titre original :
The Suspicions of Mr Whicher

© Kate Summerscale, 2008.
© Christian Bourgois éditeur, 2008,
pour la traduction française.
ISBN 978-2-264-04895-0

À ma sœur, Juliet

« Ne sentez-vous pas une chaleur intolérable dans le creux de votre estomac, monsieur ? Et des battements dans votre tête ? Ah ! pas encore ? Cela vous prendra [...]. J'appelle cela la fièvre détective ; elle m'a saisi pour la première fois un jour que j'étais en compagnie du sergent Cuff. »

Wilkie Collins
La Pierre de lune (1868)
(Trad. L. Lenob)

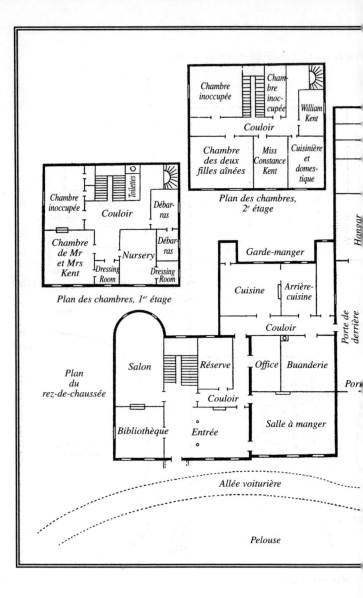

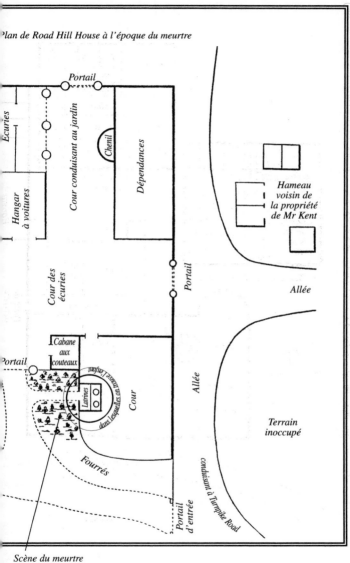

Plan de Road Hill House à l'époque du meurtre

Scène du meurtre

Introduction

Ceci est l'histoire d'un meurtre, peut-être le plus troublant de ce temps, commis en 1860 dans une maison de maître de la campagne anglaise. La recherche du meurtrier mit en péril la carrière de l'un des premiers et plus grands policiers britanniques, enfiévra le pays d'un bout à l'autre et donna son orientation à la littérature policière. Ce fut pour la famille de la victime un assassinat d'une horreur peu commune et qui fit planer le soupçon sur tous les habitants de la maison. Pour l'Angleterre dans son ensemble, le meurtre de Road Hill devint une sorte de mythe, une fable ténébreuse sur la famille victorienne et les dangers de l'investigation policière.

Le détective était d'invention récente. Le premier limier fictif, Auguste Dupin, apparut en 1841 dans *Le Double Assassinat dans la rue Morgue* d'Edgar Allan Poe, et c'est l'année suivante que les premiers véritables détectives du monde anglophone furent nommés par la London Metropolitan Police. Le policier qui enquêta sur le meurtre de Road Hill House – l'inspecteur principal Jonathan Whicher de

Scotland Yard – était au nombre des huit hommes qui formaient cette toute nouvelle unité.

L'affaire de Road Hill fit de tout un chacun un détective. Elle fascina le peuple anglais et des centaines de gens écrivirent aux journaux, au Home Secretary et à Scotland Yard pour faire part de leurs conclusions. Elle contribua à donner forme à la littérature de fiction des années 1860 et au-delà, dont à l'évidence *La Pierre de lune* de Wilkie Collins, décrit par T.S. Eliot comme le premier et le meilleur des romans policiers anglais. Whicher servit de modèle pour l'énigmatique sergent Cuff, qui a depuis lors influencé presque tous les héros du genre. Des éléments de l'affaire affleurent dans la dernière production, inachevée, de Charles Dickens, *Le Mystère d'Edwin Drood*. Et même si *Le Tour d'écrou*, récit terrifiant de Henry James, ne s'inspire pas directement du meurtre de Road Hill – l'auteur disait l'avoir tiré d'une anecdote à lui racontée par l'archevêque de Canterbury –, il fourmille des sinistres incertitudes et dérapages de cette affaire : une gouvernante qui pourrait être un agent du bien ou du mal, d'énigmatiques enfants confiés à sa charge, un manoir tissé de secrets.

Le détective victorien constituait un suppléant séculier au prophète ou au prêtre. En un monde brusquement plus incertain, il proposait une approche scientifique, une conviction, des explications capables d'organiser le chaos. Il changeait les crimes brutaux – vestiges de la bête chez l'homme – en casse-tête intellectuels. Toutefois, au lendemain de l'enquête menée à Road Hill, l'image du détective s'assombrit. Nombre de gens estimèrent que les

investigations de Whicher constituaient une violation du foyer petit-bourgeois, une atteinte à la vie
privée, crime à la hauteur du meurtre qu'on l'avait
envoyé élucider. Whicher mit au jour les corruptions
qui sévissaient au sein de la maisonnée : transgression sexuelle, cruauté mentale, intrigues des
domestiques, indiscipline des enfants, folie, jalousie,
solitude et haine. Le tableau qu'il révéla fit naître
de la peur (et de l'excitation) à l'idée de ce que
pouvaient cacher les portes closes d'autres maisons
respectables. Ses conclusions contribuèrent à inau-
gurer une ère de voyeurisme et de suspicion au sein
de laquelle le détective devint une figure mystérieuse, démon autant que demi-dieu.

Tout ce que nous savons de Road Hill House a
pour origine l'assassinat qui y fut perpétré le 30 juin
1860. Policiers et magistrats révélèrent des centaines
de détails sur l'intérieur de la maison – poignées de
porte, loquets, empreintes de pas, vêtements de nuit,
tapis, plaques chauffantes – comme sur les habitudes
de ses occupants. Même l'intérieur du corps de la
victime fut décrit au public, ceci avec une crudité
médico-légale à toute épreuve qui paraît aujourd'hui
surprenante.

Comme chaque élément d'information qui nous
est parvenu fut livré en réponse à la question d'un
enquêteur, il est la marque d'un soupçon. Nous
savons qui s'est présenté à la maison le 29 juin, parce
que l'un de ces visiteurs aurait pu être le meurtrier.
Nous savons à quelle heure la lanterne extérieure fut
accrochée, parce qu'elle aurait pu éclairer le sentier
menant à la scène du meurtre. Nous savons comment

la pelouse fut tondue, parce qu'une faux aurait pu être l'arme du crime. Le portrait qui en résulte de la vie à Road Hill House est extrêmement méticuleux, mais il n'en est pas moins incomplet. L'enquête fut comme une torche promenée sur des mouvements soudains, dans des recoins et des cages d'escalier. Les événements domestiques quotidiens s'en trouvaient éclairés de possibles significations. L'ordinaire était rendu sinistre. Le mode opératoire du meurtre se révéla à mesure que s'accumulaient les détails, dans les mentions réitérées des témoins concernant des surfaces dures et douces – telles que couteaux et linge –, des ouvertures et fermetures de portes, des incisions et des verrous.

Tant que l'affaire resta non élucidée, les habitants de Road Hill House furent respectivement étiquetés comme suspects, comploteurs ou victimes. La totalité du secret que conjectura Whicher ne devait être connue que de nombreuses années plus tard, après que tout le monde fut mort.

Ce livre est modelé sur le mystère de Road Hill House, suivant la forme que cette affaire a inspirée, et il recourt à quelques-uns des procédés de la fiction policière. Son contenu se veut toutefois factuel. Les principales sources sont les dossiers du gouvernement et de la police, conservés aux Archives nationales à Kew, au sud-ouest de Londres, ainsi que les livres, opuscules, essais et articles de journaux publiés sur l'affaire dans les années 1860, qui sont disponibles à la British Library. Les complètent des documents tels que cartes, horaires de chemins de fer, manuels médicaux, histoires sociales et rapports de police. Certaines descriptions de bâtiments et de paysages sont le fruit de l'observation personnelle. Les précisions sur les conditions météorologiques sont tirées de bulletins de presse, et les dialogues proviennent des dépositions en justice.

Dans les dernières phases du récit, les personnages se dispersent – notamment vers Londres, ville des détectives, et vers l'Australie, terre d'exil –, mais la majeure partie de l'action se déroule dans un village anglais par un mois de l'été de 1860.

Chronologie familiale

Arbre généalogique

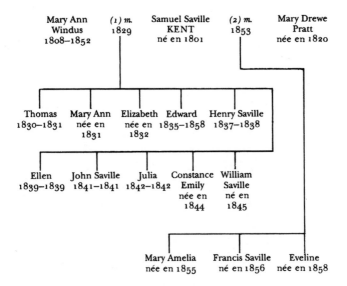

Liste des personnages

(Cette liste ne comprend que les principaux
protagonistes de l'enquête
conduite à Road Hill en 1860.)

À ROAD HILL HOUSE

Samuel KENT, sous-inspecteur des manufactures,
âgé de 59 ans en juin 1860.

Mary KENT, née PRATT, épouse en secondes
noces de Samuel KENT, 40 ans.

Mary Ann KENT, fille née du premier mariage de
Samuel KENT, 29 ans.

Elizabeth KENT, fille née du premier mariage de
Samuel KENT, 28 ans.

Constance KENT, fille née du premier mariage de
Samuel KENT, 16 ans.

William KENT, fils né du premier mariage de
Samuel KENT, 14 ans.

Mary Amelia KENT, fille née du second mariage
de Samuel KENT, 5 ans.

Saville KENT, fils né du second mariage de
Samuel KENT, 3 ans.

Eveline KENT, fille née du second mariage de Samuel KENT, 1 an.

Elizabeth GOUGH, nurse, 22 ans.

Sarah COX, bonne à tout faire, 22 ans.

Sarah KERSLAKE, cuisinière, 23 ans.

DOMESTIQUES NON LOGÉS À ROAD HILL HOUSE

James HOLCOMBE, jardinier, valet d'écurie et cocher, 49 ans.

John ALLOWAY, homme à tout faire, 18 ans.

Daniel OLIVER, aide-jardinier, 49 ans.

Emily DOEL, nurse en second, 14 ans.

Mary HOLCOMBE, femme de ménage.

Anna SILCOX, nurse intermittente, alors en retraite, 76 ans.

AUTRES VILLAGEOIS

Le révérend Edward PEACOCK, vicaire perpétuel de Christ CHURCH, 39 ans.

Hester HOLLEY, blanchisseuse, 55 ans.

Martha HOLLEY, fille de Hester, 17 ans.

William NUTT, cordonnier, 36 ans.

Thomas BENGER, fermier, 46 ans.

Stephen MILLET, boucher, 55 ans.

Joe MOON, briquetier, 39 ans.

James FRICKER, plombier et vitrier, 40 ans.

James MORGAN, boulanger et constable de la paroisse, 56 ans.

LES POLICIERS

Le commissaire John FOLEY, 64 ans, de Trowbridge.

Le constable William DALLIMORE, 40 ans, de Trowbridge.

Eliza DALLIMORE, « fouilleuse », 47 ans, de Trowbridge.

Le constable Alfred URCH, 33 ans, de Road.

Le constable Henry HERITAGE, de Southwick.

Le sergent James WATTS, de Frome.

Le capitaine MEREDITH, commandant la police du Wiltshire, 63 ans, de Devizes.

Le commissaire Francis WOLFE, 48 ans, de Devizes.

LES DÉTECTIVES

L'inspecteur principal Jonathan WHICHER, 45 ans.

L'inspecteur Frederick Adolphus WILLIAMSON, 29 ans.

L'inspecteur Richard TANNER, 29 ans.

Ignatius POLLAKY, détective privé, 31 ans.

DANS DES BOURGS VOISINS

George SYLVESTER, médecin et coroner du comté, 71 ans, de Trowbridge.

Joshua PARSONS, médecin, 45 ans, de Beckington.

Joseph STAPLETON, médecin, 45 ans, de Trowbridge.

Benjamin MALLAM, médecin, de Frome.

Rowland RODWAY, avocat, 46 ans, de Trowbridge.

William DUNN, avocat, 30 ans, de Frome.

Henry Gaisford Gibbs LUDLOW, propriétaire, juge pour le Wiltshire et assesseur pour le Somerset, 50 ans, de Westbury.

William STANCOMB, lainier, juge et assesseur pour le Wiltshire, 45 ans, de Trowbridge.

Peter EDLIN, avocat, 40 ans, de Bristol.

Emma MOODY, fille de tisserand, 15 ans, de Warminster.

Louisa HATHERILL, fille de fermier, 15 ans, d'Oldbury-on-the-Hill, Gloucestershire.

E.F. SLACK, avocat, de Bath.

Thomas SAUNDERS, magistrat et ancien avocat, de Bradford-upon-Avon.

Note sur la valeur de l'argent

Une livre sterling de 1860 avait le pouvoir d'achat de soixante-cinq livres actuelles. Le shilling, douzième de la livre, avait le pouvoir d'achat d'environ trois livres vingt-cinq. Le penny, douzième du shilling, avait le spouvoir d'achat d'environ vingt-cinq pence actuels. Cette évaluation – basée sur l'index des prix de détail – est la meilleure disponible pour calculer le coût relatif des dépenses du quotidien, telles que transports, nourriture, boisson.

Pour estimer les salaires de façon plus significative, un revenu de cent livres en 1860 équivaut à environ soixante mille livres de nos jours.

(Estimations d'après les calculs des professeurs d'économie américains Laurence H. Officer et Samuel H. Williamson, tels qu'expliqués sur leur site web measuringworth.com.)

Prologue

Gare de Paddington, le 15 juillet 1860

Le dimanche 15 juillet 1860, l'inspecteur principal Jonathan Whicher, de Scotland Yard, paya deux shillings au conducteur du fiacre qui le transporta de Millbank, quartier situé à l'ouest de Westminster, à la gare de Paddington, terminus londonien du Great Western Railway. Là, il prit deux billets : l'un, pour la somme de sept shillings et dix pence, à destination de Chippenham dans le Wiltshire, trajet de quatre-vingt-quatorze miles, et l'autre, qui, moyennant un shilling et six pence, lui ferait ensuite couvrir les vingt miles séparant Chippenham de Trowbridge. Il faisait bon ; pour la première fois de l'été, la température à Londres tournait autour des vingt-cinq degrés.

Construite six ans plus tôt par Isambard Kingdom Brunel, la gare de Paddington était une étincelante voûte de fer et de verre à l'intérieur surchauffé par le soleil et la fumée. Jack Whicher connaissait bien l'endroit. Les voleurs de Londres prospéraient au sein des foules anonymes des nouvelles gares de chemin de fer, au milieu des rapides allées et venues, dans cette exaltante confusion des classes et des genres. *The Railway Station*, peinture panoramique de William Frith représentant Paddington en 1860, montre un tire-laine appréhendé par deux policiers en civil, portant favoris, costume noir et haut-de-forme, hommes discrets, capables de réguler l'agitation de la métropole.

En 1856, dans cette même gare, Whicher avait arrêté George Williams, personnage à la mise tape-à-l'œil, pour avoir subtilisé dans la poche de lady Glamis un porte-monnaie contenant cinq livres. Le détective déclara devant le tribunal qu'il connaissait depuis des années le prévenu « comme un membre, et de premier plan, de la pègre chic ». C'est là aussi qu'en 1858, dans une voiture de seconde classe d'un train à l'arrêt du Great Western, il avait appréhendé une forte femme à la peau marbrée d'une quarantaine d'années, en l'apostrophant par ces mots : « Vous vous nommez, je crois, Moutot. » Louisa Moutot était une fraudeuse notoire. Elle avait utilisé un faux nom – Constance Brown – pour louer un coupé de ville avec chasseur et une maison meublée à Hyde Park, où elle convoqua un assistant des joailliers Hunt et Roskell avec des bracelets et des colliers afin de les soumettre à l'examen d'une certaine lady Campbell. Lorsque l'employé arriva, Moutot demanda à porter les bijoux à sa maîtresse, prétendument souffrante et alitée. L'homme lui remit un bracelet de diamants d'une valeur de trois cent vingt-cinq livres, avec lequel elle quitta la pièce. Quinze minutes plus tard, voulant ouvrir la porte, il s'aperçut qu'il était enfermé. La police rechercha Moutot pendant des semaines. Au moment où il la coinça à la gare de Paddington, Whicher remarqua que ses bras s'agitaient sous son manteau. Il la saisit aux poignets et retrouva le bracelet volé. Elle avait également sur elle une perruque masculine, ainsi que des favoris et une moustache postiches. Cette femme était un criminel urbain à la page, un maître dans ces escroqueries retorses que Whicher excellait à démêler.

Jack Whicher était un des huit premiers policiers de Scotland Yard. Au cours des dix-huit ans d'existence de cette unité, ces hommes étaient devenus des figures aussi mystérieuses que prestigieuses, d'énigmatiques petits dieux londoniens à qui rien n'échappait. Charles Dickens les élevait au rang de modèles de la modernité. Ils étaient aussi prodigieux et scientifiques que les autres merveilles des années 1840 et 1850 – l'appareil photographique, le télégraphe électrique et le train. Le détective paraissait, à l'instar du télégraphe et du train, capable de franchir le temps et l'espace ; comme la photo, il semblait capable de les figer. Dickens rapporte que « d'un coup d'œil », un détective « fait immédiatement l'inventaire du mobilier » d'une pièce et « dresse un portrait fidèle » de ses occupants. Les investigations d'un détective, écrit le romancier, sont « une partie d'échecs jouée avec des pièces vivantes » et « dont on ne lit nulle part la chronique ».

Whicher, alors âgé de quarante-cinq ans, était le doyen de son unité – « le prince des détectives », disait un de ses pairs. L'homme était corpulent, patiné, avec quelque chose de délicat dans l'attitude, « plus petit et plus enveloppé » que ses collègues, selon Dickens, et empreint d'un « air pensif et réservé, comme plongé dans des opérations d'arithmétique ». Il avait le visage marqué de la variole. William Henry Wills, qui secondait Dickens au sein du magazine *Household Words*, vit Whicher dans ses œuvres en 1850. Son témoignage fut la première description publiée de Whicher, ce qui en fait la première description d'un détective anglais.

Debout dans l'escalier d'un hôtel d'Oxford, Wills est en train de badiner avec un Français – notant « le jais lustré de ses bottines et la blancheur extrême de ses gants » –, quand un inconnu apparaît en contrebas dans le hall. « Un homme est campé sur le paillasson au bas des marches. Un particulier parfaitement ordinaire, l'air bien honnête, sans rien de formidable dans l'aspect ni de menaçant dans la mine. » Cette « apparition » produit un effet extraordinaire sur le Français, qui « se hausse sur la pointe des pieds, comme subitement déséquilibré par une balle de pistolet ; son visage blêmit, sa lippe frémit... Il sait qu'il est trop tard pour faire demi-tour (ce qu'à l'évidence il ferait s'il le pouvait), car l'autre a l'œil sur lui ».

L'inconnu, le regard pareil à une arme à feu, gravit les marches et avise le Français qu'il doit quitter Oxford avec le reste de sa « clique » par le train de sept heures. Après quoi, gagnant la salle à manger de l'hôtel, il s'approche de trois hommes qui s'y gobergent. Il pose les poings sur la table et, se penchant en avant, les toise l'un après l'autre. « Comme par magie », ils se figent et font silence. Le particulier à l'étrange autorité ordonne alors au trio de régler l'addition et de sauter dans le train de sept heures pour Londres. Il leur fait un bout de conduite jusqu'à la gare d'Oxford et Wills leur emboîte le pas.

À la gare, la curiosité du journaliste prend le pas sur la crainte que lui inspire l'« omnipotence manifeste » du personnage ; il lui demande de quoi il retourne.

« En fait, lui répond l'autre, je suis le sergent Witchem, de la police judiciaire. »

Whicher était, pour reprendre la formule de Wills, un « homme de mystère », le prototype de l'enquêteur énigmatique et circonspect. Il était sorti de nulle part et même la révélation de son identité n'était que partielle.

« Witchem », le nom que lui donna Wills, parlait d'investigation – « which of 'em[1] ? » – et de magie – « bewitch 'em[2] ». Il était capable de changer un homme en pierre ou de lui ôter l'usage de la parole. Nombre des traits que Wills releva chez Whicher fournirent la matière du détective de fiction : discret, l'air ordinaire, mais l'œil acéré et l'esprit rapide. Conformément à sa discrétion et à sa profession, aucune photographie de lui à cette époque n'a, semble-t-il, survécu. Les seules indications relatives à son physique sont les descriptions laissées par Dickens et Wills, ainsi que les détails portés sur les documents officiels lors de son départ en retraite : Whicher mesurait cinq pieds huit pouces, il avait les cheveux bruns, le teint pâle, les yeux bleus.

Dans les kiosques à journaux des gares, les voyageurs pouvaient se procurer des livres bon marché contenant des « mémoires » de détectives (en fait,

1. *Which of 'em ?* : lequel d'entre eux ?
2. *Bewitch'em* : les ensorceler.

des recueils de nouvelles) et des magazines proposant des feuilletons à énigmes signés Dickens, Edgar Allan Poe et Wilkie Collins. Cette semaine-là, le dernier numéro d'*All the Year Round*, la nouvelle livraison de Dickens, renfermait le trente-troisième épisode de *La Dame en blanc* de Collins, premier des romans « à sensations » qui allaient dominer les années 1860. Le récit en était arrivé au point où l'infâme sir Percival Glyde avait enfermé deux femmes dans un asile d'aliénés afin de dissimuler un épisode sombre de son passé familial. Le numéro de ce 14 juillet voyait l'ignoble Glyde périr brûlé dans la sacristie d'une église, alors qu'il tentait de détruire des preuves de son secret. Et le narrateur de regarder l'incendie ravager le bâtiment : « Je n'entendais que le crépitement de plus en plus furieux des flammes et, là-haut, le claquement sonore des vitres de la lucarne. [...] Nous cherchons le corps. La chaleur frappant notre visage nous fait reculer. Nous ne distinguons rien ; en haut, en bas, d'un bout à l'autre de la pièce, nous ne voyons qu'un rideau de feu. »

L'homicide sur lequel Whicher allait enquêter était un meurtre brutal, apparemment dénué de mobile, perpétré dans une demeure des environs de Trowbridge dans le Wiltshire, crime qui avait laissé confondues la police locale et la presse nationale. Le bruit courait que, bien qu'en apparence parfaitement respectable, la famille de la victime recelait ses propres secrets, affaires d'adultère et de folie.

Un câble du Great Western Railway avait mandé Jack Whicher dans le Wiltshire, et un train de la même compagnie allait l'y transporter. À deux heures de l'après-midi, une énorme locomotive à six roues entraîna sa voiture, couleur crème et chocolat, hors de la gare de Paddington, sur une voie mesurant plus de deux mètres de large. Le Great Western était le réseau le plus confortable, le plus exact et le plus rapide d'Angleterre. Même le train à un penny du mile que Whicher prit sembla ricocher sur le plat pays jusqu'à Slough et planer au-dessus des larges arches du pont de chemin de fer de Maidenhead. Dans le tableau de J.M.W. Turner intitulé *Pluie, vapeur et vitesse – le Great Western Railway* (1844), une locomotive file sur ce pont, venant de l'est, ténébreuse torpille projetant de miroitantes étendues d'argent, de bleu et d'or.

Le train de Whicher arriva à Chippenham à 17 h 37. Huit minutes plus tard, le détective prenait la correspondance pour Trowbridge. Il y serait en moins d'une heure. L'histoire qui l'attendait – la somme des faits réunis par la police, les magistrats et les journalistes du Wiltshire – avait commencé deux semaines plus tôt, le 29 juin.

Première partie

La Mort

« Il est possible que le secret
s'évente, s'embrase, détone, explose... »
Charles DICKENS,
Bleak House (1853)
(Trad. É. Chédaille)

I

Voir ce qu'il nous faut voir

29 - 30 juin

Aux premières heures du vendredi 29 juin 1860, Samuel et Mary Kent dormaient au premier étage de leur maison de style georgien située au-dessus du bourg de Road, à cinq miles de Trowbridge. Ils occupaient un lit à colonnes en acajou d'Espagne, dans une chambre tendue de damas cramoisi. Il avait cinquante-neuf ans ; elle était âgée de quarante ans et enceinte de huit mois. Mary Amelia, leur fille aînée, âgée de cinq ans, partageait leur chambre. Dans celle des enfants, à quelques mètres de là, reposaient Elizabeth Gough, vingt-deux ans, dans un lit bateau, et, dans des lits en rotin, les deux petits dont elle avait la charge, Saville (trois ans) et Eveline (vingt mois).

Deux autres domestiques logés dormaient au deuxième étage : Sarah Cox (vingt-deux ans), la bonne, et Sarah Kerslake (vingt-trois ans), la cuisinière. C'est également au second que les quatre enfants nés du premier mariage de Samuel Kent passaient la nuit : Mary Ann (vingt-neuf ans), Elizabeth (vingt-huit ans), Constance (seize ans) et William (quatorze ans). Cox et Kerslake partageaient un lit dans une chambre. Mary Ann et Elizabeth faisaient de même dans une autre. Constance et William avaient chacun la leur.

Elizabeth Gough se leva à 5 h 30 ce matin-là pour descendre ouvrir la porte de service à un ramoneur venu de Trowbridge. À l'aide de son dispositif fait de brosses et de tiges se vissant les unes au bout des autres, il nettoya les conduits de cheminée de la cuisine et de la chambre des enfants, ainsi que le tuyau de la plaque chauffante. À 7 h 30, la bonne d'enfants lui remit quatre shillings et six pence et le raccompagna à la porte. Gough, fille de boulanger, était une belle jeune femme bien élevée. Mince, le teint clair, les yeux noirs, elle avait un long nez et il lui manquait une des dents de devant. Le ramoneur reparti, elle se mit en devoir de ramasser la suie tombée dans la chambre des enfants. De son côté, Kerslake, la cuisinière, passa la serpillière dans la cuisine. Un autre étranger se présenta à la maison, ce vendredi-là, un rémouleur ; c'est Cox, la bonne, qui lui ouvrit.

Dans le jardin de Road Hill House, James Holcombe, jardinier, garçon d'écurie et cocher de la famille, était occupé à faucher la pelouse – les Kent possédaient une tondeuse à gazon, mais la faux se révélait plus efficace lorsque l'herbe était humide. Ce mois de juin avait été le plus arrosé et le plus froid jamais enregistré en Angleterre, et il avait encore plu durant la nuit. Sa tâche terminée, il accrocha la faux dans un arbre pour la faire sécher.

Holcombe, âgé de quarante-neuf ans et infirme d'une jambe, avait deux aides avec lui ce jour-là : John Alloway, dix-huit ans, « garçon à l'air stupide », selon une gazette locale, et Daniel Oliver, quarante-neuf ans. Tous deux habitaient le village proche de Beckington. Une semaine plus tôt, Samuel Kent avait opposé un refus à la demande d'augmentation d'Alloway, et celui-ci lui avait donné son préavis. Ce jour-là, avant-dernier après-midi de son emploi chez les Kent, la cuisinière l'envoya voir si James Fricker, le plombier et vitrier du village, avait fini de poser une nouvelle vitre sur la lanterne à bougie de Mr Kent. Alloway s'y était déjà rendu par quatre fois cette semaine-là, mais le travail n'était pas fait. Cette fois, il eut plus de succès et rapporta la lampe, qu'il déposa sur le buffet de la cuisine. Emily Doel, jeune personne du cru âgée de quatorze ans, travaillait également à la maison. Chaque jour de sept heures du matin à sept heures du soir, elle aidait Gough aux soins des enfants.

Dans la bibliothèque, Samuel Kent s'adonnait à la rédaction de son rapport, étant rentré la veille au soir d'une tournée d'inspection de deux jours dans les filatures des environs. Employé depuis vingt-cinq ans par le gouvernement comme sous-inspecteur des manufactures, il venait de solliciter une promotion au rang d'inspecteur, demande à l'appui de laquelle il avait réuni les signatures de deux cents notables – députés, magistrats, clergymen – du sud-ouest du pays. Le front haut, l'air renfrogné, Kent était impopulaire au village, tout particulièrement auprès des habitants du « cottage corner », groupe d'habitations miséreuses situé en vis-à-vis de Road Hill House, de l'autre côté du chemin. Il avait interdit aux gens du bourg de venir pêcher dans le cours d'eau qui longeait la propriété, et avait porté plainte contre l'un d'entre eux pour avoir ramassé des pommes dans son verger.

Saville, son fils de trois ans, vint jouer dans la bibliothèque pendant que Gough faisait le ménage dans sa chambre. L'enfant griffonna sur le rapport officiel – il y fit une boucle en forme de S et une tache d'encre –, et son père le taquina en le traitant de « vilain garçon ». Sur quoi Saville grimpa sur les genoux paternels pour un « chahut ». Il s'agissait d'un enfant solide et bien planté, avec des boucles blond pâle.

Ce vendredi après-midi, Saville joua également avec sa demi-sœur Constance. Cela faisait près de deux semaines qu'elle et William, son frère, étaient rentrés du pensionnat. Vigoureuse et grassouillette, le visage large, atteinte de strabisme, Constance tenait de son père, alors que William, avec son regard vif et sa carrure délicate, ressemblait à sa mère, la première Mrs Kent, décédée huit ans plus tôt. On le disait timide, tandis que sa sœur avait la réputation d'être maussade et emportée.

Dans l'après-midi, Constance alla à pied jusqu'à Beckington, à un mile et demi, pour régler une facture. Elle y rencontra William et ils s'en revinrent ensemble à la maison.

En début de soirée, Hester Holley, une lavandière qui habitait une maisonnette proche, passa déposer le linge et les effets des Kent, qu'elle lavait chaque semaine depuis qu'ils s'étaient établis à Road, cinq ans plus tôt. Les aînées des demoiselles Kent – Mary Ann et Elizabeth – sortirent les vêtements des panières et en firent le tri en vue de les répartir dans les chambres et placards.

LA MORT   39

À sept heures du soir, les trois jardiniers et Emily
Doel quittèrent Road Hill House pour rentrer chez
eux. Holcombe ferma à clé la porte du jardin en sortant et regagna sa petite maison, sise de l'autre côté
du chemin. Sitôt tous les employés non logés rentrés
chez eux, Samuel Kent ferma le portail à clé. Douze
personnes se trouvaient dans la maison pour la nuit.

Une demi-heure plus tard, Gough monta Eveline
dans la nursery et la coucha dans le petit lit qui voi-
sinait avec le sien, en face de la porte. Les deux lits
d'enfant étaient en rotin, doublés de tissu et montés
sur roulettes. Ensuite, Gough redescendit pour
administrer, sous la supervision de Mrs Kent, un
laxatif à Saville. Le petit garçon se remettait d'une
maladie sans gravité, et Joshua Parsons, le médecin
de famille, avait fait porter à Road Hill House un
« apéritif » – le terme dérivait d'un verbe latin signifiant « découvrir » ou « ouvrir » – qui agissait au
bout de six à dix heures. La pilule « se composait de
six centigrammes de mercure et de dix-huit centigrammes de rhubarbe », déclarera Parsons, qui avait
préparé lui-même le remède.

Saville était ce soir-là « joyeux et bien portant »,
témoignera la nurse. À huit heures, elle le mit au lit,
dans le coin droit de la chambre. La petite Mary
Amelia fut couchée dans la chambre qu'elle partageait avec ses parents, de l'autre côté du palier. Les
deux portes furent laissées entrebâillées, de sorte que
le nurse pût entendre si l'aînée des trois venait à se
réveiller et que la mère pût aller jeter un œil sur les
deux plus jeunes.

Quand les enfants furent endormis, Gough remit
de l'ordre dans la nursery, rangeant un tabouret à sa

place sous son lit, rapportant des objets épars dans le dressing. Elle alluma une chandelle et s'assit dans cette dernière pièce pour y souper – le soir, elle ne prenait que du pain, du beurre et de l'eau. Puis elle rejoignit le reste de la maisonnée en bas pour la prière vespérale, conduite par Samuel Kent. Elle but aussi une tasse de thé avec Kerslake à la cuisine. « Il est rare que je boive du thé, dira-t-elle plus tard, mais j'en ai pris une tasse, ce jour-là, à la théière familiale. »

Lorsqu'elle remonta dans la chambre, indiquera-t-elle, Saville était allongé « comme à son habitude, face au mur, le bras replié sous la tête ». Il portait une chemise de nuit et un « petit maillot de flanelle ». Il était « très gros dormeur et comme il n'avait pas été couché de la journée, il n'en dormait que plus profondément ». Elle avait dû nettoyer la pièce au cours de l'après-midi, à l'heure où il faisait habituellement sa sieste. La nursery, telle que Gough la décrivit, était une pièce pleine de quiétude, insonorisée par du tissu. « Le sol est entièrement recouvert par un tapis. La porte s'ouvre très silencieusement, garnie qu'elle est d'un bourrelet, en sorte que je ne risque pas de réveiller les enfants. » Mrs Kent convint que la porte s'ouvrait et se refermait sans bruit, pour peu qu'on la manœuvrât avec précaution, même si la poignée grinçait un peu lorsqu'on l'actionnait. Des personnes visitant ultérieurement la maison notèrent que le battant de ladite porte produisait un tintement métallique et que sa clenche grinçait.

Mrs Kent entra donner un baiser à Saville et à Eveline, puis monta au second pour tenter d'apercevoir la comète qui passait dans le ciel cette semaine-

LA MORT   41

là et dont le *Times*, journal que prenait son mari,
publiait chaque jour les observations. Elle appela
Gough pour qu'elle vienne la rejoindre. Quand la
nurse fut là, Mrs Kent lui dit combien Saville dormait bien. Patronne et employée se postèrent
ensemble à une fenêtre pour contempler les cieux.

À dix heures, Mr Kent ouvrit la porte de la cour
et détacha son chien de garde, un grand et doux
terre-neuve noir qui était dans la famille depuis plus
de deux ans.

Aux environs de dix heures et demie, William et
Constance prirent chacun leur chandelle pour monter se coucher. Mary Ann et Elizabeth les imitèrent
une demi-heure plus tard. Avant de se mettre au lit,
Elizabeth ressortit de sa chambre pour s'assurer que
Constance et William avaient éteint. Ayant constaté
que leurs chambres respectives étaient plongées dans
le noir, elle s'arrêta à une fenêtre pour essayer de voir
la comète. Lorsqu'elle eut regagné sa chambre, sa
sœur ferma la porte à clé de l'intérieur.

Deux étages plus bas, aux alentours de dix heures
quarante-cinq, Cox s'assura que les croisées étaient
bien fermées dans la salle à manger, l'entrée, le salon
et la bibliothèque. Elle ferma à clé et verrouilla la
porte d'entrée ainsi que celles donnant sur la bibliothèque et le salon. Les volets du salon étaient « fermés par des barres de fer, expliquera-t-elle, et ils ont
chacun, en plus, deux loqueteaux en laiton ; tout
était bien barricadé ». Quant à la porte du salon,
« elle possède une serrure et une targette ; j'ai poussé
la targette et donné un tour de clé ». Kerslake ferma
à clé la cuisine, la buanderie et les portes de derrière.
Elle et Cox montèrent se coucher en empruntant

l'escalier de service, escalier à vis principalement utilisé par les domestiques.

À onze heures, Gough rajusta les couvertures de Saville, alluma une veilleuse, puis, avant de se coucher à son tour, ferma les fenêtres, mit en place les barres et loquets des volets. Selon ses dires, elle dormit à poings fermés cette nuit-là, épuisée par le nettoyage qui avait suivi le passage du ramoneur.

Quand elle se retira pour la nuit un peu plus tard, laissant son mari en bas dans la salle à manger, Mrs Kent ferma doucement la porte de la nursery.

Samuel Kent sortit dans la cour pour donner à manger au chien. À onze heures trente, déclarera-t-il, il avait vérifié comme chaque soir que toutes les portes et fenêtres du rez-de-chaussée étaient bien fermées à clé et verrouillées afin de prévenir toute intrusion. Comme d'habitude, il laissa la clé dans la serrure de la porte du salon.

À minuit, tous les occupants de la maison étaient couchés, parents et enfants du second lit au premier étage, enfants du premier lit et domestiques au second.

Peu avant une heure du matin, le samedi 30 juin, un dénommé Joe Moon, briquetier, vivant seul en bordure de Road Common, était en train de mettre un filet à sécher dans un pré proche de Road Hill House – il était probablement allé pêcher nuitamment, à l'insu de Samuel Kent –, quand il entendit un chien aboyer. Au même moment, Alfred Urch, constable de son état, rentrait chez lui à pied après son service, lorsqu'il entendit un chien japper une demi-douzaine de fois. Il n'en fit pas grand cas : le chien des Kent était connu pour donner de la voix à la moindre alerte. James Holcombe n'entendit rien cette nuit-là, bien qu'il lui fût arrivé de nombreuses fois par le passé d'être réveillé par le terre-neuve (« Il faisait un raffut de tous les diables ») et de devoir retourner dans la cour pour le calmer. Dans un état de grossesse avancé, Mrs Kent ne fut pas, elle non plus, dérangée par les aboiements, même si elle déclara n'avoir pas très bien dormi : « Je me suis réveillée fréquemment. » Elle n'entendit rien de particulier, si ce n'est de très bonne heure, peu après le point du jour, « un bruit comme si l'on ouvrait les volets du salon » ; elle supposa que les domestiques avaient commencé leur journée.

Ce samedi, le soleil se leva deux ou trois minutes avant quatre heures. Une heure plus tard, Holcombe entrait dans la propriété – « La porte était fermée, comme à l'ordinaire. » Il attacha le chien, puis se rendit à l'écurie.

Au même moment, Gough s'éveilla et vit que les couvertures d'Eveline avaient glissé. Elle se mit à genoux pour les ramener sur la petite dont le lit était tout contre le sien. C'est alors que, selon sa déposition, elle remarqua que Saville n'était plus dans son lit, à l'autre bout de la pièce. « J'ai eu le sentiment qu'on l'avait pris avec précaution, déclara-t-elle. Les draps avaient été écartés avec soin, comme sa mère ou moi-même l'aurions fait. » Elle supposa que Mrs Kent avait entendu son fils pleurer et l'avait emporté dans sa chambre, de l'autre côté du couloir.

Sarah Kerslake dit qu'elle s'était réveillée brièvement à cinq heures, puis s'était rendormie. Juste avant six heures, elle rouvrit les yeux et réveilla Cox. Les deux femmes se levèrent, s'habillèrent et descendirent commencer leur journée, Cox empruntant l'escalier principal et Kerslake celui de service. Lorsque Cox s'en fut déverrouiller la porte du salon, elle eut la surprise de la trouver déjà ouverte. « La porte était entrebâillée, les volets détachés et la fenêtre entrouverte. » L'arrière du salon, en forme d'hémicycle, était percé de trois croisées allant du sol au plafond. Le châssis inférieur de celle du milieu était soulevé d'environ six pouces. Cox se dit que quelqu'un avait dû l'ouvrir pour aérer la pièce. Elle la referma.

John Alloway s'en vint à pied de son domicile de Beckington, et, à six heures, trouva Holcombe à l'écurie en train de panser la jument alezane des Kent. Daniel Oliver arriva quinze minutes plus tard. Holcombe envoya Alloway arroser les plantations de la serre. Le garçon alla ensuite quérir un panier de couteaux sales – dont deux couteaux à découper – à la cuisine, où Kerslake était au travail, et deux paires de bottines souillées dans le couloir. Il emporta le tout dans une remise située dans la cour et nommée tantôt « cabane aux chaussures » tantôt « cabane aux couteaux ». Après avoir déversé les couteaux sur un établi, il se mit à nettoyer les chaussures. « Elles n'avaient rien d'anormal, ce matin-là. » D'ordinaire, il se chargeait également des couteaux ; mais ce jour-là, Holcombe accomplit cette tâche afin que le garçon en ait terminé plus tôt. « J'ai besoin de toi au jardin pour m'aider à épandre du fumier, lui dit-il. Je m'occupe des couteaux et toi, tu fais les chaussures. » Holcombe utilisa un appareil à fourbir les couteaux. Pour autant qu'il le sût, dira-t-il par la suite, aucun des couteaux ne manquait ni n'était ensanglanté. Lorsqu'ils furent propres, soit aux alentours de six heures et demie, il les rapporta à la cuisine. Il alla ensuite épandre du fumier de cheval en compagnie d'Alloway.

Elizabeth Gough déclara s'être levée et habillée peu après six heures, avoir lu un chapitre de la Bible et dit ses prières. La veilleuse s'était éteinte, comme d'habitude après avoir brûlé six heures durant. Le lit de Saville était toujours inoccupé. À six heures quarante-cinq – elle lut l'heure à la pendule posée sur la tablette de la cheminée –, elle alla à la porte de Mr et Mrs Kent. « J'ai toqué deux fois, mais sans obtenir de réponse. » Elle déclara par la suite n'avoir pas insisté, ne voulant pas réveiller Mrs Kent qui avait un mauvais sommeil en raison de sa grossesse. Elle regagna la nursery afin d'habiller Eveline. Emily Doel était arrivée entre-temps pour prendre son service. Peu avant sept heures, elle apporta la baignoire des enfants dans la nursery et la posa dans le dressing attenant. Revenant avec des seaux d'eau chaude et d'eau froide pour la remplir, elle nota au passage que Gough était en train de faire son lit. Elles n'échangèrent pas une parole.

Gough alla de nouveau frapper à la chambre de Mr et Mrs Kent. Cette fois, la porte était ouverte : après avoir consulté la montre de son mari – il était sept heures et quart –, Mary Kent s'était levée et avait passé sa robe de chambre. Un échange embrouillé s'ensuivit au cours duquel chacune des deux femmes sembla supposer que Saville était avec l'autre.

— Les enfants sont-ils réveillés ? demanda Gough à sa patronne, comme tenant pour certain que Saville se trouvait chez ses parents.

— Comment cela, les enfants ? Il n'y en a qu'un ici, répliqua Mrs Kent, parlant de Mary Amelia, la fillette de cinq ans qui partageait la chambre de ses parents.

— Monsieur Saville ! s'exclama Gough. Il n'est pas avec vous ?

— Avec moi ! Assurément, non.

— Il n'est pas dans la nursery, madame.

Mrs Kent alla s'en assurer elle-même, puis demanda à Gough si elle n'avait pas laissé à proximité une chaise qui aurait permis à Saville de descendre de son lit. La bonne d'enfants répondit par la négative. Mrs Kent lui demanda quand elle avait noté qu'il n'était plus là. À cinq heures, lui indiqua Gough. Sur quoi Mrs Kent voulut savoir pour quelle raison elle n'était pas venue immédiatement la réveiller. Gough dit avoir pensé que Mrs Kent avait entendu le petit pleurer et l'avait pris avec elle dans sa chambre.

— Comment avez-vous pu imaginer une telle chose ? lui repartit Mrs Kent. Vous savez bien que j'en aurais été incapable.

Et de rappeler à Gough qu'elle avait dit, la veille, ne plus pouvoir porter Saville, attendu qu'il était un « fort et robuste garçon » de bientôt quatre ans et qu'elle-même était grosse de huit mois.

Elle envoya la nurse au second demander à ses beaux-enfants s'ils savaient où était passé Saville, puis annonça à son mari : « Saville a disparu. »

« Partez donc à sa recherche », lui rétorqua Samuel,

LA MORT   47

qui, comme il le préciserait plus tard, s'était réveillé en entendant Gough toquer à la porte. Quand Mrs Kent revint lui annoncer que Saville restait introuvable, il se leva, s'habilla et descendit au rez-de-chaussée.

Gough frappa à la porte d'Elizabeth et Mary Ann aux alentours de sept heures vingt et leur demanda si Saville était avec elles. Elles répondirent par la néga-tive et demandèrent si leur belle-mère était au cou-rant de sa disparition. Lorsqu'elle entendit cette agi-tation, Constance sortit de sa chambre, voisine de celle de ses sœurs. Selon Gough, elle « n'a fait aucun commentaire » en apprenant la nouvelle de la dispa-rition de son demi-frère. Constance déclarerait plus tard avoir été éveillée depuis trois quarts d'heure. « J'étais en train de m'habiller. J'ai entendu frapper à côté et je suis allée à ma porte pour entendre ce qui se disait. » William, qui dira avoir ouvert l'œil à sept heures, occupait une chambre située plus loin sur le palier, probablement hors de portée de voix.

Gough descendit les deux étages pour gagner la cuisine et demander à Cox et Kerslake si elles avaient vu le garçonnet. Kerslake, qui avait allumé du feu sous la plaque chauffante afin de préparer le lait du petit déjeuner, répondit que non. Cox fit la même réponse, mais dit avoir trouvé la fenêtre du salon ouverte. La nurse rapporta ce détail à sa maî-tresse. Mr et Mrs Kent étaient en train de parcourir la maison de fond en comble à la recherche de leur fils. « Je courais ici et là et partout, dira Mrs Kent. Nous étions tous dans un état d'égarement, entrant et ressortant, passant d'une pièce à l'autre. »

Samuel élargit les recherches à l'extérieur de la

maison. Vers sept heures et demie, selon Holcombe, il annonça aux jardiniers que « le jeune monsieur Saville était perdu, enlevé, emporté au loin. C'est tout ce qu'il a dit et il s'est élancé dans le jardin. [...] On s'est tous mis aussitôt en quête du petit ».

« J'attendais des jardiniers qu'ils battent les lieux pour voir s'ils pourraient relever une trace de mon enfant, expliquera Samuel. J'entends, de lui ou de quiconque ayant quitté la propriété. » Gough aida à fouiller le jardin et le massif d'arbustes.

Samuel demanda aux jardiniers s'il y avait un policier dans les environs. « Il y a Urch », dit Alloway. Alfred Urch, constable de son état, venait de s'établir à Road avec sa femme et sa fille. Un mois auparavant, il avait été réprimandé pour avoir bu dans un pub du bourg, The George, pendant son service. C'est lui qui avait entendu un chien donner de la voix à Road Hill House la nuit précédente. Samuel envoya Alloway le chercher. Il envoya également William quérir James Morgan, boulanger et constable de la paroisse qui logeait dans Upper Street. Urch appartenait à la police du Somerset, instituée en 1856, tandis que Morgan dépendait de l'ancien système de maintien de l'ordre, toujours en cours de suppression graduelle, dans lequel des villageois étaient nommés pour servir bénévolement, un an d'affilée, en tant que constables de la paroisse. Les deux étaient voisins.

— Dépêchons-nous, pressa Morgan.

— Oui-da, acquiesça Urch.

Et les deux hommes de prendre la direction de Road Hill House.

Selon les instructions de son père, William demanda à Holcombe d'atteler la voiture. Samuel

LA MORT   49

Kent avait en effet décidé de se rendre à Trowbridge
pour en ramener John Foley, commissaire de police
de sa connaissance. Comme il prenait congé de son
épouse, celle-ci lui apprit que la couverture du lit de
Saville avait disparu, précisant que c'était Gough qui
avait remarqué la chose. Mrs Kent « paraissait
contente à la pensée qu'il avait été emporté dans une
couverture, dirait Samuel, comme si cela lui avait
tenu chaud ».

Samuel Kent passa un pardessus et s'en fut à bord
du phaéton, voiture à quatre roues de belle allure,
avec une caisse toute petite et deux grandes roues
arrière, tiré par la jument rousse. « Il est parti en
grande hâte », déclarera Holcombe. Aux alentours
de huit heures, alors qu'ils approchaient de l'allée,
Urch et Morgan le rencontrèrent au moment où il
prenait à gauche vers Trowbridge. Morgan lui dit
qu'il lui suffisait d'aller à Southwick, distant d'un
mile environ et que, de là, un policier pourrait faire
porter un message en ville. Mais Samuel Kent
désirait parcourir les cinq miles le séparant de
Trowbridge. « J'y vais », répondit-il, avant de demander à Urch et Morgan de se joindre aux recherches.

Arrivé au péage de Southwick, il arrêta sa voiture
et, tout en s'acquittant des quatre pence et demi,
demanda à Ann Hall, la garde-barrière, de lui indiquer le domicile du policier local.

— Un de mes enfants a été enlevé, lui dit-il. Il a
été emporté dans une couverture.

— Quand est-ce arrivé ? questionna Mrs Hall.

— Ce matin.

Elle le dirigea vers Southwick Street, où Samuel
Kent donna un demi-penny à un jeune garçon pour

qu'il lui montre la maison du constable Henry Heritage. C'est Ann Heritage qui lui ouvrit. Elle lui dit que son mari était au lit.

« Il faut que vous alliez le chercher, lui lança Samuel sans descendre de voiture. On a enlevé un de mes enfants chez moi cette nuit... un petit garçon âgé de trois ans et dix mois... enveloppé dans une couverture... Je file à Trowbridge avertir Foley. »

Mrs Heritage s'enquit de son nom et de son adresse.

« Kent, lui répondit-il. Road Hill House. »

Arrivés à Road Hill House, les constables Urch et Morgan trouvèrent Sarah Cox dans la cuisine et lui demandèrent de quelle façon l'enfant avait été enlevé. Elle leur fit voir la fenêtre du salon. Elizabeth Gough les conduisit à la nursery et repoussa la literie du petit lit de Saville. Morgan remarqua « l'empreinte laissée par le garçonnet sur la paillasse et l'oreiller ». Gough expliqua aux deux hommes que lorsqu'elle était entrée au service des Kent huit mois plus tôt, la nurse qu'elle remplaçait lui avait dit que la mère du petit le prenait parfois dans sa chambre au cours de la nuit. « Outre l'enfant, est-ce que quelque chose a disparu de cette chambre ? » s'enquit Morgan. Elle marqua, dira-t-il, un temps d'hésitation avant de répondre qu'une « couverture avait été enlevée ou arrachée du lit ».

Urch et Morgan descendirent voir la cave, mais elle était fermée. Une des aînées des demoiselles Kent en détenait la clé, mais les deux constables décidèrent de ne pas mêler la famille à leurs investigations. Ils retournèrent au salon pour y chercher des « traces de pas », comme disait Morgan – Urch, lui, parlait de « marques » ou d'« empreintes » de pas ; la science du détective était encore jeune et son vocabulaire flottant. Peu après, recherchant elle aussi des empreintes, Elizabeth Gough releva les traces de deux grosses chaussures cloutées sur la thibaude, grossière carpette de laine posée sur le tapis près de la fenêtre. Elles avaient en définitive été laissées par Urch.

Mrs Kent envoya sa belle-fille Constance demander au révérend Peacock de venir à Road Hill House. Edward Peacock habitait les trois étages d'un presbytère de style gothique, avec sa femme, ses deux filles, ses deux fils et cinq domestiques. Samuel et lui étaient amis et le presbytère ne se trouvait qu'à cinq minutes de marche de la maison des Kent. Le vicaire accepta de prendre part aux recherches.

William Nutt, cordonnier et père de six enfants, qui occupait une des masures proches de la maison, travaillait dans sa boutique lorsqu'il entendit Joseph Greenhill, aubergiste de son état, parler de la disparition de monsieur Saville. Il se rendit à Road Hill House. « Ayant comme qui dirait de l'affection pour le père, je me suis dit : "Faut que j'aille voir de quoi il retourne." » Nutt avait, selon le *Western Daily Press*, « un physique singulier » : « Maigre, osseux, le teint cireux, les pommettes saillantes, le nez en pointe, le front fuyant, et affecté d'un strabisme ; avec cela, ce que l'on appelle "une patte folle" et l'habitude de ramener ses avant-bras rachitiques à hauteur de sa poitrine, tandis que ses mains pendent, toutes flasques. » Arrivé devant le portail d'entrée, Nutt rencontra le fermier Thomas Benger qui menait ses vaches. Benger suggéra qu'ils se joignent aux recherches. Nutt, qui hésitait à se risquer sur la pelouse sans y avoir été autorisé, lui répliqua qu'il « n'aimait guère entrer chez un monsieur ». Benger, qui avait entendu Samuel Kent proposer à Urch et à Morgan une récompense de dix livres s'ils retrouvaient son fils, persuada Nutt que nul ne leur reprocherait d'avoir recherché un enfant disparu.

Tandis qu'il battait le massif d'arbustes situé à gauche de l'allée, Nutt fit observer qu'il retrouverait un enfant mort à défaut de le trouver vivant. Sur quoi il partit vers la droite, en direction d'un cabinet d'aisance destiné aux domestiques et qui était dissimulé derrière des buissons. Benger lui emboîta le pas. Ils jetèrent un coup d'œil à l'intérieur, avisant aussitôt sur le sol une petite flaque de sang caillé.

— Vois, William, ce qu'il nous faut voir, dit Benger.

— Ah, Benger ! lui répondit Nutt. C'est comme je l'avais prédit.

— Va chercher de quoi nous éclairer, William.

Nutt gagna la porte de service de la maison et s'engagea dans le passage menant à l'arrière-cuisine. Il y trouva Mary Holcombe, mère du jardinier. Les Kent l'employaient deux jours par semaine pour le ménage. Nutt lui demanda une bougie.

— Pour l'amour du ciel, William, que se passe-t-il ?

— Ne vous alarmez pas, Mary. J'ai juste besoin d'une bougie pour essayer d'y voir quelque chose.

Pendant que Nutt était parti, Benger souleva le couvercle des latrines et regarda à l'intérieur, jusqu'à ce que sa vue se fût accommodée à l'obscurité. « À force de regarder, j'ai commencé à y voir et j'ai distingué comme un vêtement ; j'ai avancé la main et j'ai remonté la couverture. » La couverture était tout imbibée de sang. À environ deux pieds sous le siège, sur le panneau de bois percé qui bloquait partiellement la descente vers la fosse en contrebas, reposait le corps du garçonnet. Saville était allongé sur le flanc, un bras et une jambe légèrement repliés.

— Viens voir par ici ! lança Benger au moment où Nutt s'en revenait avec une bougie. Bon sang, William, il est là-dedans !

II

Horreur et stupéfaction

30 juin - 1er juillet

Lorsque Thomas Benger sortit le corps à travers le siège des cabinets, la tête du petit garçon bascula en arrière, révélant une plaie béante à hauteur du cou.

« Sa petite tête s'est presque détachée », déclarera William Nutt lors de sa relation des événements de la journée devant le tribunal du Wiltshire.

« Il avait la gorge tranchée, dira Benger, et le visage tout couvert de sang [...] il avait bien des cernes noirâtres autour de la bouche et des yeux, mais il avait l'air bien aimable et ses petits yeux étaient fermés. » Aimable était ici à entendre au sens de paisible.

Nutt étendit la couverture sur le sol des latrines et Benger y déposa le cadavre. Ils l'en enveloppèrent, Benger à la tête et Nutt aux pieds, après quoi le premier, qui était le plus fort des deux, le souleva pour le porter à la maison. Urch et Morgan le regardèrent traverser la cour. Benger longea le couloir et entra dans la cuisine.

Le cadavre, déjà rigide, de Saville fut placé sur la table, devant la fenêtre. À l'étage, la forme de son corps endormi se dessinait encore en creux sur le drap et l'oreiller de son petit lit. Mary Ann et Elizabeth Kent entrèrent dans la cuisine, cette dernière tenant dans ses bras la petite Eveline âgée d'un an. « Je ne peux décrire l'horreur et la stupéfaction qui les emplissaient, dira Nutt. J'ai cru qu'elles allaient s'effondrer. Je les ai prises toutes deux par la taille pour les ramener dans le couloir. »

La nurse était elle aussi dans la cuisine. Nutt lui dit qu'il fallait qu'elle ait dormi bien profondément pour laisser quelqu'un emporter l'enfant. « Elle m'a répondu, un peu sèchement, m'a-t-il semblé, que je ne savais rien de l'affaire. » Gough prétendrait que c'était seulement à ce moment-là, quand elle la vit enveloppant le corps de Saville, qu'elle réalisa que la couverture avait été enlevée du lit de l'enfant. Cependant, Urch, Morgan et Mrs Kent affirmeraient tous trois que Gough leur avait parlé de la disparition de la couverture avant que l'on découvre le cadavre. Les déclarations contradictoires à propos de cette couverture devaient faire de Gough un suspect.

Dehors, les domestiques et une troupe de plus en plus fournie de villageois se mirent à chercher des traces du meurtrier et de l'arme du crime. Daniel Oliver, l'aide-jardinier, montra à Urch quelques empreintes de pas sur la pelouse près des fenêtres du salon – « Quelqu'un est venu par ici. » Mais le jeune Alloway dit que c'était lui qui avait laissé ces traces, la veille en fin d'après-midi : « Je suis passé par là avec la brouette. »

Le jeune homme trouva près de la porte des cabinets un bout de papier journal ensanglanté, de cinq à six pouces carrés, replié et encore humide. Il semblait qu'un couteau ou un rasoir pouvait y avoir été essuyé. La date du journal était lisible – le 9 juin –, mais non pas son titre. Edward West, fermier, donna ce conseil à Alloway : « Ne détruis pas ce papier, ramasse-le et mets-le de côté ; il conduira à une découverte. » Alloway le remit à Stephen Millet, boucher et constable paroissial, qui inspectait l'intérieur des latrines. Millet estima que deux cuillers à soupe de sang avaient été répandues sur le sol et qu'une pinte et demie avait imprégné la couverture. West décrivit la flaque de sang en ces termes : « à peu près grande comme la main. Quand je l'ai vue, elle était déjà bien coagulée ».

À l'étage, Elizabeth Gough était maintenant en train de coiffer Mrs Kent. Elle avait précédemment occupé un emploi de femme de chambre et, à Road Hill House, elle s'occupait de sa patronne aussi bien que des enfants. Samuel avait donné ordre que son épouse soit tenue dans l'ignorance, aussi Gough s'était-elle abstenue de lui annoncer que l'on avait retrouvé Saville mort. Toutefois, lorsque Mrs Kent se demanda à voix haute où pouvait se trouver son fils, la nurse laissa échapper : « Oh ça, madame, c'est une vengeance. »

Dès que le révérend Peacock arriva à Road Hill House, on lui fit part de la macabre découverte et on lui montra le cadavre, toujours entreposé dans la cuisine. Il retourna chez lui, sella son cheval et s'élança à la suite de Samuel Kent. Il passa par le péage de Southwick, tenu par Ann Hall.

— Monsieur, lui dit cette dernière, c'est bien triste, ce qui se passe à Road.

— On a retrouvé l'enfant, déclara Peacock.

— Où donc, monsieur ?

— Dans le jardin, fit-il, se gardant de préciser que le petit était mort.

Il finit par rattraper Kent. « Je suis désolé de devoir vous annoncer une bien mauvaise nouvelle, lui dit-il. On a retrouvé votre petit garçon ; il a été assassiné. »

Samuel Kent prit la direction de son domicile. « Je n'ai pas mis longtemps : j'ai roulé aussi vite que j'ai pu. » Au péage, Ann Hall s'enquit de Saville :

— Alors, monsieur, on a retrouvé l'enfant ?

— Oui, assassiné, répondit-il sans s'arrêter.

En l'absence de son père, il incomba à William Kent d'aller quérir Joshua Parsons, le médecin de famille. L'adolescent dévala le sentier menant au village de Beckington et trouva le docteur à son domicile de Goose Street. Il lui apprit qu'on avait découvert Saville, la gorge tranchée, dans les latrines. Parsons se mit aussitôt en route pour Road Hill House, prenant William avec lui dans sa voiture. « Monsieur William m'a fait contourner la maison par l'arrière, raconterait le médecin, parce qu'il ignorait si sa mère était au courant de ce qui était arrivé ; c'est pourquoi je suis entré par la bibliothèque. »

Samuel Kent était rentré. Il accueillit Parsons et lui remit une clé de la buanderie qui faisait face à la cuisine et où l'on avait transporté le corps de Saville. « J'y suis entré tout seul », dira Parsons. Il nota que la totalité du corps était rigide, ce qui indiquait que le garçonnet avait été tué au moins cinq heures plus tôt, soit avant trois heures du matin. « Couverture et chemise de nuit [étaient] souillées de sang et d'ordures. » Par « ordures », il entendait excréments. « La gorge avait été sectionnée jusqu'à l'os, de la gauche vers la droite, à l'aide d'un instrument tranchant qui avait complètement divisé tous les tissus, vaisseaux sanguins, fibres nerveuses et larynx. » Parsons releva également un coup de couteau au niveau du torse, qui avait traversé les vêtements et entamé le cartilage de deux côtes, mais n'avait produit que peu de sang.

« La bouche avait noirci et la langue dépassait entre les dents. Mon impression fut que cette noirceur avait pour origine une forte pression exercée alors que le sujet était encore vivant. »

Mrs Kent était installée à la table du petit déjeuner lorsque son mari vint lui apprendre que leur fils était mort.

— C'est quelqu'un de la maison qui a fait cela, dit-elle.

Cox, la bonne, l'entendit.

— Ce n'est pas moi ! s'exclama-t-elle. Ce n'est pas moi !

À neuf heures, comme chaque jour, Kerslake éteignit le feu sous la plaque chauffante.

Venant de Trowbridge, le commissaire John Foley se présenta à Road Hill House entre neuf et dix heures ce matin-là. On le conduisit à la bibliothèque, puis à la cuisine. Cox lui montra la fenêtre ouverte du salon ; Gough lui montra le petit lit dans la nursery. La bonne d'enfants lui dit, rapportera-t-il plus tard, qu'elle « n'avait pas remarqué la disparition de la couverture avant que l'enfant ne soit ramené enveloppé dedans ». Foley dira avoir demandé à Samuel Kent s'il savait, avant de partir pour Trowbridge, que la couverture avait disparu. « Assurément non », lui répondit le maître de maison. Ou bien le souvenir de Foley était défaillant (« Je n'ai pas aussi bonne mémoire que certains », admettra-t-il), ou bien Samuel Kent mentait ou avait les idées singulièrement embrouillées : son épouse, la préposée au péage et la femme du constable Heritage déclarèrent toutes trois qu'il était au courant de la disparition de cette couverture avant de partir pour Trowbridge, de même qu'il le dit lui-même lorsqu'il fut interrogé en d'autres occasions.

Foley fit le tour des lieux, accompagné de Parsons quand celui-ci eut terminé son examen préliminaire du cadavre. Ils inspectèrent les différents effets des occupants de la maison, dont une chemise de nuit posée sur le lit de Constance – « Elle ne présentait aucune tache, dirait Parsons ; elle était très propre. » Il remarqua que la literie du lit de Saville « était très bien pliée, comme par une main experte ». Dans la cuisine, le médecin étudia les couteaux au microscope et n'y releva aucune trace de sang. Il déclarerait que, de toute façon, aucun de ces couteaux n'aurait pu infliger les plaies qu'il avait examinées.

John Foley se rendit à la buanderie pour se pencher sur le corps de Saville, emmenant avec lui Henry Heritage, le constable que Kent était allé tirer du lit à Southwick et qui était arrivé à Road Hill House à dix heures. Puis les deux hommes allèrent examiner les cabinets où l'on avait trouvé le corps. Regardant à l'intérieur de la fosse, Foley crut distinguer « comme un linge » posé sur les excréments. « J'ai envoyé chercher un croc, que j'ai fixé à un bâton, et j'ai remonté un morceau de flanelle de coton. » Cette pièce de tissu mesurait dix ou douze pouces carrés et ses bords étaient garnis d'un extra-fort. Foley y vit d'abord un vêtement masculin, mais cela fut par la suite identifié comme une ouatine destinée à rembourrer l'intérieur d'un corset. On en avait apparemment coupé les cordons. L'étoffe était poisseuse de sang en cours de coagulation. « Le sang dont elle était imprégnée semblait encore frais. Il était encore liquide. [...] Le sang avait pénétré dans le tissu, mais il paraissait y être tombé si lentement qu'il avait caillé en s'écoulant goutte à goutte. »

En fin de matinée, deux connaissances de Samuel Kent arrivèrent de Trowbridge pour proposer leurs services : Joseph Stapleton, médecin, et Rowland Rodway, avocat. Stapleton, qui vivait dans le centre de Trowbridge avec sa femme et son frère, était médecin certificateur auprès de plusieurs des manu-factures que Samuel Kent supervisait. Il estimait si les ouvriers, particulièrement les enfants, étaient en suffisamment bonne santé pour travailler dans les filatures, et signalait toute blessure dont ils étaient frappés. (Il allait publier l'année suivante le premier livre sur l'assassinat de Road Hill House, ouvrage qui deviendrait la principale source pour de nom-breux écrits sur cette affaire.) Rodway était veuf et père d'un fils de vingt et un ans. Il déclara avoir trouvé Samuel Kent dans un « état de chagrin et d'horreur, [...] d'agitation et de souffrance », répé-tant qu'il allait télégraphier sur-le-champ pour faire venir un détective de Londres « avant que toute trace du crime n'ait disparu ou n'ait été effacée ». Le commissaire Foley s'opposa à cette initiative – elle était de nature, dit-il, à causer difficulté et désap-pointement – et, au lieu de cela, il fit venir de

Trowbridge une femme qui serait chargée de fouiller les domestiques de sexe féminin. Il fit état, selon Rodway, « de quelque hésitation à s'ingérer dans la vie privée de la famille et à prendre les mesures de surveillance que l'affaire imposait ». Samuel Kent demanda à Rodway de dire à Foley qu'il ne devait pas « se sentir le moindrement entravé ».

Foley chaussa alors ses lunettes, se mit à quatre pattes et, comme il le dirait plus tard, examina « méticuleusement chaque marche d'escalier et chaque recoin » entre la nursery et les portes d'entrée de devant et de derrière. « J'ai passé en revue dans les moindres détails les montants, les angles de l'escalier et du couloir, et même l'herbe, le gravier, les degrés du perron, le tapis du vestibule, et je n'ai rien trouvé. »

Dans l'après-midi, il interrogea Gough au salon en présence de Rodway et de Stapleton. Selon ce dernier, la nurse paraissait fatiguée, mais ses réponses étaient cohérentes et sans détour. Elle donnait l'impression d'une « personne d'une grande intelligence ». Rodway considéra lui aussi qu'elle répondait « franchement et pleinement, et sans embarras aucun ». Lorsque Foley lui demanda si elle avait le moindre soupçon quant à l'identité de l'assassin, elle répondit par la négative.

Samuel Kent demanda à Rodway s'il accepterait de le représenter lors de l'enquête judiciaire menée par le coroner. L'avocat lui repartit que cela pourrait faire mauvaise impression, car cela risquerait de laisser entendre qu'il était lui-même suspect. Samuel dirait plus tard s'être senti obligé de solliciter le concours de Rodway non pour lui-même, mais pour protéger son fils William sur qui des rumeurs couraient dans le village : « J'ignorais ce qui pouvait se passer là-bas, étant donné qu'il se disait que le meurtrier était mon fils William. »

Benger et un groupe de plusieurs autres hommes vidangèrent la fosse des latrines. Quand il ne resta plus que six ou huit pouces d'eau, ils en palpèrent soigneusement le fond, mais n'y trouvèrent rien. Fricker, le plombier et vitrier, proposa d'examiner les conduites et alla chercher une bougie à la cuisine. Il y rencontra Elizabeth Gough qui lui demanda à quelle fin il voulait une bougie. Il lui expliqua que c'était pour visiter la citerne. Elle lui dit être bien certaine qu'il ne découvrirait rien de plus de ce côté-là.

D'autres policiers se présentèrent à Road Hill House au cours de la journée, ainsi qu'Eliza Dallimore, la « fouilleuse » employée par les autorités pour examiner la personne et les effets personnels des suspectes. Elle était l'épouse de William Dallimore, un des constables déjà sur les lieux. Elle emmena Gough à la nursery.

— Qu'attendez-vous de moi ? s'enquit cette dernière.

— Il faut que vous vous déshabilliez, répondit Mrs Dallimore.

— Je ne le peux, dit la nurse.

Mrs Dallimore lui affirma que c'était nécessaire et la conduisit dans le dressing adjacent.

— Eh bien, mademoiselle, reprit la fouilleuse, tandis que Gough ôtait ses vêtements, voilà un crime bien affreux.

— Oui, en effet.

— Vous sentez-vous en état de m'en parler ?

Gough répéta qu'elle s'était réveillée à cinq heures du matin pour s'apercevoir que Saville avait disparu.

— J'ai pensé qu'il devait être avec sa maman, attendu qu'il y va généralement le matin. Selon Mrs Dallimore, elle aurait ajouté : C'est par jalousie. Il va dans la chambre de sa maman et lui raconte tout.

— Personne n'irait assassiner un enfant pour une telle peccadille, fit observer Mrs Dallimore.

Cette description de Saville comme un rapporteur devint, pour beaucoup, la clé de l'affaire.

Eliza Dallimore et Elizabeth Gough descendirent à la cuisine. « C'est une chose abominable, dit Mrs Dallimore aux domestiques, et je pense que toute la maisonnée est responsable de ce qui est arrivé à cet enfant. »

Quand Fricker, le plombier, s'en revint du jardin avec son aide, Gough le questionna :

— À quoi étiez-vous occupé, Fricker ?

— J'ai démonté les cabinets.

— Et vous n'avez rien trouvé ?

— Non, rien.

— Pardi, vous ne trouverez rien.

Ces remarques qu'elle adressa au plombier avant et après son exploration des conduites furent par la suite tenues pour le signe que la nurse en savait plus qu'elle ne voulait bien l'admettre.

Mrs Dallimore soumit les différentes domestiques à une fouille au corps, mais, à la demande de Foley, n'exigea pas des femmes de la famille de se dévêtir, se bornant à examiner leur chemise de nuit. Elle releva des taches de sang sur celle de Mary Ann, la fille aînée, et la remit aux policiers. Ceux-ci soumirent le vêtement à Parsons, qui attribua ces taches à des « causes naturelles ». Stapleton convint que ce sang était d'origine menstruelle. La chemise de nuit n'en fut pas moins confiée à la garde de Mrs Dallimore.

Vers quatre heures de l'après-midi, le constable Urch demanda à deux femmes du village, Mary Holcombe et Anna Silcox, de faire la toilette du petit défunt. Mary Holcombe était la femme de ménage qui nettoyait la cuisine au moment où Nutt et Benger avaient découvert le cadavre de Saville. La veuve Silcox avait jadis exercé le métier de « nurse au mois », qui consistait à s'occuper d'une mère et de son bébé au cours des premières semaines suivant la naissance. Elle vivait non loin de là avec son petit-fils, charpentier de son état. Parsons dit à ces deux femmes de « faire ce qui convenait pour le pauvre enfant ».

Parsons s'entretenait avec Samuel Kent dans la bibliothèque, quand un messager se présenta à Road Hill House, porteur d'instructions à l'attention du médecin. Celui-ci se voyait prié de procéder à une autopsie. Informé du meurtre par la police, le coroner avait en effet programmé une enquête pour le lundi suivant. Avec l'aval de Samuel Kent, Parsons demanda à Stapleton de l'aider à autopsier le mort.

Lorsqu'il vit le corps, Stapleton nota « une expression reposée » sur le visage de l'enfant. « Légèrement retroussée par le spasme de la mort, sa lèvre supérieure s'était raidie au-dessus des dents du haut. » Les deux médecins ouvrirent l'estomac du garçonnet, y trouvant les vestiges de son souper, dont du riz. Afin de voir s'il n'avait pas été drogué, Parsons rechercha à l'odorat des traces de laudanum ou autre narcotique, mais n'en détecta point. Le coup de couteau porté à la poitrine, large d'un peu plus d'un pouce, avait déplacé le cœur, crevé le diaphragme et lésé l'enveloppe externe de l'estomac. « Il a fallu une très grande force, rapportera Parsons, pour infliger pareil coup à travers la chemise et jusqu'à une telle profondeur. » Le praticien jugea l'enfant « remarquablement bien développé ». D'après la déchirure du tissu et des chairs, Parsons supposa que l'arme avait la forme d'un poignard. « Cela n'aurait pu être fait à l'aide d'un rasoir. Il devait selon moi s'agir d'un coutelas long, large et pointu. » Il crut dans un premier temps que la cause du décès était la blessure à la gorge.

L'autopsie révéla deux faits singuliers. Le premier était ces « cernes noirâtres autour de la bouche » que Parsons avait déjà remarqués plus tôt ; la bouche « ne présentait pas l'aspect que l'on observe habituellement chez les morts, comme si elle avait été fermement comprimée par quelque chose ». Il subodorait que ce quelque chose pouvait avoir été « la violente intromission de la couverture dans sa bouche pour l'empêcher de crier, ou bien cela pouvait avoir été fait avec la main ».

L'autre mystère était le défaut de sang. « On n'a pas relevé une importante quantité de sang, telle qu'il s'en serait écoulé si la gorge avait été tranchée dans les cabinets, les artères provoquant alors de grands jaillissements de sang sur les murs. » Si l'enfant avait été égorgé de son vivant, « le pouls aurait projeté des jets de sang ». Pourtant, le corps s'était vidé de son sang ; les organes internes, préciserait Parsons, étaient complètement exsangues.

LA MORT   67

Les deux médecins trouvèrent Samuel Kent en larmes à leur retour dans la bibliothèque. Stapleton chercha à le réconforter, lui assurant que Saville était mort rapidement. Et Parsons de renchérir : « Votre enfant a beaucoup moins souffert que vous n'allez souffrir. »

Le commissaire Foley resta à veiller le corps dans la buanderie. À l'approche du soir, racontera-t-il, Elizabeth Gough entra pour déposer un baiser sur la main de Saville. Avant de rentrer chez lui, le commissaire demanda à boire et à manger. « Je n'ai rien avalé ni rien bu de toute la journée. » Samuel lui servit un porto coupé d'eau.

La vie de la maisonnée se poursuivait. Holcombe passa la tondeuse à gazon sur la pelouse. Cox et Kerslake firent les lits. Cox prit une chemise de nuit propre dans la chambre de Constance pour l'éventer devant le feu de la cuisine. Le linge de Constance se distinguait facilement de celui de ses sœurs, dira Cox, car il était « d'une texture très grossière ». Ses chemises de nuit comportaient « des passements ordinaires », alors que celles de Mary Ann étaient pourvues de dentelle et celles d'Elizabeth de broderie.

Cette nuit du samedi, les deux aînées ne couchèrent pas dans la même chambre : Elizabeth descendit partager le lit de sa belle-mère, « car papa veilla » jusqu'au matin, et Constance alla dormir avec Mary Ann « pour avoir de la compagnie ». Après avoir aidé Mrs Kent et Mary Amelia à se préparer pour la nuit, Elizabeth Gough monta dormir dans la chambre de Cox et Kerslake. Le petit lit d'Eveline avait sans doute été roulé jusqu'à la chambre de ses parents, laissant la nursery déserte. Il n'y eut que William pour passer la nuit seul.

Foley veilla de nouveau le lendemain sur le cadavre de Saville. Toutes les demoiselles Kent vinrent donner un baiser à leur petit frère, de même qu'Elizabeth Gough. Après cela, la nurse dit à Mrs Kent qu'elle avait embrassé « le pauvre petit ». Selon un procès-verbal, Mrs Kent déclara que Gough « semblait très triste et pleurait sa mort » ; selon un autre, toutefois, elle dit que Gough « l'évoquait souvent avec affection et chagrin, mais je ne l'ai pas vue pleurer ». Dans cette affaire, on était constamment à l'affût des larmes versées et des baisers donnés par les suspects féminins, gages d'innocence.

La nuit du dimanche, Constance dormit seule. William ferma sa porte à clé « par peur ».

III

Dieu ne va-t-il pas tout élucider ?

2 - 14 juillet

Le lundi 2 juillet 1860, après des mois de pluie et de vent, le temps se remit et le *Bristol Daily Post* put écrire : « Nous avons en définitive une petite chance de goûter un soupçon d'été. » À dix heures ce matin-là, le coroner du Wiltshire, George Sylvester, qui habitait Trowbridge, déclara ouverte l'enquête judiciaire sur la mort de Saville Kent. Selon l'usage, il en fixa le siège au Red Lion, principal pub de la localité. Longue et basse bâtisse en pierre, pourvue d'une large porte d'entrée, l'établissement était sis au centre encaissé du bourg, là où convergeaient Upper Street et Lower Street. Ces deux rues, bordées de rangées de maisons anciennes, montaient vers Road Hill, dont le sommet se trouvait à un demi-mile du pub.

Parmi les dix jurés figuraient le patron du Red Lion, un boucher, deux fermiers, un cordonnier, un maçon, un bâtisseur de moulins et l'officier de l'état civil. La plupart de ces hommes résidaient dans l'une ou l'autre des deux rues susdites. Le révérend Peacock était président. Rowland Rodway, nonobstant ses doutes, suivait les débats pour le compte de Samuel Kent.

Le jury suivit le coroner à Road Hill House afin de voir le corps de Saville, toujours entreposé dans la buanderie. Le commissaire Foley les y accueillit. Le cadavre était celui d'un « joli petit garçon, devait-on lire dans le *Bath Chronicle*, mais il composait un horrible tableau en raison de plaies hideuses qui lui conféraient un air effrayant ; son visage était néanmoins empreint d'une expression innocente et sereine ». Les jurés inspectèrent également le salon, la nursery, la chambre des parents, les commodités et l'extérieur de la propriété. Une heure et demie plus tard, alors qu'ils s'apprêtaient à regagner le Red Lion, Foley demanda au coroner lesquels des membres de la maisonnée seraient cités comme témoins. Seulement la bonne, qui avait fermé les fenêtres, et la nurse, qui avait la responsabilité de l'enfant au moment de sa disparition, répondit le coroner.

Sarah Cox et Elizabeth Gough descendirent ensemble au Red Lion. Cox avait trié la lessive de la semaine dans deux grandes panières qu'elle laissa dans le débarras pour la blanchisseuse, Hester Holley. Cette dernière et sa fille cadette Martha vinrent avant midi prendre ce linge pour l'emporter chez elles. Elles prirent aussi le cahier de blanchissage dans lequel Mary Ann Kent avait dressé la liste de tous les articles. (Sa chemise de nuit tachée, confiée à Eliza Dallimore, lui avait été rendue dans la matinée.)

Dès que Mrs Holley arriva à son domicile, soit cinq minutes plus tard, elle et ses trois filles (dont l'une, Jane, était mariée à William Nutt) ouvrirent les panières pour passer leur contenu en revue. « Il n'était pas dans nos habitudes d'ouvrir le linge sitôt après l'avoir reçu », déclarera plus tard Mrs Holley. Son motif d'agir de la sorte était étonnant : « Le bruit courait qu'il manquait une chemise de nuit. » Les femmes Holley s'aperçurent en effet que, bien que figurant sur la liste, la chemise de nuit de Constance n'était dans aucune des panières.

Au village, le Red Lion avait fini par devenir si surpeuplé que le coroner décida que l'on se transporterait à Temperance Hall, à quelques minutes de marche en remontant Lower Street en direction de Road Hill. La salle était « bondée à étouffer », rapportera le *Trowbridge and North Wilts Advertiser*. Foley présenta la chemise de nuit de Saville, ainsi que son maillot et sa couverture, le tout encroûté de sang séché, et les fit circuler parmi le jury.

Cox et Gough furent les premiers témoins à déposer. Cox raconta avoir fermé la maison le vendredi soir et avoir trouvé une des fenêtres du salon ouverte le lendemain matin. Gough expliqua en détail comment elle avait mis Saville au lit le vendredi soir et avait constaté sa disparition le lendemain matin. Elle le décrivit comme un enfant joyeux, heureux et de bonne composition.

Le coroner entendit ensuite Thomas Benger, qui avait découvert le corps, et Stephen Millet, le boucher. Celui-ci lui remit le morceau de papier journal ensanglanté retrouvé sur les lieux et fit un commentaire relativement à la quantité de sang relevée dans les latrines : « Du fait de mon métier de boucher, je suis habitué à voir ce que les bêtes que l'on abat perdent comme sang. » À son idée, il y en avait une pinte et demie sur le sol des cabinets.

« Mon impression, dit-il, est que l'enfant était

tenu jambes en l'air et tête en bas, et que c'est dans cette position qu'on lui a tranché la gorge. » Sursaut d'horreur chez les spectateurs.

On ne parvint pas à identifier le morceau de papier journal. Un journaliste avança qu'il pouvait s'agir d'un fragment du *Morning Star*. Cox et Gough affirmèrent que Mr Kent ne prenait pas ce journal – il était abonné au *Times*, au *Frome Times* et à la *Civil Service Gazette*. Cela donnait à penser – mais de façon guère probante – que quelqu'un de l'extérieur était présent sur le lieu du crime.

Joshua Parsons fut le témoin suivant. Il relata de quelle manière il avait été appelé à Road Hill House, puis exposa les conclusions de l'autopsie : Saville était mort avant trois heures du matin ; on lui avait tranché la gorge et perforé la poitrine ; il présentait également des signes de suffocation. Trois pintes de sang auraient dû, selon lui, jaillir du corps « à gros bouillons », mais on en avait retrouvé beaucoup moins que cela.

Après la déposition de Parsons, le coroner voulut clore la séance, mais le révérend Peacock déclara, en tant que président du jury, que ses cojurés voulaient entendre Constance et William Kent. L'ecclésiastique n'y était pas favorable, ayant le sentiment qu'il convenait de laisser la famille en paix, mais les autres y tenaient. Certains jurés exigeaient d'interroger tous les membres de la famille : « Faites-les tous comparaître ; ne prenez pas plus de gants avec l'un qu'avec l'autre », « Appelez-les tous autant qu'ils sont. » Les gens du village, rapportera Stapleton, soupçonnaient le coroner de protéger les Kent : « Une loi pour les riches et une autre pour les pauvres. » Le coroner accepta à contrecœur que Constance et William soient entendus, mais à la condition que l'interrogatoire ait lieu à leur domicile, ceci afin de ne pas « exposer ces enfants à des affronts ». Il s'inquiétait de la façon dont les deux adolescents étaient « évoqués avec véhémence, en termes d'exécration, comme s'ils étaient les meurtriers ». Le jury se transporta de nouveau à la maison.

Les interrogatoires, qui se tinrent dans la cuisine, furent de courte durée – trois ou quatre minutes chacun.

« J'ignorais absolument tout de sa mort, jusqu'au moment où on l'a retrouvé, déclara Constance. J'ignore tout de cet assassinat. [...] Tout le monde était gentil avec lui. » Interrogée sur Elizabeth Gough, elle répondit : « Elle m'a semblé généralement attentive et d'humeur égale, s'acquittant de son rôle aussi bien qu'on pouvait le souhaiter. » Selon le *Somerset and Wilts Journal*, elle « témoigna à voix basse, mais audible, le regard rivé au sol ».

La déposition de William fut de même teneur, mais exprimée avec plus d'animation : « Je ne sais rien et n'ai rien appris des faits avant le matin – ce que je déplore. Saville était le préféré de tout le monde. J'ai toujours trouvé la nurse très bonne et attentive. J'ignore tout des circonstances du meurtre. » Son attitude était plus engageante que celle de sa sœur : « Il s'exprima avec clarté, sans quitter le coroner des yeux. » En comparaison, Constance avait paru éteinte, renfermée.

De retour à Temperance Hall, le coroner précisa aux jurés que leur rôle consistait à déterminer comment Saville était mort, non qui l'avait assassiné. Ils signèrent de très mauvais gré une feuille imputant le meurtre à « une personne ou des personnes inconnues ». « Elle est inconnue, déclara un homme, n'empêche qu'un très fort soupçon me reste en travers du gosier. » « Pareil pour moi », fit un autre. « Ça, c'est sûr », renchérit un troisième. Le cordonnier se leva pour dire que la plupart de ses cojurés pensaient que l'assassin était un habitant de Road Hill House. Il accusa Parsons, le révérend Peacock et le coroner de chercher à étouffer l'affaire.

Le coroner ignora cette agitation. Il rasséréna le jury avec l'idée que « même si cet acte était dissimulé aux yeux des hommes, il avait été vu et consigné par le Très-Haut » et, à trois heures trente de l'après-midi, il décréta que l'enquête était close. « Messieurs, il s'agit, à ma connaissance, du meurtre le plus extraordinaire et le plus mystérieux jamais commis. »

À Road Hill House, l'enquête terminée, Foley remit la clé de la buanderie à Mrs Silcox, qui avait fait la toilette du mort. Cette dernière finit d'apprêter le corps pour les obsèques, après quoi Elizabeth Gough et Sarah Cox le montèrent à l'étage dans son cercueil. Mrs Kent ordonna à Gough de « visser » le couvercle.

Plus tard, on demanda à Mrs Kent si la nurse avait donné un baiser à Saville avant de refermer la bière. « Il était déjà très altéré, répondit-elle ; je ne pense pas qu'elle aurait pu le faire à ce moment-là. »

Ce lundi soir, Constance pria Gough de dormir avec elle.

Aux environs de onze heures le lendemain matin, Hester Holley rapporta le linge à Sarah Cox et reçut son règlement hebdomadaire de sept ou huit shillings. Elle ne parla pas de la chemise de nuit manquante. « Je ne lui ai pas dit qu'il manquait quoi que ce soit, admettra-t-elle par la suite. C'est là que j'ai eu tort. J'étais comme qui dirait pressée, mais j'étais bien certaine qu'il manquait une chemise. »

Dans l'après-midi, James Morgan, constable de la paroisse, et quatre constables de la police se présentèrent chez Mrs Holley pour l'interroger au sujet de la ouatine. Ils voulaient savoir si elle l'avait jamais vue parmi le linge que lui confiaient les Kent. Elle répondit par la négative et, lorsqu'il lui fut demandé si le linge de la semaine passée était en ordre, elle dit qu'il « était conforme à la liste portée dans le cahier ».

Aussitôt après, elle envoya Martha à Road Hill House dire aux Kent qu'une de leurs chemises de nuit manquait et qu'elle avait tu ce détail aux policiers. Mrs Kent convoqua Sarah Cox et Mary Ann Kent dans la bibliothèque. Celles-ci affirmèrent avoir placé trois chemises de nuit dans les panières, cependant que Martha Holley jurait n'y en avoir trouvé que deux.

Martha s'en revint raconter l'entrevue à sa mère, qui, vers six heures ce soir-là, se rendit en personne à Road Hill House. « J'y ai vu Mrs Kent, les deux Miss Kent, la bonne et la cuisinière ; et Mr Kent m'a apostrophée du pas de sa porte pour me dire, et point du tout à la manière d'un monsieur, que si je ne rapportais pas la chemise sous quarante-huit heures, il me collerait une plainte carabinée. [...] Il m'a parlé très sèchement. »

Le vendredi 6 juillet, la dépouille de Saville fut emportée pour être inhumée. Le *Western Daily Press* rapporta que, tandis que l'on portait le cercueil à travers les jardins de Road Hill House, « les courroies qui servaient à le transporter ont rompu, juste après que le groupe eut dépassé les lieux d'aisance et avant qu'il eut atteint le portail, et le cercueil est tombé sur le gravier, où il est resté jusqu'à ce que de nouvelles courroies soient apportées de la maison ». Sous les yeux d'un attroupement de gens du bourg, une voiture emporta le cercueil et les deux parents mâles du défunt, Samuel et William Kent. (Les femmes n'assistaient généralement pas aux obsèques, même si elles revêtaient en ce jour leurs vêtements de deuil.)

Le cortège funèbre traversa Trowbridge à neuf heures et demie, arrivant une demi-heure plus tard au village d'East Coulston. Le garçon fut placé dans le caveau familial, à côté des restes de la première épouse de Samuel Kent. L'inscription portée sur la pierre tombale s'achevait par ces mots : « DIEU N'ÉLUCIDERA-T-IL PAS CE MYSTÈRE ? CAR IL CONNAÎT LES SECRETS DU CŒUR. » Un article de journal dépeignit l'« immense chagrin » dont faisaient preuve Samuel et William Kent ; un autre n'attribuait une « intense émotion » qu'au père. Il fallut qu'une connaissance le raccompagne du cimetière à sa voiture.

Quatre amis de la famille – trois médecins et un avocat – assistèrent à l'enterrement : Benjamin Mallam, parrain de Saville, qui exerçait la médecine à Frome, Joshua Parsons, Joseph Stapleton et Rowland Rodway. Partageant une voiture pour regagner Road, ils évoquèrent le meurtre. Parsons dit

LA MORT 77

aux trois autres que Mrs Kent lui avait demandé de déclarer Constance atteinte d'aliénation mentale.

Le commissaire Foley continua de diriger l'enquête, même si plusieurs autres officiers de police se rendirent à Road cette semaine-là. Les policiers visitèrent les chambres inoccupées de Road Hill House et passèrent au peigne fin quelques bâtiments inhabités situés en bas de la pelouse. Ils tentèrent de draguer la rivière à proximité de la maison, mais l'eau était trop haute – la Frome était sortie de son lit quelques semaines plus tôt. Ils paraissaient ne pas progresser d'un pas vers la résolution du mystère et, avant même la fin de la semaine, les magistrats du Wiltshire demandèrent au Home Office de dépêcher un détective de Scotland Yard. On n'accéda pas à leur requête. « Maintenant que chaque comté a sa police, fit observer le sous-secrétaire permanent, Horatio Waddington, on recourt rarement aux fonctionnaires basés à Londres. » Les magistrats annoncèrent qu'ils diligenteraient leur propre enquête le lundi suivant.

Attendu que le désaccord portant sur la chemise de nuit restait irrésolu, Mrs Holley refusa, le lundi 9 juillet, de se charger de la lessive de la famille. Ce matin-là, Foley envoya Eliza Dallimore rapporter à Road Hill House la ouatine qu'il avait trouvée dans les latrines. « Mrs Dallimore, lui dit-il, il faut que vous fassiez essayer cette pièce de vêtement aux domestiques ainsi qu'à la nurse. » Le tissu avait été lavé, la puanteur du sang et des excréments étant devenue insupportable.

Dallimore conduisit Cox et Kerslake dans leur chambre à coucher au second étage et les invita à se dévêtir. Elle les pria ensuite de passer le maillot pour finalement découvrir qu'il était trop juste pour l'une comme pour l'autre. Ensuite, elle demanda à Elizabeth Gough de se déshabiller dans la nursery. « Cela ne sert à rien, objecta cette dernière. Même si ce vêtement me va, ce n'est pas pour autant que j'aurai commis le meurtre. » Elle ôta son corset et essaya le maillot. Il lui allait.

« Ma foi, il irait à beaucoup, concéda Mrs Dallimore. Il me va. Mais il n'y a personne ici à qui il aille en dehors de vous. » Foley ne lui avait pas demandé de procéder à un essayage avec Mrs Kent et ses trois belles-filles.

Ce même lundi, une semaine après l'enquête judiciaire, les cinq magistrats du Wiltshire ouvrirent à Temperance Hall ce que le *Somerset and Wilts Journal* décrivit comme une audience « très confidentielle » à laquelle ils convoquèrent plusieurs des habitants de Road Hill House. Mrs Kent leur dit que l'assassin était selon elle une personne logeant à la maison, « quelqu'un qui connaissait les lieux ». Et d'ajouter : « Je n'ai aucune raison d'en vouloir à la nurse. Le seul reproche que je lui fais, c'est de ne pas m'avoir prévenue à l'instant où elle a vu que le petit avait disparu. »

Les policiers qui travaillaient sur l'affaire soupçonnaient Elizabeth Gough. Ils pensaient presque impossible que l'enfant ait pu se faire enlever dans la chambre à l'insu de la nurse. Le scénario qui avait pris forme dans leur esprit était celui-ci : Saville s'était réveillé dans la nuit et avait vu un homme dans le lit de Gough. Pour le faire taire, les amants lui avaient plaqué une main sur la bouche et, accidentellement ou volontairement, l'avaient étouffé. Gough elle-même avait dépeint Saville comme un rapporteur : « Il va dans la chambre de sa maman et lui raconte tout. » Le couple avait ensuite mutilé le cadavre pour maquiller la cause du décès. Si l'amant était Samuel Kent, il avait pu se débarrasser du corps au moment où il était parti pour Trowbridge. Du fait de la précipitation et parce qu'ils avaient dû veiller à ce qu'on ne les vît pas conférer, leurs versions respectives s'étaient contredites et avaient varié, en particulier leurs déclarations concernant le moment où ils s'étaient aperçus de la disparition de la couverture. Ce scénario expliquait également la réponse peu satisfaisante de Gough à la question de savoir pourquoi elle s'était abstenue de réveiller sa patronne quand elle avait constaté l'absence de Saville.

À huit heures du soir, le mardi 10 juillet – jour du quinzième anniversaire de William –, les magistrats ordonnèrent à la police d'appréhender Elizabeth Gough.

« Avant d'être informée de la décision des juges, rapportera le *Bath Chronicle*, l'intéressée, lorsque les différents témoins se sont présentés à la maison, était apparemment de fort bonne humeur et parlait avec grande liberté du plaisir qu'elle aurait pris à faire les foins si cette "affaire" ne s'était pas produite. Elle a déclaré être si pénétrée de son innocence qu'elle ne redouterait pas d'être interrogée par cent juges. »

Cette belle assurance ne tint pas longtemps. « Apprenant qu'elle allait être placée en détention, elle est tombée sans connaissance. » Selon le *Somerset and Wilts Journal*, elle avait succombé à une « attaque nerveuse ». Elle resta « inconsciente durant quelques minutes ». Quand elle fut revenue à elle, Foley l'emmena en cabriolet au commissariat de Trowbridge, sis dans Stallard Street. Foley y avait un logement de fonction avec sa femme, son fils (clerc de notaire) et un domestique. Les Dallimore – William, le constable, Eliza, la fouilleuse, et leurs trois enfants habitaient également sur place. Ils se virent confier la garde de Gough. La nurse et Mrs Dallimore partagèrent le même lit.

Pendant son séjour au poste, Gough dit à Foley et à sa femme qu'elle était certaine que Constance n'était pas l'assassin.

— Est-ce que c'est vous ? interrogea Foley.

— Non, lui répondit-elle.

Elle confia à un autre policier avoir décidé de « ne plus jamais aimer un autre enfant ». L'homme lui en demanda la raison. Parce que, dit-elle, « c'est la deuxième fois qu'il arrive quelque chose à un enfant auquel je suis attachée. Dans une place que j'ai occupée pendant deux ans, il y avait un enfant que j'aimais beaucoup et il est mort ».

Le bruit se répandit qu'elle avait avoué, donnant Samuel Kent pour le meurtrier et elle-même pour sa complice. Plusieurs autres rumeurs se mirent à circuler au cours de la semaine, qui toutes incriminaient Samuel Kent : il se disait que Saville était assuré sur la vie, que l'on était en train d'exhumer les restes de la première Mrs Kent en vue de procéder à une autopsie, que Samuel Kent avait été vu à l'extérieur de la maison à trois heures du matin le jour du meurtre.

Le vendredi, Elizabeth Gough fut ramenée à

Road pour y être interrogée. Pendant que les magistrats se rendaient à Road Hill House, elle attendit chez Charles Stokes, un sellier qui avait sa maison à côté de Temperance Hall. Au bout de quelque temps, Ann, la sœur du sellier, corsetière et couturière de son état, fit observer que les magistrats tardaient ; « Il faut croire qu'ils ont découvert quelque chose », dit-elle. Gough « manifestait de l'inquiétude » et arpentait la pièce avec agitation. « J'espère qu'ils ne vont pas me faire venir, parce que je crois que je me sentirais aussi mal que mardi », dit-elle, faisant allusion à sa crise de nerfs.

« Tout en se pressant les mains contre les flancs, rapporta Ann Stokes, elle a dit qu'il lui semblait que son sang était passé d'un côté à l'autre. Elle a également dit qu'elle ne tiendrait pas beaucoup plus longtemps et qu'elle ne l'aurait pas fait si Mrs Kent ne l'avait pas suppliée de tenir bon. » Gough déclara que Mrs Kent l'avait encouragée en ces termes : « Il faut que vous teniez le coup encore un peu, Elizabeth ; faites-le pour moi. » Un peu plus tard, toujours selon Ann Stokes, Gough « a dit que, depuis le meurtre, elle s'était arraché plusieurs cheveux blancs, chose qui ne lui était jamais arrivée, que nul ne savait à quel point elle souffrait, et que si jamais il survenait encore quelque chose, elle pensait qu'elle en mourrait ».

À Road Hill House, les magistrats interrogèrent Mrs Kent et Mary Ann Kent. Ni l'une ni l'autre n'avait pu se rendre à Temperance Hall, la première du fait de l'avancement de sa grossesse, la seconde parce qu'elle avait été « prise de violentes attaques nerveuses en apprenant que sa présence serait requise ».

De retour au village, les magistrats firent venir

Gough. Huit journalistes s'étaient présentés, mais on n'en laissa entrer aucun – la séance se tiendrait à huis clos, leur fut-il annoncé. Un agent de police prit faction à l'extérieur pour veiller à ce que personne n'approche suffisamment des portes pour entendre quelque chose.

Aux alentours de sept heures ce soir-là, les magistrats ajournèrent l'enquête et annoncèrent à Gough qu'elle était libre de passer le samedi et le dimanche en compagnie de son père et de son cousin, arrivés dans l'après-midi d'Isleworth, près de Londres, à la condition qu'elle se présentât le lundi à Temperance Hall. Elle déclara qu'elle continuerait de loger au commissariat de Trowbridge. Sans doute fut-elle rassurée de se voir relâchée, car lorsqu'elle parvint en ville, « elle paraissait, selon le *Bath Chronicle*, assez enjouée, sautant du cabriolet avec entrain ».

Le mardi 10 juillet, un éditorial du *Morning Post*, quotidien national d'influence, ridiculise les tentatives menées par les policiers du Wiltshire pour découvrir le meurtrier de Saville Kent. Il s'en prend à la manière aussi précipitée que péremptoire dont le coroner a mené l'enquête judiciaire, et exige que cette affaire d'infanticide soit confiée au « plus expérimenté des détectives ». L'auteur de cet article soutient que la sûreté de tous les foyers d'Angleterre repose sur la mise au jour des secrets de Road Hill House. Il reconnaît que cela suppose la violation d'un espace sacro-saint :

Chacun de nos compatriotes a coutume de s'enorgueillir avec un contentement de soi peu ordinaire de ce que l'on appelle le caractère sacré du foyer anglais. Nul soldat, nul policier, nul espion du gouvernement, n'ose y entrer. [...] À la différence de l'occupant d'un domicile étranger, celui d'une maison anglaise, manoir ou chaumière, jouit d'un droit inaliénable contre toute agression sur le pas de sa porte. Il défie tout le monde en dessous du Home Secretary ; et encore celui-ci ne peut-il violer cette sûreté traditionnelle qu'en des circonstances extrêmes et avec l'aval du Parlement. C'est grâce à ce sentiment de sécurité enraciné que chaque Anglais est pénétré de l'inviolabilité de son logis. Voilà ce qui fait un château de la maisonnette perdue dans la lande. Ces principes moraux touchant le foyer anglais sont au dix-neuvième siècle ce qu'étaient douves, donjon et pont-levis au quatorzième siècle. Grâce à leur fermeté, nous nous allongeons le soir pour dormir et repartons le matin pour la journée avec le sentiment que tout le voisinage, pour ne pas dire le pays tout entier, se soulèverait si l'on tentait de violer ce que tant de traditions et une coutume si ancienne ont rendu sacré.

Ces idées étaient profondément enracinées dans l'Angleterre victorienne. Lors d'un séjour qu'il y fit à la fin des années 1840, le docteur Carus, médecin du roi de Saxe, note que le foyer anglais incarne « le principe chéri de l'isolement et de la retraite » sur lequel reposent « les fondements du tempérament national. [...] c'est cela qui donne à l'Anglais cet orgueilleux sentiment d'indépendance personnelle qui se trouve stéréotypé dans l'expression "Tout homme voit un château dans sa maison" ». Le poète américain Ralph Waldo Emerson fait observer que la sédentarité est la « racine pivotante » qui a permis aux Britanniques de « se ramifier avec ampleur. Le motif et le but de leur commerce et de leur Empire est de préserver l'indépendance et l'intimité de leurs foyers ».

Le *Morning Post* du 10 juillet soutenait qu'« en dépit de cette inviolabilité proverbiale un crime vient d'être commis qui, en raison de son caractère mystérieux, de ses probabilités compliquées et de son épouvantable atrocité, est sans exemple dans nos archives criminelles. [...] la sécurité des familles et le caractère sacré des foyers anglais exigent qu'on ne laisse pas cette question en repos tant que la dernière ombre de ce sombre mystère n'aura pas été chassée par l'éclat d'une vérité incontestable ». L'horreur de cette affaire tient à ce que la corruption se trouve au cœur du « sanctuaire domestique », à ce que verrous, serrures et fermetures de la maison se sont révélés totalement superflus. « Le secret est détenu par quelqu'un qui était dans la maison. [...] ses occupants doivent être tenus collectivement responsables de ce mystérieux et horrible événement. Aucun de ces gens ne devrait être libre de ses mouvements jusqu'à ce que l'ensemble du mystère ait été élucidé. [...] un membre (ou plus) de la famille est coupable. » Cet article du *Morning Post* fut repris le lendemain par le *Times*, puis, le reste de la semaine, par d'autres feuilles d'un bout à l'autre du pays. « Que le détective le plus doué du pays soit dépêché », réclamait le *Somerset and Wilts Journal*.

Le jeudi, un magistrat du Wiltshire demanda de nouveau au Home Secretary d'envoyer un détective à Road et, cette fois, on accéda à la requête. Le samedi 14 juillet, sir George Cornewall Lewis,

Home Secretary du gouvernement Palmerston, chargea sir Richard Mayne, préfet de la police métropolitaine, d'envoyer dès que possible « un homme intelligent » dans le Wiltshire. « L'inspecteur Whicher est désigné », griffonna Mayne au dos de la directive du Home Office.

Ce même jour, l'inspecteur principal Jonathan Whicher recevait l'ordre de se transporter à Road.

Deuxième partie

Le Détective

« Je m'engageai sur le chemin qui devait me conduire à la vérité, l'obscur et sinueux chemin. »

Wilkie COLLINS,
La Dame en blanc (1860)
(Trad. L. Lenob)

IV

Un homme de mystère

1er octobre 1814 - 15 juillet 1860

Il faisait encore jour, ce dimanche de 1860, tandis que le train de Whicher roulait en direction de l'ouest du Wiltshire. En juillet, la campagne était habituellement morcelée de quadrilatères jaunes – le fauve des froments ou l'or pâle des blés –, mais l'été était si tardif cette année-là que les cultures verdoyaient encore comme de l'herbe.

À six heures vingt de l'après-midi, le convoi fit halte à Trowbridge – forêt de tours et de cheminées de manufactures – et Whicher prit pied sur un quai étroit. Le premier bâtiment qui se présenta à lui au sortir du hall de la gare fut le commissariat de John Foley, dans Stallard Street, édifice de deux étages datant de 1854, année de création de la police locale. C'est là qu'Elizabeth Gough était détenue, de son propre chef, en attendant que son interrogatoire reprenne le lendemain.

Trowbridge s'était enrichie pendant des siècles grâce à la draperie. La venue du chemin de fer en 1848 avait encore accru sa prospérité. Aujourd'hui, avec une population de onze mille âmes, elle était la plus grosse ville manufacturière du sud de l'Angleterre. Filatures et teintureries, au nombre d'une vingtaine et mues par plus de trente machines à vapeur, se succédaient de part et d'autre de la gare. C'étaient ces établissements que Samuel Kent était chargé d'inspecter. En ce dimanche soir, tout y était silencieux ; mais le lendemain matin, les machines recommenceraient à marteler et à vrombir, l'air s'épaissirait de fumée, de suie, de l'odeur d'urine (collectée dans les baquets des pubs et utilisée pour le nettoyage de la laine) et de celle des teintures végétales s'écoulant dans la rivière.

Whicher engagea un porteur pour déposer ses bagages au Woolpack Inn, auberge située sur la place du marché, à un demi-mile de la gare. Les deux hommes franchirent le pont enjambant la Biss – modeste et paisible affluent de l'Avon – et se dirigèrent vers le centre de la ville. Ils passèrent devant la Parade, succession d'habitations de style georgien construites par de riches drapiers, et devant les rues transversales où se serraient des maisonnettes de tisserands. Le négoce avait été médiocre cette année-là. Un hiver rigoureux avait tué beaucoup de moutons, aussi la laine s'était-elle faite plus rare ; de plus, les compétitifs drapiers du nord du pays vendaient leur mousseline de laine à très bas prix.

Arrivé à l'auberge, au coin de Red Hat Lane, Whicher donna six pence au porteur et pénétra dans l'établissement. Il s'agissait d'un bâtiment trapu, construit en pierre et pourvu d'une arche en son milieu, où l'on offrait des chambres à un shilling et demi la nuit. Le bar servait du vin, du cidre, des alcools et de la bière maison. Il se peut que Whicher y ait bu un verre ou deux ; ne confia-t-il pas un jour à Dickens à propos d'une circonstance où il s'était trouvé dans un mauvais pas : « Je ne pouvais mieux faire que prendre une fine à l'eau pour garder courage. »

Jonathan Whicher naquit le 1er octobre 1814 à Camberwell, à trois miles au sud de Londres. L'auteur de ses jours, jardinier de son état, était sans doute un des nombreux maraîchers du village qui allaient vendre en ville leurs cerises, leurs laitues, leurs roses et leur osier. Il se peut aussi qu'il ait entretenu les pelouses et massifs des belles villégiatures qui parsemaient les environs, villas en stuc et cottages d'agrément de négociants londoniens en quête d'air pur et d'espace.

Le 23 octobre, jour du baptême de Jonathan, le vicaire de l'église paroissiale St Giles ondoya également l'enfant d'un autre jardinier et les nouveau-nés d'un cordonnier, d'un ébéniste, de deux voituriers, d'un facteur de flûtes et d'un manœuvre. Sous une des nombreuses variantes auxquelles son patronyme était sujet, l'enfant fut enregistré comme le fils de Richard et Rebecca Whicher. On l'appela tout de suite Jack. Il avait une sœur aînée, Eliza, et au moins un frère plus âgé, James. Une autre sœur, Sarah, vit le jour en août 1819, alors qu'il avait quatre ans. Cette été-là resta dans les esprits pour son abondance en Camberwell Beauties, ces grands papillons aux ailes veloutées de couleur bordeaux foncé, observés pour la première fois dans la région en 1748[1].

---

1. Il s'agit de *nymphalis antiopa* ; noms vernaculaires français : le morio, le manteau royal. (*N.B.* Sauf mention contraire, toutes les notes sont du traducteur.)

Au milieu des années 1830, Jack Whicher habitait toujours Camberwell, probablement à Providence Row, petit lotissement situé à l'extrémité nord, la plus pauvre, du village. Ces maisonnettes se trouvaient en bordure de Wyndham Road, proches d'une fabrique et adossées à des pépinières, mais dans un quartier miséreux, « aussi connu pour la dépravation que pour l'ignorance de ses habitants », s'il faut en croire un bulletin publié par l'école locale. Wyndham Road était fréquentée par des professions itinérantes – colporteurs, marchands des quatre saisons, ramoneurs – comme par de francs vauriens.

Quand Jack Whicher fit sa demande pour entrer dans la police métropolitaine à la fin de l'été de 1837, il avait juste l'âge requis, vingt-deux ans, et tout juste la taille requise avec ses cinq pieds huit pouces. Il réussit les tests d'instruction et d'aptitude physique, et deux « propriétaires respectables » de sa paroisse se portèrent garants de sa bonne réputation. À l'instar de plus d'un tiers des premières recrues, il travaillait comme ouvrier à l'époque où il posa sa candidature. Whicher devint agent de police le 18 septembre. Son salaire hebdomadaire – environ une livre sterling – ne constituait qu'une maigre amélioration par rapport à ce qu'il gagnait jusque-là, mais son avenir était désormais un peu plus assuré.

La police métropolitaine, première unité de cette nature en Angleterre, avait été fondée huit ans plus tôt. La ville de Londres était devenue si grande, si floue, si mystérieuse à ses propres yeux, que ses habitants avaient, à contrecœur, reconnu en 1829 la

LE DÉTECTIVE

nécessité de créer un corps de fonctionnaires disci-
plinés pour patrouiller dans les rues. Ces trois mille
cinq cents agents furent surnommés « bobbies » et
« peelers » (d'après le nom de leur fondateur, sir
Robert Peel), « coppers » (ils pinçaient – *copped* –
les délinquants), « crushers » (ils opprimaient – *cru-
shed* – la liberté), « Jenny Darbies » (de *gendarmes*) et
enfin « pigs » (terme employé dès le seizième siècle).

Whicher toucha une paire de pantalons bleu
foncé et un manteau à longues basques de même
couleur, dont les boutons de métal brillant étaient
frappés d'une couronne et du mot POLICE. Sa sec-
tion et son matricule – E47, le E correspondant au
quartier d'Holborn – figuraient en gros caractères
sur un col dur fermé par une boucle ; en dessous, un
collet en cuir de quatre pouces de hauteur lui enser-
rait le cou en guise de protection contre les étran-
gleurs. Son manteau était pourvu de profondes
poches où fourrer un bâton et une crécelle de bois. Il
coiffait un chapeau tuyau de poêle nanti d'une jugulaire et d'un couronnement en cuir verni. Un de ses
collègues détailla la tenue en ces termes : « Il me fallut revêtir un manteau à queue de pie et un très haut
haut-de-forme en peau de lapin, recouvert de cuir et
pesant dix-huit onces, une paire de bottes hautes
dont le cuir devait être au moins épais d'un seizième
de pouce, chacune agrémentée d'une grande boucle
en cuivre longue de six pouces. [...] Jamais de ma vie
je ne m'étais senti à ce point engoncé. » L'agent
devait porter son uniforme même lorsqu'il n'était
pas en exercice, de sorte qu'il ne pût jamais être
accusé de dissimuler son état. Il portait un bandeau
au poignet pour signaler qu'il était de service. Barbe

et moustache étant proscrites, beaucoup se firent pousser des favoris.

À une époque où tous les costumes tenaient de l'uniforme, le fourniment des agents de police présentait des avantages. La journaliste Harriet Martineau observa qu'un jeune homme ambitieux issu de la classe laborieuse pouvait « arpenter la rue un peu plus crânement et plus attirer les regards » dans cette mise « que l'artisan en tablier et bonnet de papier ou le manœuvre en futaine ou arborant le nœud du portefaix » – la futaine était le tissu grossier dont on faisait les vestes d'ouvrier ; le nœud dont il est question ici était un coussinet destiné à protéger les épaules lorsque l'on portait une lourde charge.

Le parfait agent de police se définissait par la retenue, l'anonymat, une absence d'émotion. « Une nature colérique ne pouvait convenir, écrit encore Martineau, ni la moindre vanité susceptible de l'exposer aux artifices de la séduction, ni une bonhomie excessive, ni une attitude ou un tempérament hésitants, ni le moindre faible pour la boisson, ni la moindre dose de stupidité. » Andrew Wynter, médecin et écrivain, décrit le constable idéal en ces termes : « [Il est] ferme, calme et inexorable, une *institution* plutôt qu'un homme. Sa personnalité n'offre pas plus de prise que n'en pourrait offrir sa redingote boutonnée à l'étrangler. [...] une machine qui n'agit, ne pense et ne parle que selon les préceptes du manuel. [...] Il semble [...] n'avoir ni espoirs ni craintes. »

Whicher partageait une chambrée avec une quinzaine d'autres au commissariat de Hunter Street, à deux pas au sud de King's Cross. Il s'agissait d'une solide bâtisse en brique acquise de récente date par la police. On y pénétrait par un long et sombre couloir. Outre les dortoirs, qui se trouvaient à l'étage, l'immeuble comprenait quatre cellules, une bibliothèque, une souillarde, un mess et un foyer. Tous les célibataires étaient tenus d'y loger et d'avoir regagné leurs quartiers pour minuit. Quand il était de service le matin, Whicher se levait avant six heures. Peut-être faisait-il sa toilette à l'étage, si l'endroit était équipé d'un tub et d'un paravent, puis il déjeunait d'une côtelette, d'une pomme de terre et d'une tasse de café. À six heures, les hommes se rangeaient dans la cour. Un des quatre inspecteurs de l'unité faisait l'appel, puis donnait lecture d'un document émis par le siège, à Whitehall Place, où étaient listées punitions, gratifications, révocations et suspensions. L'inspecteur informait également les hommes des derniers rapports criminels, faisant la description des suspects, des disparus et des biens dérobés. Après avoir passé en revue uniformes et équipements, il ordonnait : « Serrez les rangs ! » Un petit nombre des constables étaient renvoyés à l'intérieur en guise de force de réserve, cependant que les autres, encadrés par leurs sergents, partaient au pas pour gagner leurs secteurs respectifs.

Dans la journée, un constable faisait une ronde de sept miles et demi à deux miles et demi par heure en deux périodes de quatre heures chacune – par exemple, de six heures à dix heures du matin et de deux heures à quatre heures de l'après-midi. Il se familiarisait avec chaque immeuble situé sur son parcours et s'efforçait de débarrasser les rues de leurs mendiants, clochards, marchands ambulants, ivrognes et prostituées. Il était sujet à des contrôles inopinés effectués par un sergent ou un inspecteur, et le règlement était strict : interdiction de s'accoter ou de s'asseoir pendant sa ronde, interdiction de blasphémer comme de lutiner les servantes. Les policiers étaient tenus de traiter tout le monde avec respect – ainsi ne fallait-il pas appeler *cabbies* les conducteurs de cab – et d'éviter l'usage de la force. Cela s'appliquait également lorsque l'on n'était pas de service. Trouvé en état d'ébriété à quelque moment que ce fût, un constable recevait un avertissement ; en cas de récidive, il se voyait révoqué. Au début des années 1830, quatre destitutions sur cinq, pour un effectif de trois mille hommes, avaient la boisson pour motif.

Aux alentours de huit heures du soir, Whicher prenait son souper au commissariat – peut-être du gigot de mouton avec du chou, des pommes de terre et des boulettes de pâte. Quand il était de ronde de nuit, il se présentait dans la cour avant neuf heures, nanti d'une lanterne, dite *bull's-eye*, d'un bâton et d'une crécelle. Lors de cette ronde ininterrompue d'une durée de huit heures, il vérifiait la bonne fermeture des portes et des fenêtres, signalait les risques d'incendie, conduisait les indigents dans des foyers, s'assurait que les pubs fermaient conformément à l'horaire établi. Le circuit de nuit était beaucoup plus court – deux miles – et Whicher était tenu de repasser une fois l'heure au même endroit. S'il avait besoin de renfort, il actionnait sa crécelle ; il se trouvait toujours à portée de lui un autre constable, assurant une ronde voisine de la sienne. Si cette ronde pouvait se révéler pénible en hiver, elle avait pourtant ses avantages : pourboires pour avoir réveillé avant l'aube un ouvrier ou un marchand forain, et parfois une lampée de bière ou de brandy offerte par le tenancier de chaque pub situé sur le parcours.

Whicher faisait ses patrouilles dans le quartier d'Holborn, à l'époque où celui-ci était dominé par les vastes taudis de St Giles. Sur une étendue de huit acres, ce sombre dédale de rues et de venelles était truffé de passages dérobés faisant communiquer les cours, les greniers et les caves. Escrocs et tire-laine en sortaient pour embobiner, abuser, délester de leur argent les passants prospères – autour de St Giles se trouvaient les tribunaux, l'université, le British Museum, les belles places de Bloomsbury et les boutiques chic de High Holborn. Sitôt repérés par la police, les malfrats se glissaient de nouveau dans leur labyrinthe.

Holborn grouillait de malfaiteurs et il incombait aux policiers de la division E de savoir les identifier. Un nouveau lexique se fit jour pour cataloguer les différentes formes de délit. Les policiers faisaient attention aux « pipeurs » (filous, tels les bonneteurs) qui « berluraient » (illusionnaient) les « caves » (les dupes) avec l'aide de « barons » (complices qui attiraient les gogos en faisant mine de gagner de l'argent au jeu). Un « grimaud » (écrivain) pouvait vendre à un mendiant un « flan » (texte destiné à apitoyer le chaland) – en 1837, cinquante Londoniens furent arrêtés pour avoir rédigé de semblables documents et quatre-vingt-six autres pour en avoir été détenteurs. « Dépouiller le mioche » consistait à soutirer par la ruse aux enfants leur monnaie ou leurs hardes. « Chiader le jobard » consistait à susciter la compassion en demandant l'aumône à demi nu. « *To shake lurk* » consistait à mendier en se faisant passer pour un marin naufragé. En novembre 1837, un magistrat nota que, dans le quartier d'Holborn, certains voleurs feignaient l'ivrognerie afin de distraire les constables, faisant ainsi diversion pendant que leurs comparses cambriolaient des maisons.

Il arrivait que les agents de la division E aient à quitter leur arrondissement. L'ensemble des forces de police fut déployé en juin 1838 pour garnir le parcours entre le palais de Buckingham et l'abbaye de Westminster, le jour du couronnement de Victoria. La police avait déjà connaissance des aliénés mentaux qui faisaient une fixation sur la nouvelle reine. Ainsi, le pensionnaire d'un hospice de St Giles fut-il déféré devant les magistrats parce qu'il s'était mis en tête que Victoria était amoureuse de lui. Il affirmait qu'ils avaient « échangé des regards » à Kensington Gardens. Les juges l'envoyèrent à l'asile.

La première arrestation effectuée par Whicher aurait eu lieu en décembre 1840. Dans une maison close de Gray's Inn Road, non loin de King's Cross, il avisa une fille de dix-sept ans prise de boisson qui se pavanait dans une toilette d'un improbable raffinement. Elle avait au cou un boa en plume. Or Whicher se souvenait qu'un boa figurait au nombre des articles dérobés une quinzaine de jours plus tôt dans une maison de Bloomsbury, dont une des domestiques avait pris la fuite, la nuit du vol. Il appréhenda la demoiselle. Louisa Weller serait condamnée ce même mois pour avoir volé Sarah Taylor de Gloucester Street. Cette capture offre un petit aperçu des qualités du détective Whicher :

une excellente mémoire, le coup d'œil pour repérer l'incongru, de l'acuité psychologique et de l'assurance.

Aussitôt après, son nom disparaît pendant deux ans des gazettes. Cela tient probablement à ce qu'il avait été agrégé par les préfets de police – le colonel Charles Rowan et le juriste sir Richard Mayne – à une petite unité d'« agents de terrain » opérant en civil, protodétectives dont l'existence était tenue secrète. Le public anglais avait une sainte horreur de la surveillance. Quand il avait transpiré, au début des années 1830, qu'un policier en civil avait infiltré un rassemblement politique, cela avait fait scandale. Dans un tel climat, il était nécessaire de créer ce type de police en y mettant la plus grande discrétion.

Les archives des tribunaux indiquent que Whicher opérait en civil quand il repéra en avril 1842 un trio de malfaiteurs dans Regent's Street. Il leur emboîta le pas et vit bientôt l'un d'entre eux bloquer le passage à sir Roger Palmer, baronet anglo-irlandais possédant une maison à Park Lane, cependant qu'un autre lui soulevait délicatement les basques de la redingote et que le troisième prélevait une bourse dans sa poche. Ces pickpockets professionnels travaillaient en équipes de trois ou quatre larrons qui se couvraient et se facilitaient la tâche. Ayant été formés dès l'enfance dans l'art du tire-laine, beaucoup possédaient une adresse hors du commun. L'un des trois réussit à s'échapper, mais Whicher le repéra quinze jours plus tard dans une autre partie de la ville et le traîna au tribunal de police, signalant que l'individu avait aggravé son cas en essayant de l'acheter avec des pièces blanches.

Les dossiers de la police métropolitaine révèlent que Whicher travaillait de nouveau incognito, plus tard ce même mois, lorsqu'il prit part à la traque de Daniel Good, cocher de Putney qui avait assassiné et dépecé sa maîtresse. Whicher et son collègue d'Holborn, le sergent Stephen Thornton, furent chargés de surveiller le domicile d'une amie de Good à Spitalfields, dans l'est de Londres. (Dickens décrira plus tard Thornton, de onze ans l'aîné de Whicher, en ces termes : « [...] le visage coloré, le front haut et hâlé [...] Il est fameux pour la façon dont il poursuit sans désemparer le processus inductif et, partant de presque rien, il avance d'indice en indice jusqu'au moment où il coffre son client. ») Daniel Good finit par être pris dans le Kent, mais par un hasard heureux plutôt que suite à un habile travail de la police.

En juin 1842, les préfets de police demandèrent au Home Office la permission d'instituer un petit service composé de détectives, arguant qu'ils avaient besoin d'une unité d'élite centralisée pour coordonner les recherches à l'échelle du pays dans les cas d'homicides – comme l'affaire Good – et autres crimes graves. Le Home Office donna son accord. En août, Whicher, Thornton et six autres abandonnèrent leurs rondes, se défirent de l'uniforme et devinrent aussi anonymes et mobiles que les malfrats qu'ils traquaient. Jack Whicher et Charles Goff de la division L (pour Lambeth) étaient les benjamins, mais tous deux devinrent sergents dans les semaines qui suivirent (le premier n'était qu'à un mois d'avoir servi cinq ans comme constable, durée minimum habituellement requise pour monter en grade). Cela portait à six le nombre des sergents de cette unité, commandée par deux inspecteurs. Whicher eut droit à une augmentation de près de cinquante pour cent, puisqu'il passa de cinquante à soixante-treize livres l'an, soit dix de plus que la solde d'un sergent normal. Comme auparavant, ses gains s'augmentaient de primes et de récompenses.

« Des hommes intelligents ont été récemment choisis pour former un corps baptisé "police d'investigation", annonce en 1843 le *Chambers's Edinburgh Journal*. Il arrive que le détective revête le costume de tout un chacun. » La méfiance du public persiste – en 1845, un éditorial du *Times* met en garde contre les dangers de cette police, expliquant qu'il y aura toujours « quelque chose de repoussant dans l'idée même de l'espionnage ».

Le quartier général du service fut établi dans une pièce contiguë aux bureaux de la préfecture situés dans Great Scotland Yard, près de Trafalgar Square. Techniquement, ces hommes furent rattachés à la division A, ou division de Whitehall. Whicher reçut le matricule A27. Sa tâche était désormais de disparaître, de se glisser sans bruit parmi les couches de la population. On attendait des détectives qu'ils se fondent, l'oreille aux aguets, dans les *flash-houses*, ces pubs fréquentés par les criminels, et au milieu des foules parcourues de voleurs. Ils avaient la bride sur le cou. Alors qu'un policier normal accomplissait sa ronde comme la pointe d'un compas, repassant chaque heure au même endroit, les détectives sillonnaient à leur guise la ville et la campagne. Au sein de la pègre de Londres, ils étaient désignés par le nom de « Jacks », appellation qui montre bien leur anonymat et la difficulté de leur attribuer une classe sociale.

La première fiction policière anglaise parut en juillet 1849 dans le *Chambers's Edinburgh Journal* sous la plume du journaliste William Russell, qui signait « Waters ». L'année suivante, Whicher et ses collègues furent portés aux nues par Charles Dickens dans différents articles de magazines : « Ils sont tous, les uns autant que les autres, des hommes à l'apparence respectable, au maintien impeccable et à l'intelligence hors du commun ; avec rien de relâché ou de dissimulé dans leur attitude ; avec un air d'observation aiguë et de prompte perception lorsque l'on s'adresse à eux ; et présentant généralement sur leur physionomie les traces plus ou moins visibles d'une vie habituellement marquée par une puissante stimulation mentale. Tous ont une vue acérée ; et tous sont capables, et n'y manquent pas, de regarder droit dans les yeux la personne, quelle qu'elle soit, à qui ils parlent. » George Augustus Sala, un confrère journaliste, trouvait écœurant l'enthousiasme de Dickens et ne goûtait pas du tout ce « penchant curieux et quasi morbide qui le portait à communier avec les policiers et à les recevoir à sa table. [...] Il paraissait toujours à l'aise avec ces personnages et ne se lassait jamais de les interroger ». Les détectives étaient, tout comme Dickens, des enfants de la classe laborieuse ayant fait leur chemin, transportés de se voir participer à la vie de la cité. Dans *Tom Fox ou les Révélations d'un détective*, mémoires imaginaires publiés en 1860, John Bennett écrivait que le détective était socialement supérieur au « banal sergent de ville » en ce qu'il était plus cultivé et « d'une intelligence bien supérieure ». Il s'intéressait aux secrets de l'establishment comme à ceux du milieu, et comme il n'avait guère de précédents, il inventait ses propres méthodes sur le tas.

Ces méthodes étaient parfois critiquées. En 1851, Whicher se vit accuser d'espionnage et de laisser-faire lorsqu'il arrêta sur le Mall deux cambrioleurs de banque. Alors qu'il traversait Trafalgar Square en mai de cette année-là, il repéra « une vieille connaissance », un ancien déporté de retour à Londres après un séjour dans les colonies pénitentiaires d'Australie. Il le vit retrouver un autre multirécidiviste sur un banc du Mall en face de la London and Westminster Bank. Au cours des semaines qui suivirent, Whicher et un collègue observèrent les deux hommes en train de jauger la banque. Les détectives attendirent le jour, le 28 juin, où ils purent prendre les voleurs en flagrant délit, fuyant la banque avec leur butin. Des gens écrivirent au *Times* des lettres dans lesquelles ils reprochaient aux policiers d'avoir laissé le délit se produire plutôt que de l'avoir étouffé dans l'œuf. « La reconnaissance de leur savoir-faire et de leur ingéniosité est probablement le grand motif qui les pousse à faire de la détection plutôt que de la prévention », se plaignait un lecteur, laissant entendre que les attentions de Dickens et consorts leur étaient montées à la tête. Dickens offrit dans *Bleak House* (1853) un double à ses nouveaux héros en la personne de l'inspecteur Bucket, suprême détective fictif de l'époque. Mr Bucket était un « brillant inconnu » qui se déplaçait « dans une atmosphère de grandeur mystérieuse ». Premier détective de la police à apparaître dans un roman anglais, Bucket fut une figure mythologique en son temps. Il planait et flottait tel un fantôme ou un nuage dans des régions inédites : « Le temps et l'espace ne peuvent entraver Mr Bucket. » Il possédait une « faculté d'adaptation à tous les échelons ». Il empruntait un peu du panache de l'Auguste Dupin d'Edgar Allan Poe, détective amateur et magicien de l'intellect, qui l'avait précédé de douze ans.

Bucket était largement inspiré de Charley Field, le chef et l'ami de Whicher – ils avaient en commun un index épais, un charme truculent, le goût de la « beauté » de leur travail, une joyeuse assurance. Bucket rappelait également Whicher. De même que ce dernier au somptueux hôtel d'Oxford, il n'y avait « rien de remarquable à première vue chez [Bucket], hormis une manière fantomatique de faire son apparition ». Il était « un personnage bien bâti, au regard ferme, à l'œil acéré, vêtu de noir » qui écoutait et observait avec un visage « aussi immuable que la grosse chevalière de deuil qu'il portait au petit doigt ».

Tout au long des années 1840 et 1850, Whicher déploya une dextérité tant mentale que physique. Il avait affaire à des criminels qui s'évanouissaient dans la nature en changeant d'identité, se fondant dans les rues et les ruelles. Il se lançait sur la piste d'hommes et de femmes qui fabriquaient de la fausse monnaie, contrefaisaient les signatures sur les chèques et les mandats, troquaient un pseudonyme pour un autre, se dépouillaient de leur identité comme un serpent de sa mue. Il était le spécialiste de la « pègre chic », escrocs et voleurs à la tire qui s'habillaient comme des hommes de qualité et se montraient capables d'ouvrir une poche d'un imperceptible coup de canif, d'escamoter une épingle de cravate sous le couvert d'un mouchoir brandi. Ils faisaient leurs coups dans les théâtres, les galeries commerciales, les lieux de divertissement, tels que le musée de cires de Madame Tussaud ou les jardins zoologiques de Londres. Leurs plus belles récoltes avaient lieu lors des grandes réunions publiques – rencontres hippiques, expositions agricoles, rassemblements politiques – auxquelles ils se rendaient par le train, voyageant en première classe afin de se faufiler au milieu des hommes et des femmes qu'ils avaient espoir de détrousser.

En 1850, Charley Field raconta à Dickens un tour joué par Whicher au derby d'Epsom. Field, Whicher et un ami du nom de Mr Tatt étaient en train de boire un verre au bar – ils en étaient à leur troisième ou quatrième sherry –, quand ils furent assaillis par quatre sacripants bien mis qui les renversèrent. Une furieuse échauffourée s'ensuivit. « Nous voilà tous par terre, à nous démener sur le plancher du bar – vous n'avez peut-être jamais vu pareille scène de désordre ! » Quand les malfrats voulurent décamper, Whicher leur barra le passage à la porte. Tous les quatre furent conduits au poste. Mr Tatt s'aperçut alors que son épingle de plastron en diamant lui avait été dérobée pendant la bagarre ; cependant, on ne la retrouva sur aucun des quatre voyous. Field était très abattu suite à ce succès des voleurs, lorsque Whicher ouvrit le poing, révélant ladite épingle au creux de sa paume. « Sapristi, lui demanda Field, comment diable avez-vous fait ? »

« Je vais vous le dire, lui répondit Whicher. J'ai vu lequel l'avait prise. Quand nous nous sommes retrouvés à nous débattre les quatre fers en l'air, je me suis borné à lui donner une petite tape sur le dos de la main, comme je savais qu'aurait opéré son complice ; il a cru que j'étais celui-ci et il me l'a donnée ! »

Et Field de s'extasier : « Peut-être un des plus beaux coups jamais réalisés. Magnifique ! Ma-gni-fique ! [...] Une idée formidable ! » Le caractère artistique du crime était une idée bien partagée, énoncée de façon particulièrement frappante dans *De l'assassinat considéré comme un des beaux-arts* (1827) de Thomas De Quincey ; mais le talent d'artiste de celui qui faisait respecter la loi était quelque chose d'inédit. Au début du dix-neuvième siècle, le sujet central d'une histoire de crime était l'audacieux et fringant malfaiteur ; à présent, il était plus souvent le détective avec son intelligence analytique.

Whicher, dont on disait qu'il était l'agent préféré du préfet Mayne, fut promu inspecteur en 1856, avec un salaire dépassant les cent livres. Charley Field ayant démissionné pour se faire détective privé, Whicher et Thornton se trouvaient maintenant à la tête du service. En 1858, Whicher arrêta le valet de chambre qui avait volé au comte de Suffolk *La Vierge et l'Enfant* de Léonard de Vinci. La même année, il participa à la traque des révolutionnaires italiens qui avaient tenté d'assassiner Napoléon III à Paris – ces terroristes avaient ourdi leur complot et fabriqué leurs bombes à Londres – et il dirigea une enquête rouverte sur le meurtre d'un constable dans un champ de blé de l'Essex. En 1859, il mena des investigations pour déterminer si le révérend James Bonwell, recteur d'une église de l'Est londonien, et sa maîtresse, fille de clergyman, avaient tué leur fils illégitime. Bonwell avait remis dix-huit shillings à un fossoyeur pour qu'il enterre secrètement le nouveau-né en le glissant dans le cercueil d'un autre défunt. La cour présidée par le coroner disculpa le couple, mais jeta le blâme sur sa conduite. En juillet 1860, l'évêque de Londres poursuivrait Bonwell pour adultère.

Deux mois environ avant d'être envoyé à Road Hill, Whicher arrêta les auteurs d'un vol de bijoux, pour un montant de douze mille livres, ayant eu lieu à Paris, près du Palais-Royal. Les coupables, Emily Lawrence et James Pearce, utilisaient les signes extérieurs de la distinction pour faire leurs coups chez les joailliers. Lawrence escamotait médaillons et bracelets sur les comptoirs en les glissant dans son manchon (avec leurs châles, étoles, manchons, vastes poches de leurs crinolines, les voleuses ne manquaient pas d'endroits où cacher leur butin). En avril, accompagné de ses acolytes favoris, les sergents détectives « Dolly » Williamson et « Dick » Tanner, Whicher réussit à s'introduire au domicile des voleurs de bijoux, situé à Stoke Newington, à peu de distance au nord de Londres. Au moment où il disait à Emily Lawrence le motif de son arrestation, il la vit agiter les mains et lui demanda ce qu'elle tenait. Une empoignade s'ensuivit, au cours de laquelle Pearce menaça de fracasser le crâne de Whicher à coups de tisonnier, puis la femme laissa tomber à terre trois bagues montées de diamants.

De ses brèves apparitions dans les mémoires, les

gazettes et autres périodiques, Whicher ressort comme un personnage affable, laconique, sensible aux aspects comiques de son métier. Il était, selon un de ces collègues, « un excellent agent, discret, perspicace et pragmatique, prenant toujours son temps, obtenant le plus souvent des résultats et toujours prêt à s'atteler à n'importe quelle affaire ». Il se plaisait à employer des tournures badines. S'il était certain de quelque chose, il en était « aussi sûr que je suis vivant ». « Ça fera l'affaire ! » lançait-il lorsqu'il découvrait un indice. Il se montrait bienveillant avec ses adversaires. Il accepta un jour de boire un verre avec un voleur avant de l'emmener, et lui épargna les menottes ; « Je suis disposé à me conduire en homme avec toi, lui dit-il, si tu es prêt à me rendre la pareille. » Il ne dédaignait pas une bonne farce ; ainsi, à Ascot, à la fin des années 1850, lui et quelques collègues tombèrent par surprise sur un inspecteur endormi, connu pour la fierté qu'il tirait de ses favoris, et lui rasèrent entièrement la joue gauche.

Whicher était toutefois un homme réservé, secret sur son passé. Au moins une cause de tristesse l'habitait. Le 15 avril 1838, une femme qui se faisait appeler Elizabeth Whicher, anciennement Green, née Harding, avait donné naissance, dans le faubourg de Lambeth, à un garçon nommé Jonathan Whicher. Elle fit noter sur le certificat de naissance que le nom du père était Jonathan Whicher, constable de son état, et que leur adresse était le 4, Providence Row. Elle était enceinte d'à peu près quatre semaines lorsque Jack Whicher fit sa demande pour entrer dans la police – peut-être est-ce la perspective d'être père qui le poussa à s'engager.

Trois ans plus tard, Whicher logeait en tant que célibataire au commissariat de Hunter Place, à Holborn. Ni l'enfant ni la mère n'apparaissent sur un acte de décès entre 1838 et 1851, non plus que dans aucun des recensements de la population menés au cours du siècle. Hormis le certificat susdit, rien ne prouve que Jack Whicher ait jamais été père. Seul demeure l'acte de naissance de l'enfant.

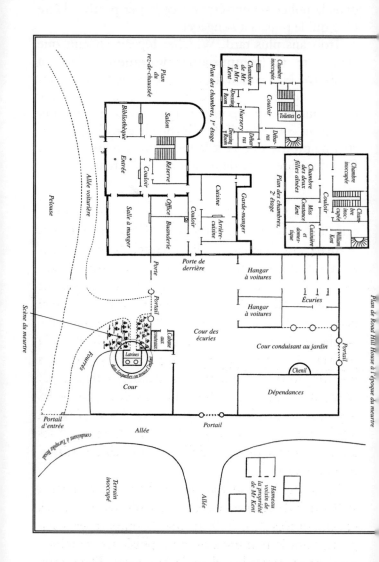

V

Chaque fil conducteur
semble coupé

Le 16 juillet

Dans la matinée du lundi 16 juillet, le commissaire Foley conduisit Whicher à Road en cabriolet, empruntant l'itinéraire par lequel Samuel Kent était revenu lorsqu'il avait appris la mort de son fils. Le temps restait sec ; il n'avait pas plu depuis l'assassinat de Saville. À mesure que les deux hommes s'éloignaient de la ville mangée de suie, la plaine fit place à des collines, des bois et de la prairie. Il y avait des moutons dans les prés, des oiseaux noirs – choucas, pies, merles, corbeaux et corneilles – dans les arbres. Les oiseaux plus petits – pouillots au plumage olive, râles des genêts aux ailes brunes – nichaient dans les herbes et les ajoncs, tandis qu'hirondelles et martinets sillonnaient le ciel.

Le bourg de Road était à cheval sur deux comtés ; si Road Hill House et l'église du révérend Peacock étaient situées dans le Wiltshire, la plupart des villageois, dont le nombre s'élevait à plusieurs centaines, vivaient en contrebas dans le Somerset. Dans cette partie de l'Angleterre, les gens continuaient de se donner du *thee* et du *thou*[1].

Road était une pittoresque localité dont les maisonnettes, construites en moellons arrondis de calcaire ou en blocs plats de grès, étaient percées de fenêtres carrées. L'endroit comptait au moins quatre pubs (le Red Lion, le George, le Cross Keys, le Bell), une brasserie, deux églises anglicanes, une chapelle baptiste, une école, un bureau de poste, plusieurs boulangers, épiciers, bouchers, maréchaux-ferrants, cordonniers, tailleurs, couturières, bourreliers, etc. Trowbridge se trouvait à cinq miles vers le nord-est et Frome, ville de filatures du Somerset, à la même distance vers le sud-ouest. Une poignée d'habitants exerçaient à domicile le métier de tisserand. La plupart travaillaient dans les champs ou dans l'une des filatures des environs. Celle de Shawford, équipée d'un moulin à eau mû par la Frome, se consacrait à la teinture de la laine. Parmi les colorants du cru figuraient le vert foncé tiré du troène, le brun extrait de l'if, l'indigo obtenu à partir de la guède. Non loin de Road Bridge, il y avait une manufacture spécialisée dans le foulage, procédé consistant à marteler la laine humide jusqu'à ce que les fibres enchevêtrées donnent une étoffe dense et serrée, impossible à effilocher.

Le bourg bruissait de spéculations sur la mort de Saville. Comme l'explique Joseph Stapleton dans son livre sur l'affaire, le meurtre avait fait naître parmi la population « une disposition d'esprit qu'il pourrait être difficile de régir ou de supprimer ». Et pour citer le *Bath Chronicle* :

---

1. *Thee* : tu, toi ; *thou* : vous.

Il y a parmi les petites gens des environs un très fort ressentiment à l'encontre des Kent et de Mr Kent en particulier ; et les membres de cette famille ne peuvent guère traverser le village sans essuyer des insultes. Le pauvre petit innocent, victime de ce mystérieux assassinat, est unanimement évoqué en termes de grande affection. On le dépeint comme un beau et robuste petit bonhomme, avec un visage rieur et enjoué, des boucles couleur de lin. Les femmes parlent de lui avec la larme à l'œil et [...] se remémorent son frais babil et ses mille petites manières charmantes.

Les gens du bourg se souvenaient de Saville comme d'un doux chérubin et honnissaient ceux de sa famille comme s'ils eussent été des monstres.

Samuel Kent n'était de toute façon guère aimé dans la région. Cela tenait pour partie à sa profession : il était chargé de faire appliquer le Factory Act de 1833 ; or cette loi, dont l'objet principal était de protéger les enfants du surmenage et des accidents de travail, était mal vue des patrons comme des ouvriers. Les inspecteurs des manufactures étaient, tout comme les inspecteurs de police, des agents de surveillance. Selon le *Frome Times*, quand Samuel Kent emménagea à Road Hill House en 1855, beaucoup de gens du pays disaient : « On ne veut pas de lui ici ; on veut quelqu'un qui nous donne du pain et non quelqu'un qui va nous l'ôter de la bouche. » Il avait récemment fait chasser d'une filature de Trowbridge plus de vingt garçons et filles âgés de moins de treize ans, les privant ainsi de gains s'élevant à trois ou quatre shillings par semaine.

Il ne faisait par ailleurs rien pour améliorer les rapports avec ses voisins. Selon Stapleton, il édifia une « barrière aveugle contre les regards et empiètements » des occupants des maisonnettes situées de l'autre côté du chemin bordant sa propriété. Il porta plainte contre un des Nutt parce qu'il avait chipé des pommes dans son verger, et apposa des écriteaux « Défense d'entrer » au bord de la rivière, là où les gens avaient toujours pêché la truite. Les villageois se vengeaient sur ses domestiques et sur sa famille. « Ses enfants se faisaient apostropher, raconte Stapleton, au cours de leurs promenades ou sur le chemin de l'église par les enfants des paysans. » Depuis la mort de Saville, Samuel Kent avait plusieurs fois répété qu'il soupçonnait ces derniers de ne pas être étrangers au meurtre.

À onze heures, Whicher et Foley parvinrent à l'audience, tenue à huis clos à Temperance Hall. Les magistrats entendirent une nouvelle fois Samuel Kent, le révérend Peacock, puis Elizabeth Gough, principale suspecte de la police locale. À une heure, ils lui rendirent la liberté. Les journalistes massés à l'extérieur la virent sortir du bâtiment. « Elle semblait avoir enduré une cruelle angoisse pendant sa détention, écrivit l'envoyé du *Bath Chronicle*, car sa physionomie, naguère joviale et joyeuse, paraissait maintenant accablée ; en fait, nous étions étonnés du grand changement qu'avaient connu ses traits au cours de cette courte détention. » La nurse déclara aux journalistes qu'elle retournait à Road Hill House pour aider Mrs Kent pendant ses couches – on n'était plus qu'à quelques semaines de la naissance.

On fit ensuite entrer les journalistes. Un magistrat leur annonça que l'enquête était maintenant placée entre les mains de l'inspecteur principal Whicher et qu'une récompense de deux cents livres serait remise à toute personne qui apporterait des informations conduisant à l'inculpation du meurtrier de Saville Kent – la moitié de cette somme était offerte par les autorités, l'autre moitié par Samuel Kent. Si l'assassin était dénoncé par un complice, celui-ci bénéficierait d'une amnistie. L'audience reprendrait le vendredi suivant.

Whicher arrivait sur les lieux avec deux semaines de retard. Le corps de la victime avait été inhumé, les témoins avaient répété leurs dépositions, les pièces à conviction avaient déjà été collectées ou détruites. Il allait devoir rouvrir les plaies, replanter le décor. Les commissaires Foley et Wolfe, de la police du Wiltshire, montèrent avec lui jusqu'à Road Hill House.

La maison, harmonieusement bâtie en calcaire crémeux de Bath, se dressait en contre-haut du bourg, cachée de la route par un mur et un écran d'arbres. Un négociant en drap, Thomas Ledyard, l'avait fait construire aux alentours de 1800, à l'époque où il dirigeait le moulin à foulon de Road Bridge. Il s'agissait d'une des plus belles demeures des environs. Une allée décrivait sa courbe sous les ifs et les ormes jusqu'à un porche d'entrée peu profond qui saillait comme une guérite sur la façade. Dissimulées au milieu d'un massif d'arbustes à droite de la pelouse se trouvaient les commodités où l'on avait retrouvé le cadavre de Saville, simples latrines aménagées dans une cabane au-dessus d'une fosse creusée dans le sol.

Passé la porte d'entrée, un vestibule spacieux menait à l'escalier principal. À droite de ce hall s'ouvrait la salle à manger, rectangle de belles proportions en aile sur le pignon du bâtiment, cependant qu'à gauche se dessinait le carré douillet de la bibliothèque dont les hautes croisées en anse de panier donnaient sur les pelouses. Derrière cette bibliothèque se trouvait le salon, terminé par le demi-cercle d'un oriel percé de trois fenêtres – dont celle qui avait été trouvée ouverte par Sarah Cox, le 30 juin au matin.

L'escalier, garni d'un épais tapis, desservait le premier et le deuxième étage. Il y avait entre ces étages, des paliers intermédiaires d'où la vue embrassait l'arrière de la propriété : un jardin de fleurs, un potager, un verger, une serre, puis au-delà, des vaches, des moutons, une pâture, un ourlet d'arbres marquant les berges de la Frome.

Au premier, derrière la chambre du maître et la nursery, trois chambres inutilisées et un water-closet. Au second, outre les chambres occupées, deux pièces vacantes et une échelle menant au grenier. Cet étage était plus sombre que les autres, plus bas de plafond et percé d'ouvertures plus petites. La plupart des fenêtres des chambres à coucher s'ouvraient au sud sur l'allée, la pelouse et le village en contrebas ; mais la chambre de William regardait à l'est, en direction des maisonnettes voisines et du double clocher, de style gothique, de Christ Church.

Derrière la chambre de William, l'escalier de service, en colimaçon et fort abrupt, descendait vers le premier étage et le rez-de-chaussée. Il aboutissait, en bas, à un couloir percé des portes de l'arrière-cuisine, de la cuisine, de la buanderie, de l'office et de la descente de cave. Au bout de ce couloir, une porte ouvrait sur une cour pavée, cernée par le hangar à voitures, l'écurie et les communs. Les latrines se trouvaient à quelque distance sur la droite, près du local à fourbir les couteaux. Un mur en pierre de dix pieds de haut, percé d'un portail pour les fournisseurs, courait sur le côté droit de la propriété, près du hameau.

Stapleton brossa un portrait haut en couleur de ce groupe de maisonnettes où vivaient les Holcombe, les Nutt et les Holley : « Un estaminet encombre le centre, flanqué d'une masure préservée de l'effondrement par le soutien précaire de pieux en bois fichés en terre. Les fenêtres sont écrasées ou chassées vers l'extérieur par les parois délabrées de cette ruine dont les occupants ont décampé de longue date. Plusieurs autres maisons sont regroupées alentour, dont certaines ont vue sur la propriété de Mr Kent. Il s'agit vraiment d'un ramassis de galetas, comme un morceau de St Giles qui aurait quitté la ville pour la campagne. Pour un peu, on prendrait cela pour un repaire de parias ou un antre de voleurs. »

Depuis le meurtre, Road Hill House était devenue un casse-tête, une énigme en trois dimensions, ses plans de niveau et son ameublement un code ésotérique. La tâche de Whicher consistait à déchiffrer la maison – en ce qu'elle était le théâtre du crime et en tant qu'indication du caractère de la famille.

Les murs et clôtures que Samuel Kent avait élevés autour de sa propriété témoignaient d'un goût pour l'intimité. À l'intérieur, cependant, enfants et grandes personnes, serviteurs et employeurs se trouvaient étrangement mêlés. Les gens aisés de l'époque préféraient généralement tenir les domestiques à l'écart de la famille et les enfants dans leurs propres quartiers. Ici, la nurse couchait à quelques pas de la chambre du maître, et la fillette de cinq ans dormait avec ses parents. Les autres employés et les enfants du premier lit étaient relégués ensemble au dernier étage, comme autant de bric-à-brac monté au grenier. Cette disposition soulignait la position inférieure des enfants de la première Mrs Kent.

Dans ses rapports à Scotland Yard[1], Whicher nota que Constance et William étaient les seuls membres de la maisonnée à disposer d'une chambre en propre. Cela n'était pas révélateur d'un favoritisme ; simplement, ni l'un ni l'autre n'avait un parent du même sexe et du même âge avec lequel il aurait pu dormir. En découlait un point important : l'un ou l'autre de ces deux-là avait pu se glisser nuitamment dehors sans qu'on le remarque.

Dans la nursery, on montra à Whicher comment, la nuit du crime, la couverture de Saville avait été retirée d'entre le drap et la courtepointe, et comment ceux-ci avaient été « soigneusement repliés » au pied du lit, ce que, dira-t-il, « on peut difficile-

1. Whicher coucha par écrit le déroulement de son analyse du crime dans trois rapports adressés à sir Richard Mayne, préfet de police. Le premier de ces rapports a disparu. Whicher rédigea le second le 22 juillet et commença le troisième un peu plus d'une semaine après. Ces documents sont conservés aux Archives nationales, dans le dossier de la police sur le meurtre de Road Hill House (MEPO 3/61). (*N.d.A.*)

ment supposer qu'un homme aurait fait ». Avec Foley et Wolfe, il conduisit ensuite une expérience pour voir s'il était possible de prendre un enfant de trois ans dans le lit sans l'éveiller ni réveiller un autre occupant de la chambre. Les journaux ne précisent pas quel enfant a été utilisé, ni comment on a procédé pour l'amener à s'endormir de façon répétée, mais ils affirment que les policiers ont renouvelé par trois fois l'opération.

Au salon, Whicher constata que la fenêtre ne pouvait avoir été déverrouillée que de l'intérieur. « Cette fenêtre, qui mesure environ dix pieds de haut, descend jusqu'à quelques pouces du sol, écrit-il à sir Richard Mayne. Elle donne sur la pelouse située derrière la maison et s'ouvre en soulevant le châssis du bas, qui fut retrouvé ouvert de six pouces. Les volets étaient barrés de l'intérieur, en conséquence de quoi nul n'a pu entrer par là. » Quand bien même, fait-il remarquer, quelqu'un se serait introduit dans la maison en passant par cette fenêtre, il n'aurait pu aller plus loin, attendu que la porte du salon était fermée à clé. « Il est donc certain que nul n'est entré par cette fenêtre. » Whicher était également certain que personne n'avait pu fuir par là, car Sarah Cox lui avait dit que les volets articulés étaient en partie fermés de l'intérieur. Cela, dit-il, renforçait sa conviction que le meurtrier était un occupant de la maison.

Le seul indice pouvant donner à penser qu'une personne extérieure était présente sur le lieu du crime était le bout de papier journal ensanglanté retrouvé un peu plus tard dans les cabinets. Whicher établit toutefois que ce papier ne provenait pas du

Morning Star, comme cela avait été précédemment avancé, mais du *Times*, journal que Samuel Kent prenait chaque jour.

Whicher explique dans ses rapports que l'assassin n'avait pas, selon lui, emporté Saville par la fenêtre du salon, mais en suivant un tout autre itinéraire : via l'escalier de service, le couloir et la porte de la cuisine, pour ensuite sortir dans la cour, la traverser et emprunter une dernière porte pour passer de la cour aux cabinets. L'assassin aurait eu à tourner la clé, tirer le verrou et la chaîne de la porte de la cuisine et déverrouiller la porte de la cour, puis refermer ces deux mêmes portes en regagnant la maison, mais cela était parfaitement réalisable et en valait la peine. La porte de la cuisine n'était qu'à vingt pas des lieux d'aisance, fit remarquer Whicher, alors que ceux-ci se trouvaient à soixante-dix-neuf pas de la fenêtre du salon. De plus, ce dernier itinéraire impliquait de longer la façade de la maison, sous les fenêtres où dormaient le restant de la famille et des domestiques. Tout habitant de la maison aurait su que le couloir de la cuisine offrait un trajet plus direct et plus discret – « le chemin le plus court et le plus sûr », selon Whicher. Cela obligeait à passer près du chien de garde, mais celui-ci n'aurait peut-être pas aboyé après un familier. « Ce chien, écrivit Whicher, est parfaitement inoffensif. » Il ne donna de la voix ni ne chercha à mordre quand le détective, pourtant un parfait inconnu, l'approcha en plein jour[1].

1. Trente-deux ans plus tard, dans sa nouvelle intitulée *Silver Blaze* (1892), Arthur Conan Doyle parlerait du « curieux incident d'un chien à la nuit tombée », ce curieux incident

« Je suis donc parfaitement convaincu, conclut Whicher, que les volets de cette fenêtre ont été ouverts par un des habitants de la maison dans le seul but de faire supposer que l'enfant avait été enlevé. »

Whicher était habitué à ce genre de feinte, la fausse piste destinée à égarer la police. En 1850, il avait décrit à un journaliste les méthodes de l'« école de danse » des monte-en-l'air de Londres. En observant une maison durant des jours, ces malfaiteurs déterminaient à quelle heure soupaient ses habitants ; c'était le moment idéal pour un cambriolage, car le repas mobilisait pareillement domestiques et employeurs. À l'heure dite, un membre de la bande se glissait discrètement, ou « dansait », sous les combles et faisait main basse sur quelques objets de valeur, principalement des bijoux, dans les étages supérieurs. Avant de s'enfuir par les toits, le cambrioleur « vendait » (compromettait) une bonne en cachant un des bijoux sous son matelas. Il s'agissait là, tout comme la fenêtre ouverte à Road Hill House, d'un subterfuge destiné à lancer les détectives sur une mauvaise piste.

Peut-être l'assassin n'entendait-il pas tromper les policiers uniquement quant à la façon dont Saville avait été enlevé, mais également, raisonna Whicher,

---

étant que le chien n'aboya pas lorsqu'il se trouva nez à nez avec un intrus, la solution de l'énigme étant que cet intrus était connu de l'animal. Mais, s'agissant d'un fait et non d'une fiction, le meurtre de Road Hill House comportait des indices plus embrouillés et ambigus : le chien aboya bien dans la nuit du meurtre, mais pas beaucoup. (*N.d.A.*)

sur l'endroit où il avait été transporté – la fenêtre en question donnant sur le jardin et les prés qui s'étendaient à l'arrière de la maison. Le criminel comptait peut-être que l'on n'aille pas chercher du côté des cabinets, situés dans la direction opposée. Selon le détective, son « intention était dès le départ de jeter l'enfant dans les lieux [...], pensant qu'il disparaîtrait en coulant au fond des excréments ». Les latrines, écrivit-il, étaient équipées d'« une grande fosse profonde d'une dizaine de pieds et d'une surface de sept pieds carrés, qui contenait à l'époque plusieurs pieds d'eau et de matières ». D'après lui, le tueur avait supputé que l'enfant se noierait ou s'étoufferait dans les excréments, puis s'y engloutirait. Si ce plan avait fonctionné, on n'aurait pas retrouvé de traces de sang permettant de localiser le lieu du meurtre, voire d'identifier le coupable. Mais la planche inclinée, récemment installée selon la volonté de Samuel Kent, ne laissait qu'un orifice de quelques pouces entre le siège et la muraille, empêchant de la sorte la chute de l'enfant dans la cavité. « Ainsi contrecarré, [l'assassin] a recouru à l'arme blanche », prélevant un couteau dans le panier posé à l'entrée du couloir de la cuisine et frappant le garçonnet à la poitrine et à la gorge pour s'assurer de sa mort. Au moins trois des coutelas contenus dans ce panier pouvaient avoir fait l'affaire, déclara-t-il à l'envoyé du *Somerset and Wilts Journal.*

Whicher procéda cet après-midi-là à la fouille de la chambre de Constance. Il trouva dans sa commode une liste du linge qu'elle avait rapporté de son pensionnat. Y figuraient trois chemises de nuit. On lui avait déjà signalé que l'une de celles-ci avait disparu. Il fit venir l'adolescente.

— Est-ce là une liste de votre linge ?

— Oui.

— À qui est cette écriture ?

— C'est la mienne.

— Je vois ici trois chemises de nuit ; où sont-elles ?

— Je n'en ai que deux ; la troisième a été égarée au moment de la lessive, une semaine après le meurtre.

Elle lui montra les deux chemises encore en sa possession – elles étaient ordinaires et d'un tissage grossier. Whicher avisa, posés sur le lit, une autre chemise et un bonnet de nuit. Il demanda à Constance à qui ils appartenaient.

« Ils sont à ma sœur », répondit-elle. Attendu que Mrs Holley refusait toujours de prendre le linge de la famille et que ses deux chemises de nuit étaient sales, elle avait dû en emprunter une, le samedi, à Mary Ann ou à Elizabeth. Whicher annonça à Constance qu'il lui fallait confisquer sa liste de vêtements ainsi que le linge de nuit qu'il lui restait. La chemise de nuit disparue était son premier indice.

Le mot *clue* [indice] vient de *clew*, qui désigne une pelote de fil. Il en est venu à signifier « ce qui indique le chemin » en raison du mythe grec dans lequel Thésée utilise, pour ressortir du labyrinthe du Minotaure, une pelote de fil que lui a remise Ariane. Les auteurs du milieu du dix-neuvième siècle avaient encore cette image à l'esprit lorsqu'ils employaient le mot. « C'est toujours un plaisir que de débrouiller un mystère, de saisir ce fil [*clue*] ténu qui conduira à la certitude », note Elizabeth Gaskell en 1848. « Je crus voir le bout d'un fil rouge », déclare le narrateur dans *The Female Detective* d'Andrew Forrester (1864). William Wills, adjoint de Dickens, rendit hommage en 1850 à la grande intelligence de Whicher en faisant observer que ce détective trouvait la voie même quand « chaque fil conducteur semble coupé ». « Je croyais avoir le fil en main, dit le narrateur de *La Dame en blanc* dans un épisode publié en juin 1860. Combien j'étais ignorant, alors, des tours et détours du dédale où j'allais encore me fourvoyer ! » Une intrigue était une sorte de nœud et une histoire s'achevait par un dénouement.

Alors comme aujourd'hui, de nombreux indices étaient littéralement composés de textile, et il arrivait que des criminels soient identifiés grâce à des bouts de tissu. L'affaire que voici, résolue grâce à ce type de pièce à conviction, se produisit tout près de chez Jack Whicher. En 1837, un meurtrier tristement célèbre fut arrêté à Wyndham Road, la rue même de Whicher à Camberwell. James Greenacre, un ébéniste qui possédait huit maisons dans la rue, y assassina et dépeça sa fiancée, Hannah Brown, en décembre 1836. Il mit la tête dans un sac qu'il emporta par l'omnibus jusqu'à Stepney, dans l'est de Londres, pour jeter le tout dans un canal. Il se débarrassa du torse sur la route d'Edgware, au nord-ouest de la ville, et des jambes dans un fossé à Camberwell. La vedette des limiers de l'époque, le constable Pegler de la division S (Hampstead), retrouva le torse d'Hannah Brown. Il remonta jusqu'à Greenacre grâce à un morceau de tissu – la toile de jute où les restes macabres avaient été enveloppés – et obtint ses aveux grâce à un autre fragment d'étoffe : un petit bout d'épais nankin trouvé sur la route d'Edgware, qui correspondait à un rapiéçage de la robe du bébé de la victime. L'élucidation de ce crime fut rapportée par une presse proprement fascinée. Greenacre fut pendu en mai 1837. Whicher entrait quatre mois plus tard dans la police.

En 1849, les détectives londoniens, au nombre desquels Whicher, Thornton et Field, retrouvèrent Maria Manning, la meurtrière de Bermondsey, grâce à une robe tachée de sang qu'elle avait cachée dans un casier d'une consigne de gare. Aidée de son mari, Manning avait assassiné son ancien amant et l'avait enterré sous le sol de leur cuisine. Les détectives parvinrent à localiser le couple à l'aide de communications télégraphiques et de déplacements en train express et en vapeur. Whicher fit la tournée des gares et des hôtels parisiens, puis des navires appareillant de Southampton et de Plymouth. Il mit à contribution son expérience dans le domaine de la circulation des billets de banque pour étayer les preuves incriminant les assassins. On finit par appréhender Maria Manning à Édimbourg et son mari à Jersey. Chacun accusa l'autre et tous les deux furent condamnés à mort. Les exécutions attirèrent des dizaines de milliers de spectateurs, cependant que se vendirent deux millions et demi d'exemplaires des complaintes évoquant l'affaire. Une série de gravures imprimées cette année-là montrait les enquêteurs en fringants aventuriers. Le préfet de police loua ses hommes pour « les efforts et le savoir-faire extraordinaires » qu'ils avaient déployés dans cette affaire. Il accorda à Whicher et à Thornton une prime de dix livres chacun ; Field, qui était inspecteur, reçut quinze livres.

L'année suivante, Whicher raconta à William Wills une histoire moins mouvementée sur la façon dont les effets vestimentaires pouvaient aider à la capture d'un criminel. Un sergent détective – probablement Whicher soi-même – fut appelé par un hôtel huppé de Londres pour retrouver un homme qui, la nuit précédente, avait dévalisé le portemanteau d'un client. Sur le tapis de la chambre où la malle avait été mise à sac, le détective avisa un bouton. Il observa durant toute la journée les clients et le personnel de l'établissement en examinant de près leur tenue – au risque, dit Whicher, de « passer pour un critique excentrique du linge de ses semblables ». Il finit par repérer un homme auquel il manquait un bouton à la chemise, le fil y pendant encore ; les autres boutons correspondaient au « petit mouchard » que le détective avait trouvé.

L'affaire de Road Hill était riche en tissu. Le meurtre avait eu lieu dans une région de draperie, un pays de moutons et de filatures. Le linge sale de la famille était au cœur de l'enquête ; leur blanchisseuse était un témoin clé ; les investigations avaient produit trois indices faits de textile : un maillot de flanelle, une couverture et une chemise de nuit. Whicher s'intéressait particulièrement à cette dernière, un peu comme le narrateur de la nouvelle de Wilkie Collins *Le Journal d'Anne Rodway* (1856), s'intéresse à une cravate déchirée : « Une sorte de fièvre s'empara de moi, le désir ardent de partir de cette première trouvaille et d'en découvrir plus, quel que pût être le risque. La cravate devint dès lors [...] le fil conducteur que j'étais résolu à suivre. »

Le fil qui mena Thésée jusqu'à la sortie du labyrinthe correspond fidèlement à un autre principe de la méthode d'investigation de Whicher : une enquête progresse à rebours. Pour trouver son chemin et échapper au danger et à l'indécision, Thésée dut revenir sur ses pas, revenir à l'origine. La solution d'une affaire criminelle est le début autant que la fin de l'histoire.

Par le biais de ses entretiens avec les Kent et avec ceux qui les connaissaient, Whicher remonta dans le passé de la famille. Bien qu'il restât des vides, des contradictions, des indications d'autres secrets, il reconstitua une histoire qui, à ses yeux, expliquait le meurtre. L'essentiel de cette histoire figure dans le livre que Joseph Stapleton publia en 1861 sur l'affaire. Sa version est certes fortement partiale en faveur de Samuel Kent, mais suffisamment scrupuleuse – et peu contrainte – pour évoquer les nombreuses fêlures du passé de cette famille.

C'est en 1829 que Samuel Kent, âgé de vingt-huit ans, fils d'un tapissier de Clapton, faubourg situé au nord-est de Londres, épousa Mary Ann Windus, âgée de vingt et un ans, fille d'un carrossier prospère habitant le quartier voisin de Stamford Hill. Sur une miniature exécutée dans l'année précédant le mariage, Mary Ann présente des cheveux bruns bouclés, des yeux foncés, des lèvres vermeilles et boudeuses, au milieu d'un visage pâle à l'expression méfiante et réservée. Son père était membre de la société royale des amateurs d'antiquités et expert en camées ; le domicile familial regorgeait de peintures et de curiosités.

Les jeunes mariés emménagèrent dans une maison située près de Finsbury Square, dans le centre de Londres. En 1831, leur premier enfant, Thomas, succomba à des convulsions, mais ils en eurent un second, Mary Ann, avant la fin de l'année, et un troisième, Elizabeth, l'année suivante. Samuel était associé dans une maison qui faisait le négoce de produits chimiques et teintures, ainsi que celui des viandes en conserve et aliments en saumure. Il démissionna en 1833 en raison d'une maladie non précisée. « La santé de Mr Kent devint si incertaine, écrit Stapleton, qu'il fut contraint de renoncer à sa participation dans l'affaire. » Il emmena sa famille à Sidmouth, sur le littoral du Devonshire. Là, il obtint un poste de sous-inspecteur des manufactures pour l'ouest de l'Angleterre, centre de l'industrie de la laine.

Selon Stapleton, Mrs Kent commença de montrer des signes de folie en 1836, un an après la naissance d'un deuxième fils, Edward. Elle souffrait de « défaillance et de confusion de l'intellect » et d'« égarements divers quoique anodins ». Samuel donnera plus tard des exemples des troubles mentaux de sa femme : une fois, elle s'égara alors qu'elle se promenait avec ses enfants non loin de la maison ; un dimanche, pendant qu'il était à l'église, elle déchira les illustrations d'un des livres de son mari et les fit brûler ; une autre fois, on trouva un couteau sous son lit. Samuel consulta des médecins sur le cas de sa femme, et un certain Dr Blackall, d'Exeter, confirma qu'elle était atteinte d'arriération mentale. Physiquement, elle était également en mauvaise santé.

Cela n'empêcha pas son mari de continuer à la féconder. Le couple perdit quatre bébés d'affilée : Henry Saville en 1838, âgé de quinze mois ; Ellen en 1839, à trois mois ; John Saville en 1841, à cinq mois ; Julia en 1842, à cinq mois également. (Saville – parfois orthographié avec un seul « l », parfois sans « e » – était le nom de jeune fille de la mère de Samuel Kent, issue d'une famille aisée du Sussex.) Plusieurs de ces décès furent mis au compte d'une « atrophie » ou dépérissement. Tous ces enfants furent enterrés dans le cimetière de Sidmouth.

Constance Emily naquit le 6 février 1844. Elle fut confiée aux bons soins de Mary Drewe Pratt. Âgée de vingt-trois ans, cette fille de fermier avait été engagée l'année précédente en tant que gouvernante des deux aînées. De petite taille, séduisante et sûre d'elle, la jeune femme avait été précédemment employée pour la même fonction, mais non logée, chez un avocat et chez un pasteur ; elle avait été recommandée aux Kent par un médecin de Sidmouth. On lui donna toute latitude en ce qui concernait Constance et elle se voua à la tâche. D'un nouveau-né frêle elle ferait une petite fille robuste et pleine de santé. Constance était la première des enfants Kent à survivre en près de dix ans.

L'année suivante, le 10 juillet 1845, Mary Ann Kent donnait naissance à William Saville, son dernier enfant. Selon son mari, sa folie s'intensifia pendant qu'elle était en couches de Constance, puis de William. La tenue de la maison se trouva entièrement placée entre les mains de Miss Pratt.

En 1848, le patron de Samuel Kent, un des quatre inspecteurs en chef des manufactures, lui conseilla vivement de déménager afin de se soustraire aux ragots qui couraient sur sa famille : l'inspecteur du gouvernement vivant avec une épouse aliénée et une gouvernante favorisée (cette relation à trois renvoyait à *Jane Eyre*, publié un an plus tôt par Charlotte Brontë). Les Kent quittèrent leur chaumière posée sur la falaise et toute treillissée de fleurs pour aller s'établir à Walton Manor, au petit village de Walton-in-Gordano dans le Somerset. En 1852, ils changèrent de nouveau de résidence pour fuir la curiosité de leurs voisins, s'établissant cette fois à Baynton House, à East Coulton dans le Wiltshire. Le 5 mai, alors que miss Pratt était en visite chez ses parents dans le Devon, Mary Ann Kent s'éteignit à l'âge de quarante-quatre ans d'une « occlusion intestinale[1] ». Elle fut inhumée dans le cimetière voisin.

En août 1853, Samuel Kent épousa la gouvernante de ses enfants. Ils se transportèrent pour la cérémonie à Lewisham, dans la banlieue sud de Londres. Les trois filles de Samuel – Mary Ann, Elizabeth et Constance – étaient demoiselles d'honneur. Edward Kent, devenu un bouillant garçon de dix-huit ans, était entré dans la marine marchande et se trouvait en mer à l'époque du mariage. À son retour, horrifié par la nouvelle, il se disputa violemment avec son père. Quelques mois plus tard, en 1854, année des dix ans de Constance et des neuf ans de William, le navire d'Edward, en route pour Balaklava, sombra et l'ensemble de l'équipage fut

---

1. Les causes en pouvaient être multiples, dont des tumeurs, des hernies, l'usage de narcotiques (tels que l'opium), un déséquilibre du métabolisme, une maladie rénale. (*N.d.A.*)

donné pour disparu. Alors que les Kent étaient sur le point de partir pour Bath afin d'y acheter des tenues de deuil, le facteur arriva avec une lettre du jeune homme : il avait survécu au naufrage. « Au bord de l'évanouissement, le père repassa la porte à reculons, écrit Stapleton. Nous tairons la scène qui s'ensuivit, ce revirement émotionnel sous le choc duquel son cœur dut s'arrêter presque de battre, tant sa joie était grande. »

En ce mois de juin, dans un autre violent basculement des émotions, la nouvelle femme de Samuel Kent accoucha prématurément d'un enfant mort-né.

La seconde Mrs Kent avait la réputation d'une femme impatiente qui tenait sa maison d'une main ferme. Constance devenait difficile, parfois insolente. En guise de punition, son ancienne gouvernante la giflait ou, plus souvent, la chassait du salon dans le vestibule.

En 1855, le supérieur de Samuel le poussa à se choisir un nouveau logement à présent que, sa première femme étant décédée, plus rien ne l'obligeait à se retrancher du monde. Baynton House était trop à l'écart, lui représenta l'inspecteur en chef ; il convenait que Kent soit plus près des manufactures qu'il supervisait et du chemin de fer grâce auquel il sillonnait un secteur s'étendant sur plusieurs centaines de miles entre Reading et Land's End. Pour le bien des siens – en particulier de Mary Ann et d'Elizabeth qui, à vingt ans passés, se trouvaient loin d'être mariées – il importait qu'il s'établisse à proximité de gens de sa condition.

Il se peut aussi que l'emménagement à Road Hill House, résidence un peu plus modeste, ait soulagé certaines difficultés financières. Stapleton fait en effet remarquer que Baynton excédait les moyens d'un fonctionnaire ayant quatre enfants à charge, cette maison étant mieux assortie « aux besoins et attentes d'un gentilhomme campagnard doté d'une considérable fortune personnelle[1] ».

En juin 1855, la seconde Mrs Kent accoucha de Mary Amelia Saville. En août de l'année suivante, elle donnait naissance à son premier garçon, Francis Saville, alias Saville tout court. Sa deuxième fille, Eveline, vit le jour en octobre 1858. Mr et Mrs Kent étaient fous de leurs nouveaux enfants. Cette année-là, Edward, à présent âgé de vingt-deux ans, se rendit aux Antilles à bord d'un navire marchand et, en juillet à La Havane, mourut brutalement de la fièvre jaune.

Selon une rumeur relatée par Stapleton, Edward était le père de Saville, son demi-frère supposé. Si tel était le cas, la colère où le mit le remariage de son père procédait d'une rivalité sexuelle plutôt que d'une simple désapprobation. Stapleton affirme toutefois que la nouvelle Mrs Kent et son beau-fils ne

---

1. Il fut rapporté dans la presse que Samuel Kent était payé huit cents livres par an, chiffre qu'il ne corrigea pas ; mais les archives du Home Office montrent que son salaire ne s'élevait en fait qu'à trois cent cinquante livres en 1860. Il se peut qu'il ait eu en sus une petite rente personnelle. Dans *The Book of Household Management* (1861), Mrs Beeton calculait qu'un revenu de cinq cents livres par an était nécessaire pour tenir une maison servie par trois employés (selon ce même ouvrage, les gages moyens étaient de vingt livres pour une cuisinière, de douze livres pour une bonne à tout faire et de dix livres pour une bonne d'enfants). (*N.d.A.*)

furent pas amants – il en veut, bizarrement, pour preuve la mort à la naissance du premier enfant de Mary Kent. Cet événement indiquait qu'elle avait été engrossée au moins une fois par Samuel (Edward se trouvait en mer au moment de la conception), même si cela ne démontrait rien quant à la paternité des deux enfants suivants, Mary Amelia et Saville.

L'histoire familiale que Whicher reconstitua à Road Hill House donnait à penser que la mort de Saville s'inscrivait dans un tissu de tromperie et de dissimulation. Les romans policiers que l'affaire inspira, à commencer par *La Pierre de lune* en 1868, retinrent la leçon. Tous les suspects d'une énigme criminelle classique ont leur secret et, pour le garder, ils mentent, dissimulent, éludent les questions de l'enquêteur. Chacun a l'air coupable parce que chacun a quelque chose à cacher. Pour la plupart des protagonistes, toutefois, ce secret n'est pas un meurtre. C'est sur cet artifice que se construit la fiction policière.

Le danger, dans une véritable affaire d'homicide, est que le détective ne parvienne pas à élucider le crime sur lequel il est chargé d'enquêter. Il peut au contraire se perdre dans l'enchevêtrement du passé, s'empêtrer dans le bourbier qu'il a mis au jour.

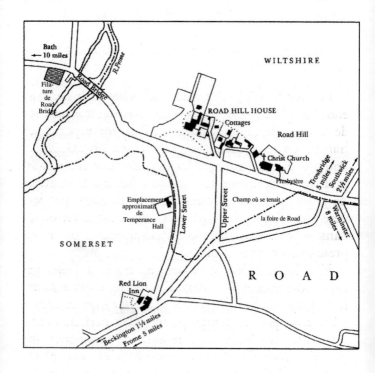

VI

Quelque chose sur sa joue sombre

Le 17 juillet

Le mardi 17 juillet, Jack Whicher débuta son enquête à l'extérieur de Road. S'intéressant à la piste de la chemise de nuit disparue, il commença par se transporter au pensionnat de Constance à Beckington. Pour se rendre dans cette localité, distante d'un mile et demi, il suivit une étroite route bordée de ronces, de joncs et d'orties, et mouchetée de blanc par les berces en fleurs. Il s'était muni du maillot retrouvé dans la fosse des cabinets. Il faisait beau, on avait presque terminé les foins.

Fils de jardinier, Whicher se sentait à l'aise au milieu des prés et des fleurs. Il servit de modèle pour le sergent Cuff, le détective de *La Pierre de lune*. « J'ai trop peu de temps pour aimer parfaitement, dit Cuff. Mais lorsque j'ai le loisir de témoigner un peu de tendresse, le plus souvent c'est aux roses qu'elle va. J'ai commencé ma vie parmi elles, dans le jardin de mon père, et je compte bien finir mes jours au milieu d'elles également. Oui... s'il plaît à Dieu, je renoncerai bientôt à attraper les voleurs et je me consacrerai à la culture des roses.

— Cela paraît un goût étrange, monsieur, chez

un homme de votre profession, avance son compagnon.

— Si vous regardez autour de vous (ce dont peu de gens se donnent la peine), répond Cuff, vous vous apercevrez que les goûts des hommes, dans la plupart des cas, sont aussi opposés que possible à leur métier. Montrez-moi deux choses plus dissemblables qu'une rose et un voleur, et alors je corrigerai mes goûts. »

Cuff caresse les pétales blancs d'une rose musquée et lui parle aussi tendrement que s'il s'adressait à un enfant : « Charmante petite ! » Il n'aime pas cueillir des fleurs, dit-il. « Mon cœur souffre à l'idée de briser leur tige. »

Au bourg, Whicher se présenta à Manor House, l'école que Constance avait fréquentée pendant les neuf mois précédents, dont les six derniers en tant que pensionnaire. Aidées d'environ quatre domestiques et de deux autres professeurs, la directrice, Mary Williams, et son assistante, miss Scott, s'occupaient de trente-cinq élèves pendant le trimestre. Les établissements de cette sorte inculquaient ce qu'une dame comme il faut se devait de savoir : le chant, le piano, la couture, la danse, le maintien, un peu de français et d'italien. Au moment de son adolescence, après avoir reçu l'enseignement de sa gouvernante, il convenait qu'une jeune fille de bonne famille y passe un ou deux ans. Les demoiselles Williams et Scott déclarèrent que Constance était un bon élément. Ce dernier trimestre, elle s'était vu décerner le deuxième prix de bonne conduite. Whicher leur montra le maillot aux cordons coupés trouvé par Foley dans les cabinets, et leur demanda si elles le reconnaissaient. Elles répondirent par la négative. Il releva les nom et adresse des meilleures amies de Constance, qu'il se proposait d'aller interroger plus tard dans la semaine.

À Beckington, Whicher rendit également visite à Joshua Parsons, le médecin de famille, dans la maison du dix-septième siècle à pignons jumeaux qu'il partageait avec son épouse, ses sept enfants et trois domestiques. Membre, en tant que médecin libéral, des classes moyennes émergeantes, Parsons était à peu près l'égal de Samuel Kent. Un de ses fils, Samuel, n'avait que quelques mois de plus que Saville.

Joshua Parsons était né le 30 décembre 1814 au sein d'une famille baptiste, dans le village de Laverton, à deux miles au nord-ouest de Beckington. Il avait le cheveu brun, les lèvres charnues, le nez épaté et de grands yeux marron. À Londres, où il avait fait sa médecine, il s'était lié d'amitié avec Mark Lemon, plus tard rédacteur en chef de *Punch* et ami de Dickens, et avec John Snow, épidémiologiste et anesthésiste qui découvrit la cause du choléra. Parsons et Whicher vécurent brièvement dans le même secteur de la capitale : l'un entra dans la police et vint habiter Holborn un mois avant que l'autre ne quitte son logement proche de Soho Square pour regagner le Somerset. C'est en 1845 que Parsons s'établit à Beckington en compagnie de sa femme Letitia, à présent âgée de trente-six ans. Jardinier assidu, il se passionnait tout spécialement pour les plantes de rocaille et les vivaces rustiques.

Le médecin expliqua à Whicher les conclusions qu'il avait tirées de l'autopsie. Il était convaincu que

Saville avait été partiellement ou totalement étouffé avant qu'on ne lui porte les coups de couteau. Cela aurait expliqué la zone plus sombre autour des lèvres et l'absence de sang sur les parois des cabinets : le cœur avait cessé de battre avant que la gorge ne soit tranchée, si bien qu'au lieu de jaillir par saccades, le sang s'était écoulé lentement dans la fosse. Parsons tenait donc que, plutôt qu'un couteau, l'arme fatale avait été une longueur de tissu. Joseph Stapleton, avec qui il avait pratiqué l'autopsie, n'était pas d'accord avec la théorie de l'asphyxie et pensait au contraire que l'égorgement était la cause première du décès, le noircissement des lèvres ayant été produit par la position tête en bas du cadavre. Il pensait que la majeure partie du sang avait été bue par la couverture.

Cette divergence d'opinions entre les deux médecins avait d'importantes implications. Si Saville avait été asphyxié et que les coups de couteau n'eussent été portés que pour maquiller la cause du décès, il se pouvait que son meurtrier l'ait tué de façon impulsive pour l'empêcher de crier. Les coupables pouvaient alors être sa nurse et son père, surpris au lit. Il était beaucoup plus difficile de croire à ce scénario si l'enfant avait succombé à des coups de couteau portés avec acharnement.

Parsons ne croyait pas du reste à ce scénario. Il était certain de la culpabilité de Constance. Il expliqua au détective que lorsqu'il avait examiné, en ce samedi du meurtre, la chemise de nuit posée sur le lit de l'adolescente, il l'avait trouvée non pas simplement propre, mais « remarquablement propre ». Il y avait vu une chemise frais lavée plutôt que celle qui avait servi six jours. Il avait fait part de cette impression à Foley, mais celui-ci n'avait pas relevé. Parsons dit au détective que Constance avait une histoire faite d'instabilité et de ressentiment. Convaincu qu'elle était « atteinte de folie homicide », il en voyait la cause dans son sang.

Appelés docteurs des fous ou aliénistes, les médecins du dix-neuvième siècle spécialisés en maladies mentales tenaient la plupart des folies pour héréditaires : la mère était la source la plus forte et la fille le récepteur le plus probable. La première Mrs Kent avait fait un épisode de démence à l'époque où elle portait Constance, et l'on pensait qu'une enfant née dans ces circonstances n'en avait que plus de chances de succomber elle-même à la folie. George Henry Savage écrit en 1881 que deux nouveau-nés qu'il a vus à l'asile de Bethlehem « avaient été imprégnés par la folie alors qu'encore dans la matrice. [...] Ces enfants semblent être dès la naissance de vrais petits démons ». Une autre théorie – psychologique plutôt que physiologique – soutenait que le fait de remâcher la folie héréditaire de sa famille pouvait l'induire (idée présidant à l'intrigue de la nouvelle de Wilkie Collins intitulée *Monkton le fou*[1]). Le résultat était le même. Parsons dit à Whicher qu'il « ne dormirait pas sans verrouiller sa porte dans une maison abritant miss Constance ».

Les allégations de Parsons à l'encontre de Constance auraient pu se retourner contre lui. À la fin des années 1850, plusieurs médecins furent convaincus d'avoir fait enfermer des femmes saines d'esprit – la

1. *Histoires regrettables*, Phébus (1998).

facilité avec laquelle on obtenait d'un homme de l'art qu'il diagnostique chez une femme un cas d'aliénation mentale était devenue un scandale national. Une commission composée de parlementaires choisis enquêta en 1858 sur ce phénomène ; en 1860, *La Dame en blanc* lui offrait un support romanesque. Le public était désormais familier du personnage du médecin déclarant abusivement une femme folle.

À son retour à Road, Whicher exposa le maillot à Temperance Hall en invitant les habitants à l'identifier. Ce vêtement, écrit l'envoyé du *Somerset and Wilts Journal,* avait dû servir à administrer du chloroforme à Saville ou à étouffer ses cris ; la seule autre explication de sa présence dans la fosse, poursuit-il, était que le meurtrier l'avait « involontairement laissé tomber alors qu'il se penchait pour accomplir son acte affreux, ce qui semble indiquer une personne dans un état de relative nudité ». À partir de cet élément, le journaliste fait apparaître une femme presque nue poignardant le garçonnet à l'intérieur des cabinets. Obnubilé par la recherche d'une explication qui se tienne, il en oublie une quatrième possibilité : ce vêtement pouvait n'avoir rien à voir avec le meurtre.

Whicher précisa dans son rapport que les latrines étaient utilisées par tous les domestiques de Road Hill House et par les fournisseurs, hommes et femmes, de passage. Le maillot n'avait pas été retrouvé avec le cadavre, mais sur les « excréments meubles » en contrebas. Et de faire observer : « Il est possible qu'il ait été dans la fosse avant le meurtre, et si on l'a montré depuis à la personne à qui il appartient, il se peut qu'elle ait nié le reconnaître *par peur d'être soupçonnée*[1]. » Il fallait savoir prendre du recul pour admettre qu'un objet apparemment banal était, parfois, véritablement banal, et qu'une personne pouvait mentir non pas parce qu'elle était coupable, mais parce qu'elle avait peur. Whicher établit encore une autre possibilité : peut-être l'assassin avait-il laissé tomber le maillot dans la fosse pour égarer la police. « On a pu le placer là à dessein pour faire porter les soupçons sur un innocent. »

Cette pièce de vêtement était un des nombreux éléments irrésolus que les investigateurs – policiers, journalistes, lecteurs de journaux – cherchaient à doter d'un sens, à changer en indice. Tant qu'un meurtre demeurait non élucidé, tout avait une importance potentielle, tout était chargé de secrets. Pareils à des paranoïaques, les observateurs voyaient partout des signes. Les objets ne pourraient recouvrer leur innocence que lorsque l'assassin serait confondu.

Attendu que Whicher avait la certitude que le coupable était un des habitants de la maison, tous ses suspects se trouvaient sur place. Il s'agissait de la version originale du meurtre au manoir, affaire en laquelle l'enquêteur devait découvrir non pas un individu, mais le moi secret d'un individu. C'était le

---

1. Dans les rapports qu'il adressait à Mayne, Whicher soulignait les formulations et les phrases sur lesquelles il entendait mettre l'accent. Nous rendons ici en italique ce qu'il souligna. (*N.d.A.*)

roman à énigmes par excellence, un assaut d'intelligence et de maîtrise de soi entre le détective et le meurtrier. Les suspects étaient au nombre de douze. L'un d'eux était la victime. Lequel trompait son monde ?

Atteindre aux pensées et sentiments intimes de la maisonnée ressortissait plus à l'instinct qu'à la logique, à ce que Charlotte Brontë décrit comme une « sensibilité, cette pénétration particulière propre au détective ». Un vocabulaire était en train d'émerger pour saisir les méthodes indéfinissables de ce dernier. C'est en 1849 que le mot *hunch* fut pour la première fois employé dans le sens d'éclair d'intuition permettant de progresser vers la solution. C'est au cours des années 1850 que le mot *lead* prit celui de piste à suivre ou d'indice.

Whicher observa les habitants de Road Hill House, leurs tics, leurs intonations, les mouvements inconscients des corps et des visages. De leur comportement il déduisit leur personnalité. Selon sa formule, il s'appliqua à les « jauger ». Un détective dont le nom n'est pas cité s'efforça d'expliquer ce processus au journaliste Andrew Wynter en lui décrivant comment il arrêta un membre de la pègre chic en 1856 dans le Berkshire, lors d'une cérémonie présidée par la reine, venue poser la première pierre de Wellington College, près de Crowthorne. « Si vous me demandez comment j'ai flairé au premier coup d'œil que cet individu était un voleur, je ne saurai vous le dire. Je ne le savais pas moi-même. Il y avait quelque chose chez lui, comme chez tous ceux de son espèce, qui m'a immédiatement attiré l'attention et a fait que j'ai braqué mon regard sur eux [sic].

N'ayant apparemment pas remarqué que je le sur-
veillais, il s'est glissé au milieu de la foule et c'est
alors qu'il s'est retourné pour regarder en direction
de l'endroit où je me tenais. Cela m'a suffi, même si
je ne l'avais jamais vu auparavant et qu'il n'eût pas
encore, à ma connaissance, tenté de glisser la main
dans une poche. Je l'ai aussitôt rejoint et, lui tapant
sur l'épaule, je lui ai demandé ce qu'il faisait là. Sans
une hésitation, il m'a répondu à voix basse : "Je ne
serais pas venu si j'avais su que l'un de vous serait
ici." Je lui ai ensuite demandé s'il travaillait en
équipe. "Non, m'a-t-il répondu, ma parole que je
suis seul." Là-dessus, je l'ai conduit dans la pièce que
nous avions prévue pour placer les voleurs en
sûreté. » L'aplomb de ce détective, cet instinct pour
flairer le suspect, cette connaissance de la pègre chic
et la façon parlante et imagée dont il raconte son
histoire, tout cela donne à penser que l'interlocuteur
de Wynter n'était autre que Whicher. Et puis notre
homme avait des tics de langage révélateurs : il avait
utilisé la tournure « Cela m'a suffi » dans une
conversation rapportée par Dickens.

Il n'était pas aisé de transcrire en mots les différentes sortes de mouvements subtils sur lesquels
un détective fondait ses intuitions – une mimique
passagère, un geste fugitif. L'inspecteur James
McLevy, d'Édimbourg, y réussit dans les mémoires
qu'il publia en 1861. Surveillant une jeune domestique postée à une fenêtre, « je parvenais même à
discerner son œil, inquiet et agité, ainsi que ce mouvement furtif de rentrer la tête lorsqu'elle vit
l'homme, puis de la ressortir un peu quand elle le
vit occupé ». Dans une des énigmes policières qu'il

fit paraître au cours des années 1850, le journaliste William Russell s'efforce de cerner la complexité de savoir regarder : « [...] son regard furieux, car tel il était, toujours fixé sur moi – et cependant un regard introspectif – passant en revue les archives de son cerveau autant que la tablette de mon visage – réfléchissant, comparant les deux ». Cette formulation saisit la manière dont travaillait un détective accompli : il promenait un regard acéré sur le monde et, simultanément, avec une acuité égale, fouillait les archives de sa mémoire. Les yeux des autres lui étaient comme des livres, et sa propre expérience lui était le dictionnaire qui lui permettait de les déchiffrer.

Whicher prétendait lire les pensées des gens dans leurs yeux. « L'œil, dit-il à William Wills, est le grand détecteur. On peut dire au milieu d'une foule, à l'expression de son œil, ce que mijote un voleur bien nippé. » Son expérience, note Wills, « le guidait sur des pistes tout à fait invisibles pour d'autres yeux ». Sur les visages, écrit McLevy, « on trouve toujours quelque chose à lire. [...] Je me trompe rarement quand j'y pose les yeux ».

Whicher lisait les corps aussi bien que les visages – un mouvement brusque, un sursaut, un bruissement de mains sous une cape, un soudain signe de tête adressé à un comparse, un engouffrement dans une ruelle. Il arrêta un jour, parce qu'il jugeait « suspectes leurs déambulations », deux jeunes gens trop bien mis qui rôdaient à l'extérieur des théâtres Adelphi et Lyceum (il les fouilla pour découvrir qu'ils n'avaient même pas de quoi se payer deux fauteuils d'orchestre, ce qui confirma son idée qu'ils projetaient de se livrer au vol à la tire). Son coup d'œil pour repérer ces déambulations suspectes lui avait fait retrouver les diamants volés par Emily Lawrence et Louisa Moutot.

La vision apparemment surnaturelle des premiers détectives fut cristallisée par Dickens dans l'inspecteur Bucket, un « mécanisme d'observation » doté d'un « nombre illimité d'yeux » et qui « élève dans son esprit une haute tour d'où la vue n'est bornée par rien ». La « promptitude et [l'] infaillibilité » des interprétations de Mr Bucket étaient « presque miraculeuses ». Les gens de ce milieu du règne victorien furent saisis d'horreur à l'idée que visages et corps pouvaient être « lus », que la vie intérieure était imprimée sur la forme des traits et le mouvement des doigts. Peut-être cet effroi tenait-il au grand cas que l'on faisait de la vie privée ; il était à la fois terrifiant et grisant que les pensées fussent visibles, que la vie intérieure, si jalousement gardée, pût être instantanément mise à nu. L'on pouvait être trahi par son corps, comme, dans *Le Cœur révélateur* d'Edgar Allan Poe (1843), le tueur l'est par les battements de son cœur qui semblent scander sa culpabilité. Plus tard au cours du siècle, les révélations involontaires de la gestuelle et du discours étayeraient les théories de Sigmund Freud.

Le texte de référence sur l'art de lire les visages fut *Essays on Physiognomy* de John Caspar Lavater (1855). « L'œil, en particulier, écrit l'auteur, doit être excellent, clair, aigu, rapide et assuré. La précision de l'observation est l'âme de la physiognomonie. Le physiognomoniste doit posséder un esprit d'observation très délicat, prompt, certain, très approfondi. Observer, c'est se montrer sélectif. » Comme dans l'exercice du métier de détective, l'homme qui avait un œil efficace était celui qui s'entendait à faire le tri, qui savait voir ce qui comptait. « Il est nécessaire de savoir ce qu'il faut observer », affirme l'Auguste Dupin d'Edgar Poe. Détectives et physiognomonistes avaient en commun cette excellence de l'œil, qui faisait pendant (et peut-être même lançait un défi) à l'œil du Très-Haut, qui voyait au tréfonds de l'âme.

« Il n'est rien de plus exact que la physiognomonie combinée à l'étude du comportement », déclare le narrateur de *Hunted down*, nouvelle de Charles Dickens (1859). Il explique comment il s'est formé un jugement sur un dénommé Slinkton : « J'ai mentalement démonté son visage, comme une montre, et l'ai examiné en détail. Je n'avais pas grand-chose à reprocher à ses traits pris séparément ; j'avais encore moins à redire lorsqu'ils se trouvaient réunis. "En ce cas, me suis-je demandé, n'est-il pas monstrueux de ma part de suspecter et même de détester un homme au seul motif qu'il se fait la raie au milieu ?" » Cependant, il défend sa violente répugnance pour la coiffure de Slinkton : « Un observateur des hommes qui se montre fermement rebuté par quelque trait apparemment insignifiant chez un inconnu a raison d'y accorder une grande importance. Cela peut être la clé de la totalité du mystère. Un poil ou deux indiqueront où un lion est caché. Une toute petite clé ouvrira une très lourde porte. » Corps et visages recelaient des indices et des clés ; des choses infimes répondaient à de grandes questions.

Dans sa relation du meurtre de Road Hill House, Stapleton déclare que les secrets de la famille

Kent sont inscrits de façon criante sur le visage de ses membres. « Rien ne révèle peut-être plus fidèlement l'histoire et les dessous d'une famille que la mine et les attitudes de ses enfants. Sur leur figure, dans leur comportement et leur tempérament, dans leurs défauts et jusque dans leurs expressions, se trouve écrite l'histoire de leur foyer ; cela aussi sûrement que la plante donne à voir des traits correspondant à la nature du sol où elle a poussé, à la tempête qui a arraché ses jeunes vrilles et malmené ses rameaux encore tendres, aux soins du jardinier qui l'a taillée et arrosée. [...] L'on peut véritablement regarder la physiognomonie des enfants comme le meilleur indicateur de météorologie familiale. » La glose de Stapleton s'alimente au tourbillon des idées nouvelles qui ont connu leur culmination avec *De l'origine des espèces* de Darwin, paru un an plus tôt : le naturaliste attendait un temps « où l'on regardera chaque production de la nature comme porteuse d'une histoire ; où l'on considérera chaque structure complexe comme la somme de nombreuses combinaisons, chacune ayant eu son utilité ». Les gens étaient devenus la somme de leur passé.

Tous ceux qui se présentèrent à Road Hill House dans les semaines qui suivirent le crime scrutèrent ses habitants en quête d'indices. Les médecins examinèrent le cadavre de Saville pour déchiffrer, littéralement, l'histoire qu'il racontait. D'autres étudièrent le visage et le corps des occupants vivants de la maison. Rowland Rodway dit d'Elizabeth Gough : « J'ai observé sur son visage des traces d'émotion et de fatigue. » Albert Groser, jeune journaliste qui se glissa dans la maison le jour du meurtre, nota le comportement « fiévreux, inquiet » de la même. Mais là où leurs soupçons étaient éveillés par les grimaces et l'agitation de la nurse, Whicher allait, lui, trouver ses indices dans des absences, des silences.

Dans son rapport à sir Richard Mayne, il évoqua brièvement ce qu'il avait observé de la famille Kent. Mr et Mrs Kent étaient « toqués » de leurs plus jeunes enfants. William était « très abattu ». Constance et William étaient « solidaires » et liés par une « étroite intimité » (*étroite*, en 1860, signifiait secrète). Whicher prit note de la manière dont la famille avait réagi à la mort de Saville. Au moment où Elizabeth Gough « apprenait aux deux aînées des demoiselles Kent que l'enfant avait été enlevé au cours de la nuit, *miss Constance a ouvert sa porte, tout habillée, a entendu ce qui se disait, mais n'a fait aucune remarque* ». Le flegme de Constance, sur le moment et par la suite, pouvait sembler dénoter une conscience tranquille, une vie intérieure paisible, mais une plus sinistre conformation mentale pouvait lui être attribuée. Le sang-froid était le préalable d'un crime ingénieux.

L'énigme de l'affaire tenait à la combinaison particulière de frénésie et de froideur, de préméditation et de passion, dont avait fait preuve le meurtrier. La personne qui avait assassiné, mutilé et dégradé Saville Kent devait être terriblement dérangée et possédée de sentiments d'une force anormale ; pourtant, en restant jusque-là dans l'ombre, cette personne avait fait montre d'une étonnante maîtrise de soi. Whicher voyait dans le calme impassible de Constance un indice de sa culpabilité.

Il se peut que son entretien avec l'adolescente au sujet de la chemise de nuit ait eu pour objet de mettre son sang-froid à l'épreuve. Si tel était le cas, l'air vacant de la demoiselle ne fit que confirmer ses soupçons. Absence d'expression, chemise de nuit disparue : les indices venaient combler les vides, les présomptions de choses tues. Ce que Whicher croyait discerner en Constance était aussi mince que ce que Mr Bucket détecte chez Madame Hortense, la meurtrière, « les bras posément croisés... [mais] quelque chose sur sa joue sombre battant comme une pendule ». Et la conviction de Whicher quant à la culpabilité de son suspect était aussi ferme que celle de Bucket : « Par le Seigneur tout-puissant, il m'apparut d'un coup... que c'était elle ! » Ou encore, pour reprendre la formule du sergent Cuff de Wilkie Collins, personnage de détective inspiré par Whicher : « Je ne suspecte pas. Je sais. »

Déjà, avant l'arrivée de Whicher, l'affaire de Road Hill avait fait naître des vocations de limiers parmi les lecteurs de la presse anglaise. Ces gens envoyaient leurs tuyaux à la police. « J'ai fait un rêve qui m'a laissé très mal à l'aise, écrivait un habitant de Stoke-on-Trent. J'ai rêvé que je voyais trois hommes préparer leur coup dans une maison proche de Finished Building, lieu-dit situé à environ un demi-mile de la scène du meurtre. [...] Je peux donner une description précise des hommes que j'ai vus dans mon rêve. » Une marchande de journaux de Reading soupçonnait un homme venu le 4 juillet dans sa boutique, parce qu'il avait demandé « d'un air craintif » s'il y avait quelque chose sur le meurtre dans le *Daily Telegraph* de la veille.

Le jour de l'arrivée de Whicher à Road, un autre inconnu s'y était présenté, se donnant pour professeur de phrénologie. Il avait proposé d'examiner la tête des différents suspects, affirmant qu'en palpant les contours de leur crâne, il serait en mesure de déterminer lequel était le coupable. Une bosse derrière l'oreille était la marque d'un penchant destructeur ; la portion du crâne située juste au-dessus était le siège de la dissimulation. Sans doute est-ce ce même phrénologue qui, une semaine plus tôt, avait écrit de Warminster, bourg situé à cinq miles de Road, pour proposer ses services aux policiers. Il pratiquait, disait-il dans sa lettre, une science « éprouvée et désintéressée ». « Il m'est aussi facile de détecter la tête de l'assassin que de distinguer un tigre d'un mouton. » La police déclina la proposition – en 1860, la phrénologie était communément considérée comme du charlatanisme. Il n'empêche qu'elle était par certains côtés un proche parent du métier de détective. Une bonne part de l'emballement suscité par ce dernier tenait à sa nouveauté, à son côté mystérieux et à son aura scientifique, qualités qui avaient naguère servi la phrénologie. Poe écrivit au sujet de ses histoires policières : « Ces récits tissés de raisonnement doivent la majeure part de leur vogue au fait d'être un genre nouveau. Je ne veux pas dire qu'ils ne sont pas ingénieux, mais les gens les croient plus ingénieux qu'ils ne le sont, cela à cause de leurs méthode et apparence de méthode. »

Il était possible que les spéculations de Whicher ne fussent pas plus fondées que celles de n'importe quel autre observateur de l'événement. Les détectives, comme les phrénologues, pouvaient être des maîtres ès mystification, des hommes qui entortillaient le sens commun dans de la complexité, déguisaient leurs conjectures en science.

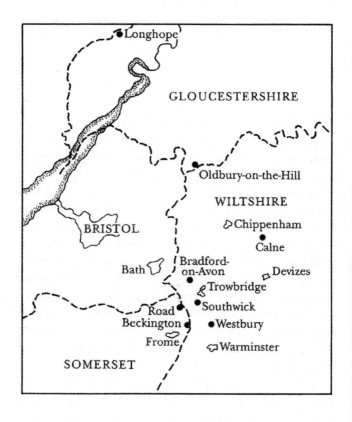

VII

Avatars

Le 18 juillet

Il faisait encore chaud le mercredi, même si des nuages survolèrent dans l'après-midi le sud-ouest de l'Angleterre, occultant une éclipse partielle du soleil. La police locale continua d'exercer une stricte surveillance sur Road Hill House et procéda à la distribution de mille papillons promettant une récompense de deux cents livres à qui fournirait des informations conduisant à l'inculpation de l'assassin de Saville.

Whicher élargit le champ de ses investigations. Il prit le train à Trowbridge pour Bristol, puis loua un fiacre pendant deux heures à Bath. Il y recueillit des renseignements auprès de la police locale et du propriétaire du Greyhound Hotel à propos d'un épisode singulier qui avait eu lieu quatre ans plus tôt, en juillet 1856.

À l'époque, cela faisait à peu de chose près un an que les Kent habitaient Road Hill House. La seconde Mrs Kent était alors enceinte de Saville et tout près d'accoucher. Constance et William, âgés de douze et onze ans, étaient rentrés de leur pensionnat pour la durée des vacances. Constance souffrait apparemment de chevilles fragiles. Un médecin avait conseillé de lui faire porter des bas à lacets et de lui éviter tout exercice. Lorsque la famille se rendit à Bath à l'occasion des floralies, on la déplaçait partout en fauteuil roulant.

Un jour, elle et son frère firent une fugue. Le 17 juillet, dans les commodités réservées aux domestiques, Constance enfila de vieux vêtements de William qu'elle avait ravaudés et cachés dans ce but. Puis elle se coupa les cheveux et les jeta dans la fosse, de même que sa robe et son jupon. Les deux enfants avaient l'intention de gagner Bristol avec le projet de prendre la mer en tant que garçons de cabine. À l'instar de leur aîné Edward, ils espéraient fuir le pays. Au soir, ils avaient parcouru à pied les dix miles qui les séparaient de Bath. Quand ils essayèrent de prendre une chambre pour la nuit au Greyhound, l'hôtelier, flairant qu'il avait affaire à des fugueurs en raison de leurs effets de qualité et de leurs manières policées, les pressa de questions. Constance, raconte Stapleton, « conserva son sang-froid, se montrant même insolente dans son attitude comme dans son langage », mais « William éclata bientôt en sanglots ». Toujours selon Stapleton, William fut mis au lit à l'hôtel et Constance fut livrée à la police. Elle passa la nuit au commissariat où elle « garda résolument le silence ».

Le compte rendu de cet incident dans la presse locale diffère de la version donnée par Stapleton, qui aura peut-être insisté sur l'émotivité de William afin de souligner la nature dominante de sa sœur ; sa source fut presque certainement Samuel Kent. Dans un des journaux, qui dépeint l'épisode comme « un exemple d'affection hors du commun et de hardiesse aventureuse », William ne fond pas en larmes et Constance ne se dresse pas sur ses ergots. Interrogés par l'hôtelier, tous deux se montrent « extrêmement bien élevés », se bornant à répéter qu'ils vont prendre la mer. William est conduit lui aussi au commissariat. Ils gardent le secret jusqu'au lendemain matin quand un domestique de Road Hill House arrive à Bath et les identifie, se plaignant d'avoir crevé trois chevaux en les cherchant.

William confesse aux policiers qu'il s'est sauvé de chez lui, prétendant être l'instigateur de l'escapade. « Il désirait partir en mer, a-t-il déclaré, et sa compagne, sa sœur cadette, a passé des vêtements à lui et s'est coupé les cheveux afin de l'accompagner jusqu'à Bristol où il avait espoir d'être pris comme garçon de cabine par un commandant arrangeant. Ils avaient en tout et pour tout dix-huit pence sur eux, mais ni le manque d'argent ni la distance n'avaient eu raison de la résolution du garçon ou de l'affection de la sœur. » Un autre article attribue également à Constance le rôle d'acolyte et à William celui de protecteur : « Le jeune garçon, qui voulait partir en mer, a confié son secret à sa sœur [...] qui, n'écoutant que son ardente affection, a décidé de l'accompagner coûte que coûte. » Elle « a souffert qu'il lui coupe les cheveux, puis s'est fait la raie sur le côté ».

Stapleton et les journalistes de Bath s'accordent sur la résolution peu commune de Constance, quoiqu'ils l'apprécient différemment. Selon une des gazettes, « La fillette, nous dit-on, s'est comportée en véritable petit héros, jouant son rôle de garçon à l'admiration de tous ceux qui l'ont vue. Nous apprenons de la bouche de l'inspecteur Norris [...] que miss Kent a fait preuve de beaucoup d'astuce et de caractère. Les vêtements de garçon qu'elle portait étaient trop justes pour elle, et elle avait à la main une badine dont elle se servait comme si elle y était habituée. Il s'écoula quelque temps avant qu'il ne la soupçonne d'être de sexe féminin, ce qu'il ne découvrit qu'à la façon particulière dont elle était assise. »

Le domestique ramena les deux enfants au bercail. Samuel Kent était en tournée d'inspection dans le Devon, mais il regagna Road dans l'après-midi. Selon Stapleton, William « exprima aussitôt chagrin et contrition en sanglotant à fendre l'âme ». Mais Constance refusa de présenter des excuses à son père et à sa belle-mère. Elle se borna à dire qu'elle « voulait être indépendante ».

C'était là, fait observer le *Bath Express*, « une circonstance des plus étranges au sein d'une famille de condition où l'on apporte du soin à l'éducation des enfants ».

Quand, ce même mercredi, Whicher en eut terminé à Bath, il prit le train pour Warminster, à cinq miles à l'est de Road, afin de s'y entretenir avec une des camarades de pension de Constance.

Emma Moody, âgée de quinze ans, habitait une maison dans Gore Lane avec son frère, sa sœur et sa veuve de mère, tous ouvriers laineurs. Whicher lui montra le maillot en ouatine ; elle déclara ne l'avoir jamais vu. Il demanda si Constance lui avait jamais parlé de Saville.

« Je l'ai entendue dire qu'elle ne l'aimait pas, indiqua Emma, et qu'elle le pinçait, mais que c'était pour rire. Elle riait en disant cela. » À la question de savoir ce qui poussait Constance à taquiner ses petits frère et sœur, Emma répondit : « Je crois que c'était par jalou-

sie et parce que leurs parents faisaient du favoritisme. »
Et d'expliquer : « Un jour que nous parlions des
vacances – nous faisions une promenade sur la route
de Road –, je lui ai dit : "N'est-ce pas bien de rentrer
bientôt à la maison ?" et elle m'a répondu : "Oui, chez
vous peut-être, mais chez moi ce n'est pas pareil." [...]
Elle a ajouté que les enfants de sa belle-mère étaient
bien mieux traités qu'elle et son frère William. Ce
n'était pas la première fois qu'elle me disait ça. Une
fois que nous parlions toilettes, elle a dit : "Maman ne
veut pas me donner ce qui me plaît. Si je dis que j'aimerais une robe marron, elle m'en donne une noire,
ou bien l'inverse." » Selon Constance, sa marâtre avait
une telle dent contre elle qu'elle lui refusait jusqu'au
choix entre le noir et le marron. Tout comme la chemise de nuit en toile grossière, ces effets de couleur
terne conféraient à Constance le rôle de la belle-fille
traitée avec injustice et mépris, d'une Cendrillon
exclue de l'univers des autres filles de son âge.

Selon les rapports adressés par Whicher à ses supérieurs, Emma affirma avoir souvent entendu Constance faire état de son aversion pour Saville, au motif
qu'il était tellement favorisé par Mr et Mrs Kent.
Emma lui raconta avoir un jour reproché son attitude
à Constance, « lui disant qu'elle avait grand tort d'en
vouloir à son petit frère, car ce n'était pas sa faute à
lui ». À quoi Constance avait répondu : « Peut-être
que ce n'est pas sa faute, mais comment prendriez-
vous cela si vous étiez à ma place ? »

La tâche de Whicher ne consistait pas seulement à
collecter des renseignements, mais aussi à les mettre en
ordre. L'objet central d'une enquête était la reconstitu-

tion d'une intrigue. Whicher pensait tenir le mobile de Constance : elle avait tué Saville en raison de la « jalousie ou rancune » qu'elle éprouvait à l'endroit des enfants de sa belle-mère, sentiment agissant sur un « esprit passablement atteint » de folie. La façon dont la première Mrs Kent avait été traitée pouvait avoir poussé sa dernière fille à la venger. La deuxième Mrs Kent, la femme qui avait élevé Constance comme sa fille pour ensuite la rejeter dès lors qu'elle avait elle-même eu des enfants, pouvait avoir été l'objet de sa rage.

La fugue du frère et de la sœur suggérait à Whicher qu'ils étaient particulièrement malheureux et portés à réagir à cette situation. Elle démontrait qu'ils étaient capables de concevoir des projets secrets et de les mener à bien, capables d'artifice et de tromperie. Surtout, elle désignait les lieux d'aisance pour leur cachette, l'endroit où Constance se débarrassa de ses vêtements et de ses cheveux pour revêtir une nouvelle identité. Dans ses rapports, Whicher souligne « le fait que le corps a été retrouvé dans la fosse même où elle avait jeté ses cheveux et son costume féminin avant de s'enfuir de chez elle [...] déguisée en garçon, ayant préalablement elle-même fabriqué une partie de sa tenue masculine, qu'elle dissimula dans une haie à quelque distance de la maison en attendant le jour du départ ». Le jour où elle fugua pouvait être interprété comme une étape la rapprochant du meurtre de Saville.

Whicher travailla seul cette semaine-là. Il « a poursuivi activement et assidûment ses investigations, rapporte le *Somerset and Wilts Journal*, ne prenant aucun confident, si ce n'est, assurément, Mr Foley. Il a persévéré, rencontrant et interrogeant personnellement toutes les personnes concernées par cette catastrophe, et tirant le plus grand parti possible de chaque lueur susceptible de l'élucider ». Le *Western Daily Press* qualifiait ses recherches d'« énergiques » et d'« astucieuses ».

Whicher restait discret sur ce que donnaient ses interrogatoires systématiques. Il déclara à la presse locale qu'il se trouvait « en possession d'un indice grâce auquel le mystère sera bientôt débrouillé », ce dont le *Bath Chronicle* se fit consciencieusement l'écho. C'était beaucoup dire. Ce qu'il avait, c'était une théorie ; mais elle avait une chance d'ébranler suffisamment le coupable pour qu'il passe aux aveux. Le *Bristol Daily Post* se montre sceptique quant à la probabilité de le voir réussir : « On espère, plus qu'on attend, que sa sagacité pourra tirer l'affaire au clair. »

La sagacité était une qualité fréquemment attribuée aux détectives dans les journaux et les livres. Le *Times* parla de « la sagacité coutumière » de Jack Whicher. Dickens loua « l'affreuse pénétration, [...] l'expertise et la sagacité » de Charley Field. Un roman policier signé Waters évoquait « la vulpine sagacité » du héros. À l'époque, ce mot signifiait intuition plutôt que discernement. Aux dix-septième et dix-huitième siècles, une bête « sagace » possédait un odorat subtil ; ces premiers détectives étaient donc comparés, pour leur finesse et leur intelligence, à des loups et des chiens.

Charlotte Brontë décrit un détective comme un « limier[1] », ce chien qui flaire la trace du gibier. Dans

---

1. C'est dans les années 1870 que le mot devient synonyme de « détective ». (*N.d.A.*)

les romans policiers de Waters des années 1850, le héros est un amalgame de chasseur et de chien de chasse rattrapant sa proie : « La chasse le talonnait », « Je le dépistai », « J'étais sur la bonne piste ». « S'il est de nos jours une profession qui se pare d'aventure, écrivait le célèbre détective d'Édimbourg James McLevy, c'est celle de détective de la police. Avec tout l'enthousiasme d'un chasseur, dont le but n'est que de traquer et détruire des animaux souvent inoffensifs, il est mû par le motif supérieur de servir l'humanité en débarrassant la société de ses nuisibles. » Les détectives urbains pourchassaient leurs proies par les rues de la ville, déduisaient l'identité de cambrioleurs et d'escrocs à partir de leurs signes et signatures, leurs pistes et traces involontaires. Londres était « une vaste forêt, écrit Henry Fielding, où un voleur pouvait s'abriter en toute sécurité, comme font les bêtes sauvages dans les déserts d'Afrique ou d'Arabie. Car en vagabondant d'un endroit à l'autre et en changeant souvent de domicile, il peut presque échapper au risque d'être découvert ». De même que les explorateurs de l'ère victorienne s'en allaient à travers l'Empire pour carto-graphier de nouvelles terres, les détectives s'enfon-çaient jusqu'au mitan des villes, en des quartiers aussi inconnus des classes moyennes que pouvait l'être l'Arabie. Les détectives apprenaient à distinguer les différentes écoles de prostituées, de pickpockets, de voleurs à l'étalage, et à remonter jusqu'à leurs repaires.

Whicher était spécialiste des avatars. À l'instar de l'héroïne de *The Female Detective* d'Andrew Forrester, il « avait souvent côtoyé des gens revêtus de masques ». Ainsi, il arrêta en 1847 Richard Martin, alias Aubrey, alias Beaufort Cooper, alias le capitaine Conyngham, qui, en se faisant passer pour un homme de qualité, prenait livraison de commandes de luxueuses chemises ; l'année suivante, il mit fin aux agissements de Frederick Herbert, jeune homme « d'apparence distinguée », qui avait escroqué un bourrelier d'un étui à fusil, un artiste de deux peintures sur émail, un ornithologue de dix-huit plumages de colibri. Le double fictif de Whicher était Jack Hawkshaw, le détective dans la pièce de Tom Taylor *The Ticket-of-Leave Man* (1863), dont le nom évoque un oiseau de proie à la vue très sûre[1]. Hawkshaw est « le détective le plus perspicace de la police ». Il pourchasse un criminel d'envergure qui « a autant d'extérieurs que de pseudonymes ». « Il se peut qu'aujourd'hui vous l'identifiiez comme criminel et que demain, lorsque vous le croiserez en pasteur, vous lui tiriez votre chapeau, déclare Hawkshaw. Mais je vais lui arracher toutes ses défroques. »

Une partie de la presse locale accueillit favorablement la venue de Whicher dans le Wiltshire. « On a fait appel, pour aider nos très capables policiers, au savoir-faire d'un détective de Londres, accoutumé à l'atmosphère criminelle plus sombre de la ville, pouvait-on lire ce mercredi-là dans le *Bath Chronicle*. Force est de croire que l'enquête est en bonne voie. » Cependant, le crime perpétré dans ce joli village entraîna Whicher dans des régions plus troubles que tout ce qu'il avait connu dans la grande ville. Il n'enquêtait pas sur des pseudonymes et des fausses adresses, mais sur des fantasmes cachés, des désirs enfouis, des moi secrets.

1. *Hawk* : faucon.

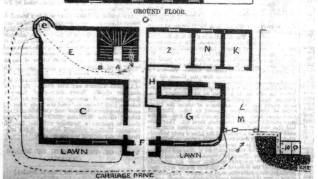

VIII

Claquemuré

Le 19 juillet

Le jeudi 19 juillet, Whicher prit des dispositions pour que soit abaissé le niveau des eaux de la Frome afin de procéder à un dragage. Cette rivière bordait le terrain des Kent au bas d'une berge pentue, sous une arche d'épaisses frondaisons. Suite à près de trois semaines sans précipitations, elle n'était plus aussi grosse qu'au début du mois, mais son débit était encore rapide et abondant. Pour en faire baisser le niveau, des hommes bloquèrent l'arrivée d'eau au barrage qui se trouvait en amont, puis, montés sur des barques, ils promenèrent dans le lit des grappins et des crocs avec l'espoir d'en remonter une arme ou une pièce de vêtement.

Les policiers fouillèrent les massifs de fleurs et les jardins de la maison. Ils passèrent au peigne fin le champ qui faisait suite aux pelouses. Samuel Kent décrivit ainsi les terres qui s'étendaient derrière sa propriété : « Il y a sur l'arrière de la maison un grand jardin, puis un champ, à l'époque couvert d'herbe haute, d'une superficie d'environ sept acres. [...] L'endroit est très exposé ; les lieux sont vastes et d'un accès très facile. » Cette description d'un chez-soi désespérément accessible, comme adossé à une plaine ouverte, rend bien le sentiment de vulnérabilité qui l'habita après la mort de Saville. L'intimité de la famille était anéantie, ses secrets mis à nu, la maison et la vie de tous ses habitants exposées aux yeux du public.

Au début, Samuel Kent fit son possible pour éloigner les policiers des pièces où vivaient sa famille et ses domestiques. Comme Elizabeth Gough, il soutint que Saville avait été tué par un étranger, suggérant que l'assassin était peut-être un ancien serviteur dépité ayant voulu se venger. Avant l'arrivée de Whicher, il montra au commissaire Wolfe les différents endroits où un intrus aurait pu se cacher. « Vous avez ici une pièce qui n'est pas souvent occupée », dit-il, indiquant une chambre d'appoint meublée. Wolfe lui fit remarquer qu'un étranger n'aurait pu savoir que l'on y entrait rarement. Kent l'emmena alors dans un débarras où étaient remisés des jouets. Nul ne se serait caché là, lui objecta Wolfe, car il aurait craint que quelqu'un ne vienne y chercher un jouet. Quant au petit grenier, rapporta le policier, « Il contenait une quantité considérable de poussière [...] et je pense que si quelqu'un y était venu, il aurait forcément laissé des traces. »

Quelques journaux s'interrogèrent sur la possibilité qu'un étranger ait commis le crime. « Notre connaissance approfondie de chaque pièce de Road Hill House, de la cave au grenier, nous convainc qu'il aurait été parfaitement possible non seulement à une mais à une demi-douzaine de personnes de s'y embusquer cette nuit-là sans risque d'être découvertes », rapporterait plus tard le *Somerset and Wilts*

Journal dans un exposé détaillé sur l'intérieur du bâtiment :

De toutes les maisons de dix-neuf pièces dont nous avons le souvenir, il n'en est pas une qui offre un plus grand nombre de cachettes possibles. On peut accéder à la cave, divisée en six compartiments grands et petits, par deux portes et deux escaliers différents. On trouve à mi-hauteur de l'escalier de service un vaste placard vide. Au-dessus du salon, une chambre d'appoint renferme un bois de lit garni d'un lambrequin, une coiffeuse juponnée jusqu'au sol et deux hautes et profondes penderies, dont une est presque toujours vide et peut se fermer de l'intérieur comme de l'extérieur. Sur ce même palier, il y a deux petites pièces en enfilade, chacune en partie emplie de bric-à-brac. Au second étage se trouvent une deuxième chambre inutilisée, meublée d'un bois de lit à courtines, d'une table, d'un paravent et, là aussi, de deux grandes penderies [...] deux petites pièces, l'une presque vide, l'autre contenant le fourniment utilisé par Mr Kent lors de ses déplacements ; un vaste et long placard où une douzaine d'hommes pourraient se tenir côte à côte ; et une petite pièce, dépourvue de fenêtres, contenant deux tonnes à eau ainsi qu'une échelle communiquant avec le grenier et le toit. [...] Nous avons nous-mêmes visité les lieux.

Bon nombre de villageois étaient, selon le reporter de ce même journal, déjà familiers des coins et recoins de Road Hill House, « ayant eu de singulière façon la jouissance de la maison pendant les deux années où elle est restée inoccupée préalablement à la venue de Mr Kent [...] ceci à tel point que lorsque l'on préparait les lieux pour son emménagement, il a fallu repeindre les escaliers six fois en raison des intrusions des garnements du village ». Le bâtiment, renchérit le *Frome Times*, « était presque considéré comme bien public, car qui le souhaitait venait s'y promener sans empêchement aucun ».

Les Kent restèrent enfermés chez eux durant la première semaine de Whicher à Road, même si Holcombe, le cocher, conduisit deux ou trois fois Mary Ann et Elizabeth faire des emplettes à Frome. À la différence de Road ou de Trowbridge, les membres de la famille pouvaient habituellement passer une après-midi dans cette localité sans essuyer sifflets et quolibets.

Nous n'avons pas de description physique d'Elizabeth ou de Mary Ann. Elles semblent ne faire qu'une. Ce n'est que par de brefs aperçus – Elizabeth se tenant seule à la fenêtre pour scruter le ciel nocturne, ou bien tenant la petite Eveline serrée dans ses bras tandis que le cadavre de Saville est apporté dans la cuisine – que l'on entrevoit, fugitivement, des personnes distinctes. Elles étaient deux jeunes femmes extrêmement secrètes. Quand elle fut convoquée au tribunal, Mary Ann eut une crise de nerfs. Elizabeth ne laissait les domestiques toucher ses vêtements ni avant ni après la lessive. « Miss Elizabeth prépare elle-même son propre ballot et je ne m'en mêle jamais », dira Cox. Attendu qu'elles approchaient toutes deux de la trentaine, il était désormais probable qu'elles resteraient filles. Tout comme Constance et William, elles gardaient leurs opinions et leurs projets pour elles-mêmes, le lien qui les unissait leur ôtant le besoin de dire grand-chose à qui que ce fût d'autre.

Dès la fin de la semaine, Samuel Kent commença de mettre les policiers au courant des troubles mentaux de Constance. Après avoir nié que sa fille pût être coupable, il paraissait maintenant en avancer la possibilité. « Mr Kent, pouvait-on lire dans le *Devizes and Wilts Gazette* du 19 juillet, n'a pas hésité à laisser entendre, et ceci de façon on ne peut plus explicite, que sa *propre fille* a commis le meurtre ! et il a allégué en guise d'explication [...] qu'elle fut affectée de lubies au cours de son enfance. » L'incriminait-il pour se protéger lui-même ? Cherchait-il à préserver un autre membre de la famille ? Ou bien voulait-il, en faisant état de l'instabilité de Constance, lui éviter la peine capitale ? De sinistres rumeurs couraient sur le compte de Samuel Kent. Il se disait que Mary Pratt et lui avaient empoisonné sa première femme, voire qu'il avait tué les quatre nouveau-nés morts dans le Devon. Peut-être la première Mrs Kent n'était-elle pas folle à lier, telle l'épouse enfermée au grenier de Mr Rochester dans *Jane Eyre*, mais une innocente, comme l'héroïne de *La Dame en blanc*, enfermée dans une aile de la maison pour lui sceller les lèvres.

En public, Samuel Kent s'abstenait toujours du moindre commentaire direct sur la santé mentale de sa première femme. « Quant à la question de savoir s'il y a eu des cas de folie dans l'une ou l'autre branche de la famille, lisait-on dans le *Bath Chronicle* du jeudi, Mr Kent a été questionné de près sur ce point et il affirme ne s'être jamais adressé à un médecin relativement à un problème de cette nature. » Il contredisait en cela ce qu'il confia à Stapleton, à savoir qu'un médecin d'Exeter avait diagnostiqué la folie de sa première épouse, mais il n'allait pas jusqu'à nier qu'elle ait été mentalement dérangée. Parsons et Stapleton, tous deux amis de Samuel et présents sur place, insistaient sur la nature instable de Constance : « Les deux médecins [...], qui ont été entendus séparément, estiment que la jeune Constance possède une conformation mentale propre à être influencée par de subits accès de passion. » Samuel Kent déclara ouvertement à Whicher que la folie régnait dans la famille de sa première épouse : « Le père [...] m'a informé que la mère et la grand-mère [de miss Constance] ne jouissaient pas de toutes leurs facultés mentales, écrivit Whicher, et que son oncle, également du côté maternel, avait été enfermé à deux reprises dans un asile d'aliénés. »

Whicher exhuma un incident particulier qui s'était produit à Road Hill House au printemps de 1859, alors que Saville avait deux ans. Un soir, Emma Sparks, sa nurse de l'époque, le mit au lit, chaussé, comme à l'accoutumée, d'une paire de chaussettes tricotées. Le lendemain matin, écrit Whicher, elle s'aperçut que l'enfant « *était entièrement découvert et que ses deux chaussettes lui avaient été enlevées* ». Celles-ci furent par la suite retrouvées, l'une sur la table de la nursery, l'autre dans la chambre de Mrs Kent. Whicher suspectait Constance « *car elle était à l'époque, hormis Mrs Kent, la seule grande personne de la famille présente à la maison*, Mr Kent étant en déplacement et les deux aînées séjournant ailleurs ». Il ne précise pas où était William – peut-être au pensionnat. Cet épisode,

farce un peu malveillante, pouvait être rétrospectivement compris comme la répétition d'une initiative
plus féroce. Il renvoyait à l'affreux mariage entre
délicatesse et discrétion qui avait présidé au meurtre
de Saville : le garçonnet endormi avait été tiré de son
lit en douceur, emporté précautionneusement au
rez-de-chaussée, puis dehors, pour y être assassiné.
Nous ignorons si Whicher fut instruit de l'incident
par Emma Sparks ou par Mr et Mrs Kent – il les
interrogea tous trois à ce sujet.

Cette histoire de chaussettes n'avait aucunement
valeur de preuve. « Je ne peux rien échafauder là-
dessus », en dit Whicher. Il la retint néanmoins
en tant qu'indice psychologique. Dans le livre de
Waters intitulé *Experiences of a Real Detective*
(1862), l'inspecteur « F » explique : « Je trouvai
moyen de dénicher certains faits, qui, bien que ne
valant pas un clou comme preuve devant un tribunal, étaient moralement très parlants. »

Sigmund Freud comparerait en 1906 enquête
policière et psychanalyse :

Nous avons dans les deux cas affaire à un secret, à
quelque chose qui est caché. [...] Chez le criminel, il
s'agit d'un secret qu'il connaît et vous cache, alors que,
chez l'hystérique, il s'agit d'un secret que lui-même ignore
et qui se cache en lui. [...] Ainsi, sous ce seul rapport, la
différence entre le criminel et l'hystérique est fondamen-
tale. La tâche du thérapeute est cependant la même que
celle du magistrat qui instruit l'affaire. Il nous faut
découvrir le contenu psychique caché ; et pour y parvenir,
nous avons inventé plusieurs procédés d'investigation.

De fait, Whicher réunissait des indications sur la vie intérieure de Constance, sur son contenu psychique caché, autant que sur les circonstances inconnues du meurtre. Ce crime regorgeait à ce point de symbolique qu'il excédait presque l'interprétation. L'enfant avait été précipité dans des latrines, comme s'il était lui-même un excrément. Son assassin s'était appliqué, avec frénésie ou bien en se livrant à une sorte de rituel, à le tuer non pas une fois mais à quatre reprises : en l'étouffant, en lui tranchant la gorge, en le poignardant au cœur, en l'immergeant dans des fèces.

Samuel Kent informa Whicher d'un autre fait psychologiquement parlant, la fascination de Constance, au cours de l'été de 1857, pour le procès de Madeleine Smith.

Cette fille d'un architecte de Glasgow, alors âgée de vingt et un ans, était accusée d'avoir assassiné son soupirant, un employé français, en glissant de l'arsenic dans son chocolat chaud. Son mobile présumé était d'avoir voulu se débarrasser de lui afin d'épouser un prétendant plus fortuné. Au terme d'un procès à sensation largement couvert par la presse, le jury déclara « non prouvées » les charges retenues contre l'accusée, verdict qui ne se peut rendre que dans les tribunaux écossais. Madeleine Smith était généralement regardée comme coupable, mais le fait qu'elle avait tenu tête au système judiciaire avec un cran aussi époustouflant ne fit qu'augmenter son pouvoir de séduction. Henry James fut au nombre de ses admirateurs, allant jusqu'à écrire que son crime était une « rare œuvre d'art ». Il regrettait ardemment de ne pas l'avoir vue : « Je donnerais tant pour un portrait fidèle de son visage *d'alors.* »

Samuel Kent dit à Whicher que sa seconde femme avait pris la précaution de cacher à Constance les numéros du *Times* qui rendaient compte du procès. Cela indiquait que cette enfant s'intéressait, dès l'âge de treize ans, aux histoires criminelles. « En raison du caractère particulier de l'affaire, écrivit le détective, les journaux qui en traitaient étaient soigneusement soustraits à l'attention de miss Constance, puis, le procès terminé, ils furent cachés par Mrs Kent dans un tiroir fermé à clé. » Quand elle vérifia ce tiroir quelques jours plus tard, Mrs Kent découvrit que son contenu avait disparu. « Interrogée à ce sujet, miss Constance déclara tout ignorer de ces journaux ; toutefois, quand on fouilla sa chambre, ils furent retrouvés sous son matelas. »

Peut-être la lecture d'articles sur le procès et l'acquittement de Madeleine Smith avait-elle donné des idées à Constance, comme ce fut le cas pour John Thomson, cet homme qui, en décembre 1857, reconnut que l'affaire lui avait inspiré l'idée d'administrer de l'acide prussique à une femme qui l'avait éconduit. Même si Saville ne fut pas tué avec du poison, son assassinat était bien conçu, silencieux, direct. L'arme du crime était une couverture, objet aussi banal et réconfortant qu'une tasse de chocolat. Madeleine Smith avait prouvé qu'en se montrant maligne et inébranlable une meurtrière de la classe moyenne pouvait devenir une figure aussi fascinante que mystérieuse, une sorte d'héroïne (Thomas Carlyle avait usé de ce terme pour décrire Maria Manning, la tueuse de Bermondsey). Et si une telle femme conservait son sang-froid, elle pouvait ne jamais se faire prendre.

On avait, semblait-il, affaire à une nouvelle espèce de criminelles, des femmes dont les passions secrètes se muaient en violence. Ces passions étaient habituellement d'ordre sexuel. Maria Manning et Madeleine Smith étaient des femmes apparemment respectables dont le premier péché était une liaison illicite et le second le meurtre de leur amant, sorte d'extinction brutale de leur propre désir. Madame Fosco dans *La Dame en blanc* est aspirée dans le crime par sa passion pour le comte, personnage dominateur, et « la réserve que nous lui voyons maintenant a pu refouler en elle un élément dangereux de sa nature, laquelle auparavant s'exprimait librement et, par là même, de façon inoffensive ». Dans *Bleak House*, la meurtrière Madame Hortense, inspirée du personnage de Maria Manning, était « depuis longtemps accoutumée à refouler ses émotions et à tenir tête à la réalité ». Elle s'était « astreinte à ses propres desseins, de cette astreinte destructrice qui emprisonne les sentiments naturels du cœur comme mouches dans l'ambre ».

Suite à l'étourdissante expansion de la presse dans les années 1850, on s'inquiéta de ce que les lecteurs pussent être corrompus, infectés, inspirés par le sexe et la violence contenus dans les articles de journaux. Les nouveaux journalistes avaient beaucoup en commun avec les détectives : ils étaient tour à tour regardés comme des champions de la vérité et de sordides voyeurs. Sept cents titres paraissaient en Grande-Bretagne en 1855 ; leur nombre se porta à

LE DÉTECTIVE   173

onze cents en 1860. Concernant les quotidiens impri-
més le plus près de Road, Le *Trowbridge and North
Wilts Advertiser* fut créé en 1855, de même que le
Somerset and Wilts Journal, tandis que le *Frome Times*,
que prenaient les Kent, fut fondé en 1859. On assista
à une énorme augmentation des reportages criminels,
en partie grâce à la vitesse avec laquelle les nouvelles
étaient véhiculées par le télégraphe électrique, si bien
que les lecteurs tombaient chaque semaine sur des
comptes rendus de mort violente. Quand Mr Wopsle,
dans *Les Grandes Espérances* (1861) de Dickens, prend
connaissance des nouvelles, il se retrouve « baigné de
sang jusqu'aux sourcils ».
   Au moins trois meurtres domestiques par égorgement furent rapportés par les gazettes dans le mois
qui précéda la mort de Saville Kent. À Shoreditch,
dans l'est de Londres, un pipier assassina sa concu-
bine. « La gorge a été tranchée si profondément que la
tête était presque séparée du tronc, pouvait-on lire
dans l'*Annual Register*. Elle a dû mourir instantanément, sans se débattre ni émettre aucun bruit. » À
Sandown Fort, localité de l'île de Wight, le sergent
William Whitworth, de l'Artillerie royale, tua sa
femme et ses six enfants à l'aide d'un rasoir, leur gorge
étant « entaillée de si horrible façon que les vertèbres
du cou étaient apparentes ». À Londres, au-dessus
d'une confiserie d'Oxford Street, un tailleur français
décapita sa femme au moyen d'une scie, avant d'aller
se brûler la cervelle à Hyde Park. « Selon son frère, il
avait l'habitude de se rendre au Dr Kahn's Museum[1]

---

1. Ce musée présentait des curiosités et des monstruosités
anatomiques. De tels établissements fleurirent au XIXᵉ siècle.

pour y étudier les artères du cou et de la gorge, et plus particulièrement se familiariser avec la position de la veine jugulaire. » Cet homme avait appris comment tuer ; n'importe quel lecteur de journaux pouvait faire de même.

Au milieu de la semaine, Whicher accompagna les magistrats à Road Hill House afin d'y poursuivre l'interrogatoire de Constance. En réponse à leurs questions, elle décrivit ses relations avec certains des membres de la maisonnée : « J'aimais beaucoup Saville. [...] Il ne m'aimait pas beaucoup, mais cela semblait s'améliorer depuis le début des vacances. Il ne m'aimait pas beaucoup parce que je le taquinais. Je ne l'ai jamais frappé ni pincé. [...] William est celui de mes frères et sœurs que je préfère. On s'écrit quand je suis à l'école. [...] Le chien ne se jettera pas sur moi s'il me reconnaît. S'il ne me reconnaît pas, il me mordra. [...] J'ai un chat, mais je m'en moque bien. [...] C'est la cuisinière que je préfère de tous les domestiques. J'aime bien aussi la nurse. »

Interrogée sur ses propres traits de caractère, elle répondit : « Je ne passe pas pour très timide. Je n'aime pas être dehors quand il fait noir. [...] Je pourrais sans peine porter le mort d'un bout à l'autre de cette pièce. À l'école, on m'a toujours tenue pour pas mal forte. » Elle nia avoir dit à ses condisciples qu'elle ne voulait pas rentrer chez elle pour

---

D'abord réservés à l'usage des médecins et des scientifiques, ils furent bientôt fréquentés par le grand public et par des personnes recherchant une cure symptomatique à leur maladie non diagnostiquée.

les vacances. Questionnée au sujet du procès de Madeleine Smith, elle reconnut avoir peut-être, par inadvertance, ramassé un journal où il en était question. « J'ai su que l'ami de Madeleine Smith avait été empoisonné. J'entendais papa en parler. » Elle donna sa version de l'escapade jusqu'à Bath, quatre ans plus tôt : « Oui, un jour, je me suis coupé les cheveux et les ai jetés là où on a retrouvé mon petit frère. J'en ai coupé une partie et mon frère a coupé le reste. C'est moi qui ai eu l'idée de les jeter là. William et moi sommes allés à Bath par un itinéraire détourné. [...] Je me suis enfuie parce que j'étais fâchée d'avoir été punie. J'ai persuadé mon frère de m'accompagner. »

À mesure que la semaine s'écoulait, la totale incompétence de la police locale et les obstructions de Samuel Kent commencèrent de susciter des rumeurs. Une histoire, en particulier, se dessina sur ce qui s'était produit dans la nuit qui avait suivi la découverte du corps de Saville.

Dans la soirée du samedi 30 juin, le commissaire Foley ordonna aux constables Heritage, de la police du Wiltshire, et Urch, de la police du Somerset, de passer la nuit à Road Hill House. « Mr Kent vous dira ce qu'il faut faire. Faites preuve de discrétion en vous présentant là-bas, car Mr Kent ne souhaite pas que les domestiques aient vent de votre présence. » Seule Mrs Kent fut instruite de ce que les policiers se trouvaient sur place. Il était déjà établi que Saville avait été tué par un des habitants de la maison et cependant, chose étonnante, Foley n'en confia pas moins à Samuel Kent la direction de l'opération.

Aux environs de onze heures, quand tout le monde, hormis Samuel Kent, fut monté se coucher, Heritage et Urch toquèrent à une fenêtre de la bibliothèque pour se faire ouvrir. Samuel Kent les fit entrer et les conduisit à la cuisine, où il leur dit de rester. Leur rôle, leur expliqua-t-il, était de veiller à ce que nul ne vienne tenter de détruire des preuves en les faisant brûler dans le foyer. Il donna aux policiers du pain, du fromage et de la bière, puis les enferma à double tour. Les deux hommes ne s'en avisèrent que peu après deux heures du matin quand Heritage voulut sortir de la pièce. Constatant que la porte était fermée à clé, il frappa pour appeler le maître de maison. N'obtenant pas de réponse, il se mit à heurter le battant à l'aide d'un morceau de bois.

« Vous faites suffisamment de bruit pour réveiller toute la maisonnée », lui fit observer Urch.

Quand Samuel Kent vint ouvrir, au bout d'une vingtaine de minutes, Heritage lui dit n'avoir pas su qu'ils étaient enfermés. « Je faisais un tour dehors », lui repartit Kent, ignorant la récrimination. Urch passa le restant de la nuit dans la cuisine, avec la porte de nouveau fermée à clé. Kent vint le voir à deux ou trois reprises. Le constable rentra chez lui à cinq heures du matin. « Je suis demeuré une partie de la nuit dans la bibliothèque, dira plus tard Samuel Kent, mais je suis sorti une ou deux fois de la maison. Je suis allé voir si la lumière était éteinte dans toutes les chambres. Je suis sorti plusieurs fois à cet effet. » Il avait fait le tour de la maison, expliquera-t-il, pour voir si les chandelles étaient allumées et si certaines avaient besoin d'être mouchées.

Jusque-là, les deux policiers avaient tu le fait qu'ils

s'étaient laissé enfermer dans la cuisine de Samuel Kent dans la nuit qui avait suivi le meurtre. Cette « occurrence extraordinaire », pour reprendre la formule du *Somerset and Wilts Journal,* avait offert toute latitude à qui aurait voulu détruire des pièces à conviction. Les initiatives de Samuel Kent affichaient un dédain envers les policiers et une volonté de les empêcher de mettre leur nez chez lui. Ou bien son comportement pouvait, à l'inverse, passer pour exemplaire : le premier devoir d'un père de famille n'était-il pas de protéger les siens ?

Quand, dans les jours et les semaines qui suivirent la mort de son fils, la police lui demanda des plans de niveau de Road Hill House, il se mit sur la défensive comme si l'on cherchait à ôter le toit de sa maison. Il refusa tout net de fournir un plan comme de laisser quiconque prendre les mesures des pièces. « C'est une explication suffisante, déclarera Rowland Rodway, que de dire que Mr Kent voyait d'un mauvais œil toute intrusion indélicate. »

La vie de la famille anglaise avait changé depuis le début du siècle. La maison, jadis lieu de travail autant que domicile, était devenue un espace indépendant, privé, exclusivement domestique. Au dix-huitième siècle, le mot « famille » s'entendait au sens large, à savoir un ensemble de personnes unies par le sang ; à présent, il désignait la maisonnée, domestiques exclus, c'est-à-dire la cellule familiale. Bien que les années 1850 aient été étrennées avec une grande maison de verre – le Palais de cristal de la grande exposition de 1851 – le foyer anglais se referma et s'opacifia au cours de la décennie, le culte de la vie de famille allant de pair avec celui de la vie privée. « Chaque Anglais [...] imagine un *home*, avec la femme de son choix, le couple vivant seul avec ses enfants, écrit en 1858 l'érudit français Hippolyte Taine, au lendemain d'un séjour en Angleterre. C'est son petit univers personnel, fermé au monde. » L'intimité était devenue l'attribut essentiel de la famille victorienne de la classe moyenne, et la bourgeoisie acquit une véritable expertise en matière de secret (l'adjectif *secretive* [secret, impénétrable] est attesté pour la première fois en 1853). Les gens s'enfermèrent à l'abri des étrangers, leur intérieur devenant quasi invisible, hormis lorsqu'il était ouvert sur invitation adressée à des hôtes triés sur le volet pour une représentation familiale soigneusement orchestrée – par exemple un dîner ou un thé.

Cet âge de la vie de famille coïncida toutefois avec celui de l'information, celui d'une presse aussi prolifique que virulente. Le 7 juillet, un reporter du *Bath Chronicle* s'était introduit à Road Hill House en se faisant passer pour un détective, ceci afin de prendre note de l'agencement des lieux. Un plan imprécis de la maison fut publié cinq jours plus tard dans le journal. Que cela plût ou non à Samuel Kent, sa maison se trouva disséquée pour le bénéfice des lecteurs, découpée tant bien que mal pour exposer chaque étage à leur curiosité. Le public se saisit des schémas qu'on lui proposait. La configuration de la maison fit jouer toute la palette émotionnelle – la cave fermée à clé, le grenier mangé de poussière, les chambres d'appoint meublées de lits et de penderies inutilisés, l'escalier de service en spirale. « Il convenait que l'intime intérieur de la maison fût dévoilé aux yeux du public », arguait le *Bath Express*.

Un meurtre tel que celui-ci pouvait révéler ce qui avait pris forme à l'intérieur du foyer claquemuré de la classe moyenne. Il apparaissait que la famille cloîtrée, tant vantée par la société victorienne, pouvait entretenir un refoulement nocif et nauséabond des affects, un miasme tant sexuel qu'émotionnel. Peut-être l'intimité était-elle une source du péché, la condition qui amenait le doux tableau domestique à pourrir de l'intérieur. Plus le foyer était clos, plus son univers intérieur était susceptible de se corrompre.

Quelque chose s'était infecté à Road Hill House, pendant émotionnel de ces infections transportées par la voie des airs qui terrifiaient les victoriens. Rendant compte, un mois avant le meurtre, d'une réédition de *Notes on Nursing* de Florence Nightingale, publié pour la première fois en 1859, le *Devizes and Wiltshire Gazette* cite un passage du livre expliquant comment maladie et dégénérescence peuvent être engendrées à l'intérieur de foyers respectables tenus hermétiquement clos. L'auteur a rencontré des cas sérieux de « pyaemia » ou empoisonnement du sang dans de « belles maisons particulières », la cause en étant « une atmosphère polluée. [...] Cela tenait à ce que les pièces inhabitées n'étaient jamais nettoyées ni ventilées ; à ce que les placards demeuraient des réservoirs d'air vicié ; à ce que les fenêtres restaient toujours fermées durant la nuit. [...] On peut souvent voir une race dégénérer de la sorte, et plus souvent encore une famille ».

Le jeudi 19 juillet, le *Bath Chronicle* publie un éditorial sur le meurtre de Road Hill House :

Nous n'avons pas souvenance qu'un assassinat ait provoqué sensation aussi singulière ni aussi pénible dans les foyers du pays. Ce douloureux intérêt ne tient pas seulement au mystère qui enveloppe toujours le drame. [...] Il tient à son caractère insolite ainsi qu'à l'innocence sans défense de la victime, qui touche l'imagination et le cœur. [...] Songeant à leurs propres petits dormant dans la paix et la pureté, les mères d'Angleterre ont un frémissement d'horreur en entendant l'histoire d'un enfant, aussi doux et innocent que les leurs, que l'on arrache dans le matin calme à son sommeil pour l'immoler sans pitié ; et ce sont les mères d'Angleterre qui écrivent avec le plus de ferveur et le plus d'indignation aux responsables des journaux pour réclamer à grands cris des recherches opiniâtres et des efforts acharnés. [...] En maint foyer où une intense affection se mêle d'une grande angoisse à l'endroit du membre le plus précieux de la famille, la tranquillité d'esprit [de la mère] sera pour longtemps anéantie et ses rêves troublés par le souvenir de l'effroyable fait divers de Road. Des doutes étranges, de vagues méfiances naîtront en elle. [...] Un acte qui fait tressaillir chaque foyer anglais revêt pour la société une importance justifiant que la plus grande attention lui soit consacrée.

D'ordinaire, face à une affaire de meurtre non éclaircie, le public craignait que le tueur ne récidivât. Ici, en revanche, la crainte était qu'il pût avoir un double au sein de n'importe quel foyer. L'affaire venait saper l'idée même qu'une maisonnée renfermée sur elle-même était sûre et sans danger. Jusqu'à ce qu'elle fût résolue, une mère anglaise dormirait mal, hantée par la pensée que sa maison abritait peut-être un infanticide en puissance – ce pouvait être son mari, sa bonne d'enfants, sa fille.

Bien que c'eût été une atteinte à l'idéal de la classe moyenne si le maître de maison, le protecteur, avait assassiné son propre fils afin de camoufler sa dépravation, la presse et le public se montrèrent étonnamment prompts à croire à la culpabilité de Samuel Kent. Presque aussi horrible – et apparemment tout aussi croyable – était l'idée que la nurse l'avait aidé à tuer l'enfant sur lequel elle était censée veiller. L'autre hypothèse était que ce crime avait reproduit le meurtre originel, celui de Caïn tuant Abel. Le 19 juillet, le *Devizes Gazette* laisse entendre que l'un des frères et sœurs de Saville était responsable de sa mort : « La voix du sang d'un être aussi innocent qu'Abel s'élèvera de la terre en témoignage à l'encontre du meurtrier[1]. »

Le même jour, le *Bristol Daily Post* (fondé cette année-là) publie la lettre d'un individu qui pense qu'un examen des yeux de Saville pourra révéler l'image du meurtrier. Ce correspondant appuie sa suggestion sur de peu probantes expériences menées aux États-Unis en 1857. « L'image du dernier objet vu demeure en quelque sorte imprimé sur la rétine, explique-t-il, et peut être retrouvée après la mort. » Selon cette hypothèse, l'œil est une sorte de plaque

---

1. Le texte biblique s'énonce ainsi : « Et le Seigneur dit à Caïn : "Où est ton frère ?" Et Caïn répondit : "Je ne le sais pas ; suis-je le gardien de mon frère ?" Et le Seigneur dit : "Qu'as-tu fait ? La voix du sang de ton frère crie de la terre jusqu'à moi." » (*N.d.A.*)

de daguerréotype enregistrant des impressions qui peuvent être exposées comme une photographie dans une chambre noire – même les secrets enfermés dans un œil mort sont à la portée des nouvelles technologies. Voilà qui portait à l'extrême la manière dont on avait fait de l'œil le symbole de l'art du détective ; il devenait non seulement le « grand détecteur », mais aussi le grand rapporteur, l'organe dénonciateur. Cette lettre est reprise par tous les journaux d'Angleterre. Peu d'entre eux lui réservent un accueil sceptique. Le *Bath Chronicle*, toutefois, récuse son utilité dans l'affaire pendante en raison du fait que Saville dormait lorsque le tueur opéra et que sa rétine ne peut donc en avoir conservé une image.

Dans la soirée du 19 juillet, une pluie torrentielle s'abattit sur le Somerset et le Wiltshire, mettant un terme à ce bref été de 1860. Les meules de foin n'ayant pas encore fini de sécher, la plupart furent gâtées. Les blés étaient encore verts, n'ayant pas eu le temps de mûrir.

IX

Je sais qui vous êtes

Du 20 au 22 juillet

À onze heures du matin le vendredi 20 juillet, Whicher fit aux magistrats, à Temperance Hall, un rapport sur l'avancement de son enquête et leur annonça qu'il soupçonnait Constance Kent.

Après en avoir conféré, les magistrats lui dirent qu'ils souhaitaient le voir arrêter la suspecte. Il hésitait. « Je leur ai fait remarquer la position difficile où cela m'aurait placé vis-à-vis des policiers du comté, expliqua-t-il dans son compte rendu à Mayne, d'autant que ceux-ci ne partageaient pas mon avis relativement à l'identité du coupable, mais ils [les magistrats] ne voulurent pas revenir sur leur décision, affirmant qu'ils considéraient, et désiraient, que les investigations reposent entièrement entre mes mains. » Le président de l'assemblée était Henry Gaisford Gibbs Ludlow, commandant du 13ᵉ régiment de Chasseurs, député-lieutenant du Somerset et riche propriétaire, qui habitait Heywood House, dans la localité de Westbury située à cinq miles à l'est de Road, avec son épouse et ses onze domestiques. Parmi les autres magistrats, les plus en vue étaient William et John Stancomb, manufacturiers qui s'étaient chacun construit une belle demeure de part et d'autre de Hilperton Road, nouveau quartier huppé de Trowbridge. C'est William qui avait fait pression sur le Home Secretary pour obtenir les services d'un détective.

Peu avant trois heures de l'après-midi, Whicher se présenta à Road Hill House et fit demander Constance. Elle vint le trouver au salon.

— Je suis officier de police, lui annonça-t-il, et je suis porteur d'un mandat d'arrêt, dont je vais vous donner lecture, délivré à votre encontre pour le meurtre de votre frère Francis Saville Kent.

Constance se mit à pleurer tandis que Whicher lui lisait le document.

— Je suis innocente, déclara-t-elle. Je suis innocente.

Puis elle dit vouloir monter prendre dans sa chambre un bonnet et un manteau de deuil. Whicher la suivit et la regarda s'en vêtir. C'est en silence qu'ils couvrirent, à bord d'un cabriolet, le trajet qui les mena à Temperance Hall. « Elle ne m'a plus rien dit », préciserait Whicher.

Ayant eu vent de ce qu'une arrestation était en train d'avoir lieu à Road Hill House, un gros attroupement de villageois s'était massé devant le bâtiment. Beaucoup s'attendaient à voir Samuel Kent conduit devant les magistrats. Au lieu de cela, ils virent arriver en début d'après-midi Elizabeth Gough et William Nutt – convoqués pour déposer –, puis, à trois heures vingt, ils eurent la surprise de voir s'arrêter devant eux les occupants du susdit cabriolet. « C'est miss Constance ! »

Tête basse, en pleurs, elle entra au bras de

Whicher. Elle était en grand deuil, avec une voilette rabattue sur le visage. Elle « marchait d'un pas assuré, mais elle pleurait », rapporterait le *Times*. La foule se pressa à sa suite.

Constance était assise face à la table des magistrats, Whicher sur sa gauche et le commissaire Wolfe sur sa droite.

— Vous vous nommez miss Constance Kent ? interrogea Ludlow, le président.

— Oui, souffla-t-elle.

Malgré le voile épais dont elle était masquée et le mouchoir qu'elle tenait pressé contre son visage, les journalistes décrivirent en détail ses traits et son attitude, comme si suffisamment d'attention portée à son extérieur allait livrer la clé de son moi intérieur.

« On lui donnerait dans les dix-huit ans, lirait-on dans le *Bath Express*, alors qu'elle n'en a, paraît-il, que seize. Elle est plutôt grande et corpulente, avec le visage plein, alors fort rougi, et le front ridé, apparemment un peu contracté. Ses yeux ont la particularité d'être très petits et enfoncés dans leur orbite, ce qui laisse peut-être une impression défavorable. À d'autres égards, il n'y a rien de rebutant dans son apparence à en juger par ce qu'elle donnait à voir hier ; en même temps, le crime effrayant dont elle est accusée avait sans doute modifié dans une certaine mesure l'expression habituelle de sa physionomie, dont on dit que la caractéristique prédominante est la maussaderie. La jeune personne, vêtue d'une robe de soie et d'un manteau noirs, bordés de crêpe, a gardé sa voilette abaissée jusqu'à la fin de l'audience. Elle était assise tête basse, en larmes, et pas une fois elle n'a levé les yeux. À en juger par son maintien, elle semblait prendre pleinement la mesure de sa terrible situation, même si elle ne manifesta aucune émotion violente entre le moment de son arrestation et celui où elle est repartie, à la fin de la séance. » Le crêpe bordant les vêtements pendant la période initiale du grand deuil était une gaze terne composée de fils de soie étroitement torsadés, et fixée avec de la gomme.

Constance était, selon le *Western Daily Press*, « fortement bâtie, avec un visage rond et joufflu qui ne présente pas au premier abord une impression de profonde résolution ni de vive intelligence. Son attitude était calme et elle conserva la même expression indifférente pendant la totalité de l'interrogatoire ».

L'envoyé du *Frome Times* paraît avoir détecté chez elle une qualité troublante, quelque chose comme une sexualité réprimée ou une colère contenue. Elle possède, écrit-il, « un physique particulier. Alors qu'elle a encore l'air d'une toute jeune fille, sa silhouette est remarquablement développée pour son âge, qui n'est que de seize ans. Son visage, qu'elle avait très rouge, est plutôt agréable, mais donne à voir cette expression morne, presque maussade, que nous croyons être un trait de famille[1] ».

Whicher fit sa déposition devant la cour.

J'ai entrepris à compter de dimanche dernier d'enquêter sur les circonstances liées au meurtre de Francis Saville

---

1. Selon une rumeur peu vraisemblable, les Kent étaient descendants indirects de la famille royale. Il arriva quelquefois que des journalistes fassent état de la ressemblance entre Constance et la reine Victoria. (*N.d.A.*)

Kent, survenu dans la nuit du vendredi 29 juin au domicile de son père, situé à Road, dans le comté du Wiltshire. En compagnie du capitaine Meredith, du commissaire Foley et d'autres membres de la police, j'ai procédé à l'examen des lieux, et je pense que le meurtre est l'œuvre d'un des habitants de la maison. Lundi dernier, me basant sur les nombreuses constatations que j'ai faites et les informations que j'ai reçues, j'ai fait venir Constance Kent dans sa chambre à coucher, ayant préalablement examiné ses tiroirs et trouvé une liste de son linge, que voici, sur laquelle sont énumérées, entre autres articles, trois chemises de nuit lui appartenant.

Il lut les réponses de Constance à ses questions relatives aux chemises de nuit.

Je prie la cour de placer la prévenue en détention provisoire pour me permettre de rassembler des preuves établissant son animosité à l'encontre de la victime, et de rechercher la chemise manquante qui, si elle n'a pas été détruite, peut être retrouvée.

Les magistrats entendirent les témoignages d'Elizabeth Gough (qui pleurait) et de William Nutt au sujet de la disparition de Saville et de la découverte de son corps. Puis ils demandèrent à Whicher combien de temps il lui fallait pour réunir ses preuves contre Constance. Il demanda un renvoi au mercredi ou au jeudi.

— Est-ce que mercredi vous laisse assez de temps ? interrogea le révérend Crawley.

— En temps normal, fit observer Whicher, on accorde une semaine de délai.

La cour lui donna une semaine, ordonnant que Constance soit détenue jusqu'à onze heures du matin le vendredi suivant. Après quoi Ludlow s'adressa à elle : « Je ne vous demande pas de déposer, mais avez-vous quelque chose à déclarer ? » Elle ne répondit pas.

Whicher et Wolfe prirent en charge l'adolescente et la conduisirent en landau – longue voiture à capote souple – à la geôle de Devizes, localité située à une quinzaine de miles à l'est de Road. Tout le temps du trajet, qui se fit sous un ciel maussade, elle conserva, écrira Whicher, « un silence renfrogné, sans révéler la moindre émotion ».

« L'être le plus irréprochable du monde pourrait se conduire de la sorte en pareilles circonstances, fait observer le *Bristol Daily Post*, de même que (à supposer qu'il possède assez de volonté) le plus scélérat. »

Le *Western Daily Press* rapporte que la voiture s'ébranla au milieu d'une foule silencieuse. D'après le *Trowbridge and North Wilts Advertiser*, le départ de Constance fut salué de « plusieurs acclamations ». La plupart des villageois étaient certains de son innocence, affirme ce journal. Elle n'était, selon eux, qu'« excentrique » ; le meurtrier lui avait dérobé sa chemise de nuit afin de détourner les soupçons sur elle.

Whicher et Constance partis, les magistrats envoyèrent quérir à Frome le Dr Mallam, parrain de Saville, ainsi qu'une « femme qui avait auparavant logé chez Mr Kent » – probablement Emma Sparks, la précédente bonne d'enfants. Il est possible que

Whicher avait cité ces deux témoins et que les magistrats souhaitaient les entendre sans retard.

Ils ordonnèrent que Road Hill House soit de nouveau fouillée en quête de la chemise de nuit. Samuel Kent fit entrer les policiers et, en cette fin d'après-midi, tout, selon le *Frome Times*, fut « retourné et vidé de la cave au grenier ». On ne retrouva pas la chemise.

Sans doute Whicher avait-il compté que le choc de l'arrestation amènerait Constance à passer aux aveux. Quand il n'avait pas de preuves, un de ses stratagèmes préférés consistait à accuser avec assurance. Ce procédé joua un rôle lors de sa première arrestation portée à notre connaissance – celle de la petite bonne affublée d'un boa dans un bordel d'Holborn – et dans l'épisode qu'il raconta à Dickens de la capture d'un voleur de chevaux dans un pub isolé en pleine campagne. « Ne vous fatiguez pas, dit le détective à celui qu'il soupçonnait, mais n'avait jamais rencontré auparavant. Je sais qui vous êtes. Je suis officier de police et vous arrête pour vol. » Il rembarra ses deux acolytes en leur faisant accroire qu'il avait des collègues à proximité. « Je ne suis pas venu seul, contrairement à ce que vous pouvez penser. Occupez-vous de vos affaires et ne vous mêlez pas de ça. Cela vaudra mieux pour vous, car je vous connais très bien tous les deux. » Le voleur de chevaux et ses amis avaient capitulé. Ce n'était pas le cas de Constance. Whicher disposait maintenant d'une semaine pour découvrir de quoi justifier une mise en accusation.

De Trowbridge, il passa, moyennant cinq shillings, un câble au central télégraphique du Strand, près de Scotland Yard, qui fonctionnait jour et nuit, afin de demander à sir Richard Mayne de lui envoyer de l'aide. « J'ai ce jour appréhendé, en vertu d'un mandat d'arrêt, Constance Kent, troisième fille de la famille, qui a été placée en détention provisoire d'une semaine. Les magistrats s'en remettent entièrement à moi pour apporter des preuves. Je me trouve en position délicate et il me faut de l'aide. Veuillez m'envoyer Williamson ou Tanner. » Les sergents Williamson et Tanner étaient les collègues en qui Whicher avait le plus confiance. Recevant le télégramme plus tard dans la journée, Mayne écrivit au dos de la feuille : « Que Williamson ou Tanner se mette en route sur-le-champ. »

Le sergent détective Williamson fut convoqué d'urgence le vendredi après-midi au domicile de Mayne, Chester Square, à Belgravia. Instruit d'avoir à se rendre à Road, il alla en fiacre au central télégraphique du Strand, d'où il envoya un câble à Trowbridge pour faire savoir à Whicher qu'il arrivait.

Frederick Adolphus Williamson, surnommé « Dolly », était le protégé de Whicher. Ils avaient souvent travaillé ensemble, dont, tout récemment, à la capture des célèbres voleurs de bijoux, Emily Lawrence et James Pierce. Dolly était un garçon énergique et intelligent de vingt-neuf ans qui apprenait le français à ses moments libres. Il possédait un visage rond et doux, un regard amène. Son père, commissaire de police, avait été à l'origine de la première installation d'une bibliothèque dans un commissariat. Dolly logeait au 1, Palace Place, à Great Scotland Yard, avec seize autres policiers célibataires. L'un de ceux-ci, Tim Cavanagh, racontera plus tard la relation de Dolly avec un chat qui avait pris ses quartiers dans l'immeuble. Cet animal, baptisé Tommas, avait coutume de « tuer et dévorer les autres chats du quartier » et les voisins finirent par exiger qu'il soit supprimé. « Nous dûmes, à notre grand regret, attacher une pierre au cou de ce pauvre diable et le jeter dans le fleuve. Ce fut un coup dur pour Dolly qui était très attaché à Tommas et qui, s'il m'est aujourd'hui permis de révéler un secret, avait lui-même formé le "guerrier" pour ses expéditions nocturnes. Plus d'une fois, [Tommas] rapporta d'un faubourg proche une belle pièce de venaison, comprenez un lièvre. » Williamson ressort de cette anecdote comme un personnage à la fois impitoyable et tendre, capable d'entraîner un chat à tuer, puis de pleurer sa disparition. Il serait plus tard placé à la tête du service.

Whicher ne pouvait pas savoir si le public croirait une adolescente capable d'un crime aussi épouvantable et bien organisé que l'assassinat de Road Hill House. Mais son expérience des taudis de Londres lui avait appris de quels sombres méfaits les enfants pouvaient se rendre coupables. Le 10 octobre 1837, à l'époque de son premier mois dans la police, une fillette de huit ans fut prise en train de jouer un tour astucieux non loin du quartier pauvre de St Giles, à Holborn. Plantée en pleine rue, elle pleurait à chaudes larmes jusqu'à ce qu'un attroupement se soit formé autour d'elle. Puis, des sanglots dans la voix, elle expliquait à son auditoire qu'elle venait d'égarer deux shillings et redoutait de rentrer chez elle par crainte d'être punie. Dès qu'elle avait fait le plein de pièces d'un demi-penny, elle s'en allait recommencer à quelques rues de là. Un constable de la division E la regarda répéter cela à trois reprises avant de l'arrêter. Devant les juges, elle excipa une fois encore de la terreur que lui inspiraient ses parents ; difficile de savoir si elle était sincère ou bien si elle refaisait son numéro. « La prévenue a déclaré en pleurant que son père et sa mère l'envoient vendre des peignes par les rues, rapporta le *Times*, que si elle ne ramène pas deux ou trois shillings chaque soir, ils la battent cruellement et que, attendu qu'elle n'avait rien vendu ce jour-là, elle avait agi comme on sait pour se procurer l'argent qu'on exige d'elle. » Le lendemain 11 octobre, une fillette de dix ans fut jugée pour avoir brisé une vitre lors d'un coup de main contre une horlogerie de Holborn. Une bande de gamins du même âge l'avaient accompagnée au tribunal. « Leurs vêtements, toujours selon le *Times*, étaient d'un style voyant, et tout dans leur apparence comme dans leurs manières indiquait que, quoique si jeunes, ils étaient des voleurs et des prostituées. » Un des garçons déclara qu'il était venu pour payer les trois shillings et six pence d'amende, coût du remplacement du carreau. Il laissa tomber l'argent d'un air méprisant.

Les enfants délinquants étaient le plus souvent des enfants maltraités. Au cours de ses premières semaines à Holborn, Whicher eut sous les yeux maints exemples de la négligence ou de la méchanceté que certains parents témoignaient à leurs rejetons. Son collègue Stephen Thornton arrêta une

Samuel Kent vers 1863.

La seconde Mrs Kent vers 1863.

Portrait d'Elizabeth Gough en 1860.

Constance Kent vers 1858.

Edward Kent
au début
des années 1850.

Mary Ann Windus
en 1828,
un an avant
qu'elle devienne
la première
Mrs Kent.

Road Hill House vue de devant.

Road Hill House vue de derrière ; à droite, les fenêtres du salon.

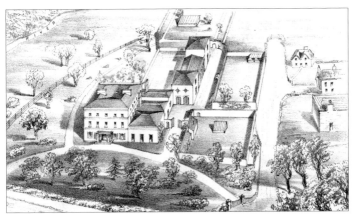

Vue d'ensemble de Road Hill House en 1860.

Les arrières de Road Hill House en 1860.

Le détective Adolphus
« Dolly » Williamson
dans les années 1880.

Richard Mayne,
préfet de police
dans les années 1840.

Vue de Trowbridge, Wiltshire, au milieu du XIXᵉ siècle.

Le centre de Trowbridge à la fin du XIXᵉ siècle.

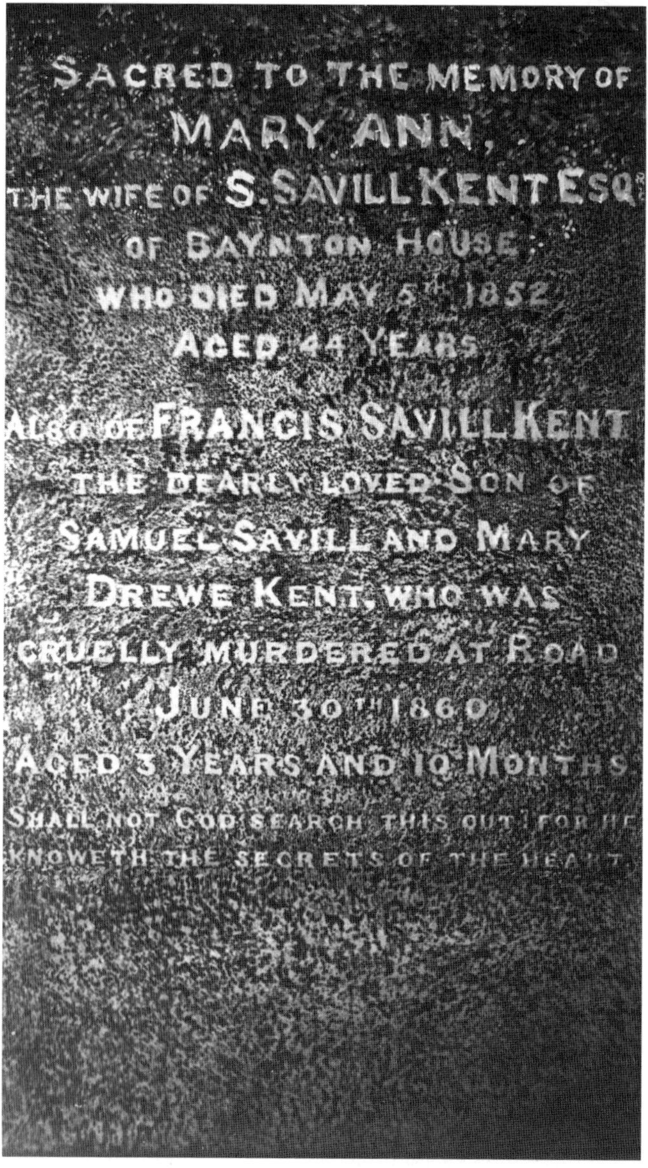

Pierre tombale au cimetière d’East Coulston, Wiltshire.

balayeuse de la voirie, Mary Baldwin (alias Bryant), membre d'une des familles les plus tristement notoires de St Giles et qui, alors qu'elle était en état d'ébriété, avait été vue en train d'essayer de tuer sa fille de trois ans. Elle l'avait fourrée dans un sac et la projetait violemment sur le trottoir. Entendant les cris de l'enfant, un passant fit des remontrances à la mère, ce sur quoi elle courut au milieu de la chaussée pour déposer le sac sur le passage d'un omnibus. Quelques passagers portèrent secours à la petite.

Depuis ces années-là, il était apparu que les enfants de la classe moyenne pouvaient être eux aussi traumatisés ou corrompus ; il était parfois presque impossible de distinguer l'un de l'autre, la victime du persécuteur. En 1859, une fillette de onze ans nommée Eugenia Plummer accusa le révérend Hatch, qui était son précepteur et l'aumônier de la prison de Wandsworth, de les avoir sexuellement abusées, elle et sa petite sœur de huit ans, alors qu'elles se trouvaient en pension chez lui. Stephanie, la cadette, confirma l'histoire. Au terme d'un procès à sensation au cours duquel, en tant que prévenu, il n'avait pas le droit de déposer[1], Hatch fut condamné à quatre années de travaux forcés. Mais en mai 1860, soit quelques semaines avant le meurtre de Road Hill House, Hatch poursuivit avec succès Eugenia pour parjure. Cette fois, elle était dans la position de prévenue et ne put par conséquent témoigner. Les jurés décidèrent qu'elle avait tout inventé. Ils convinrent avec le défenseur du clergy-

1. Jusqu'en 1898, un prévenu n'était pas autorisé à témoigner à son propre procès. (N.d.A.)

man que l'accusation qu'elle avait portée était
« pure fiction, fruit d'une imagination lascive et
dépravée ».

Dans son éditorial retentissant sur le meurtre de
Road Hill, le *Morning Post* évoquait cette affaire :
« Que ce soit une adolescente [qui tua Saville] serait
chose impensable si Eugenia Plummer ne nous avait
appris à quels extrêmes peut atteindre la pernicieuse
précocité des enfants. » La précocité d'Eugenia était
sexuelle, mais elle tenait aussi à son imperturbable
fausseté, à son sang-froid face aux pressions, à la
rétention et à la canalisation de sa perturbation
mentale dans des mensonges purs et simples. Si les
lecteurs de journaux avaient été horrifiés en 1859 de
voir un ecclésiastique condamné pour avoir abusé
sexuellement d'une enfant, ils durent être encore
plus effarés en découvrant, l'année suivante, le
retournement de situation qui révélait cette même
enfant en agent du mal, créature qui par ses fantasmes lubriques avait anéanti la vie d'un homme[1].
Cependant, même cela n'était pas certain. Comme
Blackwood's Edinburgh Magazine le faisait remarquer
en 1861, le seul fait irréfutable était que « l'un ou
l'autre jury condamna un innocent ».

Le samedi matin, Whicher se rendit à Bristol, à
vingt-cinq miles au nord-ouest de Trowbridge. Il
rendit visite au commissaire divisionnaire John

---

1. Si Eugenia mentait, on s'interroge sur le rôle joué dans
sa vie par le médecin de famille, Mr Gay, à qui elle était déjà
– à onze ans – promise. Il parlait d'elle comme de sa « petite
femme » et c'est lui qui l'ausculta en quête de symptômes
d'abus sexuel. Il nota « de légères marques de violence ». (*N.d.A.*)

Handcock, qui habitait cette ville avec son épouse, leurs quatre fils et deux domestiques. Handcock était un ancien collègue de Whicher. Ils avaient patrouillé ensemble les rues d'Holborn, vingt-cinq ans plus tôt, à l'époque où ils étaient simples constables. Empruntant un fiacre, Whicher passa deux heures en investigations dans la ville et aux alentours, puis il prit le train à destination de Charbury, situé à vingt miles vers le nord, dans le comté du Gloucestershire. Ensuite il parcourut en voiture les dix-huit miles qui le séparaient encore d'Oldbury-on-the-Hill, où vivait Louisa Hatherill, quinze ans, une autre des condisciples de Constance.

« Elle m'a parlé de ses jeunes frères et sœurs, lui rapporta Louisa, disant qu'ils étaient les chouchous des parents. Elle m'a raconté qu'on obligeait son frère William à les promener dans leur poussette et qu'il détestait ça. Elle a un jour entendu son père comparer ses deux garçons et dire que le plus jeune ferait un homme de loin supérieur. [...] Elle ne m'a jamais rien dit de particulier sur le petit qui est mort. » D'après ce témoignage, le ressentiment de Constance avait uniquement trait au sort réservé à son frère William.

Louisa, à l'instar d'Emma Moody, confirma que sa camarade était une jeune personne robuste. Et Whicher de noter dans son rapport que Constance était une « fille solide et bien bâtie, dont les camarades d'école disent qu'elle aimait beaucoup lutter au corps à corps et faire montre de sa force, et qu'elle voulait de temps en temps jouer à Heenan et Sayers ». La rencontre de boxe entre les poids lourds américain et anglais John Heenan et John Sayers avait été en avril de cette année-là une obsession nationale. Ce fut le dernier combat à poings nus. Heenan mesurait six pouces de plus que Sayers et lui rendait quarante-six livres. Au cours d'un affrontement extrêmement sanglant qui dura deux heures et s'acheva sur un nul, Sayers se fractura le bras droit en parant un coup, tandis que Heenan se brisa la main gauche et termina quasi aveugle à force de coups à la face. Les deux condisciples de Constance dirent à Whicher qu'elle se vantait de sa force et que « toutes les filles redoutaient d'en venir aux mains avec elle ».

Ce samedi-là, l'article du *Somerset and Wilts Journal*, feuille très favorable aux thèses de Whicher, évoque à demi-mot une possible complicité de William. Il soumet aux lecteurs une observation de Gough selon laquelle l'adolescent avait « coutume d'emprunter l'escalier de service à cause de ses grosses chaussures ». En plus de renforcer l'idée que Mr et Mrs Kent rabaissaient William, cela l'associait à cet escalier par lequel Whicher pensait que l'assassin avait emporté Saville. Le journaliste avance que les coups de couteau ont « pu être portés par le complice, dans l'hypothèse où le crime a été perpétré à deux, de sorte que les deux pourraient être également coupables ». Alors que Constance était en prison, une rumeur commença de circuler, selon laquelle William avait été lui aussi incarcéré.

À Bristol, puis de retour à Trowbridge, Whicher informa les journalistes sur le déroulement de son enquête, soulignant l'aigreur de Constance et les troubles mentaux de la branche maternelle. « La question d'une folie probable a été l'objet tout particulier des investigations de Mr Whicher », lit-on dans le *Trowbridge and North Wilts Advertiser*. L'auteur de l'article explique les raisons du détective : « Les annales criminelles comptent peu d'exemples, s'il en est, d'assassinats d'enfant en bas âge dont l'auteur n'ait agi sous l'influence d'un état mental morbide. » Quant au mobile : « Le défunt était, nous dit-on, l'enfant gâté de la famille, et adulé par sa mère. » Le journaliste a été informé de ce que les domestiques et les enfants du premier lit étaient traités avec dureté, la deuxième Mrs Kent « dirigeant, paraît-il, d'une main de fer tout ceux qui se trouvent sous son autorité ».

Le sergent détective Williamson arriva à Trowbridge dans l'après-midi du 21 juillet. Le numéro du jour d'*All the Year Round* contenait un article de Wilkie Collins sur une nouvelle biographie du détective français François Vidocq. L'auteur y louait les méthodes « culottées, ingénieuses et pleines d'audace » de ce dernier, « l'habileté et les capacités d'endurance qu'il montrait pour débusquer et capturer son gibier humain », son « intelligence ». Le Français – criminel accompli devenu chef de la sûreté – était le héros policier à l'aune duquel on mesurait ses homologues anglais.

Le samedi 22 juillet, dans sa chambre du Woolpack Inn, Whicher rédige son second rapport à sir Richard Mayne, document de cinq pages exposant les éléments à charge contre Constance. Sa conviction repose, explique-t-il, sur la chemise de nuit disparue et sur le témoignage des condisciples de l'adolescente. Il dresse ensuite la liste des autres circonstances suspectes : l'assassinat a eu lieu peu après que Constance et William furent revenus de pension ; ils sont les deux seuls habitants de la maison à dormir seuls ; ils ont déjà dans le passé utilisé les cabinets comme cachette. Constance, assure-t-il, est suffisamment forte, tant physiquement que psychologiquement, pour avoir tué Saville – « elle semble avoir un caractère trempé ». Il remercie Mayne de lui avoir dépêché Williamson et lui reparle de ses contacts difficiles avec la police locale. « Je suis dans une position très désagréable relativement à ma collaboration avec les policiers du comté, en conséquence de la jalousie naturelle qu'ils éprouvent, car ils suspectent pour leur part Mr Kent et la nurse, et s'il devait au bout du compte ressortir que mon idée est correcte, ils se trouveraient pris en défaut ; je me suis néanmoins soigneusement appliqué à agir autant que possible de concert avec eux. » Whicher a soin de se prémunir d'accusations d'arrogance à l'endroit d'autres policiers.

Dans ses rapports à Mayne, il donne ses raisons de rejeter les conjectures de la police du Wiltshire. Il défend le comportement de Samuel Kent au cours des premières heures après le meurtre. Beaucoup avaient en effet des soupçons quant aux motifs qui lui avaient fait quitter la maison : s'il avait quelque chose à voir avec le crime, cette course jusqu'à Trowbridge pouvait avoir été l'occasion de se défaire d'éventuelles pièces à conviction, tout en lui évitant d'être présent au moment où l'on retrouverait le corps. Mais son initiative pouvait s'expliquer plus simplement par le désir de s'assurer que l'alerte était donnée, par un besoin d'agir né de son anxiété.

« Quant à soupçonner Mr Kent relativement à sa conduite après la découverte du meurtre, à savoir couvrir les quatre miles jusqu'à Trowbridge pour avertir la police que son enfant avait été enlevé, je la juge parfaitement cohérente et légitime eu égard aux circonstances ; il aurait été, à mon avis, beaucoup plus suspect de sa part de rester à la maison, une fouille de la propriété ayant déjà été commencée et se poursuivant au moment de son départ. »

Il y avait des témoignages contradictoires concernant le temps que Samuel Kent avait mis pour se rendre à Trowbridge, et pour ce qui était de savoir si Peacock l'avait rattrapé avant ou après qu'il eut prévenu Foley. Selon le *Somerset and Wilts Journal* du 7 juillet, Peacock rattrapa Kent avant qu'il atteigne Trowbridge, et celui-ci fit aussitôt demi-tour, cependant que le clergyman poursuivait jusqu'à la ville pour quérir Foley et ses hommes. Attendu que Kent fut absent une heure et que Trowbridge n'était situé qu'à quatre ou cinq miles de Road, cela laissait un trou inexpliqué. Kent avait-il pu profiter de ce laps de temps pour se défaire d'une arme du crime ou autre pièce à conviction ? Un mois plus tard, le *Journal* modifia sa relation des faits : lorsque Peacock le rejoignit, Kent était sur le chemin du retour et avait déjà informé Foley de la disparition de l'enfant. Cette version – qui concordait avec la première, publiée le 5 juillet par le *Bath Chronicle* – cadrait beaucoup mieux.

Certains villageois parlaient de Kent comme d'un maître arrogant et acariâtre qui se montrait tantôt brutal et tantôt libidineux avec ses employées, dont il se disait que plus d'une centaine avaient défilé à

Road Hill House depuis qu'il y avait emménagé. Mais Whicher voyait en lui un homme bon et même sentimental. « Pour ce qui est de sa mentalité, écrit-il, je ne trouve rien à lui reprocher, et je tiens de la bouche des domestiques présentement au service de la famille comme de ceux qui y ont été que Mr et Mrs Kent vivaient en parfaite harmonie ; et une des employées (Anna Silcox) m'a confié qu'elle le considérait déraisonnablement affectueux et indulgent avec sa femme et gâteux avec le petit défunt, *ce qui, je le crains, a entraîné sa disparition prématurée.* »

Un autre suspect était William Nutt, qui avait paru prédire qu'il découvrirait le cadavre de Saville. Il gardait rancune à Samuel Kent d'avoir porté plainte contre un membre de sa famille qui avait volé des pommes dans le verger de Road Hill. Certains le disaient secrètement épris d'Elizabeth Gough. « Je ne crois pas, écrit Whicher, que les soupçons portant sur le témoin Nutt, qui a retrouvé l'enfant, soient fondés, car il semble parfaitement naturel qu'il ait fait cette sortie à propos de "chercher un enfant mort aussi bien qu'un enfant vivant", attendu qu'à ce moment-là Benger et lui avaient fouillé d'autres endroits et s'apprêtaient à entrer dans les latrines. » Quant à l'idée « qu'il ait pu avoir des vues malhonnêtes sur la nurse, il n'y a absolument rien pour étayer ce soupçon. D'abord, elle ne le connaissait pas ; ensuite, je ne crois pas qu'elle lui ait jamais adressé la parole ni n'aurait condescendu à le faire, et encore moins par attirance, car elle est, tant par sa figure que par son maintien, passablement supérieure à son état, tandis que de l'autre côté Nutt est sale, veule, asthmatique et infirme ».

Whicher en tenait résolument pour l'innocence de Gough. Il disait ne rien relever dans sa conduite qui fît d'elle un possible suspect. C'était ignorer ses étranges contradictions au sujet de la couverture de Saville : elle avait dans un premier temps déclaré avoir remarqué sa disparition avant que l'on ne retrouve le corps, puis, dans un deuxième temps, ne l'avoir remarquée qu'après. Toutefois, s'il s'agissait d'un mensonge plutôt que d'une confusion, il ne rimait à rien. Elle n'avait nul besoin de faire semblant d'ignorer que la couverture avait été emportée – il aurait été naturel de sa part de vérifier soigneusement la literie. En modifiant son récit, elle n'avait fait qu'attirer les soupçons. Une pareille ambiguïté planait sur la raison alléguée pour n'avoir pas donné l'alarme à cinq heures du matin quand elle s'était aperçue que Saville avait disparu : son retard à le faire semblait bien étrange. Cependant, si elle avait été coupable, elle n'en aurait certainement pas du tout fait état. Certains trouvaient louche qu'elle n'ait pas parlé de la disparition de Saville à Emily Doel, son aide, peu avant sept heures du matin ; Whicher estimait que son silence « plaidait en sa faveur », car il démontrait qu'elle croyait vraiment que Mrs Kent était venue prendre son enfant et qu'il n'y avait donc nulle raison de s'alarmer. Il tenait aussi que l'innocence de la nurse apparaissait dans sa question quand elle avait réveillé Mrs Kent à sept heures et quart : « Les enfants sont-ils réveillés ? »

Il avait été demandé à la police d'Isleworth, d'où Gough était originaire, de prendre des renseignements sur elle, et le rapport qui arriva le 19 juillet concordait avec l'opinion de Whicher : elle « est connue comme une personne respectable, capable, affable, de bonne composition et qui aime beaucoup les enfants ». Quant à un soi-disant amant, le détective ne découvrit aucune preuve « qu'elle ait fréquenté, même de loin, un homme à Road ou dans les environs ».

Certains se demandèrent si Mrs Holley n'avait pas fait disparaître la chemise de nuit afin de mettre en cause Constance et de protéger William Nutt qui était marié à une de ses filles. La version longue de cette hypothèse désignait cinq conjurés : Nutt, Holley, Benger (que Samuel Kent avait, semble-t-il, un jour accusé de l'escroquer sur le prix du charbon), Emma Sparks (la nurse qui témoigna à propos des chaussettes de Saville et que Samuel Kent avait renvoyée l'année précédente) et un homme dont on ignore le nom, que Samuel Kent avait poursuivi en justice pour avoir pêché dans la rivière. Il n'y avait pas grand-chose à retenir contre ces personnes, sinon le fait vaguement suspect que Mrs Holley prétendait avoir eu vent, avant le lundi 2 juillet, d'un bruit disant qu'une chemise de nuit avait disparu. Whicher avait une explication à cela : « La rumeur au sujet de la chemise de nuit [...] devait avoir trait à la chemise de nuit souillée de Mary Ann que la police avait saisie et examinée, mais qui lui avait été restituée ce matin-là. »

Le dimanche, Samuel Kent reçut l'autorisation de rendre visite à sa fille. Il fut accompagné à la prison de Devizes, autre ville de filatures du Wiltshire, par William Dunn. Natif de l'Est londonien, Dunn, qui était veuf, exerçait à Frome la profession d'avocat.

(Rowland Rodway s'était démis de sa fonction de conseil de Samuel Kent parce qu'il croyait à la culpabilité de Constance ; il accepta par la suite de représenter Mrs Kent, qui devait partager son opinion.) Cette affaire excédait de beaucoup les attributions habituelles de Dunn. Un mois plus tôt, il avait représenté devant le tribunal du comté un homme à qui on avait vendu un coupe-navets défectueux, et un autre dont la vache avait une bosse grosse comme deux fois le poing suite au coup de bâton que lui avait porté un autre éleveur.

Arrivé à la prison – en forme de roue, avec le bureau du directeur à la place du moyeu et une centaine de cellules qui en rayonnaient –, Kent, se sentant incapable de paraître devant sa fille, envoya Dunn à sa place. Ses raisons étaient opaques. « Il s'est trouvé submergé par ses sentiments de père », écrit le *Times*, sans toutefois préciser s'il s'agissait de ses sentiments paternels envers Constance ou envers Saville ; il pouvait avoir été assailli par le poids de sa pitié pour Constance comme par celui de l'horreur qu'elle lui inspirait. Le *Bath Chronicle* se fait l'écho de cette incertitude : « Incapable d'affronter l'épreuve d'une entrevue avec sa fille, il est resté dans une pièce attenante pendant que l'avocat s'entretenait avec miss Kent. » Peut-être Samuel Kent avait-il flanché à l'idée de devoir parler de la mort de son fils. Au cours des semaines suivant l'assassinat, sa stratégie semblait avoir été le silence. « Du début à la fin, pas une fois Mr Kent n'a évoqué le meurtre en ma présence, fera plus tard remarquer Elizabeth Gough. Cela arrivait à ces demoiselles, de même qu'à miss Constance, mais pas à Mr Kent. Monsieur William, lui, pleurait fréquemment. »

Quand Dunn lui rendit visite dans sa cellule, Constance lui dit à plusieurs reprises qu'elle était innocente. Afin de rendre plus supportable sa semaine de détention, l'avocat fit apporter un matelas confortable d'un hôtel proche et prit des dispositions pour qu'on lui servît des rations améliorées.

Un surveillant renseigna les journalistes qui attendaient à l'extérieur. « Nous apprenons de source sûre que miss Kent a en prison une conduite calme et discrète, rapporte le *Western Morning News*, et qu'elle paraît assurée de son innocence et honteuse de se trouver en pareille situation. »

« Nous apprenons qu'elle s'est montrée parfaitement calme et sereine pendant l'entrevue, écrit le *Bath Chronicle*, tout comme elle l'a d'ailleurs été depuis son incarcération, même si la difficulté d'une position terriblement critique a, bien naturellement, quelque peu altéré ses traits ; néanmoins, son comportement général a produit sur le personnel de la prison une impression telle qu'il n'hésite pas à affirmer que son apparence témoigne, en tout cas, de son innocence dans cette épouvantable affaire. »

X

Regarder une étoile par coups d'œil

Du 23 au 26 juillet

À l'époque où on l'envoya à Road, Whicher avait déjà par deux fois enquêté sur la mort mystérieuse d'un petit garçon. La première de ces affaires était celle du révérend Bonwell et de son fils illégitime, jugée en ce moment même devant la cour d'Arches, principal tribunal ecclésiastique de Londres. L'autre remontait à une dizaine d'années quand, en décembre 1849, un commissaire de police du Nottinghamshire se présenta à Scotland Yard pour solliciter le concours des détectives londoniens sur un infanticide présumé. Whicher s'était vu confier l'enquête.

À North Leverton, dans le Nottinghamshire, un homme avait alerté la police après avoir reçu par la poste une malle renfermant le cadavre d'un jeune garçon. L'enfant était vêtu d'une robe, d'un chapeau de paille, de chaussettes et de brodequins, et enveloppé dans un tablier marqué « S Drake ». L'homme dit aux policiers que sa femme avait une sœur du nom de Sarah Drake, employée à Londres comme cuisinière et gouvernante.

Whicher et le commissaire du Nottinghamshire se rendirent aussitôt au 33, Upper Harley Street, où travaillait cette Sarah Drake, et l'accusèrent du meurtre de l'enfant. « Comment avez-vous su ? » leur demanda-t-elle. Ils lui parlèrent du tablier marqué à son nom. Elle se laissa tomber sur une chaise et se mit à pleurer.

Au commissariat ce même soir, Drake avoua à la « fouilleuse » chargée d'examiner ses effets personnels qu'elle avait bien tué l'enfant, qui se nommait Louis. Elle expliqua qu'il s'agissait de son fils, enfant naturel, et que, pendant les deux premières années de sa vie, elle avait réussi à conserver son emploi de domestique en payant une autre femme pour prendre soin de lui. Mais que, quand elle se trouva en retard dans ses versements, la nourrice finit par lui ramener le petit. Terrifiée à l'idée de perdre sa place à Upper Harley Street, qui lui rapportait cinquante livres l'an, Sarah Drake avait étranglé son enfant à l'aide d'un mouchoir. Puis elle l'avait mis dans une malle et envoyé à sa sœur et son beau-frère, qui vivaient à la campagne, espérant qu'ils l'enterreraient.

Whicher réunit les preuves corroborant les aveux de Drake. Ce fut d'une facilité affligeante. Dans la chambre à coucher, il découvrit trois tabliers identiques au premier, ainsi qu'une clé correspondant à la serrure de la malle. Il interrogea Mrs Johnston, la femme qui, pour cinq shillings par semaine, s'était occupée de Louis dès ses trois mois. Elle déclara avoir, le 27 novembre, ramené Louis à Upper Harley Street. Quand sa mère la supplia de le garder encore une semaine, elle avait refusé. Elle aimait bien ce petit, affirma-t-elle, mais sa mère avait trop souvent manqué à la payer et avait présentement accumulé plusieurs mois de retard. Avant de repartir,

Mrs Johnston recommanda à Sarah Drake de prendre soin de son fils.

Je lui ai dit qu'il avait bien poussé et qu'il était devenu un bon petit gars. Ensuite, je lui ai dit qu'elle ferait mieux de lui ôter son bonnet et sa pelisse, sinon il prendrait froid en sortant. Ce qu'elle a fait. Il avait un petit mouchoir autour du cou, et elle m'a fait comme ça : « Il est à vous, reprenez-le. » Je lui ai répondu : « Oui, mais gardez-le pour le lui mettre quand il sortira, pour lui tenir chaud. » Je lui ai aussi dit qu'il allait bientôt avoir faim, à quoi elle a répondu : « Très bien ; est-ce qu'il va vouloir manger ? » J'ai dit : « Oui » et je suis partie.

Comme elle s'en allait, Drake lui demanda de loin combien elle lui devait exactement. Neuf livres et dix shillings, répondit Mrs Johnston, à quoi l'autre ne fit aucun commentaire.

Mrs Johnston déclara à Whicher que lorsqu'elle revint voir Louis le vendredi suivant, Sarah Drake prétendit qu'il se trouvait chez une connaissance. « Je lui ai dit de l'embrasser pour moi et elle a répondu : "Oui, je n'y manquerai pas." »

Whicher interrogea le personnel du 33, Upper Harley Street. La fille de cuisine se souvenait que, dans la soirée du 27 novembre, Drake lui avait demandé de l'aider à transporter une malle de sa chambre à l'office – « C'est à peine si j'ai pu la soulever. » Le maître d'hôtel déclara que Drake lui avait demandé d'écrire une adresse sur la malle et de prendre des dispositions pour qu'elle soit portée le lendemain matin à la gare d'Euston Square. Le valet de pied dit avoir porté la malle à la gare, où elle avait été pesée pour trente-huit livres, et avoir payé huit shillings pour l'expédier dans le Nottinghamshire.

Mrs Johnston accompagna les policiers à North Leverton pour identifier le corps. Elle confirma qu'il s'agissait bien de Louis. « Le mouchoir que je lui avais laissé au cou, la pelisse et la pèlerine étaient là aussi. » Le médecin qui procéda à l'autopsie doutait que le mouchoir eût été serré suffisamment fort pour tuer l'enfant ; il présentait en revanche des marques prouvant qu'il avait été battu, ce qui était plus probablement la cause de la mort.

Pendant son procès, Sarah Drake ne cessa de se balancer d'avant en arrière, les yeux rivés au sol et parfois agitée de convulsions. Elle montrait des signes de grande angoisse. Le juge dit aux jurés que quoiqu'elle n'eût aucun antécédent de folie, ils pouvaient considérer que le choc et la terreur de se retrouver soudain avec l'enfant sur les bras lui avaient fait perdre la raison. Il y mit cette réserve qu'ils « devaient mûrir soigneusement leur décision s'ils prenaient ce parti [...] il ne serait jamais bon ni correct de la part d'un jury d'inférer la folie de la seule atrocité d'un crime ». Les jurés déclarèrent Sarah Drake non coupable pour cause de démence passagère. Elle perdit connaissance.

Dans l'Angleterre victorienne, beaucoup d'enfants naturels furent supprimés par des femmes à bout de ressources. En 1860, les journaux faisaient presque quotidiennement état d'infanticides. Les victimes étaient habituellement des nouveau-nés, et le meurtrier était la mère. Au printemps de 1860, étrange réédition du crime de Sarah Drake, Sarah Gough, gouvernante et cuisinière dans une maison d'Upper Seymour Street, à environ un mile d'Upper Harley Street, tua son enfant illégitime, l'emballa et l'expédia de la gare de Paddington à un couvent des environs de Windsor. Elle fut elle aussi facilement confondue : le colis renfermait un papier portant le nom de son employeur.

Les jurys montraient de la compassion à des femmes comme Sarah Drake et Sarah Gough, préférant les tenir pour dérangées plutôt que dépravées. Ils y étaient aidés par de nouvelles idées tant en matière de droit que de médecine. La « règle McNaghten » permettait depuis 1843 d'invoquer la « démence passagère » devant les cours de justice. (En janvier 1843, un tourneur sur bois écossais, Daniel McNaghten, avait grièvement blessé par balle le secrétaire de sir Robert Peel, le confondant avec le Premier ministre.) Des aliénistes énumérèrent les types de folie auxquels des individus apparemment et habituellement sans d'esprit pouvaient succomber : une femme pouvait souffrir de manie puerpérale juste avant ou après avoir accouché ; toute femme pouvait succomber à l'hystérie ; n'importe qui pouvait se trouver frappé de monomanie, forme de folie qui laissait l'intellect intact – quoique souffrant d'un dérangement émotionnel, le sujet conservait la tête froide. Selon ces critères, tout crime d'une violence inhabituelle pouvait être tenu pour une preuve de folie. Le *Times* exposait parfaitement le dilemme dans un éditorial de 1853 :

Rien ne se doit définir avec plus de finesse que la ligne de démarcation entre santé mentale et folie. [...] Si la définition est trop restrictive, elle est dénuée de sens ; si elle est trop large, l'ensemble de l'espèce humaine est englobée dans la nasse. Strictement parlant, nous sommes tous fous lorsque nous cédons à la colère, au préjugé, au vice, à la vanité ; mais si tous les gens portés à la colère, au préjugé et à la vanité devaient se retrouver enfermés, qui détiendrait la clé de l'asile ?

L'idée que Constance Kent ou Elizabeth Gough était folle ne cessait de revenir dans la presse. Il fut même avancé que Mrs Kent avait tué son fils lors d'un accès de manie puerpérale. Tandis que Constance attendait en prison, un certain J.J. Bird écrivit au *Morning Star* pour suggérer que le meurtre de Saville était le fait d'un somnambule. « On sait avec quelle précision et quelle précaution agissent ces gens-là. L'on ferait bien de surveiller pendant quelque temps le sommeil des suspects. » Ce correspondant rapportait un cas dans lequel un somnambule, les yeux ouverts et fixes, avait par trois fois frappé à coups de couteau un lit inoccupé. Si les somnambules étaient capables de violences inconscientes, il était possible, soutenait-il, que l'assassin de Saville n'eût pas conscience de sa culpabilité. Peut-être l'assassin avait-il deux niveaux de conscience. L'idée que la folie pouvait revêtir cette forme, que plusieurs moi pouvaient habiter un seul corps, fascinait les aliénistes et les lecteurs de journaux de cette moitié du dix-neuvième siècle. La lettre de Bird fut reprise la semaine suivante par plusieurs feuilles régionales.

Le lundi 23 juillet, Whicher informa Dolly Williamson de l'état actuel de l'enquête. Il l'emmena à Bath, à Beckington et à Road. Le mardi, il placarda un avis sur la porte de Temperance Hall : « Cinq livres de récompense. Disparue du domicile de Mr Kent, une chemise de nuit de dame que l'on suppose avoir été jetée dans la rivière, brûlée ou revendue dans les environs. La récompense ci-dessus sera remise à toute personne qui retrouvera cette chemise et la rapportera au commissariat de Trowbridge. » Le même jour, il mit en forme les éléments qu'il avait réunis à l'encontre de Constance Kent – Henry Clark, greffier du tribunal, consigna le tout sur quatre pages de papier ministre. Le mercredi, Whicher se rendit à Warminster pour remettre une assignation à son témoin clé, Emma Moody, et il envoya Williamson au pensionnat de William, à Longhope dans le Gloucestershire, pour voir ce qu'il pourrait glaner sur l'adolescent.

Sous la pluie, les deux détectives battirent les abords de Road Hill House à la recherche de la chemise de nuit.

Dans le trente-quatrième épisode de *La Dame en blanc*, paru ce samedi-là, le héros découvrait le secret, une honte enfouie dans le passé familial que sir Percival Glyde s'était tant acharné à dissimuler. Toutefois, cette découverte n'était pas suffisante ; pour arrêter ce triste sire, il fallait une preuve. Whicher était dans une semblable situation. Il avait obtenu la confession de Sarah Drake en lui montrant le tablier ; s'il parvenait à retrouver la chemise de nuit de Constance, il allait peut-être parvenir au même résultat : une preuve matérielle suivie d'aveux.

Whicher cherchait ses indices dans des détails. Comme le fait observer Dupin sous la plume de Poe : « L'expérience a démontré, et une véritable philosophie démontrera toujours, qu'une vaste portion, et peut-être la plus grande, de la vérité surgit de ce qui n'a apparemment aucun rapport. » Un élément qui paraît a priori trivial, comme un geste involontaire, pouvait être la clé de l'énigme ; pour qui savait les déchiffrer, les événements anodins étaient tissés de faits occultes. « J'ai mené la semaine dernière une enquête privée, fait remarquer le sergent Cuff dans *La Pierre de lune*. Au départ de l'enquête, il y avait un meurtre ; à l'arrivée, une tache d'encre sur une nappe que personne ne pouvait expliquer. Dans toute mon expérience des voies les plus nauséabondes de ce petit monde nauséabond, jamais encore je n'ai rencontré de vétille. »

Whicher demanda à Sarah Cox, la bonne, quand elle avait envoyé chez la blanchisseuse la chemise de nuit manquante. Le lundi qui avait suivi le meurtre, lui répondit-elle, juste avant l'enquête du coroner. Aux alentours de dix heures ce 2 juillet, elle avait fait la tournée des chambres pour ramasser le linge sale de la famille. « Celui de miss Constance était généralement par terre, dans la chambre ou sur le palier, une partie le dimanche et l'autre le lundi. » Cox se rappelait avoir trouvé la chemise de nuit de Constance sur le palier. Elle n'était pas tachée, juste un peu sale comme à l'accoutumée. « Elle était comme une chemise qui a servi presque toute une semaine. » Cox emporta les vêtements dans un cabinet de débarras du premier étage afin de les trier. Cela fait, elle demanda à Mary Ann et à Elizabeth de noter les différents articles dans le cahier de blanchissage, cependant qu'elle-même les déposait dans les panières que viendrait prendre Mrs Holley. Elle se souvenait d'y avoir mis trois chemises de nuit – celles de Mrs Kent, de Mary Ann et de Constance – et se rappelait que Mary Ann les avait consignées dans le cahier. (Elizabeth emballait ses vêtements dans un ballot à part et les listait dans un autre registre.)

Suite à des questions plus précises de la part de Whicher, Cox se souvint que Constance était venue sur ces entrefaites dans le débarras. La bonne avait fini d'empaqueter le linge – « J'avais tout mis dans les panières, sauf les chiffons à poussière » – et Mary Ann et Elizabeth étaient reparties, laissant le cahier sur place. Constance « a fait un pas dans la pièce. [...] Elle m'a demandé de regarder dans la poche de sa combinaison pour voir si elle n'y avait pas laissé son porte-monnaie ». Cox fouilla dans la panière qui contenait les plus grandes pièces de vêtement. Elle en retira la combinaison et en vérifia la poche. « Je lui ai dit que son porte-monnaie n'y était pas. Elle m'a alors demandé si je voulais bien descendre lui chercher un verre d'eau. Elle m'a suivie jusqu'en haut des marches de l'escalier de service. Quand je suis remontée avec le verre d'eau, je l'ai trouvée là où je l'avais laissée. Je ne crois pas avoir été partie une minute. » Constance vida le verre, le posa, puis regagna sa chambre. Cox mit les chiffons avec le reste du linge et acheva l'opération en étendant une nappe sur le dessus d'une des panières, et une robe de Mrs Kent sur l'autre.

À onze heures, Cox et Elizabeth Gough s'en allèrent témoigner au Red Lion, comme le leur avait demandé le coroner. Cox dit à Whicher avoir laissé le débarras ouvert, sachant que Mrs Holley viendrait prendre le linge dans l'heure qui suivait.

Whicher se concentra sur ce que lui avait dit Cox. « Quand je suis au comble de la perplexité, explique le narrateur imaginaire de *Diary of an Ex-Detective* (1859), j'ai pour habitude de me mettre au lit et de rester allongé jusqu'à ce que j'aie résolu mes doutes et perplexités. Les yeux fermés, mais tout à fait éveillé et sans rien pour me déranger, je suis en mesure de dénouer mes problèmes. » Dès le début, on se représenta le détective comme un penseur solitaire qui avait besoin de se retirer du monde sensible pour entrer dans celui, fantastique et libre, de ses hypothèses. En faisant concorder les informations qu'il avait rassemblées, Whicher élabora un scénario relativement à la chemise de nuit.

Selon lui, Constance demanda à Cox de chercher le porte-monnaie de sorte à voir où avait été placée sa chemise de nuit. Ensuite, alors que la bonne prenait de l'eau au rez-de-chaussée, Constance se jeta dans la pièce, s'empara dudit vêtement et le cacha, peut-être sous ses jupes (la mode des jupes bouffantes était à son apogée en 1860[1]). Détail important, ce n'était pas la chemise ensanglantée, dont

---

1. Ce même mois, selon *News of the World*, une ouvrière d'une aciérie de Sheffield perdit la vie à cause de sa crinoline, lorsque celle-ci se prit dans l'arbre rotatif d'une machine. (*N.d.A.*)

Whicher pensait que Constance l'avait déjà détruite, mais une chemise propre qu'elle avait mise le samedi. Son motif pour la récupérer dans la panière était mathématique : s'il apparaissait qu'une chemise de nuit sans taches avait été égarée par la blanchisseuse, on ne s'aviserait pas de la disparition de celle qu'elle avait portée cette semaine-là et qu'elle avait tachée de sang en assassinant Saville.

Et Whicher d'écrire :

Je suis d'avis que la chemise qu'elle portait au moment du meurtre a ensuite été brûlée ou dissimulée par ses soins. Cependant, elle devait craindre que la police ne lui demande combien de chemises de nuit elle avait à son retour de pension. *Afin de parer à cette éventualité, elle a, je crois, recouru à un stratagème très habile visant à faire croire que celle qui faisait défaut avait été perdue par la blanchisseuse dans la semaine suivant le meurtre, ce que je la soupçonne d'avoir mené à bien de la manière suivante.*

Le linge sale de la famille fut ramassé comme d'habitude le lundi suivant le meurtre (soit deux jours après) et il y avait dans le lot une chemise de nuit appartenant à miss Constance, celle dont je suppose qu'elle l'a enfilée après le meurtre. Une fois rassemblé, le linge a été emporté dans une pièce du premier étage où il a été recensé par la bonne et consigné dans le cahier de blanchissage par la sœur aînée. La bonne l'a ensuite déposé dans deux grandes panières. Toutefois, juste avant qu'elle quitte la pièce, miss Constance est entrée *et lui a demandé de déranger les panières [...] pour voir si elle n'avait pas laissé un porte-monnaie dans la poche de sa combinaison [...]* cela faisait partie, je pense, d'un stratagème pour voir *dans laquelle des panières se trouvait la chemise de nuit,* car elle a aussitôt après demandé à la bonne de descendre lui quérir un verre d'eau au rez-de-chaussée, *ce que cette dernière a fait, la laissant près de la porte de ladite pièce et la retrouvant au même endroit quand elle est remontée avec l'eau.* Je pense que miss Constance a entre-temps récupéré sa chemise de nuit, *qui avait été notée dans le cahier, et l'a remise en usage, calculant qu'à la fin de la semaine, lorsque le linge serait rapporté à la maison, on s'apercevrait de sa disparition et qu'on en tiendrait la blanchisseuse pour responsable, ce qui expliquerait qu'il lui en manquait une* si on l'interrogeait sur ce point.

Whicher pensait donc qu'afin de camoufler la destruction de la pièce à conviction, Constance s'était arrangée pour qu'une chemise de nuit normale passe pour égarée, et par quelqu'un d'autre qu'elle-même. Sa sœur et la bonne jureraient que la chemise avait été placée dans la panière et qu'elle n'était pas tachée de sang. Elle faisait ainsi coup double, puisqu'elle détournait l'attention des enquêteurs et de la chemise souillée et de la maison.

Comme le dit Mr Bucket dans *Bleak House,* frappé par l'ingéniosité d'un assassin : « C'est une belle affaire, une bien belle affaire. » Puis, se rappelant qu'il s'adresse à une jeune personne comme il faut, il se reprend : « Quand je la qualifie de belle affaire, comprenez, mademoiselle, que c'est de mon point de vue. »

La tâche du détective consistait à reconstruire l'histoire à partir de signes, d'indices infimes, de minuscules fossiles. Ces traces étaient à la fois des voies à suivre et des vestiges, des pistes à remonter jusqu'à un tangible événement passé – en l'occurrence un meurtre – et de menus débris, souvenirs de cet événement. Comme les chercheurs en histoire naturelle et les archéologues de ce milieu du dix-neuvième siècle, Whicher s'efforçait de reconstituer un scénario qui recollât ensemble les fragments qu'il avait trouvés. La chemise de nuit était son chaînon manquant, un objet imaginé étayant la pertinence de ses autres découvertes, l'équivalent du squelette qui faisait défaut à Darwin pour prouver que l'homme descendait bien du singe.

Dickens compare les détectives aux astronomes Leverrier et Adams, qui, en 1846, ont découvert Neptune, simultanément et séparément, en observant des déviations dans l'orbite d'Uranus. Selon lui, ces savants ont révélé une nouvelle planète tout aussi mystérieusement que les détectives ont mis au jour une nouvelle forme de crime. Dans son ouvrage sur Road Hill, Stapleton opère le même rapprochement : « Il fallait un instinct de détective, avivé par le génie, pour localiser infailliblement l'emplacement de cette planète manquante que nul œil ne pouvait voir et dont la position ne se pouvait déterminer que par les calculs de l'astronomie. » Le Verrier et Adams recueillirent leurs indices par l'observation, mais ils firent leur découverte par déduction, en conjecturant l'existence d'un astre à partir de son influence sur un autre corps céleste. Il s'agissait à la fois d'un travail de logique et d'imagination, comme la théorie de l'évolution de Darwin et celle de Whicher sur la chemise de nuit de Constance.

« Regarder une étoile par coups d'œil, la regarder obliquement, déclare Dupin dans *Le Double Assassinat dans la rue Morgue*, permet de la voir distinctement. »

Pendant ce temps, les policiers du Wiltshire menaient campagne pour discréditer le détective londonien. Sa doctrine regardant le meurtre s'opposait à la leur. De plus, il se peut qu'il leur ait fait comprendre que l'enquête avait été menée en dépit du bon sens durant les quinze jours précédant son arrivée. Il se peut également que son attitude – au mieux discrète et indépendante, au pire dédaigneuse – ait achevé de les agacer. L'arrivée de son jeune et talentueux collègue Dolly Williamson ne fit qu'envenimer la situation.

Le mercredi 25 juillet, le commissaire Wolfe et le capitaine Meredith se rendirent au pensionnat de Beckington pour y interroger misses Williams et Scott, comme Whicher l'avait fait une semaine plus tôt. Après quoi ils instruisirent le *Bath Chronicle* du résultat de leur visite. Les professeurs « ont parlé très élogieusement de Constance, disant qu'elle était en tout point un bon élément [...] et que, montrant beaucoup de sérieux dans ses études, elle avait brillé à l'examen de milieu d'année et remporté le deuxième prix. Nous pensons avec assurance que cela exclut qu'elle ait pu, comme d'aucuns l'ont avancé, méditer ce geste effroyable avant de rentrer chez elle pour les vacances ».

Wolfe déclara à ce même journal ainsi qu'au *Trowbridge and North Wilts Advertiser* qu'il avait examiné la vie de Constance à partir de sa petite enfance et n'y avait relevé aucun signe de déséquilibre, « ses jeunes années ayant été on ne peut plus raisonnables ». « La rumeur infondée, que l'on a fait circuler avec tant d'assiduité, selon laquelle le petit disparu nourrissait une forte antipathie à l'encontre de miss Constance est aussi fausse que malveillante », lit-on dans le *Bath Chronicle*.

Le *Frome Times* minimise pour sa part l'importance de la fugue de William et de Constance jusqu'à Bath, ainsi que celle de la folie au sein de la branche maternelle. Au contraire, il se fait l'écho d'un « proche ami de la famille » d'après lequel Constance et Saville étaient en très bons termes, « comme le démontre le fait qu'à la veille même de sa triste fin il lui a offert une bague en perles qu'il avait confectionnée à son intention ». Le *Bristol Post* reprend de son côté la théorie qui veut que le vrai meurtrier se soit employé à diriger les soupçons sur la « riante et espiègle » Constance.

Plusieurs journaux expriment leur scepticisme concernant l'accusation portée contre elle. « Nous tenons pour tout au plus provisoire le dernier développement de l'affaire, déclarait ce jeudi-là le *Bath Chronicle*, et, tout bien considéré, nous n'inclinons pas du tout à penser que l'enquête a matériellement progressé. » Il n'y avait « pas un iota » de nouvelles preuves. Le *Manchester Examiner* se montrait également dubitatif : « Cette initiative sent l'inclination d'un détective de Londres à incriminer quelqu'un afin d'apaiser l'opinion publique. »

Le mercredi, un certain Mr Knight Watson de Victoria Street, nouvelle artère qui traversait Pimlico, se présenta à Scotland Yard et demanda à parler à un détective. Il connaissait une femme du nom de Harriet qui avait jadis travaillé chez les Kent et qui pouvait être en mesure de fournir à Whicher des informations utiles sur cette famille. Le sergent détective Tanner se porta volontaire pour interroger l'intéressée, à présent bonne dans une maison de Gloucester Terrace, non loin de Paddington. Dick Tanner avait régulièrement collaboré avec Whicher depuis son arrivée dans le service en 1857. Le préfet Mayne donna son aval.

Le lendemain, Tanner envoya à Whicher un compte rendu de sa rencontre avec Harriet Gollop. Les Kent l'avaient employée comme bonne et servante pendant quatre mois en 1850, quand ils habitaient Walton-in-Gordano, dans le Somerset.

À l'époque, la première Mrs Kent était encore vivante, mais, durant son service chez eux, elle ne dormait pas avec Mr Kent. Elle occupait des appartements séparés et semblait très malheureuse et abattue. À l'époque, une certaine miss Pratt remplissait la fonction de gouvernante, et sa chambre était proche de celle de Mr Kent. Les domestiques de la maison pensaient qu'une intimité inconvenante avait cours entre elle et Mr Kent, et l'épouse de celui-ci pensait de même. Cette miss Pratt est aujourd'hui Mrs Kent, mère de l'enfant qui a été assassiné.

Gollop affirma que miss Pratt avait « pleine autorité sur tous les enfants » et que « Mr Kent demandait à tous les domestiques de considérer miss Pratt comme leur maîtresse ». À l'évidence, cet arrangement n'avait pas été au goût de l'ancienne bonne. « Harriet Gollop déclare que la première Mrs Kent était une personne très distinguée, et elle la tenait pour parfaitement saine d'esprit. »

Whicher reçut la lettre le vendredi matin. Le témoignage de Gollop apportait de la consistance à la rumeur selon laquelle Samuel Kent et Mary Pratt étaient amants du vivant de la première Mrs Kent, et il brossait un sombre tableau de la vie au sein de la maisonnée. Mais Whicher ne pouvait en faire usage. Les souvenirs de la bonne affaiblissaient les arguments à l'encontre de Constance – si la mère avait toute sa tête, il devenait moins probable que la fille fût dérangée – et ils étaient susceptibles de renforcer l'idée que Samuel, adultère confirmé, avait tué son fils après avoir été surpris au lit avec Gough.

Dans les foyers de l'époque, les domestiques étaient souvent craints comme des étrangers susceptibles de se faire espions, séducteurs, voire agresseurs. Avec le fréquent renouvellement de son personnel, la maison Kent avait vu passer nombre de serviteurs dangereux. Il y avait eu Emma Sparks et Harriet Gollop, qui se firent ensuite informatrices sur la vie sexuelle et les peccadilles de la famille. Il y en avait eu deux que Samuel Kent cita comme de possibles suspectes : une cuisinière qu'il avait fait jeter en prison, et une bonne d'enfants qu'il avait renvoyée sans lui payer ses gages parce qu'elle avait pour habitude de pincer les enfants. Ces deux dernières, apprit-on, se trouvaient à moins de vingt miles de Road dans la nuit du meurtre.

Samuel Kent affirma qu'une servante avait quitté Road Hill House au début de l'année 1860 en jurant de se venger de Mrs Kent et de ses « petites pestes », en particulier Saville. Peut-être le garçonnet l'avait-il dénoncée ; peut-être était-ce la pinceuse, à moins qu'il ne s'agît de la nurse que Samuel avait chassée parce qu'elle fricotait avec son galant dans les maisonnettes voisines. « Elle est partie dans un état de rage épouvantable, déclara le maître de maison. Elle s'est montrée excessivement insolente. » Et au cœur de la famille, il y avait l'ancienne employée devenue maîtresse de maison, la gouvernante qui avait séduit son patron, l'amenant à trahir sa première femme et à négliger ses enfants du premier lit.

Les domestiques de sexe féminin pouvaient corrompre les enfants aussi bien que les parents. Dans *Governess Life : Its Trials, Duties, and Encouragements*, manuel de 1849, Mary Maurice lance cette mise en garde : « Des cas affreux ont été portés à notre connaissance, où, bien loin de préserver leur esprit dans l'innocence et la pureté, celle à qui était confié le soin de jeunes enfants est devenue leur corruptrice – elle aura été la première à conduire et initier au péché, à ourdir et mener des intrigues, à se faire, enfin, l'instrument de la destruction de la paix des familles. » Forbes Benignus Winslow, éminent aliéniste, décrivait en 1860 de telles femmes comme « la source d'une contamination morale et d'une détérioration mentale dont les parents les plus vigilants ne parviennent pas toujours à protéger leurs enfants ».

Pour le meurtre de Road Hill, le scénario le plus en vogue donnait également le rôle du serpent à une employée de maison. Selon cette théorie, la nurse avait poussé le père de famille à une trahison si absolue qu'il avait fini par assassiner son fils. Dans les journaux, la brèche-dent Elizabeth Gough devint un objet de fantasme sexuel. L'envoyé du *Western Daily Press* la trouve « décidément plaisante et en tout point supérieure à sa condition ». Le *Sherborne Journal* la décrit comme une jeune femme « extrêmement belle » qui, la nuit, « reposait [...] sur un lit bateau dépourvu de courtines, près de la porte de la chambre ». Elle était dangereusement logée dans la maison, à deux pas de la chambre du maître.

Le détective était un autre membre des classes laborieuses dont les pernicieuses vaticinations pouvaient souiller un foyer de la classe moyenne. Habituellement, comme dans le cas de l'infanticide Sarah Drake, ses investigations se cantonnaient aux appartements des domestiques. Parfois, comme à Road, il poussait jusque dans les étages. Un article paru en 1859 dans *Household Words* impute les insuffisances de la police à l'origine de ses membres : « Il n'est jamais sage ni sûr de placer une autorité ou un pouvoir arbitraires entre les mains des classes inférieures. »

La deuxième semaine de l'enquête de Whicher n'avait pas apporté de nouvelles preuves – seulement une nouvelle idée : une réflexion sur la chemise de nuit.

XI

Ce qui se joue

Du 27 au 30 juillet

Le vendredi 27 juillet à onze heures du matin, les magistrats se réunirent à Temperance Hall pour interroger Constance Kent. Leur tâche était de juger s'il convenait de déférer l'affaire à une instance supérieure. Vingt-quatre journalistes attendaient dehors. Avant l'ouverture de la séance, Whicher s'entretint en privé avec Samuel Kent. Il lui dit qu'il le croyait innocent et était disposé à faire une déclaration dans ce sens. Kent déclina la proposition – « pour des raisons de prudence », précisa son avocat. Les nuances des relations entre le père, la fille et le détective étaient subtiles. Il pouvait nuire à Samuel Kent de paraître de mèche avec l'accusateur de Constance.

D'autres signes montraient que Whicher n'était pas certain d'obtenir l'inculpation de Constance. Ce matin-là, il engagea des ouvriers pour qu'ils démontent les cabinets où l'on avait retrouvé Saville et inspectent la fosse ainsi que la canalisation. Il s'agissait d'une tentative de dernière minute pour mettre la main sur la chemise de nuit ou le couteau. Les recherches furent vaines. Whicher remit à ces hommes six shillings et six pence, plus un shilling pour la boisson.

Constance arriva à Road à onze heures trente, accompagnée du directeur de la prison de Devizes. Le début de l'audience connut un bref retard durant lequel elle attendit chez Charles Stokes, le bourrelier, après quoi elle se présenta dans la salle. « Elle était, comme précédemment, en grand deuil, rapporte le *Times*, à ceci près qu'elle portait une épaisse voilette qui dissimula sa physionomie aux regards avides de la majorité des badauds assemblés à l'extérieur. » Cette voilette fut perçue comme une marque de pudeur et de bienséance. Loin d'être sinistre, le fait de se soustraire aux regards et de celer la vie intime de sa famille était de bon ton venant d'une femme. C'était aussi terriblement troublant. Dans *A Skeleton in Every House*, roman publié cette année-là, Waters parlait des « sombres secrets qui palpitent et frémissent sous les voiles légers ».

« Arrivée dans la salle, poursuit le *Times*, miss Constance Kent tomba dans les bras de son père et lui donna un baiser. Puis elle prit le siège prévu à son intention et fondit en larmes. » Le *Somerset and Wilts Journal* la fait entrer en chancelant : elle parut « marchant d'un pas vacillant et, s'approchant de son père, lui donna un baiser tremblant ».

Contrastant avec sa faiblesse, la foule était pleine de vigueur et de passion. La salle se trouva « remplie dans l'instant », indique le *Times*. Le public « entra en une extraordinaire bousculade pour occuper chaque pouce disponible », relate le *Journal*. La moitié seulement tint à l'intérieur ; le reste se pressa dehors pour attendre les nouvelles. Trois rangs de journalistes s'étiraient sur la longueur de la pièce. Leurs transcriptions exhaustives et littérales de l'audience devaient paraître le lendemain dans toute l'Angleterre.

Les magistrats siégeaient sur leur estrade, flanqués des détectives Whicher et Williamson, du capitaine Meredith, du commissaire Wolfe et de Henry Clark, greffier du tribunal. C'est à ce dernier qu'il incombait d'interroger Constance.

À la table faisant face à l'estrade étaient assis Samuel Kent et son conseil, William Dunn, de Frome, et, devant eux, l'avocat engagé pour défendre Constance, Peter Edlin, de Clifton, Bristol. Ce personnage avait, selon le *Somerset and Wilts Journal*, « l'œil fulminant, une élocution claire et des expressions faciales passablement cadavériques ».

Constance se tenait tête basse et ne bougeait ni ne parlait. Elle resta toute la journée, figée et prostrée. « Les événements du mois qui vient de s'écouler l'ont à l'évidence cruellement marquée, commenta le *Somerset and Wilts Journal*, car l'on reconnaîtrait à peine dans ce visage pâle et amaigri la robuste adolescente au teint mat d'il y a cinq semaines. La même mine singulièrement sévère continuait cependant de caractériser sa physionomie. »

Samuel Kent regardait droit devant lui en se tenant le menton. Il paraissait, selon le *Bath Express*, « très abattu, son expression présentant les signes indéniables d'un profond chagrin. [...] Outre la prévenue, c'est entre lui et Mr Whicher que se divisait l'attention du public ». Aucun des trois n'avait un rôle particulier à jouer au cours de la séance de la journée – ils étaient là pour regarder et être regardés.

La loi interdisait expressément à Constance, en sa qualité d'accusée, de prendre la parole.

Elizabeth Gough fut le premier témoin appelé, et les magistrats reprirent l'interrogatoire du précédent vendredi. « Elle était considérablement émaciée », selon le *Somerset and Wilts journal*. L'envoyé de cette gazette voyait apparemment les suspects féminins perdre de leur substance sous ses yeux, comme lentement consumés par l'avidité du public à les voir.

Clark interrogea Gough au sujet de la couverture. « Je ne me suis rendu compte de sa disparition qu'au moment où on l'a ramenée en même temps que le corps », indiqua-t-elle.

Edlin l'interrogea sur les relations entre sa cliente et le jeune demi-frère de celle-ci. « Jamais je n'ai entendu Constance dire la moindre méchanceté à Saville, lui répondit-elle. Jamais je ne l'ai vue se conduire envers lui autrement qu'avec gentillesse. » Elle ne put confirmer que Saville avait offert une bague en perles à Constance, ni que cette dernière lui avait donné une image.

William Nutt comparut une nouvelle fois. Edlin l'interrogea sur sa « prédiction » selon laquelle on retrouverait Saville mort, et le cordonnier réitéra la réponse qu'il avait faite lors de l'enquête du coroner : il avait seulement voulu dire qu'il redoutait le pire.

Ce fut ensuite au tour d'Emma Moody, la condisciple de Constance.

— Avez-vous jamais entendu la prévenue manifester verbalement du ressentiment à l'encontre du défunt ? lui demanda Henry Clark.

— Elle ne l'aimait pas par jalousie, répliqua l'adolescente.

— Ce n'est pas une réponse à la question, observa Edlin. Que disait la prévenue à son sujet ?

Emma répéta une partie de ce qu'elle avait confié à Whicher : que Constance reconnaissait qu'il lui arrivait de taquiner et de pincer Saville et Eveline, qu'elle ne se faisait pas une joie de rentrer chez elle pour les vacances, qu'elle avait le sentiment que ses parents privilégiaient les plus jeunes de leurs enfants.

Clark lui demanda si elle se souvenait que Constance ait eu d'autres commentaires à propos de Saville. Quoiqu'elle eût dit à Whicher avoir un jour réprimandé Constance qui avait affirmé détester son demi-frère, Emma garda le silence là-dessus.

— Je ne me souviens d'aucune autre conversation avec elle au sujet de son petit frère. Je ne l'ai que peu entendue parler de lui.

— Vous est-il arrivé de l'entendre dire quelque chose de plus relativement à son défunt frère ? insista Clark.

— Cette façon de procéder est irrégulière, s'insurgea Edlin. Cet interrogatoire est conduit de manière tout à fait insolite et abusive. [...] Cela me paraît être un type d'audition tout à fait inhabituel et sans précédent.

— Je ne fais que chercher à tirer l'affaire au clair, protesta Clark.

— Je vous reconnais un désir sincère de faire votre devoir, rétorqua Edlin. Cependant, dans votre souci de vous en acquitter, vous l'avez sans le vouloir largement excédé.

— Peut-être nous direz-vous en quoi, intervint Henry Ludlow, prenant la défense de son greffier.

Vous vous exprimez de façon tout de même un peu forte.

— Je m'exprime on ne peut plus courtoisement, dit l'avocat. Je pense que Mr Clark a outrepassé sa fonction ; il me paraît l'avoir mal comprise. Il a devant lui une camarade d'école de l'accusée et, au lieu de se borner à lui poser des questions et de se satisfaire de ses réponses, il pousse l'audition un peu à la manière d'un contre-interrogatoire, et non selon celle dont on conduit ordinairement ce genre d'examen, surtout dans une affaire de cette importance.

Des applaudissements éclatèrent dans la salle, que Ludlow réprima avec humeur.

— Si une manifestation de ce genre se renouvelle, prévint-il, la cour fera évacuer le tribunal – puis, à l'adresse de l'avocat : Peut-être aurez-vous quelque objection précise, Mr Edlin, plutôt que de formuler des idées d'ordre général.

Et Clark de renchérir :

— Lorsqu'on a un témoin qui ne comprend pas ce qu'on lui demande, je ne vois pas comment recueillir son témoignage autrement qu'en réitérant la question.

— Toutefois, quand vous avez obtenu une réponse, le contra Edlin, vous ne devez pas répéter la question à la manière d'un contre-interrogatoire.

— J'ai posé mes questions conformément à l'usage. Si je n'obtiens pas de réponse, il m'appartient de reposer la question.

— En ce cas, l'ayant posée encore et encore, vous en avez terminé.

Clark s'adressa à Emma :

LE DÉTECTIVE   231

— Avez-vous entendu l'accusée dire quoi que ce soit à propos du défunt ?

— Cette question a été posée tant et plus, persista Edlin, et il y a été répondu par la négative ; le chapitre est donc clos.

Edlin faisait exactement ce qu'il reprochait à Clark de faire : user de la répétition comme moyen d'intimidation. Ludlow se substitua à son greffier :

— Nous attendons de vous que vous rapportiez ce qui a réellement eu lieu, dit-il à Emma, toute conversation entre l'accusée et vous, non pas des on-dit. Nous ne voulons rien obtenir qui ne soit strictement légal et juste. Peut-être n'étiez-vous jamais venue devant une cour de justice, et certainement jamais en une occasion aussi solennelle. À présent, je vous demande si une conversation s'est tenue à l'école entre vous et l'accusée regardant ses sentiments à l'endroit du défunt.

— Je ne me rappelle rien de plus.

Lors de son contre-interrogatoire, Edlin posa à Emma des questions détaillées sur la visite de Whicher à Warminster. « Il est venu chez nous une fois, répondit-elle, et une autre fois chez les Baily. Je les connais bien : ils habitent juste en face de chez nous. M'apercevant dans le jardin de ma mère, Mrs Baily m'a fait venir. Là, j'ai vu Mr Whicher. Je n'en ai pas été surprise, car Mrs Baily s'intéressait à l'affaire et m'avait déjà interrogée à ce sujet. » Elle déclara que Whicher lui avait montré un maillot de flanelle.

La ligne générale des questions d'Edlin donnait de Whicher l'image d'un personnage insinuant et retors. L'avocat laissait entendre que pour tirer les vers du nez d'Emma Moody, le détective l'avait épiée et attirée de l'autre côté de la rue pour mieux l'embobeliner, lui avait montré une pièce de sous-vêtement féminin et lui avait soutiré des souvenirs propres à faire condamner sa camarade de classe.

Whicher intervint, s'adressant directement à Emma : « Et je vous ai bien fait comprendre l'importance de dire la vérité et rien que la vérité. » Il comptait que cette invite l'encouragerait à livrer le témoignage qu'il attendait.

Edlin tenta de désamorcer cet appel. « Cela va sans dire », lança-t-il à Whicher.

« Je préférerais l'entendre de la bouche de l'accusée », répliqua Whicher. (Emma n'était pas l'accusée, mais un témoin – le lapsus du détective reflète la contrariété qu'elle lui causait.)

L'adolescente concéda qu'il l'avait enjointe de dire la vérité.

Ludlow lui demanda de nouveau si elle se souvenait d'une autre conversation avec Constance à propos de Saville. Elle répondit par la négative.

— Cette question a été posée encore et encore, répéta une nouvelle fois Edlin.

— Vous est-il arrivé de faire une remontrance à l'accusée relativement à une conversation que vous avez eue avec elle ? reprit Ludlow.

— Oui, monsieur, repartit Emma, abordant enfin la conversation qu'elle avait rapportée à Whicher.

Mais Edlin éleva aussitôt une objection. Les juges, dit-il, n'avaient pas à poser de telles questions ; il les adjura au nom de l'humanité de laisser Emma quitter la barre. Après en avoir délibéré confidentiellement avec lui, les magistrats convinrent de congédier Emma Moody.

Joshua Parsons exposa les conclusions de l'autopsie, comme il l'avait fait lors de l'enquête du coroner. « Je connaissais très bien le pauvre petit bonhomme qui a été tué », ajouta-t-il. Il déclara avoir vu une chemise de nuit parfaitement propre sur le lit de Constance, le matin du meurtre. Répondant à Edlin, il admit qu'elle « pouvait avoir été portée une semaine ou pas loin » et qu'il avait fallu « une très grande force » pour poignarder Saville au cœur. On ne lui demanda pas si Constance était selon lui atteinte de folie.

Interrogée par Henry Clark, Louisa Hatherill, l'autre camarade d'école de Constance, fit part de ce que celle-ci lui avait dit sur la partialité en faveur des enfants du second lit et sur les affronts infligés à William.

Sarah Cox déposa au sujet de la chemise de nuit disparue, racontant que, le lundi suivant le meurtre, Constance s'était présentée dans la pièce où elle triait le linge, puis décrivant la commotion provoquée au sein de la maisonnée par la perte de ce vêtement. Clark s'abstint toutefois d'évoquer l'hypothèse de Whicher selon laquelle Constance avait subtilisé une chemise afin de camoufler la destruction de celle qu'elle portait la nuit du crime.

Cox ne montra ni hostilité ni suspicion à l'endroit de l'accusée. « Je n'ai rien noté d'inhabituel dans l'attitude ou le comportement de miss Constance après le meurtre, excepté un chagrin bien normal. Jamais je n'ai vu ni entendu la moindre méchanceté de sa part envers le défunt. »

Mrs Holley fut le dernier témoin. On l'interrogea relativement à la disparition de la chemise de nuit. Elle déclara qu'au cours des cinq années où elle avait lavé le linge des Kent, seulement deux articles avaient disparu : « un vieux chiffon et une serviette usagée ».

Edlin débuta sa plaidoirie en demanda aux magistrats d'élargir Constance Kent sur-le-champ. « Il n'y a pas un début de preuve à l'encontre de cette jeune personne. [...] Un meurtre épouvantable a été commis, mais je crains qu'il n'ait été suivi d'un assassinat judiciaire à peine moins épouvantable. » Edlin, avec un culot extraordinaire, plaçait sur le même pied l'enquête criminelle et le crime lui-même. Et de poursuivre :

« Jamais, au grand jamais, on n'oubliera que cette jeune femme fut arrachée à son foyer et jetée comme un vulgaire malfaiteur, comme un vulgaire vagabond, dans la geôle de Devizes. J'affirme en conséquence que cette mesure n'aurait dû être prise qu'après mûre réflexion et avec une preuve tangible à l'appui, et non en se basant sur le fait qu'une malheureuse chemise de nuit avait disparu, laquelle l'inspecteur Whicher savait se trouver dans la maison et laquelle le commissaire Foley examina en compagnie du médecin dans la journée suivant le meurtre en même temps que les tiroirs de ma cliente. » L'avocat attirait l'attention sur le grand nombre de ceux qui avaient fouillé dans la lingerie de Constance. Délibérément ou pas, il comprenait de travers la théorie de Whicher sur le camouflage de la destruction de la chemise de nuit. Si celle-ci n'était pas souillée, interrogea-t-il, à quoi bon la subtiliser ? Et d'affirmer que la question de la chemise de nuit manquante « avait été élucidée à la satisfaction de tous ceux qui avaient entendu les témoins ce jour-là, et [que] nul ne pouvait plus douter que cet argument chétif, sur lequel prétendait s'appuyer cette terrible accusation, s'était effondré ».

J'affirme que d'avoir arraché cette jeune dame à son foyer de cette façon et en un tel moment, alors que son cœur était déjà torturé par la mort de son petit frère bien-aimé, suffit à susciter en sa faveur la sympathie de tout habitant du comté, et non seulement cela, mais de tout habitant de ce pays à l'esprit impartial, ayant eu vent – et bien peu n'en ont pas entendu parler – de ce meurtre horrible.

À ce moment, Samuel et Constance Kent fondirent en larmes, se cachant le visage entre les mains. Edlin poursuivit :

Les initiatives que vous avez prises sont propres à ruiner sa vie entière – il n'y a plus d'espoirs pour cette jeune fille [...] Et où sont les preuves ? Le seul fait avéré – et j'ai honte de l'évoquer dans ce pays de liberté et de justice – est le soupçon *de Mr Whicher, personnage acharné à coincer le meurtrier et impatient de toucher la prime qui a été offerte. [...] Mon intention n'est pas de critiquer sans nécessité Mr Whicher ; mais j'estime qu'en l'occurrence son acharnement dans la recherche du criminel l'a conduit à adopter une ligne de conduite sans précédent afin de démontrer la validité d'un mobile ; et je ne puis m'empêcher d'évoquer la petitesse – je dis bien l'indélébile petitesse, je puis dire le discré-*

dit et j'allais dire la honte, mais je ne veux rien dire qui laisserait une impression défavorable — mais je parlerai de l'inexprimable discrédit avec lequel il a pourchassé deux condisciples et les a fait comparaître ici. Que la responsabilité et la honte d'une telle façon de procéder pèsent sur ceux qui ont amené ces témoins ici ! [...] Il me semble s'être singulièrement fourvoyé dans cette affaire. Il était déçu et agacé de ne trouver aucun indice, et il s'est raccroché à ce qui n'en était point du tout.

Et l'avocat de conclure : « Au regard des faits allégués, jamais, à ma connaissance, accusation plus injuste, plus abusive, plus improbable, ne fut nulle part soumise à une cour de justice, et pour une charge d'une nature aussi grave, et s'attachant, comme elle le fait, à imputer cette charge à une jeune personne de la condition de miss Constance Kent. »

La plaidoirie fut abondamment entrecoupée des acclamations de la salle. Edlin en termina peu avant sept heures du soir. Les magistrats conférèrent et, quand on eut fait revenir le public, Ludlow annonça que Constance était libre de ses mouvements, à la condition que son père déposât une somme de deux cents livres en garantie de sa recomparution, si besoin était, devant la cour.

Constance, escortée par William Dunn, ressortit de Temperance Hall. Dehors, la foule recula pour les laisser passer.

Lorsqu'elle arriva à Road Hill House, rapporte le *Western Daily Press*, « ses sœurs et ses parents l'étreignirent de la manière la plus passionnée et la plus chaleureuse, l'embrassant très tendrement, et les sanglots, les pleurs et les étreintes se poursuivirent un temps considérable. Ces transports finirent toutefois par retomber et, depuis lors, la jeune demoiselle a montré une attitude très sombre et renfermée ». Elle était retombée dans son mutisme.

La thèse de Whicher avait manqué de force à tout point de vue. Son échec tenait à plusieurs raisons concrètes : il était intervenu tardivement sur les lieux ; il avait été contrecarré par des policiers locaux incompétents et sur la défensive ; on attendait de lui qu'il procédât rapidement à une arrestation ; il avait été mal représenté devant la cour – ce qu'il souligne dans son rapport à Mayne : « Il n'y avait pas un homme de métier pour représenter l'accusation. » Samuel Kent, dont on se serait attendu en de plus normales circonstances à ce qu'il soit le fer de lance des poursuites contre l'assassin présumé de son fils, pouvait difficilement attaquer sa propre fille. Whicher avait la conviction qu'un juriste de profession aurait mieux expliqué la théorie de la chemise de nuit manquante et aurait su persuader Emma Moody de répéter ce qu'elle lui avait dit sur l'aversion de Constance pour Saville ; ces deux points auraient pu faire la différence. La tâche des magistrats n'était pas, après tout, de statuer sur la culpabilité de Constance, mais seulement de décider s'il y avait matière à la déférer à une cour de justice.

Ce qui avait achevé le revirement au détriment de Whicher était la déclaration d'Edlin, sa description du détective comme un personnage vulgaire, âpre au gain, capable de détruire sans états d'âme la vie d'une jeune femme. Il y avait à cela un sous-entendu d'ordre sexuel, la suggestion que le policier était le lourdaud et plébéien spoliateur d'une innocente toute virginale. Le public adhéra à l'analyse de l'avocat. Si les habitants de Road avaient été disposés à croire que les deux enfants adolescents, aussi singuliers que malheureux, de Samuel Kent avaient tué leur petit frère, la plupart des Anglais des deux sexes jugeaient l'idée grotesque. Il était presque inconcevable qu'une jeune fille respectable pût porter en elle suffisamment de fureur et d'agitation pour tuer, et assez de sang-froid pour camoufler son acte. Le public aimait mieux croire à la bassesse du détective, lui attribuer la souillure morale.

L'enquête de Jack Whicher avait ouvert les fenêtres en grand, faisant pénétrer air et lumière dans la maison si bien refermée sur elle-même ; mais ce faisant elle avait exposé la famille aux fantasmes concupiscents du monde extérieur. Les procédés policiers donnaient nécessairement dans le sordide : on mesurait les tours de poitrine, on examinait le linge de nuit en quête de traces de sueur et de sang, on posait des questions indélicates à des jeunes femmes respectables. Dans *Bleak House*, Dickens imagine ce que ressent sir Leicester Deadlock lorsque l'on fouille son domicile : « la majestueuse maison, les portraits de ses aïeux, des étrangers venant les dégrader, des policiers manipulant brutalement ses plus précieux biens de famille, des milliers de doigts pointés sur lui, des milliers de visages goguenards ». Alors que la fiction criminelle des années 1830 et 1840 se cantonnait aux taudis de Londres, le crime sensationnel de la décennie suivante commença d'envahir les foyers de la classe moyenne, dans la fiction comme dans la réalité. « Regardant les familles, de très étranges choses sont portées à notre connaissance, déclare Bucket. Oui, et même dans les familles comme il faut, dans les familles de la haute, dans les familles du grand monde [...] vous n'avez pas idée [...] de ce qui se joue. »

À l'époque où Whicher conduit ses investigations, le *Frome Times* élève une protestation indignée contre le comportement de certains représentants de la presse : « Nous tenons de source sûre qu'un individu s'est introduit dans la maison en se donnant pour détective, cependant qu'un autre a eu le toupet d'imposer sa présence à Mr Kent pour lui soutirer les détails de la mort de son fils ! Selon nous, le toupet et l'insensibilité de cet homme se peuvent presque comparer à la scélératesse de celui qui a perpétré ce crime épouvantable. » L'auteur de l'article laisse entendre que violer la vie privée d'une famille est analogue à un meurtre. Ce discours, également déployé par Edlin, était rendu possible par la sensibilité à la révélation publique, au scandale et à la suppression de l'intimité, propres à ce milieu de l'époque victorienne. Les investigations à l'intérieur d'un foyer de la classe moyenne, menées par la presse et surtout pas les détectives, étaient ressenties comme une succession d'agressions. La révélation publique pouvait détruire, comme le meurtre le montrait bien – quand poumons, voies pulmonaires, artères et cœur se trouvaient subitement exposés à l'air, ils faisaient un collapsus. Stapleton décrit la mort de Saville en ces termes : l'habitant de la « maison de la vie » en avait été « brutalement chassé par la violence d'un intrus ».

Le mot « détecter » vient du latin *detegere* (découvrir le toit d'une maison), et l'archétype du détective est le boiteux Asmodée, « prince des démons », qui enlevait le toit des maisons pour épier les vies qu'elles abritaient. « Le diable Asmodée est le démon de l'observation », explique le romancier français Jules Janin. Dans son livre sur le meurtre de Road Hill, Stapleton recourt à cette même figure d'Asmodée, « scrutant la vie privée » des Kent, pour incarner la fascination du public pour l'affaire.

« Si chaque pièce d'une maison était exposée au regard d'un observateur secret, écrit en 1861 le détective écossais McLevy, cela ferait un stéréoscope plus merveilleux encore qu'une exhibition foraine. » Le policier en civil était cet observateur clandestin, mandaté pour espionner. Le détective, ce héros, pouvait à tout moment révéler son double grimaçant, le voyeur.

« Tour à tour ange et démon, pas vrai ? » laisse tomber Mr Bucket.

Une fois Constance libérée sous caution, Whicher dit à Ludlow qu'il ne se voyait aucune raison de demeurer plus longtemps dans le Wiltshire. « Je n'avais nul espoir de trouver d'autres indices en prolongeant mon séjour, écrirait-il dans son rapport, car la seule avancée possible aurait été de mettre la main sur la chemise de nuit, dont je craignais qu'elle n'ait été détruite. » Ludlow convint qu'il devait partir. Il assura Whicher qu'il était lui-même convaincu de la culpabilité de Constance et écrirait dans ce sens au Home Secretary, sir George Cornewall Lewis, ainsi qu'à Mayne. Henry Clark composa ces courriers sur-le-champ : « Les magistrats nous prient [...] de vous transmettre leurs remerciements pour les services de Mr l'inspecteur Whicher et de Mr le sergent Williamson. Même si la culpabilité de la prévenue n'a pu être établie, les magistrats sont tout à fait convaincus que le coupable est miss Constance Kent et gardent espoir que des preuves à venir permettront de présenter l'auteur du crime à la justice. Ils sont pleinement satisfaits des efforts déployés par les susnommés. »

Whicher et Williamson regagnèrent Londres le lendemain. Whicher emportait avec lui les reliques de son enquête : les deux chemises de nuit restantes de Constance, sa liste de linge, le morceau de journal ensanglanté. Dans la dernière livraison d'*All the Year Round*, le héros de *La Dame en blanc* terminait lui aussi ses investigations à la campagne. L'épisode se concluait ainsi : « Une demi-heure plus tard, l'express m'emportait vers Londres. »

À la fin de la semaine, de violents orages éclatèrent autour de Road. Les éclairs illuminaient les champs, la Frome grossit de trois pieds et la grêle coucha les blés.

Pendant la séance à Temperance Hall, Mrs Kent avait eu les premières contractions. « L'agitation et l'attente de l'issue de l'audition se sont révélées trop intenses, rapporte le *Bath Chronicle*, avec pour conséquence un accouchement avant terme. » Le bruit courut que l'enfant était mort-né, mais cela se révéla inexact. Mrs Kent donna naissance à un garçon le lundi 30 juillet, un mois après le meurtre de son fils aîné, et le prénomma Acland Saville.

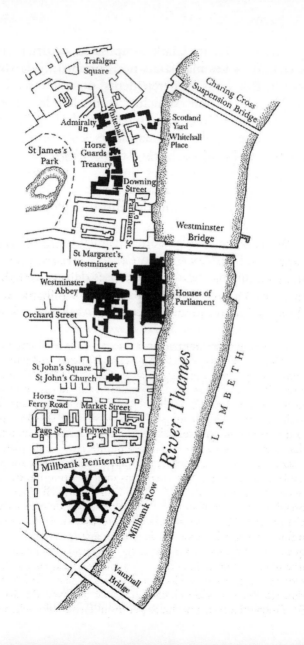

XII

Fièvre détective

Londres, juillet - août 1860

Whicher arriva à la gare de Paddington dans l'après-midi du 28 juillet et héla un fiacre pour se transporter avec ses bagages à Pimlico, probablement au 31, Holywell Street[1], près de Millbank Row. Il s'agissait de l'immeuble dans lequel sa nièce, Sarah

---

1. Bien que son nom n'apparaisse pas dans le recensement de 1861, tout porte à croire que Whicher habitait cet immeuble en 1860. Dans une note circulaire de 1858, il demande à ses collègues de l'informer, à Scotland Yard, au cas où ils verraient un homme de condition, âgé de vingt-quatre ans, qui avait disparu, « l'esprit supposé dérangé » ; deux semaines plus tard, une annonce personnelle parut dans le *Times* demandant des nouvelles de ce même jeune homme au « visage plein et assez pâle », avec dix livres de récompense à la clé. Elle fut probablement placée par Whicher, mais invitait à transmettre tout renseignement à « Mr Wilson » au 31, Holywell Street. Le pseudonyme camouflait le fait que le pâle individu était recherché par la police. « Les astuces des détectives de la police sont infinies, observe le narrateur de *The Female Detective*. Je crains que nombre d'annonces en apparence bienveillantes ne cachent une intervention de la police. » Un an plus tard, en 1859, les services du préfet de police émirent une demande d'information relativement à un chien-loup blanc qui avait disparu au 31, Holywell Street. Les chiens perdus n'étaient habituellement

Whicher, gouvernante célibataire de trente ans, louait une chambre, et c'est l'adresse qu'il donnerait pour la sienne trois ans plus tard. Dans les années 1850, son ami et collègue Charley Field habitait au 27 avec sa femme et sa belle-mère, cependant que la nièce de Whicher, Mary Ann, était employée de maison au 40, chez une famille de tapissiers.

Le quartier était en pleine transformation. À l'ouest, la gare Victoria était presque terminée, de même qu'au nord le palais gothique de Westminster, signé par sir Charles Barry – l'horloge surnommée « Big Ben » avait été mise en place un an plus tôt, même si elle ne possédait encore qu'une seule aiguille et point de carillon. Treize réverbères oxhydriques avaient été installés cet été-là sur le nouveau pont de Westminster. Le procédé consistait en une succession de minuscules explosions d'oxygène et d'hydrogène qui portaient des bâtonnets de chaux à incandescence. Dickens visita Millbank par une tiède journée de janvier 1861 et prit vers l'ouest le long du fleuve : « J'ai cheminé en droite ligne *pendant trois miles* sur une splendide et large esplanade surplombant la Tamise, bordée d'immenses manufactures, d'ouvrages ferroviaires, que sais-je encore, et percée du début et de la fin de rues opulentes s'avançant jusqu'au fleuve. Au temps où je me promenais ici en barque, ce n'était qu'un terrain défoncé, sillonné de fossés, avec çà et là un ou deux

---

pas du ressort de Scotland Yard, mais peut-être celui-ci appartenait-il à la logeuse de Whicher (Charlotte Piper, veuve de quarante-huit ans vivant de ses rentes) ou bien à Whicher lui-même. (*N.d.A.*)

pubs, une vieille fabrique et une haute cheminée. À aucun moment je n'avais vu cet endroit en cours de transition, bien que je me flatte de connaître cette grande ville aussi bien que n'importe qui. »

Situé au bord du fleuve, le quartier où vivait Whicher était une bruyante zone industrielle, construite d'alignements de masures pisseuses, et dominée par la grande fleur à six pétales de la prison de Millbank. Le romancier Anthony Trollope décrit l'endroit comme « extrêmement terne, pour ne pas dire laid ». Holywell Street n'était séparée du mur d'enceinte de la prison que par des gazomètres, une scierie et une marbrerie. Adossé à ces dernières, le numéro 31 donnait sur une énorme brasserie et un cimetière. La fabrique de pianos Broadwood était à un pâté de maisons vers le nord, la distillerie de gin Seager à même distance vers le sud. De l'autre côté de cet établissement, des barges de charbon étaient amarrées aux quais, cependant que se dressaient à Lambeth, sur l'autre rive, de vastes ateliers de poterie et de pestilentielles usines de noir animal. Des vapeurs à aubes transportaient les Londoniens à leur travail et retour, barattant les eaux d'égout déversées dans la Tamise – l'atmosphère était imprégnée de la puanteur qui émanait du fleuve.

Le lundi 30 juillet, Jack Whicher se rendit à son bureau de Scotland Yard, à un peu plus d'un mile au nord de chez lui en longeant, sur la rive du fleuve, les taudis nauséabonds de « Devil's Acre », puis les hauts édifices de Westminster et de Whitehall. Bien que l'adresse fût le 4, Whitehall Place, l'entrée principale du quartier général de la police se trouvait dans Great Scotland Yard. Il y avait une grande horloge sur le mur regardant la cour, une girouette sur le toit, et l'intérieur de l'immeuble comptait cinquante pièces. Celles-ci abritaient depuis 1829 le siège de la police métropolitaine et, depuis sa formation en 1842 (dans trois petites pièces), l'unité des détectives. Les logements que Dolly Williamson partageait avec d'autres personnels célibataires se dressaient dans un angle de Great Scotland Yard, derrière le poissonnier Groves. Un autre angle était occupé par un pub, devant lequel une vieille poivrote vendait des pieds de porc le samedi soir. Au nord de la cour s'ouvrait Trafalgar Square, au sud coulait la Tamise.

Sir Richard Mayne, dont le bureau se trouvait également à Scotland Yard, tenait Whicher pour le meilleur de ses subordonnés. À la fin des années 1850, comme le note Tim Cavanagh dans ses mémoires, « toute affaire d'importance lui était confiée par sir Richard ». À présent âgé de soixante-six ans, le préfet de police « était sec mais bien bâti avec ses cinq pieds huit pouces », écrit Cavanagh ; il présentait « un visage émacié, une bouche pincée à l'extrême, des cheveux et favoris poivre et sel, un œil acéré et une démarche légèrement claudicante, due, je crois, à un rhumatisme de la hanche ». Il était « respecté mais craint de tous les gens du service ». Au retour de Whicher et de Williamson, Mayne signa leurs notes de frais, dont une demande de prime de déplacement (onze shillings par jour pour un inspecteur, six pour un sergent). Il remit à Whicher une pile de courrier envoyé par des citoyens proposant leur solution à l'affaire de Road Hill. De telles lettres, adressées tantôt à Mayne et tantôt au Home Secretary, n'avaient cessé d'affluer tout au long de ce mois de juillet.

« Je me permets de vous soumettre une idée qui m'est venue et qui pourrait contribuer à élucider le mystère, écrivait un certain Mr Farrer. Je vous l'envoie à titre confidentiel et avec l'espoir que vous tiendrez mon nom strictement secret. [...] Il est possible que cette Eliz Gough, la bonne d'enfants, ait eu William Nutt à passer la nuit avec elle et que, l'enfant (FS Kent) venant à se réveiller, ils aient craint qu'il n'alerte ses parents en les appelant et qu'ils l'aient étranglé. Pendant que Nutt transportait le corps jusqu'aux cabinets, elle aura refait le lit. » Et l'auteur d'ajouter en post-scriptum : « Attendu qu'il est allié par le mariage à la famille de la blanchisseuse, Willm Nutt a eu la possibilité de subtiliser la chemise de nuit de sorte à détourner les soupçons sur quelqu'un d'autre. »

Cette théorie qui voulait que Nutt et Gough fussent les assassins était de loin la plus en vogue. Un autre correspondant, qui estimait que Constance était « cruellement utilisée comme bouc émissaire », soutenait que, selon le rapport d'autopsie, un couteau « à pointe en biseau » avait servi au meurtre – « très vraisemblablement un outil *fort utilisé* en cordonnerie ». Nutt était cordonnier de son état. « *La gorge a été tranchée d'une oreille à l'autre et ouverte jusqu'à la colonne vertébrale,* ce qui suppose la force et la détermination d'un homme plutôt que celles d'une enfant timorée de seize ans. » D'autre part, « Les cordonniers ont souvent *deux* couteaux et l'un de ceux-ci pouvait se trouver *dans les cabinets.* » Un correspondant de Mile End défendait une thèse similaire, imité par l'aumônier du Bath Union Workhouse, par le directeur de l'hospice d'Axbridge dans le Somerset, par Mr Minot, de Southwark, et par un certain Mr Dalton, qui écrivait d'un hôtel de Manchester. Un tailleur du Cheshire voulait que Gough soit placée « sous strikte servilance ». [sic]

Un vicaire du Lancashire, lui-même magistrat, exposait la version la plus étoffée de cette théorie :

Bien que les soupçons dont je vais faire état aient été fréquemment discutés au sein de ma famille dès le début de l'enquête, j'aurais jugé sans fondement de leur donner une plus large audience si la presse (le Morning Post*) n'avait pointé du doigt la personne ci-après nommée – j'entends en ce qui concerne l'affaire Kent.*

Il n'est pas possible que la nurse ait eu un amant, ni intra-muros, ni si familier des lieux qu'il ait pu s'y introduire facilement en pleine nuit. [...] Bien sûr, d'après ce qui a été rapporté, on pense tout de suite à Nutt. [...] S'il apparaît qu'il est son soupirant, est-ce qu'un examen médical n'établirait pas si elle a ou non reçu nuitamment des visites ? Il avait tout moyen à sa disposition – couteaux, etc. –, il a eu toute la nuit pour opérer. Il est parent de la blanchisseuse, et si celle-ci était au courant qu'il y avait quelque chose entre ces deux-là, cela lui aura mis la puce à l'oreille, d'autant qu'il a trouvé le corps aussi facilement. N'est-ce point elle qui aura fait disparaître la chemise de nuit et, de la sorte, détourné immédiatement les éventuels soupçons sur l'excentrique miss Kent, qui, quelque temps plus tôt, avait fugué déguisée en homme ? Tout ceci n'est bien sûr que simples conjectures ; mais alors que l'on semble pour l'instant si éloigné de la vérité, chacun est amené à penser que les enquêteurs se sont mis au travail avec une conception a priori de l'affaire et qu'ils auront rejeté ou en tout cas ignoré ce qui n'allait pas dans le sens de leurs présomptions. [...] Ayant une petite expérience de la magistrature dans une circonscription qui n'est pas de tout repos, j'ai appris, plus que je ne l'eusse fait autrement, à étudier les mobiles qui poussent les gens à agir.

Au début du mois d'août, le Home Secretary, sir George Cornewall Lewis, reçut deux lettres désignant Elizabeth Gough et son amant comme les assassins. L'une était d'un avocat de Guildford, qui commentait avec condescendance le travail de Whicher : « Il se peut qu'un policier s'entende à découvrir un *criminel* ; mais il faut de l'intellect et un esprit développé par l'observation pour voir clair dans un *crime* et débrouiller une énigme. » L'autre était de sir John Eardley Wilmot, de Bath, baronet et ancien avocat, qui se passionnait tant pour l'affaire qu'il avait persuadé Samuel Kent de lui faire visiter Road Hill House et de le laisser s'entretenir avec certains de ses habitants. Horatio Waddington, le redoutable sous-secrétaire d'État permanent du Home Office, fit suivre ces lettres à Mayne. « Voilà la théorie désormais en vogue, écrivit-il sur une des enveloppes. J'aimerais connaître les commentaires de l'inspecteur Whicher à propos de ces deux lettres. Assurément, si cette fille avait un amant, quelqu'un devait le savoir ou à tout le moins le suspecter. » Quand Whicher se fut exécuté, dans un rapport exposant ses contre-arguments (« Je crains que sir John n'ait pas suffisamment étudié les faits... »),

Waddington acquiesça : « Je suis plutôt de l'avis du policier. »

Lorsque Eardley Wilmot envoya une seconde lettre, avançant cette fois que Gough avait un bon ami soldat, Waddington nota sur l'enveloppe : « Je n'ai jamais entendu parler de ce *soldat*. Je ne sais pas où il est allé le chercher. » Et le sous-secrétaire permanent de griffonner ses commentaires sur les nombreuses missives que continua de lui envoyer le baronet : « Cela me fait l'effet d'une étrange obsession » ; « Ce monsieur fait de la monomanie » ; « Il entend être recruté comme détective, ou quoi ? »

Des correspondants proposaient quelques autres suspects. George Larkin, de Wapping, confiait :

Monsieur, Voilà trois semaines consécutives que j'ai le meurtre de Frome en tête à chaque fois que je me réveille et ne puis ensuite me l'ôter de l'esprit. C'est ainsi qu'il m'est apparu que Mr Kent est l'assassin et que son offre d'une récompense *n'est qu'un leurre. Mon sentiment est que Mr Kent s'est rendu dans* la chambre de la nurse *pour* une raison qui lui est propre, *que l'enfant s'est réveillé et a reconnu son père, et que celui-ci, par crainte que la famille ne soit au courant, l'a étranglé dans la chambre après que la nurse s'est endormie, l'a emporté jusqu'aux cabinets et l'y a égorgé.*

Un habitant de Blandford dans le Dorset écrivait : « *Je* crois fermement que c'est *Mrs Kent* qui a tué l'enfant à Road », cependant que Sarah Cunningham, de Londres, disait avoir « pas à pas identifié l'assassin en la personne du *frère* de William Nutt et gendre de Mrs Holley, la blanchisseuse ».

Le lieutenant-colonel Maugham écrivait de Hanover Square, Londres :

Veuillez me permettre de suggérer [...] que l'on enquête pour savoir s'il y avait du chloroforme dans la maison où l'enfant a été assassiné [...] ou s'il en a été acheté dans les environs ou bien dans les villes ou villages où les enfants de Mr Kent allaient à l'école. [...] Je suggérerais en outre de s'assurer si une arme a été subtilisée ou achetée dans le voisinage de ces écoles.

Dans une note adressée à Mayne, Whicher fait observer que Joshua Parsons n'avait pas détecté la moindre trace de chloroforme dans le cadavre de Saville. « Quant à l'idée qu'une arme aurait pu être achetée dans les environs ou rapportée de son école par miss Kent, nous avons déjà enquêté sur ce point. »

Whicher griffonnait sur la plupart des lettres envoyées par le public : « Il n'y a rien ici d'utile à l'enquête. » De temps à autre, il ajoutait avec agacement : « Tous ces points ont été dûment vérifiés par mes soins » ou bien « J'ai vu toutes les personnes citées ici lorsque je me trouvais sur place et suis convaincu qu'elles ne sont pas liées au meurtre. »

La seule lettre à proposer de l'information plutôt que des spéculations fut celle de William Gee, de Bath : « Concernant Mr Kent, j'apprends de la bouche de la veuve d'un instituteur de mes amis que, voilà quatre ans de cela, il s'est trouvé gêné au point de ne pouvoir régler les quinze ou vingt livres de frais de scolarité de son fils. J'ai peine à concilier la très belle maison qu'il occupe (et que bien peu surpassent dans les environs) avec la manière dont il [*illisible*] un pauvre enseignant. » Cette incapacité à payer cette facture donne à penser que Samuel Kent était à court d'argent, comme le laisse entendre Joseph Stapleton ; elle révèle aussi de la négligence vis-à-vis de son fils William.

Tout ce courrier adressé à Scotland Yard était le résultat d'une nouvelle obsession de la criminalité. Fasciné par l'homicide, surtout domestique et mystérieux, le public était également de plus en plus captivé par l'enquête qui s'ensuivait. « J'aime un bon meurtre dont on ne parvient pas à démasquer l'auteur, déclare Mrs Hopkinson dans le roman d'Emily Eden *The Semi-Detached House* (1859). C'est affreux, bien sûr, mais il me plaît d'en entendre parler. » L'affaire de Road Hill porta à de nouvelles hauteurs l'enthousiasme national pour les crimes déconcertants. Dans *La Pierre de lune*, Wilkie Collins nomme cette folie « une fièvre détective ».

Tout en jugeant déplacées et non pertinentes les spéculations de Whicher, la presse et le public émettent volontiers les leurs. De même, le premier détective de la littérature de langue anglaise était un détective en chambre : l'Auguste Dupin d'Edgar Poe élucidait les affaires non pas en cherchant des indices sur le lieu du crime, mais en les glanant dans les comptes rendus des journaux. L'ère du détective professionnel avait à peine commencé que déjà celle du limier amateur battait son plein.

Dans un pamphlet anonyme de seize pages

imprimé à Manchester et intitulé *Qui a commis le meurtre de Road ? ou En remontant la piste du sang*, un « disciple d'Edgar Allan Poe » traitait avec mépris l'enquête menée par Whicher. « Le souci du brillant "détective" a jusqu'ici été d'associer cette fameuse chemise de nuit à miss Constance Kent ; ceci afin de démontrer que sa culpabilité y est tout entière contenue ! et afin de remettre la main dessus. Erreur sur toute la ligne ! Je perçois sa pureté [celle de Constance] dans cette perte même [celle de la chemise de nuit] ; et dans cette perte, la culpabilité d'une autre. La voleuse a dérobé ce vêtement pour se protéger elle-même en orientant les soupçons *sur une personne de son sexe*. » L'auteur de cet opuscule avait déjà assimilé un des principes de la fiction policière : la solution se devait d'être toujours labyrinthique, indirecte, paradoxale. La chemise de nuit disparue devait signifier l'exact opposé de ce qu'elle paraissait vouloir dire. « Je perçois sa pureté dans cette perte même. »

L'auteur se demandait si l'on avait fouillé complètement le village en quête de vêtements tachés de sang, si les conduits de cheminée de Road Hill House avaient été examinés en quête de débris de pièces à conviction que l'on aurait fait brûler, si l'on avait épluché les livres de comptes des couteliers du cru. Se livrant à une dérangeante reconstitution théorique, il ou elle soutenait que, puisque la gorge de Saville avait été tranchée de gauche à droite, le meurtrier était forcément gaucher : « Tracez une ligne imaginaire sur le corps d'un enfant bien en chair [...] Une personne normale commettant un tel geste placerait tout naturellement la main gauche sur la poitrine de cet enfant et actionnerait le couteau de la main droite. »

Les journaux y allaient eux aussi de leurs présomptions. Le *Globe* incriminait William Nutt, le *Frome Times* montrait du doigt Elizabeth Gough, le *Bath Express* suspectait William Kent. Dans un article qui donnerait lieu à un procès en diffamation, le *Bath Chronicle* prenait pour cible Samuel Kent :

Si l'hypothèse est fondée selon laquelle une demoiselle entretenait une liaison coupable et que l'autre partie de cette liaison préféra le meurtre à une révélation, on doit malheureusement s'appliquer à trouver la personne pour laquelle pareil scandale aurait été désastreux ou aurait à tout le moins produit un état de fait si terrible que, dans un moment d'effroi, elle a sauté sur le moyen le plus affreux de l'éviter. À qui pourraient s'appliquer de telles conditions ? [...] en ces étranges heures blêmes du petit matin où la pensée est d'une netteté presque douloureuse, mais sans la volonté et la résolution sereines qui viennent quand on se lève et s'attelle aux devoirs de la journée [...] un homme veule, mauvais, terrifié et violent voit un enfant se dresser entre lui et la ruine, et s'accomplit l'acte atroce et dément.

Jusque-là, l'identité de cet « homme violent » restait au moins en partie obscure, mais dans les dernières phrases de son article l'auteur désignait pratiquement Samuel Kent :

Un enfant disparaît de sa chambre, pièce non pas exposée mais située à l'étage, dans le saint des saints de la maison, à une heure où nul visiteur venu du dehors n'aurait pu s'en approcher ; et un homme auquel cet enfant aurait dû être on ne peut plus cher, un homme qui devrait se montrer on ne peut plus actif et pragmatique dans ses recherches, adopte l'idée aussi romanesque qu'inconséquente que l'enfant a été enlevé par des romanichels ! S'il avait dit que des anges l'avaient emporté à tire-d'aile, la proposition n'eût pas été en l'occurrence plus grotesque.

L'on s'accordait à considérer que le mobile du crime était d'ordre sexuel – plus particulièrement, que la catastrophe procédait du fait que l'enfant avait assisté à une transgression sexuelle. Selon Whicher, Constance s'était vengée de la coucherie entre son père et son ancienne gouvernante en détruisant le rejeton né de cette liaison. Dans l'idée du public, Saville, témoin d'un rapport charnel, avait été tué en raison de ce qu'il avait vu.

Dans la presse, le thème dominant était la perplexité. On savait tant de choses et l'on aboutissait cependant à si peu ; et des colonnes de reportages ne faisaient qu'épaissir le mystère. « Ici se borne notre savoir, constatait un éditorial du *Daily Telegraph*. Ici s'achoppent nos investigations. Nous trébuchons sur le seuil et au-delà s'étend, entièrement irrévélée, la vaste perspective du crime. » L'histoire qui se trouvait derrière le crime était capitale, mais dissimulée à la vue. On avait beau avoir fouillé Road Hill House de fond en comble, sa porte restait hermétiquement close.

Faute d'une solution, la mort de Saville devint prétexte à une spéculation sans frein ; elle libéra une imagination échevelée. Impossible de savoir quelles identités cachées pouvaient se révéler « en ces étranges heures blêmes du petit matin ». Les protagonistes de l'affaire en étaient venus à posséder une personnalité double : Constance Kent et Elizabeth Gough étaient des anges du foyer ou des démones ; Samuel Kent était le père aimant, recru de chagrin et d'affronts, ou un tyran impitoyable doublé d'un obsédé sexuel ; Whicher un visionnaire ou un vulgaire imbécile.

Un éditorial du *Morning Post* montre à quel point la suspicion continuait de se porter sur à peu près tous les occupants de la maison et plusieurs personnes de l'extérieur. Samuel ou William pouvait avoir tué Saville, soutient l'article, ou bien encore Mrs Kent, « sous l'effet d'un de ces égarements auxquels les femmes dans son état [*i.e.* la grossesse] sont parfois sujettes ». Saville pouvait avoir été assassiné par « un ou plus des adolescents de la famille, dans un accès de jalousie ; ou par quiconque voulait atteindre les parents en leur point le plus sensible ». L'auteur s'interroge sur les antécédents de Sarah Kerslake, sur les couteaux de William Nutt, sur les mensonges de Hester Holley. Son imagination l'emporte dans les fonds et tréfonds de Road Hill House, ses points les plus sensibles. « A-t-on passé au peigne fin les puits, les mares, les canalisations, les conduits de cheminée, le tronc des arbres, la terre meuble du jardin ? »

« Si opaque que soit le mystère, écrit-il, nous sommes persuadés que tout tourne autour de la chemise de nuit et du couteau. »

Quelques jours après leur retour à Londres, Jack Whicher et Dolly Williamson furent chargés d'une

LE DÉTECTIVE   257

nouvelle affaire de meurtre, autre Grand-Guignol domestique avec des chemises de nuit et un couteau pour accessoires. « À peine apprend-on qu'un homicide atroce et cruel vient d'être commis, fait observer le *News of the World*, et qu'il ne sera probablement pas tiré au clair, que l'on est surpris de découvrir que l'impunité entraîne son effet habituel et que le meurtre fleurit dans tous les azimuts, comme s'il s'agissait d'une terrible épidémie se déclarant subitement. » Un assassinat non élucidé semblait être contagieux. En ne parvenant pas à capturer un tueur, un détective risquait d'en libérer une cohorte.

Le mardi 31 juillet, la police fut appelée dans un immeuble de Walworth, quartier du sud de Londres. Le concierge et un des habitants avaient entendu, peu avant le lever du jour, un hurlement et un bruit sourd. À leur arrivée, les policiers trouvèrent un jeune homme de petite taille, très pâle, en chemise de nuit, planté à côté des corps de sa mère, de ses deux frères (âgés de onze et six ans) et d'une femme de vingt-sept ans. Tous étaient habillés pour la nuit. « Tout est de la faute de ma mère, déclara l'homme. Elle est venue auprès du lit où mon frère et moi étions en train de dormir. Elle l'a tué avec le couteau, puis elle m'a porté un coup. En me défendant, je lui ai arraché le couteau et je l'ai tuée, si toutefois elle est morte. » Le rescapé du massacre s'appelait William Youngman. Quand on l'arrêta sur présomption de meurtre, il dit : « Fort bien. »

Whicher et Williamson furent chargés d'assister l'inspecteur Dann de la division de Lambeth. Les policiers eurent bientôt établi que Youngman avait été fiancé à la jeune femme, Mary Streeter, et avait souscrit une assurance de cent livres sur la vie de celle-ci, six jours avant qu'elle ne meure. Whicher découvrit que les bans de mariage avaient déjà été publiés à l'église de la paroisse. Il apparut que Youngman avait acheté l'arme du crime deux semaines avant la tuerie.

Les affaires de Road et de Walworth présentaient des similarités : sang-froid du principal suspect, violence extrême à l'endroit de membres de la famille immédiate, présomptions de folie. Le *Times* juge cependant que les dissemblances l'emportent. Le massacre de Londres se distingue par « une repoussante trivialité », soutient-il, paraissant considérer que le mobile de Youngman était d'ordre purement financier. « L'intérêt du public n'est ici ni tenaillé par le suspense ni titillé par l'incertitude. » La solution est trop évidente et le crime n'a aucune signification en dehors de son caractère horrible. Rien n'y échappe à l'entendement. L'affaire de Road, en revanche, pose une énigme terriblement excitante, et sa résolution semble être le souci pressant et personnel de mainte famille de la classe moyenne.

Le *News of the World* convient que l'affaire de Road Hill comporte quelque chose qui « la place à part, dans une catégorie bien à elle ». Ce journal relève pourtant un lien troublant entre les différents meurtres de cette année 1860 : tous ont été pratiquement dépourvus de mobile. « On s'étonne tout à la fois de la sauvagerie du crime et de la légèreté du mobile. » Les assassins de Road et de Walworth paraissent presque, mais pas tout à fait, déments : leur férocité semble hors de proportion avec un possible gain, et cependant ils ont soigneusement préparé puis camouflé leur crime. Et le journal de conclure à propos des meurtres de Walworth : « Par conséquent, ou bien ce crime est dû à un accès de démence ou bien il s'agit de l'homicide le plus horrible jamais commis par des mains humaines. »

Une quinzaine de jours après le début de l'enquête, Youngman fut jugé à Old Bailey. Il « paraissait parfaitement détaché, rapporte le Times, faisait montre d'un sang-froid proprement extraordinaire, et [...] ne manifestait pas la moindre émotion ». Quand le jury le déclara coupable, il dit : « Je suis innocent » et, tournant les talons, « quitta le banc d'un pas assuré ». La thèse de la folie rejetée, il fut condamné à mort. De retour dans sa cellule, il réclama son souper. Il mangea de grand appétit. Alors qu'il attendait le jour de son exécution, une dame lui fit parvenir un tract religieux sur lequel étaient soulignés les passages qu'elle avait jugés applicables à son cas. « J'aurais préféré qu'elle m'envoie quelque chose à manger, commenta-t-il, vu que je boulotterais volontiers une volaille et un morceau de porc mariné. »

Le rôle joué par Whicher dans cette enquête passa presque inaperçu dans la presse, qui continuait de publier des critiques indignées sur celle qu'il avait menée à Road Hill. Alors qu'il griffonnait ses ripostes sur les lettres arrivant à Scotland Yard, il lui fallut garder le silence face au débat public sur sa conduite.

Le 15 août, veille du procès de Youngman, il est mis en cause au Parlement. Le prenant pour exemple, sir George Bowyer, principal porte-parole catholique aux Communes, se plaint de la qualité des inspecteurs de police : « La récente enquête sur le meurtre de Road a apporté la preuve de l'impéritie de certains fonctionnaires. Un inspecteur du nom de Whicher a été dépêché sur place. S'appuyant sur le motif le plus mince, simplement parce qu'une chemise de nuit se trouvait avoir disparu, ce policier a arrêté une jeune personne habitant la maison où le meurtre fut commis, assurant les magistrats de leur fournir sous peu des éléments propres à la confondre. » Et d'accuser Whicher d'avoir agi « de façon on ne peut plus discutable. Après qu'il s'est abondamment targué des preuves qu'il se flattait d'apporter, les magistrats ont prononcé une relaxe ». Le Home Secretary défend mollement le détective, se bornant à indiquer qu'il avait été « fondé à prendre ce parti ».

L'état d'esprit de la nation penche cependant du côté de Bowyer. « Nous sommes en mesure de décrire le sentiment général, affirme le *Frome Times*. Un policier capable de porter au petit bonheur une accusation aussi affreuse, et capable de promettre ce qu'il savait forcément ne pouvoir tenir, ne peut être regardé autrement qu'avec méfiance. » « La théorie de Whicher n'est pas parvenue à élucider ce mystère, lit-on dans le *Newcastle Daily Chronicle*. Il faudrait un nouvel indice pour que la justice puisse suivre les tours et détours du labyrinthe de Road. » Le *Morning Star* n'est que dédain pour « le futile et inconsistant témoignage d'écolières » sur lequel Whicher s'est appuyé.

Le *Bath Chronicle* critique « les maigres spéculations enfilées tant bien que mal et présentées comme

LE DÉTECTIVE 261

des preuves ». Dans un essai publié par le *Cornhill Magazine*, l'éminent juriste sir James Fitzjames Stephen soutient que le prix de la tentative d'élucidation d'un homicide – les dégâts causés par la révélation publique, par l'intrusion de la police – est parfois trop élevé : « Les circonstances du meurtre de Road sont extrêmement curieuses en ce qu'elles fournissent une si exacte illustration de ce coût que, s'il avait été commis à cette seule fin, il aurait difficilement pu être mieux combiné. » Comme l'on ne trouve pas d'autre coupable, Whicher se voit reprocher l'imbroglio et le mystère de Road. Le « disciple d'Edgar Allan Poe » jouait sur les connotations sinistres du nom du détective quand il écrivit dans son pamphlet : « Constance est reconnue innocente bien que la *witchery* [sorcellerie] de la police londonienne l'ait naguère mise en péril. »

Un des plus préjudiciables reproches visant Jack Whicher était celui de l'appât du gain. En août 1860, le *Western Daily Press* ironise sur le « zèle [de Whicher] excité par l'offre d'une récompense substantielle ». Une lettre signée « Justice », parue dans le *Devizes and Wiltshire Gazette*, le compare à Jack Ketch, bourreau du dix-septième siècle qui, d'une maladresse notoire, infligeait de grandes souffrances à ses victimes : Whicher est « complètement irresponsable et, tenté par la perspective d'une prime de deux cents livres, il a fait croupir une jeune fille de quinze ans en prison pendant une semaine ». Comme nombre de correspondants, ce « Justice » montre de l'aversion pour l'enfant de la classe ouvrière qui met son nez dans les affaires de la classe moyenne. Les détectives étaient cupides et ineptes parce qu'ils n'étaient pas des gentlemen. Peut-être Whicher était-il si violemment condamné parce qu'il faisait ce à quoi s'adonnaient virtuellement les légions de nouveaux lecteurs de journaux, à savoir épier, espionner et s'interroger sur les péchés et souffrances d'autrui. Les victoriens voyaient dans le détective une image d'eux-mêmes et, saisis d'un dégoût de soi collectif, ils le rejetaient.

Quelques voix s'élevèrent pour sa défense. Le toujours loyal *Somerset and Wilts Journal* dénonce « l'astucieux artifice » au moyen duquel Edlin a dénaturé la théorie de la chemise de nuit. Le *Daily Telegraph* abonde dans le même sens : « Nous ne pouvons être d'accord avec Mr Edlin et ses ferventes dénonciations de la cruauté qu'il y aurait eu à arrêter cette jeune personne. [...] À en croire le raisonnement captieux de cet avocat, la question de la disparition du vêtement a été éclaircie de façon satisfaisante ; il semble bien, pourtant, que ce soit le contraire. Où est passée la chemise de nuit ? » Henry Ludlow continuait de soutenir Whicher. « On a beaucoup critiqué la conduite de l'inspecteur Whicher relativement au meurtre de Road, écrit-il dans une lettre à Mayne. Je suis heureux de témoigner de la capacité et de la justesse de jugement qu'il a montrées dans cette affaire. Je suis pleinement d'accord avec lui quant à l'identité de l'auteur de ce crime très mystérieux. [...] Il était parfaitement fondé à agir comme il l'a fait. »

« Je me permets de rendre compte, écrit Whicher le lundi 30 juillet, pour l'information de sir R. Mayne relativement au meurtre de Francis Saville Kent dans

LE DÉTECTIVE   263

la nuit du 29 juin, que le nouvel interrogatoire de Constance Kent s'est tenu vendredi dernier à Temperance Hall, à Road... »

Sur seize pages couvertes d'une écriture hâtive et volontaire, il défend sa vision de l'affaire. Il disqualifie avec irritation les théories concurrentes avancées par les correspondants privés et les journalistes. Il exprime son insatisfaction regardant les investigations menées par la police locale : les preuves à l'encontre de Constance « auraient été beaucoup plus concluantes, si les policiers avaient établi sitôt leur arrivée *combien de chemises de nuit elle aurait dû avoir* en sa possession ». Si seulement Foley avait « *relevé l'indice fourni* » par Parsons concernant la propreté apparente de la chemise de nuit posée sur le lit de Constance, et lui avait « sur-le-champ demandé *combien* elle en avait, je pense que la disparition de la chemise souillée de sang aurait été *aussitôt remarquée* et qu'on l'aurait *peut-être retrouvée* ». L'avocat de la jeune fille a, déplore-t-il, « déclaré que le mystère concernant la chemise manquante *avait été éclairci*, mais tel n'est pas le cas, puisque l'une des trois qu'elle a rapportées chez elle de l'école *n'a toujours pas été retrouvée* et que je détiens présentement les deux autres ». Il s'attend à des aveux, mais « ils auront lieu dans le giron familial et ne seront donc sans doute pas rendus publics ».

Whicher signe le document mais ne l'envoie pas. Peu de temps après, ayant effacé sa signature, il poursuit : « Je me permets de rendre compte... » et noircit deux pages supplémentaires pour développer et clarifier ses conclusions. Neuf jours plus tard, toujours incapable de prendre ses distances avec l'affaire, il écrit encore : « Je me permets d'ajouter les observations et explications suivantes... » Le rapport qu'il soumet à Mayne le 8 août – vingt-trois pages au total – est semé de soulignages à l'encre, de corrections et de retouches, d'incises, d'astérisques, de doubles astérisques et de ratures.

XIII

Agencer ceci et cela en dépit du bon sens

D'août à octobre 1860

Dans les premiers jours d'août, avec l'aval du Home Secretary, les policiers du Wiltshire exhument les restes de Saville Kent. Ils disent avoir espoir de trouver la chemise de nuit de sa sœur cachée dans le cercueil. À croire que, dans leur frustration, ils ne peuvent faire autrement que de tout reprendre au début. Toutefois, ayant déterré et dévissé la bière, ils n'y voient que Saville dans son linceul. En émanent des gaz si délétères que le commissaire Wolfe fait un malaise et ne se remet pas de plusieurs jours.

Les constables surveillent Road Hill House vingt-quatre heures sur vingt-quatre. Ils examinent une nouvelle fois l'égout qui court de la maison à la rivière. Leurs chefs tiennent la presse locale au courant de leurs inlassables efforts. « L'idée selon laquelle nos policiers n'auraient pas apporté toute leur aide à Mr Whicher dans ses investigations sur les circonstances de cette mystérieuse affaire est dénuée de tout fondement, lit-on dans le *Bath Chronicle*. Ils lui ont en effet fourni tous les renseignements qu'ils avaient précédemment collectés, et l'ont, de surcroît, accompagné chaque fois que nécessaire. Il n'est pas douteux que les dernières initiatives, pour le moins hâtives, de l'inspecteur Whicher ont dans une très large mesure accru les difficultés auxquelles se heurte la police du comté dans la poursuite de l'enquête. »

Des lettres continuaient d'affluer. Un habitant de Queenstown, en Irlande, informait les policiers que le meurtre était l'œuvre de Constance Kent ; si on lui payait le voyage, il était disposé à apporter la chemise de nuit disparue. On ne donna pas suite.

À la gare de Wolverton, dans le Buckinghamshire, le vendredi 10 août – lendemain du jour où Saville Kent aurait eu quatre ans –, un personnage courtaud au visage rond et rougeaud aborda le sergent Roper de la North-Western Railway Police pour lui avouer : « C'est moi qu'ai fait le coup. » Cet homme se disait maçon à Londres et prétendait s'être vu promettre un souverain (environ une livre) pour tuer l'enfant. Il refusait de donner l'identité de la personne qui l'avait engagé comme de dire son propre nom – il ne voulait pas que sa mère sût où il se trouvait. Il avait décidé de se livrer parce que, disait-il, il voyait partout où il allait l'enfant assassiné marcher devant lui. Après avoir envisagé de poser sa tête sur la voie pour que le train lui roule dessus, il avait finalement pris le parti de se dénoncer.

Le lendemain matin, les policiers l'emmenèrent par le train à Trowbridge. La nouvelle de son arrestation ayant été diffusée par le télégraphe, des centaines de gens étaient massées le long des rails à partir de Wolverton, via Oxford et Chippenham. Lors d'un arrêt, un homme passa la tête dans la voiture pour demander lequel était l'assassin. Sur quoi, fermant ses poings menottés, le maçon confia au constable assis à côté de lui : « Je lui mettrais bien un ramponneau dans la panse, à celui-là. » Lorsqu'ils arrivèrent au commissariat de Trowbridge, les magistrats le placèrent en détention provisoire jusqu'au lundi. Il avait « le teint vermeil, rapporta le *Somerset and Wilts Journal*, et une grosse tête au sommet singulièrement plat. Il s'est beaucoup plaint d'avoir mal au crâne et a refusé toute nourriture ».

Quand arriva le lundi, le maçon clamait son innocence. Il fournit un alibi pour la nuit du 29 juin – il se trouvait, dit-il, dans une auberge de Portsmouth, occupé à baigner dans de l'eau sucrée un furoncle qu'il avait dans le dos – et consentit à coucher son nom par écrit à l'attention des magistrats : John Edmund Gagg. Quand on l'interrogea sur ce qui l'avait poussé à avouer un crime qu'il n'avait pas commis, il répliqua : « C'est parce que j'étais fauché et que je me suis dit que valait mieux être pendu. J'en ai marre de la vie. » Son existence avait été une succession de chutes, d'abcès, d'attaques – « un flux de sang à la tête » –, mais il était apparemment sain d'esprit. La tension causée par un meurtre non éclairci pouvait éprouver un sujet fragile déjà sous pression. Gagg était, comme beaucoup, hanté par le crime de Road. Sa décision d'avouer portait l'ambition du détective amateur à un extrême : il résolvait le meurtre en le disant sien.

Les magistrats envoyèrent à Scotland Yard une communication destinée à Jack Whicher, lui demandant de retrouver à Londres l'épouse de Gagg. Whicher leur répondit qu'elle était « une femme en tout point respectable, vivant de son travail avec sa mère et ses enfants ». L'alibi de Gagg à Portsmouth s'avéra solide. Il fut relaxé le mercredi 22 août et les magistrats lui payèrent le trajet jusqu'à la gare de Paddington.

Cette semaine-là, Elizabeth Gough fit savoir aux Kent qu'elle souhaitait quitter sa place. Explication du *Somerset and Wilts Journal* : Elle avait été « sujette à une surveillance des plus désagréables de la part de la maisonnée ». On apprit par la suite grâce à une lettre envoyée au *Times* par le journaliste Albert Groser, de Frome, que les Kent, après la mort de Saville, ne faisaient plus dormir les petites Mary Amelia et Eveline dans la chambre de la nurse. Le lundi 27 août, elle quittait Road Hill House en compagnie de son père à destination d'Isleworth, dans le Surrey, pour rejoindre sa mère, ses deux sœurs cadettes et ses deux frères cadets dans la boulangerie familiale.

Le 29 août, l'affaire du révérend Bonwell, sur laquelle Whicher avait enquêté en 1859, arriva à son terme. L'Église d'Angleterre défroqua l'ecclésiastique pour sanctionner sa liaison scandaleuse et sa tentative de cacher la naissance et la mort de son enfant. Une semaine plus tard, le 5 septembre, plus de vingt mille Londoniens se massèrent devant la prison de Horsemonger Lane pour assister à l'exécution de William Youngman, le tueur de Walworth. Il s'agissait du plus important rassemblement de cette nature depuis le jour où Frederick et Maria Manning avaient été pendus au même endroit en 1849. Le matin de sa mort, Youngman prit du cacao, du pain et du beurre. Dehors, des gamins jouaient à saute-mouton au pied de la potence et le pub d'en face faisait des affaires en or. Le *News of the*

World rapporte que quand Youngman tomba à travers la trappe, « tremblant et se balançant en l'air, plusieurs personnes des deux sexes, qui avaient bu toute la matinée, se mirent à pleurer sans retenue ». À peine plus d'un mois s'était écoulé depuis le quadruple meurtre de Youngman. Dans le dernier épisode de *La Dame en blanc*, paru le 25 août, la description par le comte Fosco de l'Angleterre comme « le pays du bonheur domestique » était à n'en pas douter ironique.

Dans les champs environnant Road, ce qu'il restait de céréales fut moissonné à la faux en septembre. Au début du mois, deux pétitions furent envoyées au Home Secretary – l'une organisée par le *Bath Express*, l'autre par le *Somerset and Wilts Journal* – sollicitant qu'une commission spéciale reprenne l'enquête sur le meurtre de Road. Sir George Cornewall Lewis leur opposa une fin de non-recevoir. Pourtant, à la demande des magistrats du Wiltshire, il désigna discrètement à cet effet un avocat de Bath, E.F. Slack. L'origine de l'habilitation de Slack parut peu claire dans un premier temps, et William Dunn, représentant les Kent, exprima en ces termes les réticences de la famille à coopérer : « Pour ce que nous en savons, vous *pourriez* agir sous les ordres du détective dont la conduite de cette affaire a été condamnée par la voix presque unanime du pays. » Slack finit par révéler qu'il travaillait pour le gouvernement. Le *Bath Express* dénigrait, parmi d'autres, la manière dont l'administration libérale de lord Palmerston gérait la question – ce journal accusait Cornewall Lewis d'être timoré, terrifié par la critique et absurdement cachottier.

Slack vit toutes les personnes liées à l'affaire. Il mena trois semaines durant des interrogatoires confidentiels à son cabinet de Bath, dans un pub de Beckington et dans le salon de Road Hill House. Apprenant à un moment donné qu'une petite parcelle de la propriété était connue sous l'appellation de « jardin de miss Constance », il demanda qu'elle soit retournée. On n'y trouva rien. Il voulut entendre la petite Mary Amelia Kent, mais se vit contrecarrer par Dunn qui lui représenta que la fille de son client était trop jeune pour être soumise à interrogatoire. Dunn décrirait par la suite comment avait été établie son inaptitude à témoigner : interrogée sur son âge, elle répondit incorrectement qu'elle avait quatre ans ; elle affirma que les siens allaient quotidiennement à l'église, alors que Christ Church n'ouvrait pas tous les jours ; elle ne savait pas épeler le nom de Saville, son défunt frère – « C'est qu'on ne me l'a pas appris, monsieur. »

Slack clôt son enquête le lundi 24 septembre, faisant savoir qu'il croyait Constance Kent tout à fait innocente. Son porte-monnaie, dit-il, avait été retrouvé derrière une commode, ce qui étayait sa déclaration selon laquelle elle le cherchait quand, le jour de l'enquête du coroner, elle avait demandé à Sarah Cox de fouiller dans les paniers de linge sale. Sur l'ordre de Slack, le commissaire Wolfe s'en fut arrêter Elizabeth Gough à Isleworth.

Le lundi 1ᵉʳ octobre, Gough comparaissait devant les magistrats au tribunal de police de Trowbridge.

La famille Kent s'y présenta sur-le-champ « et eut, selon le *Bristol Daily Post*, la bonne fortune d'entrer sans être vue et par conséquent sans subir les manifestations déplaisantes de la foule ».

À l'intérieur, Gough était assise avec les mains ramenées contre sa gorge, comme si elle priait ou cherchait à se protéger. Elle était, toujours selon le *Bristol Daily Post*, « encore plus amaigrie, plus pâle et plus abattue » et elle suivit avec « une anxiété fébrile » les quatre jours de procédure.

Le représentant du ministère public soutint que nul n'aurait pu emporter et tuer Saville seul, et que si deux personnes l'avaient fait, l'une d'elles était assurément la nurse. Il mit en doute la crédibilité de ce que Gough avait déclaré à ce jour. Pourquoi aurait-elle supposé que la mère de Saville était venue le chercher, alors que sa grossesse avancée ne lui permettait pas de le soulever ? Pourquoi avait-elle modifié sa déposition relativement au moment où elle avait noté la disparition de la couverture ? Comment pouvait-elle voir sans se lever si Saville était dans son lit ?

Quand Samuel Kent vint à la barre, il lui fut demandé pour quelle raison il avait refusé que soit levé un plan de sa maison, pour quelle raison il s'était rendu à Trowbridge le matin de la disparition de son fils, et pourquoi il avait, ce soir-là, enfermé les deux policiers à clé dans la cuisine. Il dit avoir conservé une vision confuse des événements de cette journée de la mort de son fils : « J'ai les idées si embrouillées qu'il y a beaucoup de choses que je ne me rappelle pas aussi clairement que je le voudrais. » Regardant la question de l'enfermement des constables dans la cuisine, il répondit : « Si j'ai fermé cette porte à clé, c'est afin que la maison ait un aspect normal et que nul ne puisse savoir qu'un policier s'y trouvait. » On interrogea Foley à ce sujet. « Je ne souhaitais pas qu'il les enferme, dit-il. J'ai été très surpris en apprenant la chose. » Il tenta de se défausser de sa responsabilité dans cet épisode peu glorieux à l'aide d'une boutade médiocre, mais chargée de sous-entendus : « Ils devaient, dans mon idée, disposer de toute l'étendue de la maison, mais ils n'ont eu que celle de la cuisine[1]. » C'est en pleurant que Samuel Kent raconta le moment où Peacock lui avait appris la mort de son fils.

La déposition du reste de la famille Kent se caractérisa par une absence de relief. Mary Kent releva à contrecœur son épais voile de deuil pour témoigner ; on l'entendait à peine et il fallut à plusieurs reprises lui demander de parler plus fort. Elle dit au sujet de Gough : « Pour autant que je sache, cette fille se montrait particulièrement bonne avec le petit et paraissait l'aimer beaucoup ; il l'aimait beaucoup ; je ne peux dire si elle était très peinée ce matin-là, j'étais trop occupée de ce que j'éprouvais et de ce qu'éprouvait mon mari. [...] Mon fils était un bon petit garçon, espiègle, aimable, babillard, et le préféré de tous. Je ne vois pas qui aurait entretenu de la rancune contre ma famille ou mon petit garçon. »

Mary Ann Kent déclara : « Le petit enfant qui a

1. « They were to have the whole range of the house, but they only had the kitchen range. » Le jeu de mots porte sur *range*, qui signifie « étendue, rayon d'action », mais aussi « cuisinière ».

été assassiné était mon frère. » Elizabeth : « Je suis...
la sœur du pauvre petit qui a été assassiné. » Elles
révélèrent peu de chose en dehors de l'heure à
laquelle elles étaient montées se coucher le soir précédant le crime.

Constance, le visage dissimulé derrière un voile,
dit que Saville était gai, gentil et remuant. « Je jouais
souvent avec lui. J'ai joué avec lui ce jour-là. Il semblait m'aimer et, de mon côté, je l'aimais bien. »
William, rappelé de son pensionnat des environs de
Gloucester, répondit aux questions par « Oui, monsieur » et « Non, monsieur » – « un garçon en apparence peu énergique », note le *Bristol Daily Post.*
Elizabeth amena dans la salle la petite Mary Amelia,
âgée de cinq ans, pour qu'elle témoigne, mais un
débat eut lieu quant à savoir si elle était apte à le
faire : savait-elle son catéchisme ou ce qu'était une
déclaration sous serment ? Pour finir, elle repartit
sans avoir été entendue.

Les domestiques de Road Hill House firent
d'ingénieuses – et touchantes – tentatives pour venir
en aide à Gough en démontrant que quelqu'un
de l'extérieur pouvait avoir enlevé Saville. Le mardi,
Sarah Kerslake, la cuisinière, dit à la cour qu'elle
et Sarah Cox, la bonne, avaient fait le matin même
des expérimentations sur la fenêtre du salon. Elles
entendaient établir si quelqu'un se tenant à l'extérieur de la maison avait pu abaisser le châssis jusqu'à
six pouces du sol, état dans lequel il avait été trouvé
le jour de la mort de Saville. « Il a été dit que ça ne
pouvait être fait du dehors. Cox et moi voulions voir
si la chose était possible. On s'est rendu compte que
cela se pouvait, et sans grande difficulté. » Le prési-

dent fit observer que, même si elles avaient raison, il n'en était pas moins impossible que la fenêtre ait été, dans un premier temps, ouverte de l'extérieur.

Quand elle comparut le jour suivant, Sarah Cox dit à la cour qu'elle avait poursuivi l'expérience en essayant d'ajuster, du dehors, les volets de la fenêtre du salon, mais qu'elle n'y était pas parvenue car le vent était trop fort. Le commissaire Wolfe la contredit : il avait, dit-il, assisté à l'opération et le vent n'avait rien à voir dans son échec. Il ajouta qu'il avait lui-même conduit sa propre expérience ce matin-là et que cela avait confirmé sa théorie selon laquelle Gough n'avait pas pu constater la disparition de l'enfant comme elle disait l'avoir fait. Mrs Kent avait amené Eveline, à présent âgée de vingt-trois mois, dans la nursery et Elizabeth Kent l'avait couchée et bordée dans le lit de Saville. Eliza Dallimore, épouse du constable Dallimore, qui était de même taille que Gough, s'était ensuite mise à genoux sur le lit de cette dernière afin de vérifier si cette position lui permettait de voir la petite. Elle déclara n'apercevoir qu'une petite portion de l'oreiller.

C'est le travail de détective amateur d'Eliza Dallimore qui suscita la plus vive désapprobation au sein du tribunal. Venue à la barre, elle fit une relation détaillée de ses conversations avec Gough à l'époque où celle-ci avait logé au commissariat, au début de juillet. Une fois, la nurse lui avait dit :

— Mrs Dallimore, savez-vous qu'une chemise de nuit a disparu ?

— Non. À qui appartient-elle ?

— À miss Constance Kent. Je vous garantis que

cette chemise va conduire à la découverte du meurtrier.

Une autre fois, Mrs Dallimore avait demandé à Gough si Constance pouvait être l'assassin. « Je ne pense pas que miss Constance aurait fait une chose pareille », lui avait répondu la nurse. À la question de savoir si William pouvait l'avoir aidée à commettre le crime, elle s'était exclamée : « Monsieur William tient plus d'une fille que d'un garçon ! » Quant à Mr Kent : « Non, je ne peux croire une seconde qu'il ait fait ça. Il aime trop ses enfants. »

Un soir, Mrs Dallimore avait une nouvelle fois demandé :

— Pensez-vous que miss Constance ait pu commettre le meurtre ?

— Je ne peux rien dire là-dessus, avait répliqué la nurse, mais j'ai vu la chemise de nuit dans le panier.

Sur quoi William Dallimore, qui venait d'entrer et avait entendu la fin de l'échange, avait demandé :

— Vous avez donc vu cette chemise dans la panière, tout comme Cox ?

— Non, avait fait Gough. Je n'ai rien à dire à ce sujet. J'ai assez d'ennuis comme ça.

Là-dessus, conclut Eliza Dallimore, la nurse était allée se coucher.

Mrs Dallimore fit également état d'autres observations que lui avait faites Gough, dont certaines apparemment suspectes. Par exemple, sa prédiction selon laquelle le plombier n'allait trouver aucun indice dans les cabinets, ou sa description de Saville comme un rapporteur.

L'avocat d'Elizabeth Gough, Mr Ribton, cherchait à discréditer Mrs Dallimore en faisant des allusions sarcastiques à sa « merveilleuse mémoire » et en la moquant. Elle dit que les maillots de flanelle étaient utilisés par les jeunes femmes aussi bien que par les femmes âgées et souffrantes. « J'en porte moi-même un. » Cela provoqua de grands rires, qui redoublèrent lorsque Ribton repartit : « Je ne me permettrai pas de vous demander votre âge, madame. »

Mrs Dallimore était consternée par le manque de sérieux de la salle.

— Je ne crois pas qu'une question aussi grave doive être tournée en ridicule, dit-elle. Cela me fait horreur rien que d'y penser.

— Vous êtes très sensible, pas vrai ? l'interrogea Ribton.

— Oui, monsieur. Peut-être l'êtes-vous aussi.

— En ce cas, ne nous faites pas horreur. Parlez-nous plutôt de ce maillot. Il vous va bien ?

— Oui, monsieur.

— Vraiment très bien ?

— Oui, monsieur.

— Peut-être l'avez-vous porté ?

Des rires éclatèrent de plus belle.

— C'est une affaire très grave, monsieur, que la question de savoir qui a commis le meurtre.

Mrs Dallimore était la réplique vivante d'une héroïne de roman du dix-neuvième siècle, la femme détective amateur telle qu'elle apparaît dans *The Experiences of a Lady Detective* (1861) de W.S. Hayward et dans *The Female Detective* (1864) d'Andrew Forrester. Tout comme celles de Mrs Bucket dans *Bleak House*, ses investigations étaient aussi volontaires et serrées que celles que menaient son policier de mari et les collègues de celui-ci. Toutefois, l'inspecteur Bucket évoque respectueusement sa moitié comme « une dame au génie détective naturel », alors que Mrs Dallimore fut traitée comme une colporteuse de ragots doublée d'une sotte. En théorie, l'art du détective était tenu pour un talent nettement féminin – les femmes avaient, selon Forrester, des occasions de « scrutation intime » et un instinct pour déchiffrer ce qu'elles observaient. Dans la pratique, une femme qui s'adonnait à cet exercice était perçue comme une sœur de cette Mrs Snagsby que, dans *Bleak House*, une curiosité teintée de jalousie pousse à « fouiller nuitamment les poches de Mr Snagsby, à parcourir en secret le courrier de Mr Snagsby, [...] à épier aux fenêtres, à écouter aux portes et, d'une manière générale, à agencer ceci et cela en dépit du bon sens ».

Dans la récapitulation qu'il fit le jeudi, Ribton déclara avoir « rarement vu venant d'un témoin déposition aussi scandaleuse que celle de la femme Dallimore, ni à ce point combinée pour provoquer en chacun un frisson d'horreur, lui faire craindre pour sa vie, sa liberté, sa réputation ». Mrs Dallimore avait pris la place de Whicher en tant qu'espion incarné. L'avocat résolvait les déclarations contradictoires de sa cliente à propos de la couverture en avançant qu'elle en avait tout de suite noté la disparition, puis que, dans la confusion et le bouleversement de la matinée, cela lui était sorti de la tête. Il fit litière du fait que le maillot était à sa taille, soutenant que cette pièce de vêtement pouvait fort bien n'avoir aucun rapport avec le crime.

Les magistrats élargirent Elizabeth Gough, sous

les applaudissements, à la condition que sa famille verse une caution de cent livres en garantie qu'elle reviendrait pour une éventuelle nouvelle audience. La somme fut versée par un de ses deux oncles, venus pour la ramener chez elle. Ils attrapèrent le dernier train pour Paddington, via Chippenham, qui quitta la gare de Trowbridge à huit heures moins dix. À chaque arrêt, des gens étaient massés sur les quais pour regarder par les vitres de la voiture.

« Si le regretté Edgar Poe s'était mis en devoir d'écrire une histoire tissée de mystère, note le *Times* deux jours après la libération d'Elizabeth Gough, il n'aurait rien pu imaginer de plus étrange et embrouillé. [...] L'affaire demeure toujours aussi opaque. Autant d'enquêteurs, autant de théories. [...] Les gens ne sont pas tranquilles. [...] Il y a un désir irrépressible de connaître le fin mot de l'infanticide de Road. »

Agitation et désordre étaient patents le lendemain à Road. Le dimanche 7 octobre, six hommes moustachus et bien mis, riant, fumant et plaisantant, entrèrent à cheval dans la propriété de Road Hill House. L'un d'eux, personnage aux cheveux blond roux, monté sur un cheval noir, portait un costume noir et un calot écossais ; un autre, le cheveu clair et crépu, montait une jument grise. Apercevant une fille à la fenêtre, ils s'écrièrent : « Voilà Constance ! » Quand Samuel Kent se présenta, ils décampèrent.

Alors que Mr et Mrs Kent se rendaient à Christ Church ce même jour, un groupe nombreux les apostropha : « Qui a assassiné son fils ? », « Qui a tué l'enfant ? » Sur quoi Mrs Kent, profondément bouleversée, s'effondra. Le *Somerset and Wilts Journal* rapporte que lorsque la surveillance policière de Road Hill House fut levée la semaine suivante, « des curieux, pourtant de bonne famille », se mirent à passer en voiture dans la propriété. Selon le *Western Daily Press*, deux policiers continuaient d'accompagner Samuel Kent à Christ Church chaque dimanche.

Le *Manchester Examiner*, identifiant là une autre variété de personnes en quête de frissons, affirme que Constance a fait l'objet de plusieurs demandes en mariage. Le *Somerset and Wilts Journal* s'inscrit en faux, ajoutant toutefois qu'elle a reçu « d'innombrables invitations d'inconnus, dont certains appartenant à l'aristocratie ». Même s'il en tient pour la culpabilité de Constance, ce journal reprend l'idée que l'accusation portée contre elle par Whicher pourrait se révéler un méfait pis qu'un meurtre : « Si l'opinion de Mr Whicher était erronée, alors il n'est pas contestable qu'un crime excédant infiniment en énormité l'assassinat de Francis Saville Kent aurait été commis, duquel Constance, la malheureuse, souffrirait jusqu'à son dernier jour. »

La police locale continue de s'acharner sur Elizabeth Gough. À la fin du mois d'octobre, le commissaire Wolfe transmet à Scotland Yard un bruit selon lequel elle aurait naguère été renvoyée d'un emploi à Knightsbridge pour avoir « reçu des soldats ». À quoi Whicher répond laconiquement que l'information de Wolfe « semble incorrecte » : rien n'indique que la nurse ait jamais été employée dans ce quartier de Londres. Il apparaît quelques semaines plus tard qu'une domestique du nom d'Elizabeth Gough, à laquelle manque une dent de devant, a jadis reçu son congé pour « mauvaise conduite » d'une maison d'Eton, dans le Berkshire. Whicher rapporte que cet ancien employeur s'est rendu à la boulangerie de la famille Gough à Isleworth à des fins d'identification et a découvert qu'il ne s'agissait pas de la même personne.

Quand Gough fut accusée par le tribunal des magistrats du Wiltshire, Samuel se trouva du même coup indirectement accusé. « Si Mr Kent n'a pas encore été officiellement mis en cause, écrit Joseph Stapleton, il n'en a pas moins été exposé à une semblable infamie par la bien commode procuration d'Elizabeth Gough. » Après la libération de cette dernière, Joshua Parsons et Mrs Kent – pressentant que le sentiment général à l'encontre de Samuel était plus fort que jamais – firent l'un et l'autre des déclarations à la presse pour sa défense. Mrs Kent affirma que son mari ne l'avait à aucun moment quittée dans la nuit de la mort de Saville ; elle en était certaine, ayant à l'époque un sommeil très léger en raison de sa grossesse avancée. Parsons soutint de son côté que l'intéressé avait « l'esprit si affecté par une intense agitation et par la persécution à laquelle il avait été soumis qu'il fallait en pareilles circonstances n'accorder aucun crédit aux propos qu'il pouvait tenir ». Il jugeait « très précaire » son équilibre mental. Stapleton avança de semblables excuses pour son ami : Samuel était « abasourdi et désorienté » suite à la disparition de son fils, si bien que « son esprit paraissait divaguer de façon désordonnée, décousue et mal assurée sur une vaste étendue ».

Dickens tenait que Gough et son patron étaient

LE DÉTECTIVE   281

les assassins. Le romancier avait perdu sa foi dans les
capacités de déduction des détectives. Le 24 octobre,
il esquisse sa théorie personnelle dans une lettre à
Wilkie Collins : « Mr Kent fricotant avec la nurse, le
pauvre petit enfant se réveille et s'assoit dans son lit,
découvre les joyeux ébats. La nurse l'étrangle sur-le-
champ. Mr Kent lacère le cadavre pour mystifier
ceux qui le découvriront, et s'en débarrasse. »

La presse a perdu ses illusions sur les détectives.
En septembre, le *Saturday Review* va jusqu'à disqua-
lifier les histoires de Poe, devenues des « égarements » de l'intelligence, un peu comme de « jouer
aux échecs avec la main gauche contre la droite ».
Quant aux vrais détectives, « ce sont des gens ordinaires qui ne valent rien dès qu'on les sort de leur
routine ». À Road, rapporte le *Western Daily Press*,
l'opinion générale est que seule une confession mettra
un terme à l'incertitude, et que cette confession pourrait se faire attendre longtemps. « Pour sûr, prédisent
le gens du bourg, ça se fera sur un lit de mort. »

L'idée se faisait jour que l'Angleterre était devenue la proie d'étranges déchaînements de violence.
D'aucuns imputaient cela au temps qu'il faisait.
« Comment se fait-il qu'en ce moment les journaux
quotidiens regorgent à ce point d'horreurs ? » interroge le magazine *Once a Week*. Les grands formats,
estime ce périodique, consacrent de seize à vingt
colonnes à des affaires de meurtre. « Des gens [...]
ont déclaré [...] que ce mauvais temps qui n'en finit
pas, cette pénombre éternelle, la pluie incessante des
douze derniers mois, ont insufflé un certain degré de
morosité et d'acrimonie dans l'esprit de nos compatriotes. »

Un orage phénoménal avait frappé le Wiltshire au début de l'année. Le 30 décembre 1859, un ouragan s'abattit sur Calne, à vingt miles au nord-est de Road, et ravagea en l'espace de cinq minutes une bande de terres de six miles de large. La tornade arracha des arbres, en sectionna d'autres comme bois d'allumette, les retournant et leur fichant les branches en terre ; elle souleva des toits pour les précipiter au sol à côté des maisons ; elle projeta un tombereau par-dessus une haie. Des grêlons gigantesques tailladèrent les mains de ceux qui tentaient de les attraper ; ces morceaux de glace étaient, selon une femme du cru, en forme de croix, de roues dentées et de pointes de lance, et l'on en vit un qui avait celle d'un petit enfant. En janvier, des touristes s'en vinrent visiter le théâtre de cette tempête, tout comme à la fin de l'année ils se transporteraient là où Saville Kent était mort.

XIV

Les femmes ! Tenez votre langue !

29 - 30 juin

Dans les premières et froides journées de novembre, l'enquête la plus étrange fut ouverte à Temperance Hall. Thomas Saunders, avocat et magistrat de Bradford-upon-Avon, Wiltshire, avait acquis la conviction que les habitants de Road étaient en possession d'importantes informations concernant le meurtre, et il se mit en devoir de les obtenir.

À partir du 3 novembre, Saunders convoqua une assemblée de gens du cru et les invita à s'ouvrir de pensées et d'observations, dont une part était éclairante sur la vie du bourg et de Road Hill House, mais dont la presque totalité n'avait absolument rien à voir avec le meurtre. Il s'agissait là des données que Whicher avait passées au crible au cours de ses deux semaines à Road, l'énorme fonds de rumeurs et de détails périphériques que faisait émerger une enquête de police et qui n'était le plus souvent jamais porté à la connaissance du public. Saunders fit connaître ces brouilles avec bien peu de méthode. « Les indices, si l'on peut appeler cela ainsi, ont été réunis de la manière la plus singulière et la plus dénuée de dignité, commente le *Bristol Daily Post*. En plusieurs occasions, les personnes présentes ne se sont pas embarrassées de dissimuler l'hilarité que la séance était destinée à susciter, et elles ont de bout en bout paru considérer que toute l'affaire avait été organisée pour leur divertissement plutôt qu'en vue d'élucider un crime aussi mystérieux qu'atroce. »

À Road, les deux semaines suivantes eurent tout d'un intermède comique dans une pièce tragique, avec Saunders dans le rôle du bouffon faisant une entrée trébuchante pour déformer et comprendre de travers tout ce qui avait précédé. Il déclarait sur un coup de tête la séance ouverte ou fermée, oubliait le nom des témoins et se faisait mousser par de mystérieuses allusions aux « secrets en son sein », tout en déambulant dans Temperance Hall et la rue avec un flacon contenant un liquide qui, selon l'envoyé du *Bristol Daily Post*, « ressemblait fort à du brandy ». D'après l'intéressé, il s'agissait d'une potion destinée à soigner un rhume attrapé céans pour cause de courants d'air (il fustigeait Charles Stokes, responsable de la salle, pour la médiocre isolation). Pendant les audiences, le magistrat buvait des lampées de son remède tout en grignotant des biscuits. Il lui arrivait fréquemment de couper un témoin pour exiger que l'on emporte un bébé braillard ou que les dames se taisent. « Les femmes ! Tenez votre langue ! »

Un exemple typique des témoins qu'il cita est une Mrs Quance, vieille personne habitant une des maisonnettes proches de Road Hill House. Le mardi, Saunders l'interrogea à propos d'un bruit selon lequel elle avait déclaré que son mari, employé à la filature de Tellisford, avait vu Samuel Kent dans un champ à cinq heures du matin le 30 juin. Elle nia catégoriquement, se plaignant de ce que la police l'avait déjà entendue à ce sujet.

— Je pense que ça a été fait trop astucieux pour qu'on découvre le pot aux roses, ajouta-t-elle, sauf s'il y en a un qui moucharde.

— Qu'est-ce qui a été fait trop astucieusement ? la questionna Saunders.

— Le meurtre du petit – sur quoi Mrs Quance se leva brusquement et lança tout en tournant les talons : Oh, mon Dieu, je ne peux point rester, j'ai quelque chose sur le feu !

Et de sortir en trottinant sous les acclamations du public.

James Fricker, le plombier et vitrier, déclara que Samuel Kent avait lourdement insisté, dans la dernière semaine de juin, pour qu'il vienne mettre en place une lanterne extérieure. « Cela ne m'a pas semblé bizarre sur le moment qu'il ait un besoin si pressant d'une lampe, alors qu'on était en été ; mais depuis, ça m'a trotté dans la tête. »

Avant de commencer les auditions, Saunders avait fureté pendant quelques jours à Road et dans les alentours ; à présent, il communiquait ses observations à la cour. Un soir, dit-il, un policier et lui aperçurent une jeune dame vêtue de noir, avec un jupon blanc, se diriger vers Road Hill House. Elle s'arrêta à hauteur du portail, le dépassa de quelques pas, puis fit demi-tour et entra. Saunders vit peu après une jeune dame, peut-être la même, en train de se peigner derrière une fenêtre à l'étage. Sa relation de cet épisode anodin suscita des plaintes de la part de la famille Kent ; plus tard dans la semaine,

Saunders présenta des excuses, reconnaissant que la « légère agitation » montrée par la personne pouvait avoir été suscitée par la présence de « deux inconnus surveillant ses mouvements ». Quelqu'un dans la salle lança à haute voix que cette jeune femme était Mary Ann.

Le dernier témoin entendu par Saunders fut Charles Lansdowne, ouvrier agricole, « dont le point fort du témoignage, note le collaborateur pince-sans-rire du *Frome Times*, fut qu'il n'avait rien vu, n'avait rien entendu et ne savait rien de ce qui s'était joué à Road Hill House dans la nuit du 29 juin ».

Les journalistes qui couvraient l'affaire depuis le mois de juin furent proprement sidérés par l'enquête de Saunders. Abasourdi par les « initiatives absurdes » de cet « esbroufeur loufoque », l'envoyé du *Morning Star* se dit partagé entre « émerveillement devant son culot et mépris pour son inconséquence ». Le *Bristol Mercury* qualifie le magistrat de « monomane ». Saunders, caricature du détective amateur, prêtait une signification à la moindre banalité, à la circonstance la plus anodine, et se croyait seul capable de débrouiller un mystère qui avait laissé perplexes les hommes de métier. Il s'arrogeait le droit d'espionner, il se faisait un devoir de spéculer. Il possédait un « sens aigu de la profonde importance des déclarations sans substance », observe le *Somerset and Wilts Journal*, et faisait grand cas des lettres qu'il recevait du public : « chacune renferme des indications très intéressantes ». Il en lut plusieurs devant le tribunal, dont celle d'un de ses confrères qui lui faisait observer : « Vous êtes un vieil imbécile fouineur, déséquilibré et vaniteux. »

Son enquête mit pourtant au jour un fait intéressant. Une lettre du sergent James Watts, policier à Frome, l'incita à entendre plusieurs policiers relativement à une découverte qu'ils avaient faite à Road Hill House pour ensuite la tenir secrète. À Temperance Hall le jeudi 8 novembre, Saunders interrogea à ce sujet le constable Alfred Urch, puis, le lendemain, le sergent James Watts et le commissaire Foley.

Le public apprit ainsi que, le 30 juin, Watts avait trouvé une chemise de femme, enveloppée de papier journal, dans le foyer de la plaque chauffante. Urch et Dallimore la virent également. « Elle était sèche, monsieur, dit Urch à Saunders, mais très sale [...] comme si elle avait été longtemps portée. [...] Elle présentait des taches de sang. [...] Pour ma part, je ne l'ai pas eue entre les mains. Le sergent Watts l'a dépliée, l'a regardée et l'a emportée dans le hangar à voitures. » Était-elle grossière ou de belle qualité ? interrogea Saunders. « Je dirais qu'elle appartenait à une des domestiques, monsieur. [...] Nous avons noté, les deux ou trois d'entre nous qui étions là, qu'elle était de petite taille. »

Une chemise de femme était une pièce de linge de corps portée sous une robe dans la journée et seule la nuit. Ce vêtement pouvait descendre jusqu'au genou, à mi-mollets ou à la cheville ; les manches étaient le plus souvent courtes et le style sans recherche. La chemise de nuit était un vêtement plus couvrant, descendant jusqu'à terre, à manches longues, avec des motifs de dentelle ou de broderie au col, aux poignets ou à l'ourlet. Il y avait une région intermédiaire où une chemise et une chemise de nuit toute simple pouvaient être confondues. Il était au moins possible que l'article retrouvé dans le fourneau fût la chemise de nuit disparue.

— Était-ce une chemise de nuit ou une chemise de jour ? demanda Saunders à Urch, déclenchant les rires de la salle.

— Ma foi, monsieur, c'était une chemise.

— Vous y entendez-vous suffisamment en matière de chemises ? – à quoi le public rit aux éclats. Silence ! hurla Saunders. Silence !

Watts avait examiné la chemise dans le hangar. Elle était « couverte de sang, déclara-t-il. Elle était sèche, mais je ne crois pas que ces taches aient été là depuis longtemps. [...] Il y avait du sang sur le devant et du sang sur l'envers. Je l'ai remballée et, juste comme je sortais, j'ai vu Mr Kent dans la cour, devant la porte de l'écurie. Il m'a demandé ce que j'avais trouvé, ajoutant qu'il fallait le lui montrer, à lui ainsi qu'au Dr Parsons. Je ne l'ai pas fait voir à Mr Kent et l'ai remise à Mr Foley ».

Foley entreprit aussitôt de taire cette découverte. Il « frémissait, expliqua-t-il devant la cour, à l'idée que celui qui l'avait trouvée soit suffisamment inconséquent pour en faire état ». Il était certain que ces taches étaient innocentes et que la chemise avait été cachée par une domestique honteuse. Un médecin – Stapleton – avait confirmé que ces souillures avaient « des causes naturelles » (c'est-à-dire qu'il s'agissait de taches de sang menstruel).

Saunders demanda à Foley : « Est-ce qu'il [Stapleton] l'a regardée au microscope ? »

Et l'autre de répondre d'un ton indigné : « Non, je pense bien que non ! »

Le commissaire avait remis le vêtement au constable Dallimore, qui l'emporta au commissariat de Stallard Street.

En septembre, rencontrant Dallimore à la foire au fromage et au bétail de Road, Watts s'enquit de ce qu'il était advenu de la chemise. Dallimore lui répondit qu'il avait rapporté la « shimmy » (anglicisme pour « chemise ») à la cuisine le lundi, jour de l'enquête du coroner. Il avait projeté de la replacer dans le foyer, mais, surpris par la cuisinière qui gagnait l'arrière-cuisine, il s'était borné à la jeter sur le côté de la plaque chauffante. Aussitôt après, la nurse, qui rentrait de promenade avec les deux petites, lui suggéra d'aller examiner le faux grenier au-dessus de la cuisine, ce qu'il fit – il dut pour ce faire passer par une fenêtre mangée de lierre. Quand il revint dans la cuisine une demi-heure plus tard, la chemise avait disparu, sans doute récupérée par sa propriétaire.

Si la distinction entre les deux types de chemise était un territoire déroutant pour les policiers, il en allait de même de la distinction entre les différentes sortes de sang. Les méthodes d'identification du sang menstruel et des sous-vêtements féminins étaient floues, a fortiori lorsque les articles à examiner étaient si vite escamotés. Ce cafouillage devait beaucoup à la gêne.

Par une étrange coïncidence, le jeudi où cette histoire fut mise au jour, le détective privé Ignatius Pollaky arriva à Road pour assister aux audiences conduites par Saunders. Le Hongrois Pollaky était « commissaire » au sein d'une agence d'investigation dirigée par Charley Field, un ami de Charles Dickens et de Jack Whicher, qui avait quitté la police métropolitaine en 1852. Les enquêteurs privés, comme on les appelait, constituaient une espèce nouvelle, certains étant, comme Field, des détectives en retraite. (Field se vit momentanément suspendre sa pension dans les années 1850 pour avoir abusivement continué d'utiliser, dans le cadre de sa pratique privée, son ancien titre d'inspecteur détective.) Leur principale activité tournait autour de sordides affaires de divorce – le divorce avait été légalisé en 1858, mais une preuve d'adultère était requise si un homme désirait se défaire de sa femme ; pour mettre fin à son mariage, une femme devait prouver la cruauté de son époux.

« Le mystérieux Mr Pollaky », comme le décrit le *Times*, refusa dans un premier temps de parler à Saunders ou à la police. On l'avait vu à Bath et à Bradford au cours du week-end. La semaine suivante, il s'était rendu à Frome, Westbury et Warminster, puis il était retourné à Londres (probablement pour y faire son rapport et recevoir de nouvelles instructions) avant de revenir enfin à Road. « Nous sommes fondés à penser que son objet premier n'est pas de démasquer l'assassin », lit-on dans le *Bristol Daily Post* ; selon le rédacteur de ce journal, Pollaky était plus là pour surveiller Saunders. D'autres feuilles confirment cette opinion : sa mission était d'intimider plutôt que d'enquêter. Peut-être Field l'avait-il envoyé à Road pour rendre service à Whicher, dont Saunders tendait à saper les conclusions. Pollaky, qui prenait des notes chaque fois que Saunders faisait des déclarations particulièrement excentriques, parvint à le déstabiliser. Et le *Frome Times* de rapporter : « On nous informe que

Mr Saunders a eu une entrevue avec ce monsieur [...] et lui a demandé s'il est vrai que sa mission consiste à collecter à son encontre des preuves établissant un *lunatico inquirendo*. Nous croyons savoir que Mr Pollaky a refusé de répondre. » Désormais, même les enquêteurs sur le meurtre de Road Hill craignaient les accusations de folie. L'enquête de Saunders fut suspendue le 15 novembre[1].

Il avait sans le vouloir servi les conclusions de Whicher. Le jour où un article sur la chemise ensanglantée parut dans le *Times*, ce dernier envoya à sir Richard Mayne une note attirant son attention sur ce nouvel élément. « Vu », y porta son supérieur le lendemain.

Il y avait dorénavant un risque que les investigations ne tendent à occulter la solution plutôt qu'à la révéler. « Il est peu probable, fait observer le *Times*, qu'au fil des nombreuses enquêtes qui ont déjà eu lieu, la conscience de ceux qui peuvent être dans le secret soit devenue plus sensible, ou moins fertile leur invention. Chaque vaine investigation bénéficie au parti coupable, qui y voit quel vide il convient de colmater et quelle contradiction il importe d'éviter. » L'auteur de l'article s'inquiète d'un manque de

---

1. Pollaky devint par la suite un détective privé renommé, dont l'agence était sise au 13, Paddington Green, non loin de la gare. Selon le *Times*, il démantela en 1866 un réseau de traite des blanches qui enlevait des jeunes femmes à Hull pour les revendre en Allemagne. Dans *Patience*, opéra comique de Gilbert et Sullivan créé à Londres en 1881, une chanson vantait « la vive pénétration de Paddington Pollaky ». Il mourut à Brighton en 1918 à l'âge de quatre-vingt-dix ans. (*N.d.A.*)

méthode dans la façon de procéder du détective – sa foi en l'imagination, l'intuition, la conjecture – et aspire à une approche plus objective : « Il est bien connu que les détectives commencent par présumer Untel coupable, puis voient jusqu'à quel point leur hypothèse s'accommodera des circonstances. Cela laisse de la place à la mise en œuvre d'un procédé plus scientifique, qui pourrait consister à laisser les faits, plus calmement et impartialement interrogés, raconter leur propre histoire. » Le *Saturday Review* reprend l'idée, réclamant un « plus rigoureux processus » de déduction à partir des faits empiriques ; plutôt que de partir d'une théorie, le détective devrait se borner à « enregistrer les phénomènes de façon stricte, impartiale et dépassionnée ». Le parfait détective est moins, semble-t-il, un scientifique qu'une machine.

La persistance du sentiment négatif à l'endroit de Samuel Kent, qui avait étayé l'enquête de Saunders, apparut de façon évidente dans un pamphlet anonyme signé « un avocat ». Après s'être identifié « aux détectives amateurs, aux lecteurs de journaux à l'esprit vif et raisonneur, aux fouineurs du cru et autres oisifs à qui rien n'échappe », l'auteur énonce une liste de quinze questions relatives au comportement de Samuel Kent le jour du meurtre (par exemple : « Pourquoi a-t-il demandé sa voiture pour aller chercher un policier à Trowbridge, alors qu'il y en avait un, habitant à proximité ? »), de neuf autres questions regardant Elizabeth Gough (« Pouvait-elle, de son lit, voir l'enfant dans le sien ? »), plus une à propos de Constance (« Qu'est-il advenu de la chemise de nuit ? »).

Rowland Rodway, l'avocat de Trowbridge, prend la défense de Samuel Kent, protestant dans une lettre au *Morning Post* contre le fait que « la presse, à quelques exceptions près, semble désigner Mr Kent comme l'assassin de son enfant et amoncelle sur lui une tempête d'indignation publique qui a détruit la position sociale de sa famille et menace à présent sa sécurité même ». L'intéressé n'avait désormais aucune chance de se voir accorder le grade d'inspecteur qu'il avait demandé.

Ses collègues étaient contraints de mener ses inspections à sa place. « Il serait pour le moment tout à fait impossible à Kent de visiter des manufactures à Trowbridge, écrivit l'un d'entre eux, tant les classes inférieures sont prévenues contre lui. [...] Mr Stapleton [...] a emmené avec lui à la fabrique Brown & Palmer un homme que les gens de l'atelier de tissage ont pris pour Kent, si bien qu'une clameur s'est aussitôt élevée, qui a continué jusqu'à ce qu'on les détrompe. » Et d'ajouter que l'hostilité à l'encontre de Kent était plus répandue parmi les classes laborieuses : « Je ne pense pas que les gens respectables et bien informés de Trowbridge le croient coupable. » Un autre inspecteur écrivit au Home Secretary pour soutenir que l'animosité envers le « très injustement accusé » Kent était si vive « non seulement dans les environs, mais aussi partout ailleurs » qu'un transfert eût été inutile. De plus, il n'était « guère possible à Mr Kent de partir de chez lui et de s'absenter nuitamment pour quelque temps à venir ». Cela donne une indication sur la manière dont la famille Kent passait cet hiver-là : dans un tel état d'anxiété, peut-être même de crainte réciproque, que le père se sentait incapable de laisser les siens après la tombée de la nuit. Cornewall Lewis griffonna sa réponse au dos de l'enveloppe : « Je ne crois pas pour ma part que Kent soit le coupable, mais, qu'il le soit ou non, il est trop sujet à la suspicion générale pour pouvoir s'acquitter de ses fonctions – pourrait-on le suspendre temporairement ? » Deux semaines plus tard, le 24 novembre, Samuel Kent se voyait accorder un congé exceptionnel de six mois.

Dans les derniers jours de novembre, Jack Whicher écrit à son ancien collègue John Handcock, de la police de Bristol, réitérant sa théorie de la chemise de nuit disparue :

Après tout ce qui a été dit relativement à cette affaire et les différentes hypothèses qui ont été avancées, il n'y a à mon humble avis qu'une seule solution ; et je suis certain que si vous aviez fait la même enquête que moi, vous seriez arrivé à la même conclusion. Mais il est possible que vous ayez été, comme d'autres, entièrement influencé par ce que vous avez entendu, particulièrement en ce qui concerne la théorie qui veut que Mr Kent et la nurse soient les coupables, cela se basant sur le vague soupçon qu'il aurait pu se trouver dans la chambre, etc. À mon avis, s'il est un homme qui mérite la pitié, s'il est un homme qui a été calomnié au-delà de tout, cet homme-là est Mr Kent. Il était déjà assez douloureux d'avoir son enfant bien-aimé cruellement assassiné ; mais il est bien pis de se voir cataloguer comme son meurtrier ; et considérant les dispositions actuelles de l'opinion publique, il sera tenu pour tel jusqu'au jour de sa mort, à moins que ne fasse des aveux la personne qui, comme je le crois fermement, a commis ce crime. Je ne doute pas que ces aveux auraient eu lieu si miss Constance avait été détenue une semaine de plus. Mon opinion est que [...] la présence d'enfants de deux lits différents [...] est la cause première du meurtre ; et que le mobile est la jalousie à l'endroit des enfants du deuxième lit. Le défunt était le préféré, et je pense que sa rancune envers les parents, en particulier la mère, est le mobile qui a poussé Constance Kent à agir. [...] Miss Constance a une personnalité peu ordinaire.

Il se peut que l'irritation de Whicher concernant le traitement infligé à Samuel Kent ait été avivée par le fait qu'il risquait lui aussi d'être définitivement stigmatisé par cette affaire. Les deux hommes étaient des inspecteurs gouvernementaux devenus l'objet d'une inspection hautement critique.

Dans sa lettre, Whicher dit qu'un des magistrats du Wiltshire lui a rendu visite pour lui parler de la chemise dont les « incompétents » policiers avaient perdu la trace. Whicher les soupçonne de l'avoir replacée dans la cuisine en guise d'appât, pour y attirer sa propriétaire et la prendre la main dans le sac – cela pourrait expliquer pourquoi les constables y restèrent postés dans la nuit du 30 juin. « Foley n'a jamais voulu m'en donner l'explication. [...] Mr Kent a déclaré lors de sa déposition que Foley lui avait dit que c'était afin de voir si quelqu'un se relevait pour détruire quelque chose. » Et Whicher de conclure qu'une fois la chemise disparue, les policiers ont contracté « une entente secrète ».

Après les révélations apportées par l'enquête de Saunders, les magistrats du Wiltshire se penchèrent sur la question de la chemise placée dans le foyer de la plaque chauffante. Le 1er décembre, ils convoquèrent une audience publique au cours de laquelle Cox et Kerslake nièrent que cette chemise fût leur. Watts décrivit comment il avait trouvé le vêtement : « Il était à l'intérieur [...] comme pour allumer le feu [...] repoussé aussi loin que possible. » Cela signifiait que la chemise avait dû être cachée là après neuf heures du matin, heure à laquelle Kerslake éteignait le feu. Watts déclara que la chemise était en tissu léger, avec « un rabat pour l'attacher sur le devant, et un autre derrière », et qu'elle était complètement usée – il y avait des trous aux aisselles. Le sang « recouvrait presque entièrement le devant et le derrière. Il n'y avait pas de taches au-dessus de la taille ; le sang descendait jusqu'à environ seize pouces du bas. D'après l'aspect, je dirais que ce sang était venu de l'intérieur ».

Selon Eliza Dallimore, cette chemise appartenait à Kerslake parce qu'elle était « très sale et très courte [...] elle ne m'arrivait pas au genou ». La cuisinière lui avait dit que son « linge de corps était très sale parce qu'elle avait tant de travail à faire ». Dallimore avait noté que ni Kerslake ni Cox ne portaient une chemise propre le samedi de la mort de Saville – elle avait vu leurs sous-vêtements quand elles avaient essayé le maillot de flanelle.

L'enthousiasme avec lequel Mrs Dallimore détaillait la lingerie des domestiques contrastait fortement avec l'aversion montrée en la matière par Foley. Le commissaire avoua n'avoir pas abordé avec les magistrats le sujet de la découverte de la chemise parce qu'il avait « trop honte ». « Je ne l'ai pas gardée une minute en ma possession. Je n'aimais pas l'avoir entre les mains. [...] J'ai dit : "Voyez, il ne s'agit que d'une vulgaire chemise crasseuse, aussi emportez-la donc." [...] J'ai considéré qu'il serait indécent et déplacé de l'exposer en public. J'ai eu sous les yeux un grand nombre de vêtements souillés. Je ne crois pas que quiconque en ait vu plus que moi. Un dimanche matin à Bath, j'ai fouillé cinquante-deux lits et vous imaginez bien que j'en ai vu de toutes les couleurs [...] mais jamais je n'ai vu vêtement plus sale que celui-là. » Il dit avoir voulu « épargner » sa propriétaire.

Les magistrats lui adressèrent une réprimande, mais lui pardonnèrent, le décrivant comme un policier « astucieux et intelligent » dont l'erreur avait procédé de sentiments de décence et de délicatesse.

À la demande de Henry Ludlow, le greffier donna lecture d'une lettre de Whicher. « À aucun moment, y disait le détective, je n'ai été mis au courant de la découverte d'une chemise cachée dans l'arrière-cuisine, ni par les policiers avec lesquels j'ai collaboré pendant deux semaines, ni par le commissaire Foley et ses subalternes, avec qui je communiquais quotidiennement. [...] En conséquence de quoi, si les magistrats sont mécontents d'avoir été tenus dans l'ignorance sur ce point, je me permets d'affirmer que je n'y ai aucune part. [...] Je tiens à ce qu'ils sachent que ce n'est en rien ma faute. »

L'ouvrage de Joseph Stapleton sur le meurtre cite une lettre ultérieure dans laquelle Whicher soutient que la chemise susdite et la chemise de nuit disparue ne font qu'une. « Quand la découverte dans le foyer de la cuisine du vêtement taché de sang et le "désastreux secret" conservé sur ce point ont transpiré, j'ai eu la conviction qu'il s'agissait de la chemise de nuit portée par l'assassin au moment de son crime. [...] Je ne doute pas qu'elle fut placée là en guise de cachette temporaire et qu'après, suite à je ne sais quelle négligence, les policiers l'ont laissé filer entre leurs doigts. D'où la nécessité de garder les choses secrètes avant aussi bien qu'après qu'elles ont transpiré. » La répétition par Whicher du verbe « transpirer » est frappante. Il paraît avoir une appréhension très vive, viscérale, du sang sur lequel il avait failli mettre les mains, reprise en écho par son image d'une chemise filant comme un liquide entre les doigts des constables.

Troisième partie

Le Dénouement

« J'avais l'impression de flotter non pas dans la lumière, mais dans une plus noire obscurité encore et, à la minute, une affreuse angoisse, l'idée qu'il était peut-être innocent, jaillit de la pitié même qu'il m'inspirait. L'instant était confondant, abyssal, car s'il était réellement innocent, que diable étais-je, moi ? Paralysée, tant qu'il dura, par le simple heurt avec la question, je le relâchai un peu... »

Henry JAMES,
Le Tour d'écrou (1898)
(Trad. Janine Lévy)

XV

Comme un besoin maladif

1861 - 1864

Les enquêtes sur le meurtre de Road Hill tournaient court. Au début de 1861, écartant les allégations selon lesquelles le coroner avait introduit un vice de forme en n'entendant pas Samuel Kent, le président de la Haute Cour de justice rejeta une proposition d'ouvrir une nouvelle instruction. Le police de Bath avait réuni quelques indices, ou présomptions d'indices, dont les gazettes se firent l'écho en janvier, mais qui restèrent lettre morte : on avait vu peu après le crime une paire de chaussures de caoutchouc au pied de l'escalier de service ; une paire de bas avait disparu. Joseph Stapleton affirma que des chaussettes sales et humides avaient été trouvées dans un placard situé sous ledit escalier. Selon le *Frome Times*, bien des années plus tôt, à l'époque où elle fréquentait à Bath le cours de miss Ducker, Constance Kent avait, « en représailles suite à un affront supposé, détruit puis jeté dans des latrines un objet appartenant à son institutrice ». Dans cette même école, rapportait-on ailleurs, elle avait tenté de provoquer une explosion en ouvrant le gaz.

Le 1er février, dans une lettre à un ami suisse,

Charles Dickens développe sa théorie relative aux coupables. « Je suppose que l'on parle, même à Lausanne, du meurtre de Road ? Tous les détectives de la terre ne me feront pas démordre de l'hypothèse à laquelle les circonstances ont peu à peu donné forme dans mon esprit. Le père était au lit avec la nurse. Ils ont découvert l'enfant assis dans son petit lit, les regardant avec de grands yeux et manifestement en passe de tout "dire à maman". Sautant du lit, la nurse a aussitôt étouffé le petit en présence du père. Ensuite de quoi celui-ci l'a poignardé pour détourner les soupçons (ce qui a marché), puis l'a emporté là où il a été retrouvé. Soit quand il est allé trouver la police, soit quand il a enfermé les constables chez lui, ou bien en ces deux occasions, il s'est débarrassé du couteau et du reste. Il est désormais assez probable que l'on ne saura jamais le fin mot de cette histoire. »

Ce pouvait être comme Poe l'avance dans *L'Homme de la foule* (1850) : « Il est des secrets qui ne souffrent pas d'être dits [...] des mystères qui ne *souffrent* pas d'être révélés. De temps en temps, hélas, la conscience de l'homme se charge d'un fardeau si lourd par son horreur qu'il ne se peut poser que dans le tombeau. »

Joseph Stapleton s'employait à réunir les éléments de son livre défendant Samuel Kent. En février, il écrit à William Hughes, commissaire divisionnaire de la police de Bath, pour lui demander de réfuter officiellement les bruits affirmant que Mr Kent « menait une vie de débauche invétérée » avec ses employées de maison. Hughes lui répond le 4 mars, disant qu'il a interrogé plus de vingt personnes à ce

LE DÉNOUEMENT

sujet : « Toutes ont affirmé avec la plus grande vigueur qu'une telle rumeur est absolument sans fondement. Considérant tout ce que j'ai pu glaner, je suis convaincu que son comportement à l'endroit de ses employées était *très loin de familier*, et qu'il les a toujours traitées avec une hauteur excessive plutôt qu'avec familiarité. »

Plus tard dans le mois, Samuel Kent s'adressa au Home Secretary pour solliciter sa mise en retraite anticipée – plus de la moitié de ses six mois de congé était maintenant écoulée. Il demandait que lui soit accordée une pension de trois cent cinquante livres, soit le montant de son salaire. « J'ai été frappé en juin 1860 par ce grand malheur qu'a été le meurtre de mon enfant, explique-t-il dans son courrier, calamité qui a non seulement gâché le reste de mes jours, mais m'a aussi valu, grâce au battage qu'en a fait la presse, d'être accablé par les préjugés et les calomnies du public. [...] J'ai une famille nombreuse et un revenu limité ; je ne puis sans grande privation renoncer à mon traitement de fonctionnaire. » La réaction de Cornewall Lewis tint dans ce commentaire : « Voilà une bien singulière requête – faites-lui savoir que l'on ne peut accéder à sa demande. » Ce même mois de mars, les journaux firent état d'une rumeur selon laquelle Constance avait avoué le meurtre de Saville à un membre de sa famille, mais les détectives qui avaient travaillé sur l'affaire jugèrent « inopportun » de rouvrir l'enquête.

Les Kent quittèrent Road le jeudi 18 avril 1861. Constance fut envoyée dans une institution pour jeunes filles de Dinan, ville médiévale fortifiée du nord-ouest de la France, et William retrouva son école de Longhope, où il fut logé avec vingt-cinq autres garçons âgés de sept à seize ans. Le reste de la famille emménagea à Camden Villa dans la localité de Weston-super-Mare, station balnéaire de la côte nord du Somerset. Mrs Kent était de nouveau enceinte.

Ils demandèrent à un commissaire-priseur de Trowbridge de réaliser leurs biens. Deux jours après leur départ, ce dernier ouvrit Road Hill House au public. Il avait déjà reçu tant de demandes de renseignements qu'il avait pris l'initiative sans précédent de vendre les catalogues, un shilling pièce, et de les limiter à un par personne – sept cents exemplaires furent achetés. Le samedi à onze heures du matin, la foule envahit le bâtiment. Au salon, les visiteurs se succédaient pour soulever le châssis central de la baie afin d'apprécier son poids ; dans la nursery, ils se faisaient leur propre idée quant à savoir si Elizabeth Gough avait pu voir de son lit l'intérieur de celui de Saville (de l'accord général, elle l'avait pu). Ils examinèrent avec minutie les escaliers et les portes. Le commissaire Foley, recruté pour le maintien de l'ordre, fut assiégé par de jeunes dames qui voulaient visiter le water-closet sur le sol duquel se voyaient toujours des traces de sang. Les visiteurs témoignèrent moins d'intérêt pour le mobilier mis en vente. Dans son allocution liminaire, le commissaire-priseur concéda que les meubles n'étaient pas « très élégants », mais fit valoir qu'ils étaient de bonne facture. « Je fais en outre remarquer que ces pièces n'ont pas seulement une valeur vénale, mais également une valeur historique. Elles furent témoins d'un crime qui étonna, terrifia, saisit d'effroi le monde civilisé. »

LE DÉNOUEMENT

Les sommes atteintes par les peintures fut décevantes – une huile de Federico Zuccari représentant Mary Stuart, pour laquelle Samuel Kent affirmait avoir reçu une offre à cent livres, partit pour quatorze livres. En revanche, le splendide lit espagnol à baldaquin atteignit la somme remarquable de sept livres et quinze shillings, et la coiffeuse avec ses articles de faïence fut emportée pour sept livres. Le commissaire-priseur vendit également deux cent cinquante onces d'argenterie, plus de cinq cents volumes, plusieurs caisses de vin, dont des xérès blancs et ambrés, un microscope lucernal (utilisé avec une lampe à gaz, cet appareil pouvait projeter sur le mur des images agrandies), deux télescopes, quelques pièces de mobilier de jardin en fer et un beau yearling. Le porto de 1820 (millésime exceptionnel) partit à onze shillings la bouteille, la jument à onze livres et quinze shillings, la voiture à six livres et la vache de pure race alderney pour dix-neuf livres (l'alderney était une petite vache à la robe fauve, donnant un lait très crémeux). L'harmonium fut acquis par la chapelle méthodiste de Beckington. Un Mr Pearman, de Frome, paya environ une livre pour emporter le lit de Constance, le lit d'Elizabeth Gough et le lit d'enfant d'Eveline, préalablement utilisé par Saville lorsqu'il était bébé, portant à mille livres sterling le produit total de la vente. Le dernier lit de Saville n'avait pas été mis aux enchères, pour le cas où il eût été choisi pour figurer dans la « chambre des horreurs » du musée de cires de Madame Tussaud.

Pendant la vente, un pickpocket vola à une femme un réticule contenant quatre livres. Les hommes de Foley fermèrent les portes de la maison, procédèrent à une fouille réglée et arrêtèrent un suspect, mais le coupable ne fut pas identifié[1].

Le dernier enfant des Kent, Florence Saville Kent, naquit le 19 juillet 1861 dans leur nouvelle maison de la côte du Somerset. Les commissaires aux manufactures discutèrent cet été-là de l'endroit où ils pouvaient envoyer Samuel Kent. Des affectations dans le Yorkshire et en Irlande furent évoquées, mais ses supérieurs craignaient qu'il ne puisse exercer son autorité dans ces régions où régnait une vive hostilité à son endroit. Toutefois, un poste de sous-inspecteur se libéra en octobre dans le nord du pays de Galles, et la famille se transporta à Llangollen, dans la vallée de la Dee.

Un Anglais qui habitait Dinan en 1861 écrira plus tard au *Devizes Gazette* à propos de Constance : « Si je ne la rencontrai pas une fois, tous les gens de ma connaissance la virent. Ils la décrivaient comme une laide demoiselle au cheveu roussâtre, à la face camuse, ni stupide ni intelligente, ni gaie ni morose, et seulement remarquable par un trait particulier, à savoir une extrême tendresse et une extrême gen-

---

1. Au cours de la décennie suivante, Road Hill House fut rebaptisée Langham House (d'après la ferme voisine). En 1871, le chef de la maisonnée était une certaine Sarah Ann Turberwell, veuve âgée de soixante-six ans, qui employait six domestiques : un maître d'hôtel, une dame de compagnie, une gouvernante, une bonne, une fille de cuisine et un valet de pied. Les frontières du comté furent redessinées au vingtième siècle, en sorte que la propriété se trouve maintenant dans le Somerset, tout comme le reste du village, dont le nom a également changé, passant de Road à Rode. (*N.d.A.*)

tillesse envers les très jeunes enfants. [...] Dans son école, elle était probablement celle que l'on aurait le moins remarquée parmi tous les élèves. » Constance faisait son possible pour devenir invisible et on la connaissait sous son deuxième prénom, Emily ; cependant, les autres filles savaient qui elle était. Elle faisait l'objet de ragots et de brimades. À la fin de l'année, son père la changea d'établissement, la confiant aux bons soins des religieuses du couvent de la Sagesse, qui dominait la ville au sommet d'une falaise.

Travaillant sur des affaires peu retentissantes, Whicher échappa pendant plusieurs mois à l'attention du public. Une seule fut tant soit peu couverte par les journaux – sa capture d'un clergyman qui avait perçu six mille livres en falsifiant le testament de son oncle. Son jeune collègue Timothy Cavanagh, alors employé au bureau du préfet de police, affirma que le meurtre de Road Hill House avait anéanti « le meilleur élément qu'ait jamais possédé le service ». L'affaire « brisa pour ainsi dire le cœur du pauvre Whicher ». Il « rentra au quartier général complètement abattu. Ce fut pour lui un coup sévère [...] le préfet et d'autres perdant confiance en lui pour la première fois ». S'il faut en croire Cavanagh, Dolly Williamson en fut lui aussi transformé. Quand il rentra du Wiltshire, il n'avait plus son caractère enjoué, son penchant pour le canular et les jeux dangereux. Il devint sombre, indifférent.

Dans le courant de l'été de 1861, Whicher se vit, pour la première fois depuis Road Hill, confier une enquête sur un meurtre. Il s'agissait à première vue d'une affaire simple. Le 10 juin, une femme de cinquante-cinq ans nommée Mary Halliday avait été retrouvée morte dans un presbytère de Kingswood, près de Reigate dans le Surrey, maison qu'elle tenait en l'absence du pasteur. Elle avait apparemment été victime d'un cambriolage qui avait mal tourné – une chaussette fourrée dans sa bouche, sans doute pour la faire taire, l'avait étouffée. Le ou les bandits avaient laissé des indices : un gourdin en hêtre, plusieurs longueurs d'une cordelette de chanvre d'un type inhabituel entravant les poignets et les chevilles de la victime, et une liasse de papiers. Parmi ceux-ci, une lettre d'une célèbre chanteuse d'opéra allemande, une autre quémandant de l'argent signée « Adolphe Krohn », des pièces d'identité au nom de Johann Karl Franz, ressortissant saxon.

La police disposait du signalement de deux hommes de nationalité étrangère remarqués ce jour-là dans les environs : un petit brun et un grand blond. On les avait vus dans un pub, dans des champs proches du presbytère et dans une boutique de Reigate, où ils avaient fait l'emplette du même genre de cordelette que celle retrouvée sur le lieu du crime. Les différentes descriptions du plus grand des deux correspondaient aux informations portées sur les papiers d'identité. Une récompense de deux cents livres fut offerte pour la capture des deux hommes, supposés être Krohn et Franz.

Whicher envoya le sergent détective Robinson interroger à son domicile de St John's Wood, près de Paddington, mademoiselle Thérèse Tietjens, l'artiste lyrique dont on avait trouvé une lettre au presbytère. Elle lui raconta qu'un jeune Allemand, plutôt grand, aux cheveux châtains, était venu sonner à sa porte une semaine plus tôt et, invoquant la pauvreté, lui avait demandé de l'aider à rentrer à Hambourg. Elle avait promis de lui payer ses frais de voyage et lui avait remis une lettre à cet effet. Whicher demanda à Dolly Williamson de vérifier tous les appareillages à destination de Hambourg et d'enquêter auprès des ambassades et consulats autrichiens, prussiens et hanséatiques.

Des constables supplémentaires furent dépêchés dans le quartier des raffineries de sucre de Whitechapel, dans l'East End, où se logeaient beaucoup d'Allemands de passage. Plusieurs vagabonds de cette nationalité furent interpellés à des fins d'interrogatoire. Whicher les relâcha les uns après les autres. « Bien qu'il corresponde vaguement à la description d'un des hommes impliqués dans le meurtre de Mrs Halliday, note-t-il à propos d'un suspect dans son rapport du 18 juin, je ne pense pas que ce soit lui. »

La semaine suivante, toutefois, il annonça à Mayne qu'il venait de coincer le dénommé Johann Franz, vagabond âgé de vingt-quatre ans ramassé à Whitechapel, qui prétendait s'appeler Auguste Salzmann. Il ne put dans un premier temps trouver un témoin oculaire pour confirmer qu'il s'agissait bien d'un des deux Allemands de Kingswood. Au contraire : « Il a été vu à Reigate et à Kingswood par trois personnes ayant remarqué deux étrangers dans les environs, la veille et le jour du meurtre, mais elles sont incapables de l'identifier pour l'un d'eux, écrit-il à Mayne le 25 juin. Il a également été vu par le constable Peck, de la division P, qui a croisé les deux hommes à Sutton le matin du meurtre, mais il [Peck] se dit incapable de le reconnaître formellement. Bien que ces personnes n'aient pas réussi à l'identifier, j'ai la conviction que cet individu est "Johann Carl Franz", propriétaire des papiers restés sur les lieux. Comme d'autres personnes ont aperçu les deux suspects dans le voisinage, je me permets de suggérer que le sergent Robinson les ramène à Londres pour qu'elles voient le prisonnier. » La confiance en soi – ou l'idée fixe – de Whicher fut récompensée. Le 26 juin, les témoins du pub et de la quincaillerie de Reigate convinrent qu'il s'agissait bien du plus grand des deux Allemands qui avaient brièvement séjourné au bourg. Whicher se déclara « tout à fait sûr » d'obtenir une condamnation.

Il envoya les photographies des papiers d'identité en Saxe au service concerné, qui confirma leur authenticité, ajoutant que leur titulaire avait un casier judiciaire. Il découvrit également que, le surlendemain du meurtre, le suspect avait confié à sa logeuse une chemise bleue à carreaux. Cette chemise correspondait exactement à la description de celle que portait un des deux hommes vus à Kingswood ; elle était, de plus, ficelée d'une cordelette en tout point semblable à celle qui entravait le corps de la victime. Les détectives remontèrent jusqu'au fabricant, qui confirma que la cordelette retrouvée autour de la chemise et des chevilles de Mrs Halliday venait de ses ateliers : « Les deux morceaux appartiennent à la même pelote. J'en suis absolument certain. » D'autres témoins oculaires dirent avoir vu le prisonnier dans le Surrey. Même le constable Peck déclarait à présent que le suspect était un des hommes qu'il avait croisés à Sutton. Whicher avait constitué un solide faisceau de présomptions. Le 8 juillet, le détenu reconnut être le dénommé Franz. Il fut mis en accusation.

Le récit que fit l'Allemand pour sa défense paraissait inventé de toutes pièces. Débarqué d'un vapeur à Hull au mois d'avril, il s'était lié avec deux autres vagabonds allemands, Wilhelm Gerstenberg et Adolphe Krohn. Gerstenberg, qui lui ressemblait par la taille et le teint, le harcela pour qu'il lui donne une partie de ses papiers d'identité. Franz ne voulut rien entendre. Une nuit du mois de mai, alors qu'il dormait derrière une meule de foin non loin de Leeds, ses deux compagnons l'avaient détroussé, lui volant non seulement ses papiers, mais aussi son sac et ses effets de rechange, faits du même tissu que ceux qu'il avait sur le dos. Cela expliquait la similarité entre sa chemise et celle qui avait été vue près de Kingswood, cependant que sa ressemblance avec Gerstenberg expliquait pourquoi certains témoins pensaient l'avoir vu dans le Surrey. Là-dessus, il s'était rendu à Londres. Y apprenant qu'un Allemand du nom de Franz était recherché pour meurtre, il s'était dépêché de changer de nom. Quant à la cordelette trouvée dans sa chambre, il l'avait ramassée sur le trottoir devant un bureau de tabac non loin de l'endroit où il logeait. Sa défense consistait donc à soutenir qu'un vagabond allemand qui lui ressemblait beaucoup lui avait volé vêtements et papiers, qu'il avait changé de nom de crainte d'être pris pour un assassin, qu'il avait ramassé dans la rue un bout d'une cordelette correspondant exactement à celle découverte sur le lieu du crime.

Cela avait tout de l'affabulation d'un coupable aux abois. Cependant, dans les jours précédant le procès, différents faits se firent jour qui paraissaient corroborer son récit. Un cheminot du Northhamptonshire remit à la police des papiers provenant de la pochette dont Franz prétendait qu'elle lui avait été subtilisée – l'homme disait les avoir trouvés sur un monceau de paille dans une masure en bord de route. Cela tendait à prouver qu'au moins une partie des papiers de Franz avait été égarée, ainsi qu'il l'affirmait. Quand mademoiselle Tietjens vint voir le détenu, elle jura qu'il ne s'agissait pas de l'homme blond qui lui avait demandé de l'aide au début du mois de juin. Cela soulevait la possibilité qu'il y ait bien eu un autre Allemand blond en cheville avec le brun Krohn. Il apparut d'autre part que le fournisseur londonien de la corde vendue à Reigate avait son siège à Whitechapel, à quelques maisons du bout de trottoir où Franz disait avoir trouvé le morceau dont il s'était servi pour attacher sa chemise.

L'enquête est en train d'échapper à Whicher. Il se met à rechercher Krohn avec l'énergie du désespoir, persuadé que sa capture achèvera de confondre Franz. Si grande est sa hâte de mettre la main sur lui qu'il en exprime à plusieurs reprises l'assurance d'être à deux doigts de le tenir : « Je suis fondé à penser que celui qu'on donne pour Adolphe Krohn est un jeune juif polonais du nom de Marks Cohen », écrit-il à Mayne. Cela se révélera faux. Peu de temps après, il est « fermement assuré » qu'un autre homme est Krohn, et là encore il se méprend. Il ne le trouvera pas.

Le 8 août, jour du procès, l'avocat de Franz fit valoir, au cours d'une plaidoirie de quatre heures, que les présomptions devaient non seulement être compatibles avec la culpabilité, mais aussi être incompatibles avec l'innocence. Il fut rapporté que dix des douze jurés gagnèrent la salle de délibération convaincus que Franz était le meurtrier ; pourtant, ils en ressortirent en le déclarant non coupable. L'ambassade de Saxe paya son voyage de retour.

Le lendemain, manifestement convaincu que Franz était l'assassin de Mrs Halliday, le *Times* faisait remarquer que des présomptions étaient toujours – en théorie – compatibles avec l'innocence. L'intime conviction n'était jamais preuve de quoi que ce fût. « Elle n'est qu'une hypothèse reliant certains faits entre eux, bien qu'elle soit en même temps une hypothèse que, en vertu de la loi naturelle, on ne peut dans certains cas s'empêcher de croire juste. »

L'enquête de Kingswood s'était déroulée comme une mauvaise blague tournant en dérision le savoir-faire des détectives. Elle était un rappel de ce que le travail du détective dépendait autant de sa bonne fortune que de son acuité. « Si je n'étais pas le plus malin des détectives, ce dont je doutais fortement, j'étais assurément le plus chanceux, déclare l'inspecteur "F" sous la plume de Waters dans *Experiences of a Real Detective* (1862). Je n'avais eu qu'à garder la bouche ouverte, et des choses juteuses y avaient chu d'elles-mêmes. » La chance de Whicher paraissait avoir tourné. Il avait probablement vu juste quant à l'identité du tueur de Kingswood, mais une fois

Franz acquitté, son assurance commença de ressembler à autre chose – peut-être de l'arrogance ou bien de l'égarement ou bien encore de l'obsession. Ce fut le dernier meurtre sur lequel il enquêta.

Au dix-neuvième siècle, l'idée ne cesse de gagner du terrain selon laquelle le témoignage humain (aveux ou déposition de témoin oculaire) est trop subjectif pour être digne de foi. Ainsi dans *A Treatise on Judicial Evidence* (1825), John Bentham soutient qu'il doit être confirmé par une preuve matérielle. Seuls les *objets* peuvent faire l'affaire : le bouton, le boa, la chemise de nuit, le couteau. Comme le formule l'inspecteur « F » de Waters, « Je pense qu'un enchaînement d'indices exempt de rupture [...] [est] le témoignage le plus fiable sur lequel puisse s'appuyer le jugement humain, attendu qu'une circonstance ne se peut parjurer ni corrompre. » La même préférence se discerne dans la fiction d'Edgar Allan Poe : « Il inaugure la littérature scientifique et analytique dans laquelle les choses jouent un rôle plus important que les gens », notent en 1856 les Français Edmond et Jules de Goncourt. Les objets sont incorruptibles de par leur silence. Ils sont des témoins muets de l'histoire, des fragments – comme les fossiles de Darwin – capables de figer le passé.

Pourtant, les affaires de Kingswood et de Road Hill firent ressortir le caractère fuyant des choses, montrèrent que les objets ne cessaient, tout comme la mémoire, d'être ouverts à l'interprétation. Darwin devait décrypter ses fossiles. Whicher devait déchiffrer le lieu du meurtre. Un enchaînement d'indices se construisait, il ne s'exhumait pas. La femme détective de Forrester le dit sans détour : « La valeur du détective tient moins à la découverte des faits qu'à leur agencement et à leur interprétation. » Le corps mutilé de Road Hill pouvait être un indice de fureur ou de l'incarnation de la fureur. La fenêtre ouverte pouvait indiquer l'issue par laquelle le tueur avait filé ou bien la ruse d'un assassin toujours installé dans la maison. À Kingswood, Whicher trouva le type d'indice le plus patent : un document portant un nom et une description physique. Même cela, comme on le vit, pouvait indiquer l'opposé de ce qu'il semblait : l'usurpation d'une identité plutôt que l'identité elle-même.

Une humeur nouvelle était en train de s'emparer de l'Angleterre. Contrastant avec les optimistes et vigoureuses années 1850, la décennie suivante serait caractérisée par le malaise et le doute. La mère de la reine Victoria mourut en mars 1861 et son mari adoré, le prince Albert, en décembre de la même année. La reine prit le deuil et passa le reste de sa vie en noir.

Avec le temps, les émotions soulevées par l'affaire de Road Hill s'enfouirent, quittant les colonnes des journaux pour réapparaître, déguisées et intensifiées, dans des écrits de fiction. Le 6 juillet 1861, presque exactement un an après le meurtre, le premier épisode du *Secret de lady Audley* de Mary Elizabeth Braddon parut dans le magazine *Robin Goodfellow*. Ce roman, qui connut d'énormes ventes en 1862 quand il fut publié en volume, mettait en scène une méchante marâtre (gouvernante ayant épousé un homme de qualité), un assassinat aussi brutal que mystérieux dans une élégante gentilhommière, un corps jeté dans un puits ; ses personnages étaient fascinés par la folie et par le travail du détective, terrifiés à l'idée d'une révélation publique. L'histoire de Braddon formulait l'inquiétude et le bouleversement suscités par le meurtre de Saville Kent.

Constance était réfractée dans toutes les femmes du livre : lady Audley, la meurtrière au visage doux, peut-être folle ; Phoebe Marks, son impassible femme de chambre (« Silencieuse et réservée, elle paraissait enfermée en elle-même et ne réagissait pas au monde extérieur [...] voilà une femme capable de garder un secret ») ; et Clara Talboys, esseulée et pleine de passion, dont le frère avait été assassiné : « J'ai grandi au milieu d'une atmosphère de refoulement. [...] J'ai réprimé et empêché de croître les sentiments naturels de mon cœur au point qu'ils sont devenus d'une intensité contre nature ; on ne m'a autorisé ni amis ni amants. Ma mère est morte lorsque j'étais très jeune. [...] Je n'ai eu personne d'autre que mon frère. »

Jack Whicher y apparaît sous la forme du tourmenté détective amateur Robert Audley qui conduit une « enquête à rebours », un voyage dans le passé de son suspect. Alors que l'inspecteur Bucket de *Bleak House* est onctueux et pétille d'un savoir secret, Robert Audley est taraudé par une peur coupable d'être mentalement dérangé. Qui est atteint de monomanie ? se demande-t-il. Est-ce la femme enfant qu'il soupçonne de démence et de meurtre, ou bien, en faisant une fixation sur elle, ne démontre-t-il pas tout simplement qu'il est lui-même sujet à un délire obsessionnel ?

*S'agissait-il d'une monition ou d'une monomanie ?
Et si après tout j'étais dans l'erreur ? Et si l'enchaînement d'indices que j'ai assemblé maillon par maillon
était une construction issue de ma propre folie ? Et si cet
édifice fait d'horreur et de suspicion n'était rien qu'un
ramas de lubies, les chimères inquiètes d'un vieux garçon hypocondriaque ? [...] Oh, Seigneur, et si c'était en
moi que, depuis tout ce temps, réside le mystère ?*

L'enchaînement d'indices constitué par Whicher à
Road pouvait prouver la culpabilité de son suspect
ou ses propres égarements, tout comme cela s'était
passé à Kingswood. L'incertitude était une torture :
« N'approcherai-je jamais plus près de la vérité ?
s'interroge Robert Audley. Vais-je au contraire être
toute ma vie tourmenté par des doutes mal définis et
d'affreux soupçons qui m'envahiront jusqu'à faire de
moi un monomaniaque ? » Cependant, s'il parvient
à élucider le mystère, cela pourrait ne faire qu'ajouter à l'horreur : « Pourquoi devrais-je tenter de
débrouiller l'écheveau, d'agencer les pièces de cet
affreux casse-tête et de rassembler les fragments
épars qui, une fois réunis, peuvent former un tout
tellement hideux ? »

Le Secret de lady Audley fut un des premiers et des
meilleurs romans dits « à sensations » ou « à énigme »
qui dominèrent la scène littéraire de ces années
1860, histoires labyrinthiques faites de malheur, de
duplicité, de folie et d'intrigue amoureuse à l'intérieur du cadre domestique. Ils traitaient de ce que
Henry James appela « ces mystères des plus mystérieux, ceux qui sont à notre porte [...] les terreurs de

l'attrayante gentilhommière ou des garnis populeux de Londres ». Leurs secrets étaient exotiques, mais leur cadre tout proche ; ils se passaient désormais en Angleterre, terre de télégrammes, de trains, d'agents de police. Les personnages de ces romans se trouvaient à la merci de leurs affects qui s'exprimaient, tels quels, sur leur chair : l'émotion les faisait blêmir, rougir, se rembrunir, tressaillir, sursauter, se décomposer, elle faisait brûler, fulminer, se troubler leur regard. De tels livres, craignait-on, opéraient de même sur leurs lecteurs.

En 1863, le philosophe Henry Mansel décrivit ces romans comme « les signes d'une corruption étendue dont ils sont en partie à la fois la cause et l'effet. Créés pour satisfaire les désirs d'un appétit morbide et contribuant en eux-mêmes à entretenir la maladie et à stimuler le besoin qu'ils comblent ». Mansel s'exprimait là avec une vigueur inhabituelle, mais ses vues étaient largement partagées. Beaucoup redoutaient que les romans à sensations ne fussent un « virus » capable d'engendrer la corruption qu'ils décrivaient, ceci en formant un cercle d'excitation – sexuelle et violente – qui parcourrait chaque strate de la société. Ces livres, les premiers thrillers psychologiques, étaient vus comme des agents de l'effondrement social, jusque dans la façon dont on les dévorait – ils étaient lus à l'office comme au salon, par les domestiques comme par leur maîtresse. Afin d'ajouter un frisson d'authenticité, ils se rapportaient à des crimes réels, tels que l'affaire de Road Hill. « Il y a quelque chose d'effroyablement écœurant dans cet appétit vorace pour la charogne, écrit Mansel, cet instinct de vautour qui flaire le dernier

LE DÉNOUEMENT 319

monceau de corruption sociale et se dépêche de dévorer cette détestable provende avant que son fumet ne se soit dissipé. » Les romans à sensations faisaient appel aux sensations animales de leurs lecteurs, à leurs appétits de bête ; ils menaçaient la croyance religieuse et l'ordre social d'une manière comparable au darwinisme. Mansel fait observer que la typique illustration de jaquette d'un de ces romans représente « une pâle jeune dame en robe blanche avec une dague dans la main » – l'image que Whicher avait fait apparaître à Road.

L'ouvrage de Joseph Stapleton sur le meurtre, *The Great Crime of 1860*, paraît en mai 1861, assorti d'une recommandation de Rowland Rodway. Stapleton était formidablement bien informé : il savait qui étaient les suspects et avait entendu les ragots. Henry Clark, greffier du tribunal, lui avait fourni des informations sur les auditions conduites par les magistrats et sur les investigations menées par la police, et Samuel Kent l'avait instruit de l'histoire de la famille. Il sous-entend fortement la culpabilité de Constance. Cependant, le ton de son livre est souvent bizarre et désespéré – les sombres suggestions que laisse tomber l'auteur n'ont pas seulement trait à l'identité du meurtrier, mais également à la décadence et à l'effondrement de la société anglaise, catastrophe raciale.

Dans une prose aussi passionnée que celle des romanciers à sensations, Stapleton recommande à ses lecteurs de « penser aux cœurs humains qui battent » dans les foyers des nouvelles classes moyennes, « aux humaines passions qui s'y déchaînent [...] aux injustices familiales, aux conflits familiaux, aux hontes familiales, que ne recouvre qu'un misérable clinquant de bon ton et qui s'embrasent çà et là, par intermittence, en de soudains incendies ravageurs et impossibles à éteindre ». Il compare ces familles à des volcans : « En mainte maisonnée anglaise, on s'aperçoit que les civilités de la vie commune revêtent avec grâce une croûte aussi mince qu'accidentée. La tempête [...] s'enfle en ces profonds replis où le cratère est plein de feu, et [...] elle éclate dans toute sa fureur pour précipiter parents, enfants et domestiques dans une destruction commune, inévitable et confuse. »

Stapleton avance que le public a été vicié par le meurtre de Road Hill. « À mesure que s'est approfondi et prolongé le mystère lié à ce crime, le soupçon est devenu une passion. » Il brosse un horrible portrait des spectatrices venues suivre l'enquête du coroner, les comparant à des femmes assistant à une corrida. « Elles s'étaient massées dans la salle pour entendre de quelle façon une gorge avait été tranchée, et soulevaient de jeunes enfants à bout de bras pour qu'ils voient la relique ensanglantée. » À croire que l'ange domestique de l'imagerie victorienne faisait momentanément place à une goule assoiffée de sang : « Sa compassion pour ceux qui souffrent est suspendue le temps que ses instincts se soient donné libre cours ; et lorsque curiosité et goût pour l'horreur sont assouvis, l'Anglaise se remet de son éclipse et s'avance de nouveau parmi nous dans l'éclat de ses meilleures qualités. » Selon Stapleton, les observateurs d'une telle enquête se trouvent eux-mêmes transformés, brièvement dénaturés par la vision de la violence. Même s'il voulait attribuer ce goût du sang aux seules femmes modestes du bourg en les assimilant à des étrangères pour faire bonne mesure, la vive curiosité inspirée par l'affaire s'étendit à toutes les classes sociales et aux deux sexes. Lui-même, comme le montre son livre, s'y intéressait avec avidité.

Stapleton suggère que ce meurtre est la preuve d'un « déclin de la nation » : « Évoquer une dégradation de la race est devenu chez nous une honte nationale, simplement parce que nous y reconnaissons les conséquences et l'expression naturelles d'une longue et ancestrale succession de plaisirs avilissants, d'occupations dégradantes et de péchés corrupteurs. » Il souscrit ici à la théorie de la dégénérescence raciale : si, comme le soutient Darwin, les êtres humains sont capables d'évoluer, ils sont assurément tout aussi susceptibles de régresser. Un passé familial décadent peut se faire sentir chez les enfants et ramener l'espèce en arrière. Mansel cite lui aussi le meurtre de Road Hill comme une preuve d'abâtardissement, de même que la propagation de l'alcoolisme, du consumérisme, de l'hystérie, de la pollution, de la prostitution et de l'adultère. Quoique soucieux de disculper Samuel Kent, Stapleton laisse entendre que les corruptions et prétentions de son ancien collègue ont détruit sa famille. La dipsomanie d'un homme peut marquer sa progéniture, écrit le médecin, de même que d'autres formes d'intempérance, telles que le goût du lucre ou un excès de désir sexuel.

Le meurtre non élucidé de Road était conforme à la vision qu'avait de la Grande-Bretagne le romancier à sensations. L'affaire n'apporta pas de sens ; seulement un choc, comme électrique. Son influence est évidente dans *The Trial* de Charlotte Yonge (1863), qui met en scène un adolescent de la classe moyenne accusé d'homicide, et dans l'anonyme *Such Things Are* (1862), où d'élégantes jeunes dames ont d'épouvantables histoires criminelles. « Il fut un temps, y lit-on, [...] où la jeune Anglaise était tenue, à l'étranger comme chez nous, pour le parangon de la pureté et de l'innocence, mais les choses ne sont plus ce qu'elles étaient. » On discerne les répercussions de l'affaire dans des livres qui dépeignent un fonctionnaire de police mal dégrossi profanant une scène domestique raffinée – ainsi de Grimstone, de Scotland Yard, avec son « petit calepin graisseux » et son « bout de crayon » dans *Aurora Floyd* de Mary Elizabeth Braddon (1863).

La romancière Margaret Oliphant rejetait toute la responsabilité sur les détectives eux-mêmes. La fiction à sensations, dit-elle, est « une institutionnalisation de la tournure d'esprit de la nouvelle police ». Le « détective littéraire, écrit-elle en 1862, n'est pas un *collaborateur* que nous accueillons avec plaisir dans la république des lettres. Son apparition n'est flatteuse ni pour le bon goût ni pour les mœurs ». Un an plus tard, elle déplore le « détectivisme », le « côté tribunal de police de la fiction moderne ».

À la suite du meurtre de Road Hill, les détectives furent, comme le formule Robert Audley, « entachés d'exécrables associations et guère fréquentables pour un honnête homme ». Audley est dégoûté du personnage de détective qu'il a lui-même adopté : « Sa nature généreuse était révoltée de l'office dans lequel il s'était trouvé entraîné, l'office d'un espion, collecteur de faits accablants amenant à d'horribles déduc-

tions [...] toujours plus avant sur le détestable chemin, sur la voie tortueuse de la vigilance et du soupçon. »

« Sensations » et « détectivisme » sont réunis dans
la fiévreuse figure de Robert Audley, forcé à rechercher ce qu'il redoute. Le détective peut être lui-
même perçu comme habité d'une dépendance à la
sensation, avide des émotions et frissons procurés
par le crime. James McLevy, ce détective d'Édimbourg dont les mémoires en deux volumes furent
un succès de librairie en 1861, reconnaît la troublante excitation que procure ce métier. Il décrit
son désir de récupérer des marchandises volées
comme une pulsion animale, pareille à celle qui
anime le voleur : « On imagine à peine ce
qu'éprouve un détective quand il tire d'un mystérieux sac l'objet même qu'il recherche. Même le
voleur, lorsque ses doigts tout frémissants se saisissent prestement d'une rivière de diamants, ne ressent
pas de plus vif plaisir que nous lorsque nous reti-
rons telle montre d'entre ces mêmes doigts, à présent tout crispés. » McLevy se dit attiré par le danger, le mystère, les « endroits où se sont déroulées
des choses clandestines ». Le désir ardent qu'il a
de prendre un homme recherché est physique :
« Chaque regard [...] semblait envoyer de l'énergie
dans mon bras, communiquant à mes doigts
comme un besoin maladif d'attraper cet homme. »
C'est avec une aigreur particulière qu'il compare
la capture d'un malfrat à l'étreinte amoureuse :
« Comme il était merveilleux de le tenir au collet.
[...] Je n'aurais pas troqué cela pour le contact de la
main d'une mariée, avec l'anneau passé à son doigt

[...] telle était ma faiblesse que lorsque je vis Thomson se débattre sans effet pour échapper au constable, ce Thomson après lequel j'avais si souvent soupiré en secret et que j'avais toisé ouvertement [...] je brûlai de serrer dans mes bras l'audacieux chef de la bande. » McLevy se dépeignait comme un solitaire dont les énergies étaient infléchies et les émotions faussées par son obsession des affaires sur lesquelles il travaillait et des bandits qu'il poursuivait. À l'instar de Jack Whicher et par la suite de la plupart des détectives imaginaires, il n'était pas marié, sa solitude étant le prix de son excellence.

La presse intensifiait ses attaques contre Whicher et ses collègues. « Le détective moderne est généralement fautif », affirme le *Dublin Review* – l'affaire de Road Hill a « ébranlé à juste titre » la foi du public en « sa sagacité et sa perspicacité. [...] Dans ce pays, le système des détectives est par essence déficient et misérable ». Le mot « clueless[1] » est attesté pour la première fois en 1862. Le magazine *Reynolds* compare la police métropolitaine à « un géant aussi pleutre qu'empoté qui [...] assouvit toute la malignité de sa nature sur chaque créature faible et sans défense qu'il croise sur son chemin ». Cela renvoie à la « malignité » dont a fait preuve Whicher en arrêtant une Constance Kent désarmée. En 1863, une parodie de *Punch* évoque un « inspecteur Watcher » de la « police défective ». Dans le *Saturday Review*, James Fitzjames Stephen s'en prend à la représentation romantique des policiers dans les œuvres de

---

1. Cet adjectif, formé de *clue* (indice) et du suffixe privatif -*less*, signifie « ignorant ».

LE DÉNOUEMENT 325

fiction – « ce culte du détective » –, soutenant que dans la réalité ils sont incapables d'élucider les crimes commis au sein de la classe moyenne.

Au cours de l'été de 1863, Samuel et William Kent allèrent voir Constance à Dinan. Le 10 août, elle revint en Angleterre pour entrer comme pensionnaire payante à St Mary's Home, à Brighton. Cet établissement, fondé en 1855 par le révérend Arthur Douglas Wagner, était un des premiers couvents de l'Église d'Angleterre. Une bande de novices, conduites par une mère supérieure et assistées d'une trentaine de pénitentes, y tenaient une clinique d'accouchement pour filles-mères. Wagner était un disciple d'Edmund Pusey, chef du mouvement tractarien, ou mouvement d'Oxford, qui prônait un retour de l'Église anglicane aux habits sacerdotaux, à l'encens, aux cierges et à la confession. En rejoignant cette communauté, Constance remplaçait sa famille naturelle par une famille religieuse et se libérait ainsi des liens du sang. Ayant adopté l'orthographe française de son second prénom, elle se faisait appeler Emilie Kent.

À Londres, la vie de Jack Whicher s'était faite moins pleine. Il y avait peu de traces dans les journaux de l'ancien « prince des détectives ». En septembre 1861, son ami l'inspecteur détective Stephen Thornton, âgé de cinquante-huit ans, mourut brutalement d'une attaque d'apoplexie à son domicile de Lambeth, laissant la voie ouverte à Dolly Williamson, promu inspecteur en octobre. Williamson fut placé à la tête du service.

Après Kingswood, Whicher n'apparaît qu'une seule fois dans les archives de la police métropolitaine relatives aux affaires importantes. En septembre 1862, lui et un collègue, le commissaire Walker, furent envoyés à Varsovie à la demande des dirigeants russes de la ville qui désiraient être conseillés pour l'organisation d'un service de détectives. Les Russes s'inquiétaient de ces insurgés nationalistes polonais qui avaient fait des tentatives d'assassinat contre la famille du tsar. Le 8 septembre, les policiers anglais, descendus à l'hôtel Europe, rédigent un rapport : « Tout paraît très calme, et il n'y a eu aucun attentat, même si [...] le gouvernement semble dans un état constant d'appréhension. Notre mission ici est tenue strictement secrète [...] car notre sûreté personnelle pourrait être mise en péril suite à une mauvaise interprétation de l'objet de notre venue. » Par la suite, les Russes se montrèrent civils à propos de leurs hôtes – « Les deux fonctionnaires de police [...] ont parfaitement répondu aux attentes de Son Altesse par le bien-fondé et la sagacité de leurs observations » –, mais ils ne retinrent pas leurs suggestions. En mars 1863, quand les soldats russes fusillèrent des insurgés polonais à Varsovie, des questions furent posées à la Chambre des communes relativement à l'éthique de la mission secrète des deux détectives.

Le 18 mars 1864, Jack Whicher quitte la police métropolitaine à l'âge de quarante-neuf ans avec une pension annuelle de cent trente-trois livres, six shillings et huit pence. Il reprend son logement de Holywell Street, à Pimlico. Sur le formulaire de départ en retraite il a noté « célibataire » à la rubrique situation de famille et il a donné pour son plus proche parent William Wort, loueur de voitures du Wiltshire qui avait épousé une de ses nièces, Mary Ann, en 1860. Le document donne pour raison de cette retraite anticipée un « transport au cerveau ». Ce diagnostic s'appliquait à toutes sortes d'affections, telles que l'épilepsie, l'anxiété, la démence vasculaire. Un essai de 1866 en donne pour symptômes des maux de tête lancinants, un visage enflé et congestionné, des yeux injectés, et soutient que la cause en est une « tension mentale prolongée ». À croire que Whicher a ressassé jusqu'à l'obsession l'énigme de Road Hill et que son esprit est entré en « surchauffe » tout comme celui de Robert Audley. Peut-être le transport au cerveau était-il le lot du détective lorsque son instinct restait sans réponse et sa soif de solution insatisfaite, lorsque la vérité ne pouvait être dégagée des apparences.

« Rien en ce monde ne demeure caché à jamais, écrit Wilkie Collins dans *Sans nom* (1862). [...] Le sable perfide trahit l'empreinte du pied qui s'est posé sur lui ; l'eau renvoie à sa surface le cadavre qu'elle a reçu dans ses plus secrètes profondeurs. [...] La haine emprisonnée dans le cœur se révèle par le regard. [...] De quelque côté que vous regardiez, vous verrez que la révélation est inscrite dans les lois de la nature ; la conservation durable d'un secret est un miracle que le monde n'a encore jamais connu. »

H. G. Holland
J. S. Papor 25/65
H. S. Seeller
4 May 1865

Chief Sec
Bow St.
25 April 1865

&c.

I, Constance Emilie Kent,
alone and unaided on the night of
the 29th of June 1860, murdered at
Road Hill House, Wiltshire, one
Francis Savile Kent.

Before the deed none knew of my
intention, nor afterwards of my guilt; no one
assisted me in the crime, nor in my
evasion of Discovery

XVI

Mieux vaudrait qu'elle soit folle

Avril - juin 1865

Le mardi 25 avril 1865, sous un soleil de plomb, Constance Kent, à présent âgée de vingt et un ans, prit le train de Brighton en direction de la gare de Victoria, puis un fiacre la conduisit au tribunal d'instance de Bow Street, à Covent Garden. Elle était accompagnée du révérend Wagner, en costume de pasteur, et de Katharine Gream, supérieure de St Mary, en grande tenue (une longue cape noire nantie d'une haute collerette blanche). Elle était, selon le *Daily Telegraph*, « pâle et triste, mais parfaitement calme ». Arrivée au tribunal peu avant quatre heures de l'après-midi, elle déclara qu'elle venait confesser un meurtre.

Le palais de justice de Bow Street, premier et plus fameux tribunal d'instance de Londres, occupait deux immeubles mitoyens à la façade en stuc, dans le quartier mal famé entourant le marché de Covent Garden et l'Opéra. Un constable montait la garde à l'extérieur, sous une lampe à gaz et un fronton sculpté des armoiries royales. Constance et ses compagnons furent conduits par un étroit couloir jusqu'à une salle d'audience de plain-pied située derrière le bâtiment principal. La pièce était sillonnée de mains courantes en métal et d'estrades en bois ; le soleil s'y déversait par une verrière dans la toiture ; une horloge et plusieurs peintures à l'huile ornaient des murs de couleur passée. Sir Thomas Henry, président du tribunal de Bow Street, y siégeait. Constance lui remit la lettre qu'elle avait apportée. Elle prit un siège. Par cette journée d'avril aussi chaude qu'un jour de plein été, l'endroit était étouffant et confiné.

Henry lut la lettre, rédigée sur un papier à lettres soyeux d'une écriture assurée et fleurie :

Je soussignée, Constance Emilie Kent, ai assassiné, seule et par mes propres moyens, dans la nuit du 29 juin 1860, à Road Hill House, Wiltshire, le dénommé Francis Savile Kent. Avant l'accomplissement de cet acte, nul n'a eu connaissance de mon projet, ni, ensuite, de ma culpabilité. Nul ne m'a aidée à commettre ce crime ni à le camoufler.

Le magistrat se tourna vers Constance.

— Dois-je en conclure, miss Kent, que vous venez de votre propre chef vous accuser de ce crime et vous constituer prisonnière ?

— Oui, monsieur.

La jeune femme s'exprimait « d'une voix ferme mais triste », écrira le *Times*.

— Tout ce que vous allez dire sera consigné et pourra être retenu contre vous. Comprenez-vous bien cela ?

— Oui, monsieur.

— Cette pièce que vous m'avez remise, est-elle de votre main et l'avez-vous écrite de votre plein gré ?

LE DÉNOUEMENT   331

— Oui, monsieur.

— En ce cas, que l'acte soit enregistré dans les termes mêmes de la lettre.

Le greffier rédigea l'acte d'accusation sur une feuille de papier bleu, demandant à Constance si elle épelait son deuxième prénom « Emily » ou bien « Emilie ».

— C'est indifférent, lui répondit-elle. Je l'écris tantôt d'une façon et tantôt de l'autre.

— Je note que dans ce texte, que vous dites de votre main, il est orthographié « Emilie ».

— En effet, monsieur.

Henry lui demanda si elle voulait signer ses aveux.

— Je dois vous rappeler derechef, ajouta-t-il, qu'il s'agit du crime le plus grave qui se puisse commettre et que cette pièce sera utilisée à charge lors de votre procès. J'en ai fait porter les termes sur ce procès-verbal, mais je ne vous demande pas de le signer, sauf si telle est votre volonté.

— Je le ferai si nécessaire, lui repartit Constance.

— Cela n'a aucun caractère de nécessité. Il n'y a pas lieu de signer, sauf si vous le souhaitez. Je vais joindre votre déclaration aux dépositions et vous demander une nouvelle fois si vous l'avez faite de votre propre chef et sans avoir été, par qui que ce soit, incitée à vous constituer prisonnière.

— C'est le cas.

Portant son attention sur le révérend Wagner, le magistrat lui demanda de décliner son identité. Wagner était un personnage très connu. Diplômé d'Eton et d'Oxford, il utilisait une fortune reçue en héritage pour construire à Brighton cinq églises, pour lesquelles il avait commandé des vitraux et des autels à des artistes tels que Edward Burne-Jones, Augustus Pugin et William Morris. Il avait fait de cette ville du bord de mer le centre du mouvement anglo-catholique. D'aucuns le considéraient comme papiste et dangereux pour l'Église d'Angleterre. Il avait un beau visage plein, au centre duquel deux petits yeux prenaient la mesure de ses interlocuteurs.

— Je suis ecclésiastique et vicaire perpétuel de l'église St Paul de Brighton. Cela fait près de deux ans que je connais Constance Kent – depuis l'été de 1863.

— En août, précisa Constance.

— À peu près vingt et un mois ? interrogea Henry.

— C'est cela, acquiesça Wagner. Pour autant que je me souvienne, une famille anglaise m'a écrit pour solliciter son admission à St Mary [...] en conséquence du fait qu'elle n'avait pas d'endroit où aller ou de je ne sais quelle difficulté à laquelle elle était en butte. Le « foyer » ou plutôt l'« hôpital », comme on l'appelle maintenant, est une maison pour religieuses et dépend de l'église St Mary. Miss Kent s'est présentée vers cette époque en tant que visiteuse et y a séjourné jusqu'à aujourd'hui.

— Mr Wagner, il m'appartient de vous demander si cette personne a été incitée à faire des aveux.

— Pas par moi. Pour ce que j'en sais, cette confession est une initiative entièrement volontaire. C'est, si je me rappelle bien, il y a une quinzaine de jours que la chose a été portée à ma connaissance. C'est de sa propre volonté que miss Kent a souhaité être conduite à Londres devant un magistrat. Elle a elle-même proposé de se transporter à Londres à cet effet. La confession qu'elle m'a faite est en substance de même nature que la déclaration rédigée de sa main et recopiée sur le procès-verbal.

Wagner ajouta que lorsqu'il parlait de la confession de Constance, il évoquait sa déclaration publique et non ce qu'elle pouvait lui avoir confié en privé.

— Je n'aborderai pas ce point ici, lui repartit le magistrat. Il se peut qu'il soit examiné, peut-être à fond, au cours du procès – visiblement mal à l'aise concernant le rôle joué par le pasteur, il revint à Constance : J'espère que vous comprenez bien que vos déclarations, quelles qu'elles soient, doivent être entièrement libres et volontaires, et qu'aucune incitation qu'on ait pu vous adresser ne doit influer sur vous.

— Cela n'a jamais été le cas, monsieur.

— Je tiens à ce que vous en soyez bien pénétrée.

Sur quoi Wagner prit la parole :

— Je souhaite préciser que beaucoup de personnes ont coutume de venir se confesser à moi dans le cadre de la pratique religieuse, mais que je n'ai à aucun moment encouragé miss Kent à faire des aveux publics.

— Oui, fit Henry, d'un ton un peu sévère, je pense qu'il importe de le préciser. L'avez-vous, dans un premier temps, amenée à se confesser à vous ?

— Non, monsieur. Je ne suis pas allé la trouver ni ne l'ai en aucune façon priée de venir à confesse. C'est elle-même qui l'a souhaité.

— Si vous pensez que les aveux qu'elle vient de

faire sont une conséquence de quelque chose qu'elle vous aurait dit, ou que vous lui auriez dit, il serait bon que vous en fassiez état.

— Je ne lui ai pas même donné un conseil, persista Wagner. Je suis resté parfaitement passif. J'ai pensé qu'elle faisait bien et n'ai pas cherché à l'en dissuader.

— Mais vous affirmez ne pas l'y avoir persuadée ?

— Je l'affirme.

Henry montra la lettre de Constance.

— Il s'agit bien du document que vous souhaitez remettre à la justice en guise de déclaration ? Il n'est pas trop tard, encore maintenant [...]. Vous n'êtes pas obligée de faire la moindre déclaration, à moins que vous ne le désiriez.

Le greffier s'enquit auprès de la jeune femme s'il s'agissait bien de son écriture. Elle répondit par l'affirmative.

Henry demanda à Wagner s'il connaissait l'écriture de miss Kent, mais le pasteur lui répondit que non, ne l'ayant jamais vue écrire.

Le greffier donna lecture des aveux de Constance et celle-ci en confirma l'exactitude. Elle signa le document, utilisant l'orthographe originelle de son deuxième prénom : Emily. Quand Henry lui eut expliqué qu'il allait la mettre en accusation, elle poussa un soupir, comme soulagée, et se laissa aller contre le dossier de sa chaise.

Le commissaire Durkin et l'inspecteur Williamson, que l'on avait fait venir de Scotland Yard, étaient arrivés en cours d'audience.

— Le crime ayant été commis dans le Wiltshire, c'est dans ce comté que devra se tenir le procès, fit observer Henry. Il va donc être nécessaire d'y envoyer la prévenue pour qu'elle soit entendue par les magistrats du comté. L'inspecteur Williamson, qui a assisté à la dernière enquête, sait ce qui s'est passé et quels étaient les magistrats.

— En effet, sir Thomas, dit Williamson.

— Et le lieu de résidence de ces magistrats ?

— L'un d'eux habite Trowbridge.

— Un juge de paix pourra statuer en premier ressort, déclara Henry.

Il demanda où était l'inspecteur détective Whicher. Williamson lui dit qu'il avait pris sa retraite.

Williamson emmena Constance Kent et miss Gream à la gare de Paddington où, en compagnie du sergent détective Robinson, qui avait travaillé sur l'affaire de Kingswood, ils prirent le train de huit heures dix pour Chippenham. Constance garda le silence durant tout le trajet, même lorsque l'inspecteur lui tendit la perche avec des questions bon enfant. C'était la première fois depuis 1861 qu'elle remettait les pieds dans le Wiltshire. Elle semblait, selon Williamson, « dans un état de profond abattement ». Arrivé à Chippenham peu avant minuit, le petit groupe prit une chaise de poste – voiture à habitacle et à quatre roues – pour gagner Trowbridge, distant d'une quinzaine de miles. Williamson tenta une nouvelle fois de la faire participer à la conversation en lui demandant si elle savait à quelle distance se trouvait la ville, mais elle resta enfermée dans son mutisme. Le chauffeur se fourvoya à ce point dans les petites routes qu'ils ne parvinrent pas à destination avant deux heures du matin. Au commissariat,

Constance fut prise en charge par Mrs Harris, épouse du nouveau commissaire (John Foley était décédé au mois de septembre, à l'âge de soixante-neuf ans).

La presse accueille avec étonnement les aveux de Constance. Plusieurs journaux se montrent réticents à admettre la véracité de sa déclaration. Après tout, si certains individus perturbés en arrivent à passer à l'acte, d'autres, tel le maçon qui se présentait pour l'assassin de Saville Kent, prétendent l'avoir fait, peut-être dans l'espoir qu'avouer un crime les soulagera d'un sentiment de culpabilité aussi nébuleux que morbide. Peut-être Constance Kent est-elle « folle plutôt que coupable », propose le *Daily Telegraph* ; ces cinq dernières années de « lente agonie » peuvent lui avoir ébranlé la raison et l'avoir incitée à une fausse confession. « Mieux vaudrait qu'elle soit folle plutôt que meurtrière. » Ce même journal admet pourtant que la lucidité et le « terrible courage » de ses déclarations n'ont « pas du tout un parfum de folie ». Le *Morning Star* avance que Constance a assassiné son demi-frère par « affection passionnée » pour William. Des amitiés quasi romantiques entre frère et sœur étaient chose familière pour le public victorien ; au sein d'une famille cloîtrée, chaperonnée, de la classe moyenne, un frère ou une sœur pouvait être pour un adolescent la seule relation proche avec une personne de l'autre sexe. Le *London Standard* trouve quelque chose de louche à la déclaration de Constance, soi-disant rédigée par ses seuls soins : « On y sent la patte d'un avocat. » Insinuant que de sinistres forces papistes sont à l'œuvre, le *London Review* relève « dans la forme du

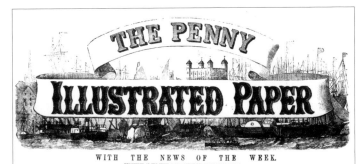

Katharine Gream déposant devant la cour des magistrats de Trowbridge en avril 1865.

Deux photos du XIXe siècle
de Road Hill House.
L'origine de ces photos est traitée
dans le post-scriptum, page 439.

Détail de la fenêtre du salon de la photo du haut ci-contre.

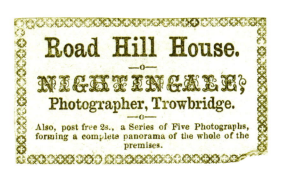

Étiquette collée au dos des photos ci-contre.

Constance Kent en 1874.

William Saville-Kent
dans les années 1880.

William Saville-Kent
photographiant les poissons et coraux
de la Grande Barrière vers 1890.

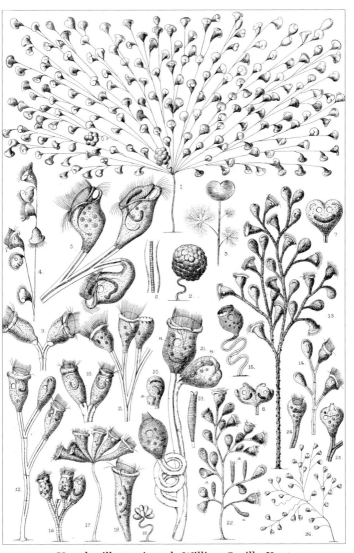

Une des illustrations de William Saville-Kent
dans *A Manual of the Infusoria*, 1880-1882.

Emilie Kayes en 1944
à Sydney, en Australie.

LE DÉNOUEMENT

document la marque d'une main étrangère et d'une influence inconnue ».

Le *Times* prend toutefois Constance au mot et propose une explication de son crime qui attribue des sentiments haineux à la moitié de la population anglaise. « Il est une phase de la vie, s'étendant entre douze ou quatorze ans et dix-huit ou vingt ans, durant laquelle le niveau de l'affection spontanée est au plus bas, laissant le corps et l'intellect sans frein et sans faiblesse dans leur processus de développement, et laissant le cœur tout entier ouvert aux passions violentes et préférences fulgurantes qui vont s'emparer de lui. [...] C'est malheureusement surtout le sexe faible qui a la réputation de traverser cette période de presque totale absence de cœur. » Les filles sont « plus dures et plus égoïstes » que les garçons ; en préparation de la passion sexuelle à venir, leur cœur se vide de toute tendresse. Et quand une adolescente se trouve habitée d'une « tendance particulière à la rumination et à la fabulation [...] la rêverie paraît s'enfler et devenir une vie intérieure que ne refrènent ni le sentiment d'autrui ni l'occupation extérieure, jusqu'à ce qu'une simple idée, aussi pernicieuse que dépourvue de fondement, lui emplisse l'âme ». Prenant le contre-pied de l'idée qui veut que la femme de la classe moyenne victorienne soit « l'ange du foyer », ce journal laisse entendre que la plupart des adolescentes sont habitées de désirs de meurtre : « D'aucuns affirment que Constance Kent n'a fait que ce que d'innombrables jeunes personnes de son âge et de son sexe souhaitent voir se produire par une autre entremise que la leur. »

Certaines feuilles assurent que Constance a déjà

écrit à son père au pays de Galles afin de lui épargner le choc d'apprendre ses aveux dans la presse. Cela est contredit par une anecdote rapportée dans le *Somerset and Wilts Journal*. Dans la matinée du mercredi 26 avril, une connaissance de Samuel Kent l'avait vu de bonne humeur tandis qu'il visitait la ville galloise d'Oswestry, proche de son domicile de Llangollen. Vers deux heures de l'après-midi, on le vit acheter à la gare une gazette où figurait la nouvelle de la confession de sa fille à Bow Street au cours de l'après-midi de la veille. Alors qu'il en parcourait le contenu, il fut brusquement saisi d'une « paralysie momentanée » avant de se précipiter vers un hôtel de la grand-rue pour y demander une voiture et rentrer immédiatement chez lui, manquant un rendez-vous qu'il avait dans l'après-midi à Oswestry.

Williamson, qui avait été seul chargé de l'affaire, réunit plusieurs magistrats à onze heures ce mercredi matin au tribunal de police de Trowbridge. Le président fut, comme précédemment, Henry Ludlow. Henry Clark, le greffier, était également présent, ainsi que le capitaine Meredith, commandant la police du Wiltshire, le commissaire Harris, Joseph Stapleton et les deux avocats employés par Samuel Kent en 1860, Rowland Rodway et William Dunn. Le début de la séance fut différé en raison de l'arrivée tardive d'un témoin clé, le révérend Wagner. Des centaines de gens qui n'avaient pu entrer attendaient dehors au soleil.

Wagner arriva à la gare de Trowbridge à midi, accompagné du sergent détective Thomas, et se rendit directement au tribunal. L'endroit était bondé. L'ecclésiastique s'assit, les yeux mi-clos, le menton dans les mains, elles-mêmes posées sur la poignée de son parapluie.

Le *Daily Telegraph* rapporte que Constance Kent fit son entrée d'un pas « calme et assuré ». Il s'agissait, toujours selon l'envoyé de ce journal, d'une corpulente jeune fille de taille moyenne qui paraissait jouir d'une « robuste santé ». « Elle présentait un teint fleuri qui ne donna pas du tout aux spectateurs l'impression qu'elle avait été tenaillée par sa conscience. Pendant les premières minutes, elle eut tout l'air de quelqu'un qui se sent en mauvaise posture. » Miss Gream, assise à côté d'elle, était raide de trac.

Le greffier commença par donner lecture de la déposition de Wagner, après quoi Ludlow, le président, demanda :

— Tout ceci est-il exact ?

— Oui, répondit le pasteur.

Ludlow s'adressa ensuite à Constance Kent :

— Avez-vous une question à poser à ce témoin ?

— Non, monsieur. Aucune.

Et, revenant à Wagner :

— Vous pouvez vous retirer.

Williamson se présenta à la barre et le greffier lut sa déposition à haute voix. Quand lecture fut donnée de sa lettre, Constance perdit son calme. Au mot « assassiné » elle fondit en larmes et, tombant presque à genoux, s'appuya contre miss Gream. La mère supérieure pleurait de même. Une femme assise à proximité tendit à Constance une boîte de sels d'ammoniaque, une autre un verre d'eau, mais elle était trop agitée pour accepter l'une ou l'autre. Quand l'inspecteur regagna sa place, Ludlow signifia à Constance que l'audience était renvoyée à huitaine. On la conduisit ce même jour à la prison de Devizes.

Williamson écrivit à sir Richard Mayne pour solliciter l'autorisation de dépêcher un détective à la recherche d'Elizabeth Gough et, le lendemain, il envoya à Dick Tanner un câble le priant de retrouver cette dernière. L'inspecteur détective Tanner, qui avait interrogé l'ancienne employée des Kent à la demande de Whicher en 1860, s'était vu fêter en 1864 pour avoir résolu l'affaire du North London Railway, premier meurtre commis en Angleterre à bord d'un train (il retrouva la trace du tueur grâce à un chapeau oublié dans la voiture, et le poursuivit jusqu'à New York en vapeur). Bien que la presse ait fait état d'une rumeur selon laquelle Gough avait épousé un éleveur de moutons australien, Tanner la retrouva au domicile familial d'Isleworth, à douze miles de Londres. Jack Whicher, qui habitait toujours Pimlico, fut invité par Mayne à accompagner Tanner pour questionner celle qu'il avait défendue avec tant d'acharnement et si peu de succès en 1860. Les deux hommes découvrirent qu'elle vivait petitement en s'employant à la semaine à des travaux d'aiguille chez des messieurs seuls.

Pendant ce temps, Williamson enquêtait à Road et à Frome, où il interrogea William Dunn et Joshua Parsons – celui-ci, qui avait quitté Beckington en 1862, possédait maintenant un florissant cabinet de médecine générale. L'inspecteur regagna Londres le samedi et, le dimanche, rendit à son tour visite à Gough, emmenant Whicher avec lui.

L'ex-détective et son protégé de naguère travaillèrent

ensemble cette semaine-là. Par la suite, Williamson fit une demande pour que son ancien patron se voie rembourser cinq livres, sept shillings et six pence pour « frais de déplacement et autres débours ». Il y avait juste un peu plus d'un an qu'un Whicher humilié et désavoué avait quitté le service. Quelques journaux évoquèrent l'injustice des calomnies qu'il avait essuyées. Le *Times* publia une lettre de lord Folkestone : « Permettez-moi de rapporter, pour rendre justice au détective Whicher [...] que les dernières paroles qu'il a adressées à un de mes amis furent : "Croyez-moi, monsieur, on ne saura rien de plus sur le meurtre avant que miss Constance Kent ne fasse des aveux." » Et le *Somerset and Wilts Journal* de rappeler à ses lecteurs « la critique impitoyable et presque unanime » dont ce policier « aussi capable qu'expérimenté » avait fait l'objet. Toutefois, le fait que Constance s'était livrée ne fut pas perçu comme la marque de son triomphe : ainsi que le proclamait l'épitaphe portée sur la tombe de Saville, Dieu avait triomphé là où l'homme – et la science et l'art du détective – avait échoué.

Le lundi 1ᵉʳ mai, Samuel Kent, accompagné de Rowland Rodway, rendit visite à sa fille à la prison de Devizes. Constance, assise à un bureau, était en train d'écrire. Elle se leva pour saluer Rodway, mais lorsqu'elle vit son père, elle eut un mouvement de recul, éclata en sanglots et tituba jusqu'à son lit. Samuel la serra dans ses bras. Au moment où les deux hommes prenaient congé, Constance dit à son père que « le parti qu'elle avait adopté lui avait été inspiré par lui et par Dieu ».

Selon le *Standard*, Samuel Kent fut « complètement accablé » par cette visite à sa fille : « Il marche et parle, pour ainsi dire, machinalement. » Il vint voir Constance tous les jours de la semaine et s'arrangea avec le personnel du Bear Hotel de Devizes pour lui faire apporter à dîner. Pour passer le temps en prison, elle lisait, écrivait et cousait.

Le jeudi, Constance comparut de nouveau dans la salle du tribunal de police de Trowbridge. Le premier magistrat était Ludlow et sa tâche consistait, comme en 1860, à établir si les preuves étaient suffisantes pour déférer la prévenue à une instance supérieure. À onze heures ce matin-là, une trentaine de journalistes s'engouffrèrent par l'étroit passage donnant dans la salle, où régnait une chaleur étouffante, et se disputèrent les sièges. Le gradin rudimentaire installé pour la presse à l'époque des premières audiences du meurtre de Road était toujours en place, mais il n'était pas suffisamment grand pour tout le monde ; certains s'emparèrent des chaises réservées aux hommes de loi, ce qui leur valut de furieuses réprimandes du constable qui s'efforçait de maintenir l'ordre. Il n'y eut des places debout que pour une fraction de l'énorme foule qui se pressait à l'extérieur.

Si Constance parut calme au premier abord, une fois qu'elle eut gagné sa place sur le banc, « sa poitrine qui se soulevait indiquait le tumulte qui faisait rage en elle », rapporterait le *Somerset and Wilts Journal*. Les témoins se succédèrent, comme ils l'avaient fait cinq ans plus tôt, répétant le peu qu'ils savaient : Gough, Benger, Parsons, Cox (à présent Sarah Rogers, car elle avait épousé un fermier du village de Steeple Ashton), Mrs Holley, sa fille Martha

(Martha Nutt, depuis qu'elle s'était mariée avec un des Nutt de Road Hill), le sergent James Watts. Pour certains, les images du meurtre étaient toujours bien présentes – Benger se souvenait que lorsqu'il avait retiré des latrines le corps de Saville, « du sang était accroché dans les plis de sa petite chemise de nuit ». Modifiant légèrement ses conclusions de 1860, Parsons estimait maintenant que la cause première de la mort du garçonnet avait été la blessure à la gorge, mais qu'il avait pu être partiellement étouffé avant qu'elle ne lui soit infligée. Il répéta qu'il n'était pas possible qu'un rasoir ait causé la plaie au torse, qui ne pouvait avoir été produite que par « un long et fort couteau pointu [...] il y avait une incision sur un côté, comme si la lame avait été retirée dans une direction différente de celle qu'elle avait en entrant ». Il dit aussi avoir remarqué, lorsque, le 30 juin 1860, il avait examiné la chemise de nuit posée sur le lit de Constance, que les poignets en étaient encore bien empesés.

Après que tous les témoins eurent déposé, on demanda à Constance si elle avait des questions. « Non », murmura-t-elle. Elle garda le visage voilé et les yeux baissés pendant toute l'audience, ne levant la tête que pour jeter un coup d'œil à un nouveau témoin ou répondre d'un signe à une question du président.

Whicher vint à la barre. Dans le cours de sa déposition il présenta ses reliques : les deux chemises de nuit qu'il avait confisquées à Constance cinq ans plus tôt, sa liste de linge et le mandat d'arrêt délivré contre elle – il avait dû vivre dans l'attente de ce jour. (« Vous auriez dû embrasser la profession de détective », dit lady Audley à Robert Audley, qui la traque. Et lui de répondre : « Je me dis parfois que j'y aurais excellé. – Pour quelle raison ? – Parce que je suis patient. ») La relation que fit ce jour-là Whicher de son enquête à Road Hill en 1860 reprenait presque mot pour mot ce qu'il avait dit à l'époque aux magistrats. Comme si son récit était devenu une incantation. Il ne manifesta aucune émotion – ni rancœur ni jubilation ni soulagement – face au tour pris par les événements. Ludlow lui offrit la possibilité de préciser que les policiers du cru lui avaient celé la découverte d'une chemise tachée de sang dans le foyer de la plaque chauffante.

— Avez-vous su qu'un vêtement ensanglanté avait été trouvé ? s'enquit le magistrat.

— Aucune communication ne m'a été faite à ce sujet par un membre de la police locale, répondit Whicher. Je ne l'ai appris que trois mois plus tard lorsque les journaux en ont parlé.

Katharine Gream lui succéda à la barre et la charge dramatique monta de plusieurs crans. Elle commença par demander aux juges de respecter les confidences que lui avait faites Constance, comme ils le feraient des confidences entre une mère et son enfant. « Dès le début, elle est venue vers moi comme une fille vers sa mère. » Puis elle expliqua que Wagner lui avait dit pendant la semaine sainte, qui allait cette année-là du 9 au 16 avril, que Constance lui avait confessé l'assassinat de son frère et souhaitait comparaître devant la justice. Miss Gream avait abordé le sujet avec elle, sans jamais employer le mot « meurtre ». Elle lui avait demandé si elle « comprenait bien ce que cela supposait » que de se livrer. La jeune fille avait répondu par l'affirmative. Une semaine plus tard, elle avait dit à miss Gream avoir transporté Saville endormi au rez-de-chaussée, être sortie en passant par la fenêtre du salon et avoir utilisé un rasoir pris « à cet effet » dans le nécessaire de toilette de son père. Elle avait agi « non par aversion pour le petit, mais afin de se venger de sa belle-mère ». Plus tard encore, elle avait confié à la mère supérieure avoir, comme Whicher l'avait conjecturé, subtilisé une chemise de nuit dans le panier à linge.

Ludlow, qui cherchait à établir si l'on avait fait pression sur Constance pour qu'elle se livre, voulut savoir ce qui l'avait conduite à révéler ces détails supplémentaires sur son crime. « Je crois avoir demandé si l'enfant l'avait suppliée de l'épargner », répondit Katharine Gream. Ludlow lui demanda quelle conversation avait amené cela.

— Je tentais de lui faire mesurer la gravité de son péché et de lui indiquer ce qui pouvait encore l'aggraver au regard de Dieu.

— Au terme de ces échanges, l'avez-vous à un moment ou à un autre engagée à se dénoncer ?

— Jamais. Non, jamais.

Wagner vint à la barre. Il croisa les bras et demanda (« d'un ton geignard », commentera le *Somerset and Wilts Journal*) à lire une courte déclaration qu'il avait écrite. Ludlow lui expliqua qu'il ne pourrait le faire qu'après avoir déposé. Cependant, sitôt le début de l'interrogatoire, l'ecclésiastique déclara : « Tout ce qui s'est échangé entre miss Constance Kent et moi est placé sous le sceau de la confession ; il me faut en conséquence m'abstenir de répondre à toute question qui entraînerait une violation de ce secret. »

L'achoppement était de taille. Si l'Église catholique romaine regardait le confessionnal comme un espace sacro-saint, l'Église anglicane, elle, répondait devant la loi des hommes. La salle se mit à manifester sa désapprobation.

— Mr Wagner, rappela Ludlow, vous avez juré devant Dieu de dire la vérité, toute la vérité et rien que la vérité.

— Mon devoir envers Dieu, lui repartit Wagner, provoquant de nouveau les sifflets du public, m'interdit de divulguer ce que j'ai entendu en confession, quelle qu'en soit la teneur.

Tout ce qu'il pouvait révéler, dit-il, était que Constance l'avait prié, voilà trois ou quatre semaines, de faire savoir à sir George Grey, qui avait succédé à Cornewall Lewis en 1861 au poste de Home Secretary, qu'elle était coupable du meurtre de Road. Il précisa en outre ne l'avoir à aucun moment incitée à se livrer. Ludlow ne chercha pas à poursuivre la question du secret de la confession – cela pouvait attendre le procès.

Peu avant six heures du soir, le dernier témoin fut congédié et Constance se vit demander si elle avait quelque chose à déclarer. Elle secoua doucement la tête. Ludlow la mit en accusation, après quoi elle quitta en silence le banc des accusés. À sept heures, on la renvoya à la prison de Devizes.

Près de trois mois s'écoulèrent avant que Constance ne soit jugée pour meurtre. Entre-temps, Williamson continua de réunir des témoins et de

collecter des éléments pour le cas où elle plaide-
rait non coupable. À la fin du mois de mai, le
Dr Mallam, parrain de Saville, écrivit à Scotland
Yard de Holloway, au nord de Londres, pour solliciter un entretien avec les détectives. Quand
Williamson le reçut, Mallam déclara avoir été
témoin du fait que les enfants de la première femme
de Samuel Kent étaient traités comme une progéniture de second ordre par leurs père et belle-mère. S'il
fallait une confirmation de cet état de chose, il suggéra au policier de s'adresser à Mary Ann. Il relata
aussi une conversation entre Parsons, Stapleton,
Rodway et lui après l'enterrement de Saville, au
cours de laquelle tous les quatre étaient convenus
pour voir en Constance le coupable. « Le
Dr Mallam m'a également dit, écrivit Williamson,
avoir appris qu'un dénommé Stephens, habitant présentement Frome et qui fut jardinier chez les Kent,
avait déclaré que, environ dix-huit mois avant le
meurtre, miss Constance lui avait demandé comment elle pouvait prendre un rasoir dans le nécessaire de toilette de son père. » Cette peu plausible
rumeur pouvait avoir un tant soit peu de substance
puisqu'un homme du nom de William Stevens figurait au nombre des quelques nouveaux témoins qui
devaient déposer au procès de Constance en juillet.

Williamson se rendit à Dublin le 29 juin afin de
citer Emma Moody. Il alla deux semaines plus tard à
Oldbury-on-the-Hill, dans le Gloucestershire, pour
assigner Louisa Long, anciennement Hatherill,
l'autre condisciple de Constance que Whicher avait
interrogée en 1860.

Loin de se voir remercier pour avoir aidé à

résoudre l'affaire, le révérend Wagner devient un bouc émissaire aux yeux de la presse comme du public. On le fustige dans les journaux, à la Chambre des communes et à la Chambre des lords (lord Ebury affirme que le « scandale » de son implication avec Constance Kent révèle à quel point l'Église d'Angleterre est en train de se faire « miner et détruire »). En se présentant comme le gardien des secrets de Constance, Wagner pousse certaines personnes au comble de la frustration. À Brighton, des bandes d'agités arrachent des affiches confessionnelles à St Paul, où officie Wagner, molestent celui-ci dans la rue et lancent des objets contre les fenêtres de St Mary's Home. Le 6 mai, un correspondant anonyme du *Standard* demande ce qu'il est advenu du legs de mille livres que Constance a reçu en février pour son vingt et unième anniversaire. L'avocat de Wagner répond qu'elle a voulu remettre huit cents livres de cet héritage à l'institution St Mary, mais que le clergyman a refusé. La veille au soir du jour où ils se rendirent à Bow Street, elle avait fourré l'argent dans un tronc de l'église St Paul. Wagner l'y découvrit le lendemain et notifia la chose au Home Secretary. Cela fut confirmé par Rowland Rodway, qui écrivit aux journaux pour dire que Wagner avait remis cet argent à Samuel Kent afin qu'il le gère pour le compte de sa fille.

L'affaire de Road Hill était devenue le champ de bataille de la grande controverse religieuse du siècle, l'affrontement entre tenants de la Haute Église et de la Basse Église. Le révérend James Davies soutint dans un pamphlet que les aveux de Constance démontraient la valeur des institutions monastiques anglo-catholiques. St Mary avait amené la jeune femme à confesser son crime. « Les existences consacrées à Dieu dont elle était entourée, cette règle du renoncement, l'atmosphère même qu'elle respirait dans la sainte retraite, l'ont lénifiée, attendrie, modelée, en manière de préparation. Ensuite, quand le cœur est *adouci*, il doit *s'ouvrir*. » Les accents semiérotiques avec lesquels Davies décrivait l'abandon de Constance à Dieu évoquaient plus les extases des saintes catholiques que la sobre piété d'une héroïne protestante.

En réponse, Edwin Paxton Hood, ministre de l'Église congressionaliste, publia un pamphlet qui jetait le doute sur les familles religieuses de substitution auxquelles une jeune femme pouvait « se soumettre » sans l'assentiment de sa famille naturelle – les pratiques de la Haute Église pouvaient saper l'autorité du foyer victorien. Paxton Hood s'agaçait du halo romanesque qui avait fini par nimber Constance Kent : « Il n'y a absolument rien d'étonnant chez cette personne, pas plus que dans son crime, dans ses cinq années de silence ou dans ses aveux, sinon qu'elle s'est montrée très cruelle, très secrète et très insensible. Et ce qu'elle était, elle l'est probablement toujours. Sa confession ne l'exalte pas ; et nous nous refusons à la tenir pour une pénitente modèle ou, comme on a pu tenter de la présenter, pour une héroïne. Elle n'est qu'une jeune femme très méchante et cruelle. »

D'aucuns disaient que Wagner avait encouragé Constance à se livrer parce qu'il entendait faire connaître ses vues sur le caractère sacré de la confession. D'autres subodoraient que sa ferveur Haute

Église avait poussé la jeune femme à faire de faux aveux. James Redding Ware refit paraître son pamphlet de 1862 dans lequel il suggérait qu'une Elizabeth Gough atteinte de somnambulisme avait commis le crime, y ajoutant des « observations supplémentaires » qui jetaient le doute sur les aveux de Constance. Il arguait de ce que l'Église « romanâtre » cultivait l'idée de l'abnégation : « Si la confession de miss Constance fait montre d'un "style" plus que d'un autre, c'est celui qui consiste à endosser de façon ostentatoire tout l'anathème attaché à la mort de son frère. »

Au mois de mai, un pasteur du Wiltshire venu rendre visite à Constance dans sa prison tenta d'évaluer l'état de son âme. Entrant dans la cellule, il la trouva en train d'écrire sur une table jonchée de livres ouverts. Elle était « très corpulente et très quelconque, confia-t-il ensuite au *Salisbury and Winchester Journal*, avec les joues très rebondies ». Elle se montra « parfaitement maîtresse d'elle-même, dure et froide ». Il lui demanda si elle croyait que Dieu lui avait pardonné. Elle répondit : « Je ne suis pas sûre que mon péché soit pardonné, car nul de ce côté-ci du tombeau ne peut avoir ce genre de certitude. » Elle ne donnait à voir ni apitoiement sur soi ni regrets, dirait le pasteur.

De sa cellule, Constance écrivit à Rodway, son avocat :

On a dit qu'un désir de vengeance m'avait été inspiré par de mauvais traitements. C'est complètement faux. J'ai fait l'objet de beaucoup de bonté de la part des deux personnes accusées de la sorte. Je n'ai jamais conçu

le moindre ressentiment à l'égard de l'un ou de l'autre
en raison de leur attitude à mon endroit, qui fut tou-
jours pleine de douceur. Je vous saurai gré de faire usage
de ce billet pour détromper le public sur ce point.

Voilà qui était assez clair et sans détour, tout en laissant cependant la question de son mobile plus mystérieuse que jamais. Les journaux continuaient d'espérer qu'elle était folle. Si tel était le cas, on pouvait lui trouver une excuse, avoir pitié d'elle, voir à ses besoins. « L'hypothèse de la folie résout toutes les difficultés », fait observer le *Saturday Review* du 20 mai.

Les femmes accusées de meurtre plaidaient souvent la folie dans l'espoir que la justice les traiterait avec clémence ; et il aurait été facile à Constance ou à ses représentants de soutenir qu'elle était atteinte de manie homicide au moment où elle avait tué son frère[1]. Son apparente santé mentale ne constituait pas un obstacle à ce type de défense – comme l'écrivit Mary Braddon dans *Le Secret de lady Audley* : « Souvenez-vous du grand nombre d'esprits qui doivent vaciller sur l'étroite frontière entre raison et

---

1. Afin de démontrer la logique bizarre de la monomanie homicide, Stapleton relate la terrible histoire d'un jeune homme d'un naturel doux qui était si obsédé par les moulins à vent qu'il restait à les regarder pendant des jours et des jours. En 1843, des amis tentèrent de le distraire de sa fixation en le transportant dans un secteur qui en était dépourvu. Là, l'homme aux moulins entraîna un jeune garçon dans un bois, où il le tua et le mutila. Son mobile, expliqua-t-il par la suite, était l'espoir qu'on le ramènerait, en guise de châtiment, dans un endroit où il y aurait au moins un moulin. (*N.d.A.*)

déraison, fou aujourd'hui et sain d'esprit demain, fou hier et sain d'esprit aujourd'hui. » La folie héréditaire, affirmait l'aliéniste James Prichard, pouvait demeurer latente, jusqu'au moment où elle se révélait par un effet des circonstances, pour ensuite retomber rapidement. On prêtait aux femmes une propension à la folie pour cause d'aménorrhée ou de surcroît de pulsion sexuelle ou encore de perturbations liées à la puberté. Dans un article daté de 1860, le médecin James Crichton-Browne soutient que la monomanie est très commune chez l'enfant. « Des impressions, créées par la toujours féconde imagination enfantine, sont bientôt prises pour des réalités et deviennent une partie de l'existence psychique du sujet. Elles deviennent, de fait, des fantasmes. » Les enfants, écrit-il ailleurs, sont « la réédition parfaite de lointains ancêtres, pleins de coups de tête et d'élans incontrôlés ». Beaucoup de médecins soulignaient la déraison, les errements, voire la méchanceté diabolique, qui pouvaient naître dans les jeunes poitrines – tous les gens de l'époque victorienne n'étaient pas portés à édulcorer et sanctifier le personnage de l'enfant.

Pourtant, quand l'éminent aliéniste Charles Bucknill alla l'examiner dans sa prison, Constance soutint qu'elle avait toute sa tête, alors comme maintenant. Le médecin l'interrogea sur le motif qui l'avait poussée à tuer Saville, lui demandant pourquoi elle ne s'en était pas prise à l'objet même de sa colère, sa belle-mère. Elle lui répondit que cela aurait été « trop bref ». Bucknill comprit qu'elle entendait par là qu'en assassinant Saville, elle avait voulu infliger une torture prolongée, plutôt qu'une

LE DÉNOUEMENT 353

extinction rapide, à celle qu'elle détestait. Bucknill confia par la suite au Home Secretary que Constance avait selon lui « hérité d'une forte tendance à la folie », mais qu'elle avait « refusé de le laisser » faire publiquement état de son avis, parce qu'elle entendait protéger les intérêts de son père et de son frère. Rodway expliquait le raisonnement de sa cliente en termes similaires : « Plaider la folie au moment du meurtre aurait pu, croyons-nous, porter ses fruits, dira-t-il au Home Secretary ; toutefois, craignant qu'une telle défense ne soit préjudiciable à l'avenir de son frère, elle a instamment demandé que l'on ne fasse pas valoir cette circonstance. » Elle avait résolu de protéger William de la tare.

Après sa rencontre avec Constance, Bucknill la déclara saine d'esprit, conformément à ce qu'elle souhaitait. Il laissa malgré tout les journaux se faire l'écho de son malaise. Comme Whicher, il voyait dans le grand calme de la jeune femme un signe de son dérangement. Le sensationnalisme de l'affaire tranchait étrangement avec l'absence d'expression de la demoiselle. « Le seul trait singulier qui ait frappé Bucknill, rapporte le *Salisbury and Winchester Journal*, est son calme absolu, l'absence totale du moindre signe d'émotion. »

Miss Constance Emily Kent

XVII

Mon amour s'est mué

Juillet - août 1865

Dans la soirée du mardi 18 juillet, Constance Kent fut transférée à la prison du comté, à Salisbury. Les mouvements de détenus se faisaient habituellement par le train, mais le directeur de la prison de Devizes préféra la chaise de poste pour traverser la plaine de Salisbury, trajet d'une quarantaine de miles, en compagnie de sa prisonnière. Elle rejoignit quarante-cinq hommes et cinq femmes enfermés à Fisherton, à la périphérie de la ville. Le lendemain mercredi – avant-veille du procès –, Rowland Rodway vint lui dire que ses avocats estimaient que, nonobstant ses aveux, elle pourrait être acquittée si elle plaidait non coupable. Il l'engagea à faire la paix avec Dieu en privé ; son expiation spirituelle, lui représenta-t-il, ne reposait pas sur une confession et une condamnation publiques. Mais elle réitéra son intention de plaider coupable ; c'était « son devoir pur et simple, répondit-elle à l'avocat, le seul parti qui puisse apaiser sa conscience », et le seul qui puisse écarter les soupçons pesant sur d'autres personnes.

Salisbury s'emplissait de visiteurs. Samuel, Mary,

Mary Ann et William Kent avaient pris des chambres au White Hart, bel hôtel georgien qui faisait face à la cathédrale. Williamson avait fait le déplacement, de même que Whicher, peut-être logé chez sa nièce Mary Ann et son mari, William Wort, à leur domicile de New Street. Plus de trente témoins à charge étaient à portée, pour le cas où l'on aurait besoin de faire appel à eux. Louisa, la condisciple de Constance, était du nombre, cependant qu'Emma Moody, souffrante, n'avait pu faire le voyage d'Irlande.

John Duke Coleridge, avocat de la Couronne et l'un des plus brillants défenseurs de sa génération, avait été désigné pour représenter Constance. Le jeudi, il rencontra Mary Ann et William Kent afin de discuter du procès de leur sœur, « après quoi, nota-t-il dans son journal, veillé jusqu'à trois heures du matin pour préparer ma plaidoirie ». Il rédigea une lettre à l'attention de sa cliente : « Si vous plaidez non coupable, tout ce qu'il sera en mon pouvoir de faire aura votre acquittement pour objectif. Si vous plaidez coupable, tout ce que je pourrai dire pour disculper d'autres personnes sera dit. Mais je vous déconseille tout parti intermédiaire. » Constance lui répondit dans la matinée du vendredi 21 juillet, jour du procès : « Je suis convaincue que rien n'est, plus que ma condamnation, de nature à totalement blanchir les innocents. »

La police du Wiltshire avait dressé des barrières à l'extérieur du palais de justice et rameuté des renforts de tout le comté. Une trentaine de journalistes s'étaient déplacés, furieux de découvrir que rien n'avait été préparé pour leur venue – la municipalité avait omis de construire le balcon promis à la presse. Quatorze places seulement leur étaient allouées ; les autres allaient devoir tenter leur chance en même temps que la foule quand les portes ouvriraient à neuf heures.

Le juge était sir James Willes, personnage de haute taille pourvu d'abondants cheveux, sourcils et favoris noirs, au nez proéminent, au regard triste et sévère. Il pratiquait des manières courtoises quoique réservées, et sa voix avait des inflexions irlandaises – il était né à Cork en 1814, de parents protestants. Lorsque sir James et les vingt-quatre magistrats du jury d'accusation eurent pris place, on fit entrer l'accusée. Elle portait une voilette noire, un manteau noir, une charlotte noire ornée de pampilles de verre, une paire de gants à crispin noirs. Elle s'entretint brièvement avec Rodway derrière le banc, puis souleva son voile et alla prendre place. Elle possédait, selon l'envoyé du *Daily Telegraph*, « une face large, pleine, guère intéressante », avec une « expression terne et stupide ». « Elle a des yeux battus dans lesquels passe par moments un regard donnant à penser qu'elle se méfie de ceux qui l'entourent, et qui se décrira mieux comme celui de qui a peur de quelque chose. » Le *News of the World* la dépeint en ces termes : « pesante et quelconque, le front bas, les yeux petits et la silhouette épaissie, avec dans la mine ou l'attitude une totale absence de vivacité ».

Le greffier donna lecture du chef d'accusation, puis demanda :

— Constance Emilie Kent, êtes-vous coupable ou non coupable ?

— Coupable, répondit-elle d'une voix sourde.

Le juge prit la parole :

— Avez-vous bien conscience d'être accusée d'avoir délibérément, résolument et avec préméditation assassiné votre frère ?

— Oui.

Le juge marqua un temps avant de demander :

— Et vous plaidez coupable ?

Constance gardait le silence. Au bout de quelques instants, Willes insista :

— Quelle est votre réponse ?

Elle ne disait toujours rien. En dépit de sa détermination à plaider coupable, son attachement au silence et au secret exerçait encore son influence sur elle.

— Vous êtes accusée d'avoir délibérément, résolument et avec préméditation assassiné votre frère, répéta Willes. Êtes-vous coupable ou non coupable ?

— Coupable, finit-elle par répondre.

— Veuillez consigner ceci, dit Willes.

La salle demeura parfaitement silencieuse tandis que le greffier écrivait.

Coleridge se leva pour s'adresser à la cour. « Je désire dire deux choses avant que ne soit prononcée la condamnation. » L'homme était mince, avec un long visage, des yeux vifs et bienveillants, une voix mélodieuse. « En premier lieu, solennellement, sous le regard du Tout-Puissant, et en personne qui attache du prix à son âme, l'accusée souhaite faire savoir par ma voix que la culpabilité est exclusivement sienne, et que son père et tous ceux qui ont si longtemps souffert les soupçons les plus injustes et les plus cruels, sont totalement et absolument innocents.

Elle souhaite en second lieu faire savoir que, contrairement à ce qui s'est dit, elle n'a pas été poussée à cet acte par de quelconques mauvais traitements subis au domicile de ses parents. Elle n'y a trouvé qu'amour tendre et tolérant. Et j'espère pouvoir ajouter sans être malséant que j'éprouve un plaisir teinté de tristesse à me faire l'organe de ces déclarations, car sur mon honneur je les crois sincères. »

Coleridge se rassit. Le greffier demanda à Constance si elle voyait une raison de ne pas être condamnée à la peine capitale. Elle ne dit rien.

Se préparant à prononcer la peine de mort, le juge Willes coiffa son bonnet noir, puis il s'adressa à Constance : « Je ne puis douter, après avoir pris connaissance des éléments du dossier et les avoir pesés à la lumière de vos trois confessions, que votre défense est celle d'un coupable. Vous semblez avoir laissé des sentiments de jalousie... » – « Pas de jalousie ! » s'exclama l'accusée. Le juge continua : « ... et de colère œuvrer dans votre cœur jusqu'à ce qu'ils finissent par avoir sur vous l'influence et le pouvoir du Malin. »

Parvenu à ce point, Willes fut trahi par sa voix. À l'instant où il se tut, incapable de poursuivre, Constance leva les yeux vers lui et, le voyant bouleversé, céda elle-même à l'émotion. Elle se détourna en s'efforçant de retenir ses larmes. Willes pleurait maintenant ouvertement. Il reprit avec difficulté : « Il serait présomptueux de ma part de prétendre répondre à la question de savoir si Sa Majesté, susceptible d'exercer son droit de grâce, sera conseillée dans ce sens, considérant votre jeune âge au moment des faits, considérant que vous êtes condamnée suite à vos propres aveux et considérant que lesdits aveux disculpent d'autres personnes. Il vous appartient désormais de vivre ce qu'il vous reste à vivre en personne qui va mourir, et de rechercher un pardon plus durable par une sincère et profonde contrition et par la foi en la Sainte Rédemption. » Il prononça la peine de mort, concluant par ces mots : « Et puisse Dieu avoir pitié de votre âme. »

Constance resta un temps d'une fixité absolue, puis elle rabattit sa voilette. Elle quitta le tribunal, flanquée d'une gardienne de prison au visage noyé de larmes. Le procès avait duré vingt minutes.

Ce cri de « Pas de jalousie ! » fut sa seule proclamation spontanée en public dans les mois séparant ses aveux de son procès. Elle voulait bien admettre la colère, elle voulait bien admettre le meurtre, mais refusait de convenir qu'elle avait éprouvé de l'envie. Peut-être cette protestation était-elle outrée : si elle avait assassiné Saville sous le coup de la colère, elle pouvait se voir en héroïque vengeresse de sa mère naturelle et de William ; en revanche, agissant par jalousie, elle devenait égocentrique, puérile, vulnérable. Jalouse, elle n'était pas seulement en colère contre sa belle-mère et son père ; elle voulait leur amour.

Sitôt prononcée la peine capitale, fleurirent les ballades sur le meurtre de Road Hill. Il s'agissait de vers de mirliton relatant sur une seule page les crimes fameux, tirés en grandes quantités à la hâte et à peu de frais, puis chantés et vendus par des colporteurs. Leur fonction avait été largement usurpée par les journaux, qui désormais faisaient connaître ces faits divers plus complètement et à aussi bon marché à une population qui, de plus en plus, savait lire. La plupart de ces ballades étaient écrites à la première personne et prenaient la forme de la confession et du repentir :

D'une oreille à l'autre sa petite gorge j'ai tranchée
Puis l'ai enroulé dans une couverture pour l'emporter
Aux latrines, que j'ai bientôt trouvées,
Et là, dans les excréments l'ai enfoncé.

Nonobstant les dénégations de Constance, les auteurs annonçaient clairement son mobile :

Mon père se remaria,
Ce qui m'emplit de chagrin et de ressentiment.

Sur une autre feuille, elle était « jalouse de sa marâtre ». Plus d'un auteur la disait hantée par le fantôme de Saville : « N'ai de repos ni le jour ni la nuit, car dans mes songes je vois mon frère. » Certains véhiculaient une trouble excitation à l'idée de l'abandon dont elle ferait montre devant la potence :

Je vois le bourreau qui se dresse devant moi
Prêt à se saisir de moi en vertu de la loi
[...] Ah, quel beau spectacle à voir,
D'une vierge mourant au bout de la hart !

Les éditeurs de ces ballades avaient agi prématurément, car le public réclamait à grands cris que la peine capitale de Constance soit commuée. Un magistrat du Devon témoigna de la folie de la première Mrs Kent, affirmant que lui et d'autres voisins avaient eu l'occasion d'assister, dans les années 1840, à ses crises de démence. Le dimanche qui suivit la condamnation, le révérend Charles Spurgeon, plus célèbre prêcheur de son temps, prononça au Metropolitan Tabernacle, devant plus de quatre mille personnes, un sermon dans lequel il comparait le crime de Constance Kent à celui du Dr Edward Pritchard, de Glasgow, autre homicide condamné ce mois-là. Pritchard fut arrêté lorsque l'on trouva des traces de poison dans les cadavres de sa femme et de sa mère, mortes peu de temps après avoir découvert sa liaison avec une domestique de quinze ans. Il n'avoua point. Même une fois convaincu de meurtre, il tenta d'imputer à autrui la responsabilité de ses actes : « J'ai à présent le sentiment d'avoir vécu au milieu d'une espèce de folie depuis ma rencontre avec Mary McLeod. » Constance avait, à l'opposé, reconnu volontairement sa culpabilité afin de lever les soupçons pesant sur ses proches. Le révérend Spurgeon soutenait que l'on devait faire preuve de clémence. Rowland Rodway, le Dr Bucknill et le révérend Wagner joignirent leurs voix pour demander au Home Secretary de ne pas l'exécuter. Le juge Willes fit de même[1]. Les journaux abondaient

1. James Willes se sépara de sa femme en 1865 et emménagea dans une maison des bords de la Colne, dans l'Essex. Selon le *Dictionary of National Biography*, il passa les quelques années qui suivirent à promener son chien le long de la rivière et à donner à manger aux truites. Bien que passionné de pêche en ses jeunes années, il se prit d'une telle affection pour les poissons qu'il interdit l'accès de sa propriété aux pêcheurs. Devenu insomniaque, amnésique et déprimé, il se tira une balle de revolver dans le cœur en 1872. (*N.d.A.*)

dans ce sens. Pour une infanticide de sang-froid, Constance Kent suscitait un taux de sympathie bien peu commun. Quelques jours plus tard, sir George Grey conseilla à la reine de commuer sa peine en travaux forcés à perpétuité, ce qui se ramenait généralement à vingt ans d'emprisonnement.

Dans la matinée du jeudi 27 juillet, Victoria consent à gracier la jeune femme. Le directeur de la prison de Fisherton court jusqu'à sa cellule pour lui annoncer la nouvelle, qu'elle reçoit avec son équanimité habituelle : « Elle n'a pas trahi la moindre émotion. »

Cette semaine-là, Joseph Stapleton insère dans le *Times* une lettre invitant les lecteurs de ce journal à contribuer à une souscription – un compte ouvert à la North Wilts Bank de Trowbridge – qu'il a lancée au profit d'Elizabeth Gough. Pendant « cinq longues années, écrit-il, elle n'a pu obtenir un emploi lucratif » en raison des soupçons qui ont pesé sur elle à Road. Il certifie « la modestie et la pureté sans faille de sa personnalité, sa loyauté à son employeur et à la famille de celui-ci, son courage inébranlable et sa véracité sans détour dans les épreuves et périls qu'elle a traversés ». Il attire également l'attention sur la situation douloureuse de William Kent. « Ce jeune homme, bientôt âgé de vingt et un ans, est un bon fils et un frère dévoué, plus aimable et plus capable que le commun ; mais le nuage noir du chagrin persistant des siens pèse sur lui et l'empêche de faire ses premiers pas dans la vie. Nul ne portera-t-il le cas de William Kent à l'attention du gouvernement ? Les autorités resteront-elles sourdes à la demande pour lui d'un emploi en accord avec son éducation et ses habitudes ? »

Parce que Constance plaida coupable, le refus de Wagner de révéler tout ce qu'elle lui avait dit ne fut à aucun moment contesté par la justice (en fait, Willes avait décidé de défendre Wagner sur ce point ; il confia par la suite à Coleridge avoir vérifié qu'un prêtre avait « légalement le droit de garder pour lui ce qu'il a entendu en confession »). Le clergyman resta loyal à Constance. Accompagné de Katharine Gream, il lui rendit régulièrement visite en prison.

En août, une effigie de Constance Kent fut façonnée au musée de cires de Madame Tussaud pour y être exposée dans la chambre des horreurs avec les figures nouvellement achevées de deux autres meurtriers, l'empoisonneur Pritchard et John Wilkes Booth. Wilkes Booth avait assassiné Abraham Lincoln la semaine même où Constance s'était confessée auprès de Wagner ; le jour où elle fut emprisonnée à Devizes, il fut traqué et abattu dans une grange en Virginie[1].

Le 4 août, les magistrats du Wiltshire adressèrent à sir Richard Mayne une lettre suggérant que Whicher et Williamson se vissent accorder la prime de cent livres offerte en 1860 par les autorités contre des éléments de preuve conduisant à la condamnation du meurtrier de Road Hill. Cela contribuerait,

---

1. En définitive, peut-être par égard pour ses sentiments, le musée n'exposa pas le personnage de Constance du vivant de Samuel Kent. Selon les catalogues, il ne fut montré au public que de 1873 à 1877. (*N.d.A.*)

LE DÉNOUEMENT

écrivaient-ils, à « prendre modestement acte du savoir-faire et de la sagacité montrés par ces deux hommes au cours de leur difficile mission ». La suggestion fut ignorée.

En avril, juste avant de quitter Brighton pour se rendre au tribunal de Bow Street, Constance avait envoyé une lettre à sir John Eardley Wilmot, ce baronet qui avait eu tant à cœur en 1860 d'aider les Kent à laver leur nom. Une portion de cette lettre, dans laquelle elle livrait l'explication la plus complète qu'elle ait jamais faite de ce qui l'avait poussée au meurtre, fut transmise en juillet à Peter Edlin qui aidait à préparer sa défense. Comme aucune défense ne fut présentée, cette lettre resta confidentielle. Voici ce qui nous en est parvenu :

J'ai commis ce crime pour venger ma mère dont la place avait été usurpée par ma belle-mère. Cette dernière vivait dans la famille depuis ma naissance. Elle me traitait avec toute la gentillesse et l'affection d'une mère (car ma propre mère ne m'a jamais aimée ni ne s'est jamais souciée de moi) et je l'aimais comme si elle l'était.

Je n'avais pas plus de trois ans quand j'ai commencé d'observer que ma mère occupait une place tout à fait secondaire en tant qu'épouse et maîtresse de la maison. C'était l'autre qui commandait. J'ai entendu et gardé en mémoire beaucoup de conversations sur le sujet, que l'on me croyait trop petite pour comprendre. À l'époque, je me rangeais toujours contre ma mère que, toujours évoquée avec dédain, je méprisais moi aussi. À mesure que je grandissais et comprenais que mon père aimait cette femme *et traitait ma mère avec indifférence, mon opinion a commencé de changer. Lorsqu'elle parlait de ma mère avec arrogance et condescendance, je* lui *vouais maintenant une secrète antipathie.*

Maman est morte. À partir de là, mon amour s'est mué en une haine féroce. Même après sa mort elle *continuait de parler d'elle avec mépris. En ces occasions, ma haine devenait si forte que je ne pouvais rester dans la pièce. J'ai juré de venger ma mère, renoncé à toute croyance religieuse et me suis vouée corps et âme à l'esprit du mal, invoquant son aide dans mon dessein de vengeance. Au début, j'ai envisagé de l'assassiner,* elle, *mais cela lui aurait causé une douleur trop brève. J'allais faire en sorte qu'elle éprouve ma vengeance. Elle avait privé ma mère de l'affection qui lui était due ; j'allais donc* la *priver de ce qui lui était le plus cher. Dès lors, je suis devenue un démon, cherchant toujours à faire le mal et à y entraîner les autres, attendant en permanence de trouver l'occasion d'accomplir mon noir dessein. J'ai fini par la trouver.*

Près de cinq années se sont écoulées depuis, durant lesquelles je me suis trouvée soit dans une disposition d'esprit fiévreuse et désordonnée, avec pour unique satisfaction de faire le mal, soit si malheureuse que, bien souvent, j'aurais pu en finir si les moyens en avaient été à ma portée sur le moment. Je haïssais tous mes semblables et désirais les rendre aussi misérables que je pouvais l'être.

Puis un changement s'est opéré. Ma conscience était maintenant tenaillée par le remords. Misérable, malheureuse, méfiante, j'avais l'impression que l'enfer était en moi. Alors j'ai résolu d'avouer.

Je suis maintenant prête à réparer autant que je le pourrai. Une vie pour une vie, voilà tout ce qu'il est en mon pouvoir de donner, car le mal ne se peut jamais redresser.

Je n'ai eu aucune pitié ; que nul n'en demande pour moi, quoique, bien sûr, tout le monde doive me regarder avec trop grande horreur pour cela.

Je n'ose demander pardon à ceux que j'ai si cruellement lésés. J'ai haï ; leur haine est mon juste châtiment.

Il s'agit là d'un acte de contrition magnifiquement composé. L'explication que donne Constance de son crime – désir d'infliger à sa marâtre la souffrance infligée à sa mère – est stupéfiante, tout à la fois insane et logique, de même que le meurtre lui-même a été à la fois méthodique et teinté d'exaltation. La narration est étrangement maîtrisée : son agression furieuse contre l'enfant y est traitée comme une abstraction ; elle attendait une occasion de faire le mal et elle a « fini par la trouver ».

Après le procès, Dolly Williamson rédigea d'une écriture claire, tout en rondeurs, un rapport destiné à sir Richard Mayne. Il lui a été rapporté, écrit-il, que Constance a affirmé avoir eu à deux reprises le projet de tuer sa belle-mère, « mais elle en a été empêchée par les circonstances, après quoi l'idée lui est venue de tuer l'enfant avant de tuer la mère, de sorte à infliger à celle-ci un surcroît de souffrance ; c'est dans cette disposition d'esprit qu'elle est rentrée de pension en juin 1860 ». Son informateur était probablement le Dr Bucknill qui avait longuement parlé du meurtre avec Constance. Il fallut attendre la fin du mois d'août pour que l'aliéniste divulgue, dans une lettre à la presse, comment Constance s'y était prise pour assassiner Saville :

Quelques jours avant le meurtre, elle déroba un rasoir qui était dans une mallette verte rangée dans la penderie de son père. Il s'agit du seul instrument qu'elle ait utilisé. Elle subtilisa également une bougie et des allumettes, qu'elle plaça dans le réduit où le crime fut commis. Le soir du meurtre, elle se dévêtit et se mit au lit, car elle s'attendait à ce que ses sœurs viennent la voir dans sa chambre. Elle demeura ainsi en état de veille jusqu'à ce que toute la maisonnée fût endormie, puis, peu après minuit, elle se releva et descendit au rez-de-chaussée pour ouvrir la porte du salon et les volets de la fenêtre. Après quoi elle remonta à l'étage pour gagner la nursery. Là, elle ôta la couverture d'entre le drap et la courtepointe et la plaça sur le bord du lit. Elle prit l'enfant et l'emporta en bas, dans le salon. Elle était en chemise de nuit et, dans le salon, elle chaussa ses caoutchoucs. Portant l'enfant dans un bras, elle souleva de sa main libre le châssis de la fenêtre, sortit, contourna la maison et gagna les lieux d'aisance. Là, ayant allumé la bougie, elle la posa sur le siège, l'enfant étant toujours endormi, enveloppé dans la couverture. Alors qu'il se trouvait dans cette position, elle lui infligea la blessure à la gorge. Selon ses dires, il lui sembla que le sang n'allait jamais sortir et que le petit n'était pas mort, aussi plongea-t-elle le rasoir dans son flanc gauche, après quoi elle descendit le corps, toujours enroulé dans la couverture, à l'intérieur de la fosse. La bougie acheva de se consumer. Le morceau de flanelle qu'elle avait avec elle avait été déchiré dans un vieux vêtement jeté dans le sac à ordures ; elle l'avait récupéré et recousu quelque temps plus tôt à dessein de l'utiliser pour se laver. Elle regagna sa chambre, examina sa chemise et n'y vit que deux taches de sang. Elle les frotta dans la cuvette et déversa l'eau, qui n'était que peu colorée, dans la bassine où elle s'était lavé les pieds. Elle enfila une autre de ses chemises de nuit et se mit au lit. Le lendemain matin, celle de la veille était sèche là où elle l'avait lavée. Elle la plia et la rangea dans le tiroir. Ses trois chemises de nuit furent examinées par Mr Foley et, croit-elle, également par Mr Parsons, le médecin de famille. Elle avait d'abord cru que les taches de sang avaient été efficacement rincées, mais en présentant la chemise à la lumière un jour ou deux plus tard, elle s'aperçut qu'elles étaient toujours apparentes. Elle la dissimula, la déplaçant plusieurs fois de cachette en cachette, avant de finir par la faire brûler dans sa chambre et d'en déverser les cendres dans le foyer de la cuisine. C'est environ cinq ou six jours après la mort de l'enfant qu'elle brûla la chemise de nuit. Le samedi matin, ayant nettoyé le rasoir, elle profita d'une occasion pour le replacer sans se faire voir dans la mallette entreposée dans la penderie paternelle. Elle récupéra sa chemise de nuit dans le panier à linge quand la bonne descendit lui chercher un verre d'eau. Le vêtement souillé retrouvé dans le foyer n'avait absolument aucun lien avec le meurtre. Pour ce qui concerne le mobile de son crime, il semble que, bien qu'elle ait conçu à une certaine époque un grand respect pour l'actuelle Mrs Kent, par la suite, chaque fois qu'elle relevait de la part de cette dernière la moindre remarque selon elle désobligeante pour l'un ou l'autre des membres de la famille du premier lit, elle la conservait précieusement *avec la volonté d'en tirer vengeance. Elle n'avait rien à reprocher au petit garçon, sinon le fait qu'il était un des enfants de sa belle-mère [...].*

Elle m'a dit que dans le cas où la nurse aurait été accusée et condamnée, elle était bien décidée à avouer son crime, et qu'elle avait également résolu de se suicider si elle était elle-même condamnée. Elle m'a dit s'être sentie sous l'influence du diable avant de commettre le meurtre, mais qu'elle ne croyait pas et n'avait jamais cru qu'il avait plus à voir avec son crime qu'avec toute autre mauvaise action. Elle n'avait pas fait ses prières de toute l'année précédant le meurtre, non plus que par la suite, jusqu'à ce qu'elle aille résider à Brighton. Selon elle, ce qui ranima son sentiment religieux fut l'idée de recevoir le sacrement lors de sa confirmation.

Bucknill achève sa lettre en faisant observer que, même si à son avis Constance n'est pas folle, elle présentait déjà dans l'enfance « une disposition particulière » et « une grande détermination de caractère », indiquant que « pour le bien ou pour le mal, sa vie à venir serait remarquable ». Placée en isolement carcéral, ajoute-t-il en mise en garde, elle pourrait succomber à la folie.

Sur le plan émotionnel, l'explication fournie par Constance à Bucknill présentait le détachement sinistre qu'avait dû requérir l'accomplissement de son crime, le mode opératoire supplantant nécessairement tout affect. À l'instant de la mort de Saville, son attention passe du corps inanimé à la chandelle grésillant sur le siège des toilettes – « La bougie acheva de se consumer. »

Cependant, malgré son air de précision glacée, le

LE DÉNOUEMENT

récit se révélait étrangement imprécis. Il n'expliquait pas tout, comme la presse fut prompte à le faire remarquer. Comment s'y prit-elle pour replier et lisser la literie, tout en portant d'un bras un garçonnet de près de quatre ans, endormi et en bonne santé ? Comment s'y prit-elle, tenant toujours l'enfant, pour se baisser jusqu'au sol afin de lever le châssis du salon ? Comment parvint-elle à se glisser en dessous, toujours sans le réveiller, puis à allumer une chandelle dans le water-closet où elle l'avait transporté ? Pourquoi y emporta-t-elle le gant de toilette et comment se faisait-il que nul n'en ait auparavant remarqué la présence dans sa chambre ? Comment ceux qui fouillèrent la maison après le meurtre purent-ils ne pas s'apercevoir des taches sur la chemise de nuit ou de la disparition du rasoir de Samuel Kent ? Et comment put-elle infliger à l'aide d'un rasoir de semblables blessures à la poitrine, chose que les médecins jugèrent impossible ? Pourtant, certains détails, ne fût-ce que parce qu'ils compliquaient le tableau, étaient convaincants. Ainsi, la panique de Constance lorsqu'il lui « sembla que le sang n'allait jamais sortir » paraissait trop extraordinaire et macabre pour avoir été inventée.

Le *Times* note avec désarroi que le crime « semble ne pas diminuer en complexité et étrangeté à mesure qu'il s'éclaire étape par étape. Il est évident que nous n'avons pas encore obtenu un compte rendu complet de tous les tenants et aboutissants ». Même maintenant, après les aveux du meurtrier, des zones d'ombre persistaient. « Nous ne sommes guère plus avancés », commente le *News of the World* – l'explication de Constance ne fait qu'apporter « une nouvelle bouffée d'horreur ».

Quarante ans plus tard, Freud livrera une affirmation on ne peut plus confiante regardant la manière dont les êtres se trahissent immanquablement, la manière dont leurs pensées peuvent être lues à coup sûr. « Celui qui a des yeux pour voir et des oreilles pour entendre peut se convaincre que nul mortel n'est capable de garder un secret. Si ses lèvres sont silencieuses, il bavarde avec le bout de ses doigts ; la trahison sourd par tous les pores de sa peau. » Tel un romancier à sensations ou un superdétective, Freud pensait que les secrets des gens remontaient à la surface en rougissements ou blêmissements, ou se frayaient un chemin vers l'extérieur à travers le pianotage de leurs doigts. Peut-être l'histoire refoulée du crime et du mobile de Constance Kent était-elle tapie quelque part dans ses aveux et dérobades, attendant le moment où elle se révélerait.

XVIII

Notre véritable détective
est assurément vivant

1865 - 1885

Au mois d'octobre 1865, Constance Kent fut transférée de Salisbury à Millbank, centre de détention d'un millier de cellules situé au bord de la Tamise – « Une grande et sombre bâtisse flanquée de tours, écrit Henry James dans *La Princesse Casamassima*, posée là et s'étendant sur tout un quartier, avec des murailles brunes, nues et aveugles, de laids pinacles tronqués, le tout d'un caractère indiciblement austère et triste [...] Il y avait des murs à l'intérieur des murs et des galeries au-dessus des galeries ; même la lumière du jour y perdait sa couleur, et l'on n'y avait aucune idée de l'heure qu'il était. » Les femmes logeaient dans une aile appelée Troisième Pentagone. Une personne venue en visite les voit « subitement se dresser, spectrales, coiffées de leur inélégant bonnet, dans les mystérieux coins et recoins du labyrinthe parcouru de courants d'air ». Le *Penny Illustrated Paper* envoie un reporter enquêter sur les conditions de détention de Constance Kent. Celui-ci découvre à Millbank « un casse-tête géométrique », « un dédale extravagant », parcouru par trois miles de « corridors sinueux » sans air et comme souterrains, des « couloirs en zigzag ponctués de renfoncements obscurs », « des portes à double serrure s'ouvrant selon toutes sortes d'angles étranges et donnant parfois sur des passages murés et souvent sur des escaliers en pierre qui [...] paraissent avoir été *découpés* dans la masse de la maçonnerie ».

Constance occupait une cellule pourvue d'un bec de gaz, d'un baquet, d'un pot de chambre, d'une étagère, de gobelets en fer-blanc, d'une salière, d'une assiette, d'une cuiller de bois, d'une bible, d'une ardoise, d'un crayon, d'un hamac, de couvertures, d'un peigne, d'une serviette, d'un balai et d'un judas grillagé. Comme les autres prisonnières, elle portait une robe de droguet marron. On lui servait une pinte de cacao sucré de mélasse pour le petit déjeuner, du bœuf, des pommes de terre et du pain à midi, du pain et une pinte de gruau le soir. Pendant les premiers mois de sa peine, il lui fut interdit de parler aux autres détenues comme de recevoir des visites – le révérend Wagner et miss Gream demandèrent une autorisation exceptionnelle, mais elle leur fut refusée. Chaque jour, elle faisait le ménage de sa cellule, puis se rendait à la chapelle. Ensuite, on la mettait généralement au travail, peut-être à la confection de vêtements, de bas ou de balais destinés à ses codétenues. Elle avait droit à un bain par semaine et, si elle le souhaitait, à un livre de la bibliothèque. En guise d'exercice, elle sortait marcher en file indienne, à une distance de six pieds derrière celle qui la précédait, autour du terrain clos et marécageux entourant les bâtiments. Elle pouvait apercevoir l'abbaye de Westminster au nord et sentir

LE DÉNOUEMENT   375

le fleuve à l'est. Le domicile de Jack Whicher, invisible de l'autre côté des hautes murailles de la prison, se trouvait à un pâté de maisons de là.

Whicher, pendant ce temps, reprenait goût à la vie. En 1866, il épousa sa logeuse, Charlotte Piper, qui était veuve et de trois ans son aînée. S'il avait été marié devant la loi avec Elizabeth Green, mère de son fils disparu, elle devait être morte à présent. L'union fut célébrée à St Elizabeth, belle église du seizième siècle construite dans le parc de l'abbaye de Westminster, où paissaient des moutons.

Elizabeth Gough avait elle aussi convolé dans l'année. En l'église de St Mary Newington, à Southwark, le 24 avril 1866, presque un an jour pour jour après les aveux de Constance Kent, elle devint la femme de John Cockburn, négociant en vins.

Au début de l'année suivante, Whicher travaillait comme détective privé. Non qu'il eût besoin d'argent – sa pension était suffisante et la nouvelle Mrs Whicher avait un revenu personnel. Mais maintenant qu'il avait été justifié, son cerveau n'était plus congestionné et son goût pour le métier de limier lui était revenu.

De l'avis général, les détectives privés, du genre de Charley Field ou d'Ignatius Pollaky, incarnaient les aspects les plus sinistres de la profession d'enquêteur. Sir Cresswell Cresswell, président du tribunal en charge des divorces, fulmine en 1858 contre « une personne comme ce Field » : « [...] entre tous les gens de la terre, les habitants de l'Angleterre sont résolument hostiles à tout ce qui ressemble à un système d'espionnage. Avoir des individus qui les suivent où qu'ils aillent et qui consignent leurs faits et gestes est ce qu'ils ont le plus en horreur. Tout cela est tenu en grande détestation dans ce pays ». Dans *Armadale* de Wilkie Collins, publié en 1866, on lit que le détective privé était une « vile créature, instrument de la société plus vile encore qui l'avait façonnée à son usage. Là, il était assis, espion confidentiel des temps modernes, agent de l'agence d'investigations privées, dont le succès s'accroît chaque jour. Là, il était assis, espion créé par le progrès de notre civilisation nationale, toujours prêt, sur un soupçon (si le plus simple soupçon le payait), à regarder sous nos lits et à travers le trou de nos serrures, un homme qui [...] eût été traître à sa situation si, en n'importe quelle circonstance, il avait été personnellement sensible à un sentiment de pitié ou de honte ». Quoique incertain, le travail était bien payé : en 1854, Field perçut quinze shillings par jour, plus les frais, pour espionner une certaine Mrs Evans, et six shillings supplémentaires par jour s'il obtenait la preuve d'adultère dont l'époux de la dame avait besoin pour divorcer.

Dans son nouveau rôle, Whicher prit part à la plus longue et plus fameuse bataille judiciaire du dix-neuvième siècle, l'affaire du requérant Tichborne. À la fin de 1866, un particulier rondouillard et mafflu débarqua à Londres, se donnant pour sir Roger Tichborne, baronet catholique et héritier de la fortune familiale. Sir Roger avait disparu dans un naufrage en 1854 et son corps n'avait jamais été retrouvé. Le requérant disait avoir été secouru et conduit au Chili, d'où il s'était transporté en Australie. Il avait vécu à Wagga Wagga, en Nouvelle-

LE DÉNOUEMENT 377

Galles-du-Sud, sous le nom d'emprunt de Thomas Castro, jusqu'à ce qu'il apprenne que la douairière lady Tichborne, Française excentrique qui persistait à croire son fils vivant, avait fait passer un avis dans la presse australienne pour tenter de le retrouver.

Lady Tichborne accueillit le requérant pour son fils. Des amis, des relations de longue date et d'anciens domestiques signèrent des documents attestant son identité. Même le médecin de famille déclara qu'il s'agissait bien en tous points, et jusqu'à sa particularité génitale (lorsque flasque, son pénis se rétractait à l'intérieur du corps comme celui d'un cheval), de celui qu'il avait soigné dès l'enfance. Cependant, beaucoup d'autres personnes qui avaient connu sir Roger tenaient le requérant pour un vulgaire imposteur. Si ses connaissances étaient à certains égards remarquables – il nota, par exemple, que telle peinture du domaine des Tichborne avait été restaurée pendant son absence –, il faisait toutefois aussi des erreurs élémentaires et avait, on ne savait comment, tout oublié de sa langue maternelle, le français.

Un des sceptiques, lord Arundel, de Wardour, qui était parent des Tichborne, engagea Whicher pour qu'il démasque le requérant. Le détective reçut l'assurance d'être grassement rétribué s'il consacrait l'attention la plus soutenue à cette question. Au cours des sept années qui suivirent, l'affaire suscita non seulement la grande attention de Whicher, mais aussi celle de l'ensemble du pays. L'énigme était si déconcertante qu'elle provoqua une sorte de paralysie nationale. « Elle a pesé comme un cauchemar sur l'esprit du public », écrit un avocat en 1872. « Jamais sujet

n'occupa un si grand espace de l'esprit humain »,
note l'*Observer* en 1874.

Whicher possédait vingt ans d'expérience dans ce
genre de travail d'investigation : se tenir en planque,
prendre en filature, dénicher des témoins, évaluer
mensonges et demi-vérités, soutirer des renseignements à des personnes involontairement impliquées,
utiliser des photographies à des fins d'identification,
jauger les personnalités. Se basant sur le tuyau d'un
détective australien, il se mit à enquêter du côté de
Wapping, quartier pauvre des docks de l'Est londonien. Il découvrit que le jour de Noël 1866,
quelques heures après son arrivée en Angleterre, le
requérant s'était rendu au Globe, pub de Wapping
High Street, y avait commandé un sherry et un
cigare, et demandé des nouvelles de la famille
Orton. Il prétendait se renseigner de la part d'un
certain Arthur Orton, boucher qu'il avait connu en
Australie. Whicher soupçonnait le requérant de ne
faire qu'un avec l'ancien boucher de Wapping.

Sillonnant pendant des mois les rues du quartier,
il invita un grand nombre de gens du cru qui avaient
connu Orton – tenanciers, pâtissiers, voiliers et ainsi
de suite – à l'accompagner au domicile du requérant
à Croydon dans le sud de Londres. Un par un, ils
retrouvèrent le détective à l'arrêt de London Bridge,
prirent le train jusqu'à Croydon et se postèrent
devant l'immeuble du requérant pour attendre qu'il
sorte ou se montre à la fenêtre. La plupart, mais pas
tous, dirent le reconnaître pour Arthur Orton. Si le
requérant sortait de chez lui, Whicher se cachait. « Il
a dit que ce ne serait pas bon pour lui s'il se faisait voir, que l'autre se méfierait et ne sortirait plus

LE DÉNOUEMENT

de chez lui », rapporterait un témoin. Il retrouva l'ancienne bonne amie d'Orton, Mary Ann Loder, qui jura que le requérant était l'homme qui l'avait quittée en 1852 pour aller chercher fortune outre-mer. Elle devait se révéler un témoin important – chose étonnante, elle déclarerait même qu'Arthur Orton possédait lui aussi un pénis rétractable.

Le mandat de Whicher était étendu. Non content de chercher des preuves contre le requérant, il tâchait aussi de persuader ses soutiens de lui faire défection. En octobre 1868, il rendit visite à un certain Mr Rous, tenancier du Swan à Alresford dans le Hampshire, qui était un des principaux conseillers du requérant. Après avoir commandé un grog et un cigare, le détective lui demanda :

— Vous croyez que cet homme est le bon ?

— Assurément, lui répondit Rous. Je n'ai aucun doute qu'il soit le bon, bien qu'idiot.

— N'allez pas croire une chose pareille, Mr Rous. Faites-moi confiance, il n'est pas celui qu'il dit être. Ce que je vais vous rapporter va vous mettre très mal à l'aise, annonça Whicher, avant de commencer à démonter l'histoire du requérant.

Ce dernier – qui pesait deux cent quatre-vingts livres lors de son arrivée en Angleterre – devenait de plus en plus gras. Ses partisans de la classe laborieuse le saluaient en héros que l'aristocratie et l'Église catholique flétrissaient en raison des traits de vulgarité qu'il avait contractés dans le bush australien. Une fois encore, Whicher travaillait pour l'establishment et contre la classe dont il était issu ; il était le renégat, l'archétype du policier.

Lorsqu'en 1871 le requérant intenta une action

en justice afin de recevoir la succession, les Tichborne engagèrent pour représenter leurs intérêts sir John Duke Coleridge qui avait défendu Constance Kent. Au cours du procès, l'autre partie s'attacha, comme à Road Hill, à discréditer Whicher et ses découvertes. Les hommes de loi du requérant se plaignirent de ce que leur client avait été « traqué » par des détectives et par l'un d'eux en particulier. « Je crois que l'histoire de cet Arthur Orton est une création de l'un d'entre eux, déclara son avocat, et je pense que nous finirons par apprendre comment elle fut concoctée. Je ne goûte guère les gens de cet acabit. Ils sont totalement irresponsables, ils ne relèvent d'aucun corps constitué et n'ont jamais à rendre de comptes. Ils n'appartiennent pas à la police, ce sont des amateurs et nombre d'entre eux sont des fonctionnaires en retraite qui trouvent un revenu rondelet dans les enquêtes privées. Sans les accuser devant la cour de forger des preuves, je puis dire qu'il est une pratique qui s'appelle l'altération de preuves et dont l'objet est de donner à celles-ci une apparence sensiblement différente de ce qu'elles sont. »

Le requérant perdit son procès en 1872 et la Couronne se hâta de le poursuivre pour parjure. Ses conseils – avec maintenant à leur tête l'avocat irlandais Edward Kenealy – cherchèrent une nouvelle fois à rabaisser Whicher, l'accusant d'avoir stipendié et fait répéter ses témoins. Lorsqu'ils se présentaient à la barre, Kenealy glissait aux témoins de l'accusation des commentaires narquois tels que : « J'imagine que Whicher et vous avez abondamment trinqué à cette affaire ? »

Depuis Road Hill, Whicher avait appris à faire fi

LE DÉNOUEMENT 381

de la diffamation et à prendre du recul. Il avait recouvré son ancienne assurance. Il écrit en 1873 dans une lettre à un ami : « Vous m'entendez sans doute fréquemment insulté relativement à l'affaire Tichborne. Je ne sais pas si je survivrai (comme dans l'affaire du meurtre de Road Hill) aux insinuations et aux calomnies de Kenealy, mais ce que je tiens pour certain, c'est que le requérant est Arthur Orton. Votre vieil ami, Jack Whicher. »

En 1874, le requérant fut déclaré coupable et condamné à quatorze ans d'emprisonnement. Il fut envoyé à Millbank. Bien que l'avocat des Tichborne ait engagé la famille à remettre à Whicher une prime de cent guinées pour son travail remarquable, rien n'indique qu'elle l'ait fait.

Jack Whicher vivait toujours avec Charlotte au 63, Page Street, non loin de Millbank Row – anciennement le 31, Holywell Street, mais rebaptisé et renuméroté. Sa nièce Sarah avait déménagé en 1862 lorsqu'elle avait épousé le neveu de Charlotte, James Holliwell, qui s'était vu décerner une des premières Victoria Cross pour sa conduite lors de la révolte des Cipayes en 1857. Assiégé dans une maison de Lucknow, il s'était, selon la citation, comporté « de façon admirable, encourageant ses neuf compagnons, qui étaient démoralisés, à tenir bon. [...] Ses exhortations firent merveille et ils se défendirent avec succès dans une maison en flammes avec l'ennemi qui les fusillait à travers quatre fenêtres ». James et Sarah vivaient maintenant à Whitechapel, dans l'Est londonien, avec leurs trois fils. Bien que sans progéniture, Jack et Charlotte Whicher s'occupaient d'enfants eux aussi : Amy Gray, née à Camberwell aux alentours de 1856, séjourna régulièrement chez eux dès l'âge de cinq ans ; des archives de 1871 donnent une certaine Emma Sangways, née à Camberwell aux environs de 1863, pour leur pupille. La nature de leur lien avec ces deux fillettes est un mystère, mais ils restèrent en relation avec elles jusqu'à leur mort.

En janvier 1868, alors que Whicher recherchait des témoins à Wapping, le premier épisode de *La Pierre de lune* de Wilkie Collins parut dans *All the Year Round*. Le succès fut immédiat. « Il s'agit d'une histoire fort curieuse, observa Dickens, impétueuse et pourtant située dans le cadre domestique. » *La Pierre de lune*, roman fondateur de la littérature policière, faisait siennes beaucoup des caractéristiques de l'enquête menée à Road : la maison de maître dont le criminel doit être un des habitants ; les vies secrètes sous un vernis de bienséance ; une police locale aussi pontifiante qu'empotée ; des comportements qui semblent pointer dans une direction, mais se révèlent indiquer tout autre chose ; la manière dont innocents et coupable agissent de façon mêmement suspecte parce que tous ont quelque chose à cacher ; l'éparpillement de « vrais indices et de pseudo-indices », comme les appelle un critique (le terme « red herring » [hareng saur] – quelque chose qui fait perdre la piste aux limiers – ne fut pas utilisé dans le sens de « pseudo-indice » avant 1884). Dans *La Pierre de lune*, comme à Road Hill, l'origine première du crime était un tort infligé dans le cadre d'une génération antérieure : les enfants payaient pour les péchés du père, comme par l'effet d'une malédiction. Ces idées furent reprises par beaucoup des romanciers qui succédèrent à Collins, de même que l'atmosphère d'incertitude du roman, ce qu'un des personnages nomme « l'ambiance de mystère et de suspicion dans laquelle nous vivons tous désormais ».

L'histoire édulcorait l'horreur de Road Hill : au lieu d'un infanticide, le vol d'un bijou ; au lieu de taches de sang, des éclaboussures de peinture. L'intrigue empruntait cependant nombre de détails à l'affaire de Road : la chemise de nuit souillée introuvable ; le carnet à linge prouvant la disparition de celle-ci ; le policier londonien réputé dépêché à la campagne ; une maisonnée qui frémit face à son intrusion ; la grossièreté d'un homme issu de la basse classe accusant une jeune personne de la moyenne bourgeoisie. Surtout, elle transmuait Whicher en ce prototype du héros détective, « le célèbre Cuff ». (Dans l'argot de l'époque, « to cuff » signifiait menotter.) Lorsqu'il lut le roman cette année-là, Robert Louis Stevenson, alors âgé de dix-sept ans, écrivit à sa mère : « Le personnage du détective n'est-il pas de tout premier ordre ? »

Au physique, le sergent Cuff est un vieux bonhomme émacié et parcheminé, bien différent de Whicher. Pour la personnalité, en revanche, ils se ressemblent. Cuff est triste, sagace, énigmatique, retors. Il a des manières « détournées » et « souterraines » d'opérer, par lesquelles il amène ses sources à révéler plus qu'elles n'en ont l'intention. Ses yeux « vous fixaient d'une façon déconcertante, comme s'il avait voulu pénétrer vos pensées plus profondément que vous-même ». Cuff est en quête de secrets

inconscients autant que de faits délibérément celés.
Il sert de repoussoir aux moments forts du roman, il
est une machine à réfléchir chargée d'interpréter les
palpitations et frémissements des autres personnages. En s'identifiant à lui, les lecteurs se trouvaient
en mesure de se protéger des frissons qu'ils recher-
chaient – l'émotion sans frein de l'histoire, l'excitation physique, le saisissement du danger. La fièvre
émotive était transmuée en cette « fièvre détective »
qui brûlait chez les personnages et les lecteurs du
roman, à savoir une compulsion à résoudre l'énigme.
En cela, le roman policier dompta le roman à sensations, encageant le désordre émotionnel dans une
structure élégante autant que convenue. Il y avait de
la déraison, mais elle était maîtrisée par la méthode.
C'est le sergent détective Cuff qui faisait de *La
Pierre de lune* un type nouveau de roman.

Pourtant, à la différence des détectives qu'il inspira, Cuff parvient à une conclusion erronée : « Je sais
maintenant que je me suis complètement trompé »,
reconnaît-il. Il fait erreur lorsqu'il voit le criminel
dans la fille de la maison, la secrète, « diablement
entêtée », « singulière et intraitable » miss Rachel.
Elle se révèle avoir des sentiments plus élevés que le
policier ne peut le comprendre. S'il se faisait le reflet
des événements de Road Hill, le roman n'en adop-
tait pas pour autant la solution officielle – la culpabilité de Constance Kent – et préférait exprimer le
malaise qui entourait toujours l'affaire. Il remettait
sur le tapis les notions de somnambulisme, d'actes
inconscients, de moi doubles, que l'affaire de Road
avait soulevées, le prodigieux tourbillon de points de
vue qui avait pesé sur l'enquête. La solution apportée

par Collins au mystère de la pierre de lune est que la singulière et intraitable miss Rachel a attiré les soupçons sur elle afin de protéger quelqu'un d'autre.

En 1927, T.S. Eliot comparait, favorablement, *La Pierre de lune* à la fiction d'Edgar Allan Poe et d'Arthur Conan Doyle :

Le roman policier tel que l'a créé Poe est quelque chose d'aussi spécialisé et d'aussi intellectuel qu'un problème d'échecs, alors que, dans ce genre, la meilleure fiction anglaise a moins misé sur la beauté du problème mathématique et beaucoup plus sur l'insaisissable élément humain. [...] Les meilleurs héros de la littérature policière anglaise ont été, comme le sergent Cuff, faillibles.

De son vivant, Collins fut souvent décrit comme un maître de l'intrigue qui ne possédait que peu d'aptitude à dépeindre la vie intérieure de ses personnages. Comparé à des romanciers comme T.S. Eliot, il construisait ses histoires de l'extérieur plutôt que de l'intérieur. Henry James parla à leur sujet de « monuments en mosaïque », pour ensuite corriger : « Il s'agit moins d'œuvres d'art que de réalisations scientifiques. »

En mai 1866, Samuel Kent réitéra sa demande auprès du Home Office pour partir en retraite avec son plein salaire, salaire qui était passé à cinq cents livres au mois d'avril lorsqu'il avait bouclé sa trentième année de service. Depuis la mort de Saville, expliquait-il dans sa lettre, les siens étaient passés par « des souffrances et des angoisses indescriptibles, encore aggravées par les révélations que [sa] fille Constance, dans son repentir, [avait] été contrainte de faire ». Tout ce qu'il avait tenté pour trouver l'assassin et protéger sa famille l'avait laissé, disait-il, recru de dettes. La santé de sa seconde femme était « complètement ruinée » – Mrs Kent était en train de perdre la vue et se trouvait en proie à « une paralysie sans espoir », aussi lui fallait-il la soigner tout en s'occupant de leurs quatre jeunes enfants.

En août, à sa grande consternation, le Home Office lui accorda une retraite de deux cent cinquante livres, la moitié de ce qu'il avait sollicité, mais le maximum autorisé par le règlement. Il fit aussitôt machine arrière, priant les autorités d'ignorer sa demande de départ en retraite. Il allait continuer de travailler ; il n'avait pas eu l'intention de cesser son activité, il se renseignait seulement sur la possibilité de le faire ; il ne pourrait y arriver avec aussi peu d'argent. Le Home Office voulut savoir s'il était toujours apte à s'acquitter de ses fonctions. Oui, répondit-il à la fin du mois d'août. Il n'avait plus la charge de soigner sa femme : Mary Kent, née Pratt, était morte au début du mois à l'âge de quarante-six ans d'une congestion pulmonaire.

Il fut finalement autorisé à continuer de travailler comme sous-inspecteur. Dans l'été, il avait reçu trois cent cinquante livres de dommages et intérêts de la part du *Daily News* d'Édimbourg suite à un article dépeignant sa deuxième femme comme une personne cruelle et vulgaire. Avec les quatre enfants survivants de son second mariage – Mary Amelia, Eveline, Acland et Florence –, il partit habiter la petite localité de Denbigh, dans le nord du pays de Galles. Il y recruta une gouvernante australienne et deux autres domestiques. Ses filles aînées, Mary Ann et Elizabeth, emménagèrent ensemble à Londres. William prit lui aussi la direction de la capitale, nanti du legs de mille livres touché en juillet à l'occasion de son vingt et unième anniversaire.

Durant l'hiver de 1867, il suivit les cours du soir de King's College, y étudiant la « nouvelle science » que Darwin et d'autres étaient en train d'échafauder. Sa passion était l'étude au microscope (les Kent possédaient un microscope à Road Hill, ainsi que deux télescopes). À la fin de l'année, il fut élu membre de la Microscopical Society. Le biologiste Thomas Huxley, un des savants les plus écoutés de l'époque, le prit sous son aile et l'incita à étudier les infusoires, bactéries monocellulaires aquatiques, uniquement visibles à travers une lentille grossissante.

Huxley avait été surnommé le « bouledogue de Darwin » en raison de son ardent plaidoyer en faveur des idées du maître. Il baptisa « prophétie rétrospective » le processus qui consistait à imaginer le passé en observant le présent. Le naturaliste s'attachait à voir dans le passé comme un prophète voyait dans le futur – « Que n'existe-t-il un mot tel que "*backteller*[1]" ! » disait Huxley. En 1868, lors d'une conférence devant un public d'ouvriers, il prit la craie qu'il avait à la main comme point de départ d'un exposé sur l'histoire géologique de la terre.

1. Mot qui serait, relativement au passé, le pendant de *foreteller*, celui qui prédit l'avenir.

« Un petit commencement, conclut-il, nous a conduit à une grande fin. » À partir de l'infime, tout un monde pouvait se développer.

William Kent nourrissait une furieuse curiosité pour l'infiniment petit, convaincu que s'y trouvaient cachés de grands secrets. Au cours des cinq années qui suivirent, il poursuivit sa vocation au Musée zoologique de Cambridge, puis au Royal College de Surgeons – qui abritait une collection d'invertébrés –, puis au département de zoologie du British Museum, où son salaire dépassait trois cents livres. Là, il se prit d'enthousiasme pour les coraux, se déclarant « littéralement épris ». Par leur « entremise, écrivit-il, de nouvelles îles et de nouveaux pays émergent des abysses ». Ces créatures faisaient le lien entre zoologie et géologie, entre les vivants et les morts.

Charles Dickens s'éteignit en 1870, laissant une œuvre inachevée, *Le Mystère d'Edwin Drood*. Du fait de la disparition de son auteur, ce texte devint le type d'histoire criminelle le plus abouti, celui où la tension n'est jamais dissipée. « Seul peut-être de tous les auteurs de romans policiers, il n'a pas vécu assez pour détruire le mystère, écrivit G.K. Chesterton. Il se peut qu'Edwin Drood soit ou ne soit pas mort ; mais assurément, Dickens n'est pas vraiment mort. Notre véritable détective est assurément vivant et fera son apparition dans les derniers jours de la terre. Car un récit achevé peut offrir à son auteur l'immortalité au sens futile et littéraire ; mais un récit inachevé suggère une autre immortalité, plus essentielle et plus étrange. »

En 1865, Dickens avait été, comme beaucoup d'autres, forcé de revoir son opinion selon laquelle Samuel Kent et Elizabeth Gough étaient les auteurs du meurtre de Road Hill. Comme s'il revisitait l'affaire, son dernier roman met en scène un frère et une sœur qui rappellent Constance et William Kent. Les orphelins et exotiques Helena et Neville Landless fuguent fréquemment de leur domicile sans bonheur. « Jamais rien dans notre malheur ne l'a abattue, dit Neville à propos de sa sœur, alors j'en étais souvent effrayé. Lorsque nous nous enfuyions [...] c'était toujours par sa volonté et sous sa conduite. Chaque fois, elle s'habillait en garçon et montrait l'audace d'un homme. Je crois que nous n'avions que sept ans la première fois que nous avons fiché le camp ; mais je me rappelle avec quelle énergie, lorsque j'eus perdu le canif avec lequel elle devait se couper les cheveux, elle tenta de se les arracher ou trancher avec les dents. » Si Helena est la meneuse, Neville reconnaît en revanche posséder « un jeune esprit contrefait » et nourrir des envies de meurtres. Il égale sa sœur en rancœur et en ruse : « Aussi loin que je me souvienne, monsieur, il m'a fallu ravaler une haine mortelle. Cela m'a rendu dissimulé et vindicatif. »

Dickens fit de ces deux-là des créatures ténébreuses et étrangères, incarnations du suspense. Ils sont « élancés et souples, agiles, l'œil vif ; mi-timides, mi-arrogants ; le regard farouche ; avec, marquée par intermittence dans leur expression, et du visage et du corps, une espèce d'indéfinissable pause ramassée qui se [peut] rapprocher de celle qui précède le bond ».

En janvier 1872, Samuel Kent, qui souffre d'une affection hépatique, tombe gravement malade. William prend le train pour le pays de Galles. Du chevet de son père, il écrit à son patron de thèse du British Museum, qui lui a prêté cinq livres pour le voyage : « Vous imaginez à quel point je suis reconnaissant d'avoir la possibilité de rester quelques jours auprès de lui, car il y a tant de menues choses que je peux faire pour contribuer à son confort. » Le 5 février, il envoie une seconde lettre : « C'en est fini ! Eu égard au chagrin dans lequel nous sommes tous plongés, vous excuserez, j'en suis sûr, cette absence supplémentaire de quelques jours. » Samuel Kent fut enterré à Llangollen auprès de sa deuxième femme. Il léguait son argent par fidéicommis aux enfants du deuxième lit, les exécuteurs étant William et le propriétaire du *Manchester Guardian* – sans doute un ami de la famille.

Quatre mois après la mort de son père, William épouse la fille d'un avocat, Elizabeth Bennett, âgée de vingt-deux ans, et va habiter Stoke Newington. À sa demande, son beau-père adresse au gouvernement une pétition pour la libération de Constance, mais sans succès. En 1873, il est engagé comme biologiste à l'aquarium de Brighton, ouvert l'année précédente, spectaculaire galerie gothique enchâssée dans la promenade, près de la jetée. Elizabeth et lui s'installent à Upper Rock Gardens, rangée de maisons régence situées à proximité du front de mer.

Le goût prononcé du public pour les aquariums fournit aux scientifiques des occasions sans précédent d'étudier des créatures marines vivantes. Cependant, les bailleurs de fonds de celui de Brighton estiment qu'un naturaliste à demeure est « une extravagance superflue » et se montrent hostiles envers William. De plus, il s'entend mal avec ses collègues. Il accuse un de ses subalternes de lui couper l'herbe sous le pied, puis il est lui-même accusé par un homologue de comportement malhonnête. Ayant observé les deux pieuvres de l'aquarium en train de copuler, les deux hommes étaient convenus de rédiger ensemble une communication sur le sujet. Le jour où certaines des observations de William paraissent dans une lettre au *Times*, son collègue le taxe de duplicité. Indigné, William démissionne. Il a une tendance à la désinvolture et à l'indélicatesse, effet secondaire de la passion parfois maniaque avec laquelle il aborde son travail.

L'année suivante, il est nommé conservateur et naturaliste au nouvel aquarium de Manchester. Il reconstruit les bassins, les équipe de panneaux mobiles pour occulter l'éclat du soleil, installe un système de circulation d'eau et résout la difficulté de maintenir en vie les grandes algues en milieu artificiel. Son guide, publié en 1875, des créatures dont il a la charge fait apparaître un univers très étendu et plein de drames, au sein duquel il observe victimes et prédateurs avec une même fascination stoïque et cependant tendre. Il y évoque les « yeux éclatants et expressifs » de la blennie du bassin n° 13, brave petit preux qui protège ses « épouses » blennies ; l'araignée de mer « remarquablement pugnace » du bassin n° 6, qui arrache les pattes des autres crabes ; la roussette du bassin n° 10, dont, dans la journée, la seconde paupière reste « complètement fermée. Quand l'obscurité s'est installée, ce diaphragme est totalement rétracté, laissant le globe oculaire dégagé et brillant ».

À l'aquarium de Manchester, il découvre que les hippocampes utilisent le son pour communiquer :

Ce trait notable est parvenu à notre connaissance de la manière suivante. Au début du mois de mai dernier, la majorité des spécimens de la belle collection de ces poissons singuliers fut apportée en Angleterre en provenance de la Méditerranée. [...] Dans le lot figuraient plusieurs sujets remarquables par l'éclat de leur coloris, certains étant rouge vif, d'autres rose pâle, jaunes, d'un blanc presque pur. [...] Une partie de ceux-ci furent conservés par l'auteur pendant quelques jours dans une pièce à part, afin d'en faire un rapide croquis en couleur. Une banale cloche en verre retournée fut vouée à les recevoir, cependant que les sujets « posant pour leur portrait » étaient pour un court laps de temps tour à tour isolés dans un récipient en verre encore plus petit. En une de ces occasions, un petit bruit sec se fit entendre à intervalles brefs et réguliers, provenant du plus grand vase, posé à quelque distance, auquel il fut immédiatement répondu, de même manière, dans le plus petit, situé plus près. Surprise et admiration furent intenses en découvrant que cela provenait de la bouche de ce petit poisson habituellement tenu pour muet. Une observation minutieuse permit de constater que ce bruit était produit par une contraction musculaire complexe et une expansion soudaine de la mâchoire inférieure.

En 1875, Elizabeth, la femme de William, décède subitement à l'âge de vingt-cinq ans d'une occlusion intestinale. Il se remarie un an plus tard – sa seconde épouse est Mary Ann Livesey, belle femme de trente ans au visage carré – et se transporte à Londres où il est nommé conservateur et naturaliste du nouveau Royal Aquarium, magnifique édifice construit face au palais de Westminster. Au fil des ans, il se taille une réputation d'expert en biologie marine. En 1882, il fait paraître le troisième et dernier tome de son *Manual of the Infusoria*, ensemble de neuf cents pages assorties de cinquante illustrations, réalisées par ses soins, de minuscules créatures aquatiques. En mai de cette année-là, au 87, St Stephen's Avenue, à Shepherds Bush, sa femme accouche d'un garçon mort-né.

Aux alentours de 1880, Jack et Charlotte Whicher emménagèrent sur la rive droite, à Battersea, dans un petit ensemble de maisons mitoyennes posé au sommet de Lavender Hill. Ce quartier, situé à un mile de Westminster, était connu pour ses jardins maraîchers, comme le village où Whicher avait grandi, mais pépinières et cultures de fleurs étaient en train de disparaître sous les alignements de pavillons de banlieue. À partir de janvier 1881, un service de trams hippomobiles passa dans la rue devant la maison. Juste en face, un certain Mr Merryweather tenait une exploitation horticole, ultime survivante sur une colline qui, encore quelques années plus tôt, était réputée pour ses champs de lavande.

Au début de l'été de 1881, Whicher souffrit d'une

gastrite accompagnée d'un ulcère à l'estomac. Le 29 juin, cloison stomacale perforée, il s'éteignait à l'âge de soixante-six ans. Sa pupille Amy Gray, à présent âgée de vingt-cinq ans et modiste de son état, était à son chevet ; elle est indiquée comme sa nièce sur le certificat de décès. Whicher lui laissait par testament une somme de cent cinquante livres et une montre suisse en or. Il laissait cent livres à Emma Sangways, l'autre fille dont Charlotte et lui s'étaient occupés, et trois cents livres à sa nièce Sarah Holliwell. Il léguait cent cinquante livres, une montre en or avec sa chaîne et une chevalière en or à un ami du nom de John Potter, employé chez un géomètre de Whitehall Place, et enfin cent livres à son ami et protégé Dolly Williamson, à présent commissaire divisionnaire de Scotland Yard. Ces deux derniers étaient désignés comme exécuteurs testamentaires. Le reste de ses biens – sept cents livres environ – allait à sa femme.

Une nécrologie tenant en trois phrases parut dans la *Police Gazette*. Whicher était presque sorti des mémoires. En dépit du brio avec lequel il avait enquêté sur le meurtre de Road Hill, il n'avait pas su offrir à ses contemporains la certitude qu'ils attendaient, ni les délivrer des maux qu'il y avait mis au jour. Il fut puni pour cet échec. Désormais, les héros détectives anglais ne se rencontreraient que dans le domaine de la fiction[1].

---

1. Six ans plus tard, en 1887, Arthur Conan Doyle publierait la première des énigmes, couronnées d'un énorme succès, de Sherlock Holmes. À la différence de Jack Whicher, le détective imaginé par Conan Doyle est un amateur doublé

À la mort de son mari, Charlotte alla vivre à Notting Hill, dans une maison sise dans Saunders Road et appartenant à John Potter. Amy Gray et Emma Sangways emménagèrent avec elle. Charlotte mourut en 1883, à soixante-neuf ans, laissant la majeure partie de ses biens à Amy et Emma. Elle avait choisi Dolly Williamson pour unique exécuteur testamentaire.

Williamson était alors « un homme dans la force de l'âge, discret et sans prétention, se souviendrait plus tard le major Arthur Griffiths, historien de la police et directeur de prison, que l'on voyait flâner le long de Whitehall, un chapeau un peu trop grand en équilibre sur la tête, avec souvent une feuille ou une fleur à la bouche. Il était d'une nature très réservée ; un étranger ne lui aurait jamais soutiré le moindre détail des nombreuses grosses affaires qu'il avait menées à bien. Il parlait volontiers de jardinage, activité pour laquelle il nourrissait une véritable passion. Ses massifs de fleurs étaient réputés dans le quartier où il passait ses heures de loisir ».

Le commissaire divisionnaire était surnommé le Philosophe en raison de son approche abstraite, intellectuelle, et il avait la réputation de diriger les opérations depuis son bureau, comme s'il disputait une partie d'échecs. Un collègue le décrivit plus tard comme « écossais de la tête aux pieds, loyal,

---

d'un homme de qualité, et il voit toujours juste – « La plus parfaite machine à raisonner et observer que le monde ait connue », déclare son acolyte le Dr Watson dans *Un scandale en Bohême*. (*N.d.A.*)

travailleur, persévérant, flegmatique, obstiné, peu porté à l'enthousiasme, courageux, ayant toujours sa propre opinion et ne craignant jamais de l'exprimer, lent à comprendre une idée neuve, peu convaincu de l'efficacité de celle-ci, voyant ses inconvénients plutôt que ses avantages, et néanmoins d'une clairvoyance, d'une honnêteté et d'une bienveillance qui faisaient de lui un fonctionnaire très droit et précieux ». Williamson était l'antithèse de Charley Field, collègue de la première heure de Whicher, qui, lui, se délectait à côtoyer la pègre. Ces deux hommes, entre lesquels Whicher occupa un juste milieu, définirent le champ d'amplitude de ce que pouvait être un détective de l'époque victorienne. Field – qui se retrouva presque réduit à la pauvreté dans les années 1870 – rappelait les policiers casse-cou du dix-huitième siècle, alors que Williamson préfigurait le divisionnaire pointilleux du vingtième siècle.

En 1877, lors d'un procès retentissant, plusieurs des hommes de Williamson furent convaincus de corruption, ce qui vint confirmer l'idée répandue dans le public selon laquelle les détectives professionnels étaient cupides et fourbes. Williamson aurait été cruellement affecté par cette forfaiture. Il prit la tête de la police criminelle, créée l'année suivante. Même s'il dirigea en 1888 l'enquête sur les meurtres signés Jack l'Éventreur des prostituées de Whitechapel, il était trop souffrant pour y prendre une part active. Il était, selon un préfet de police, « prématurément usé par la tension permanente d'un travail harassant ». Il devait s'éteindre en 1889 à l'âge de cinquante-huit ans, laissant une femme et cinq enfants. Son cercueil, couvert de fleurs, fut porté jusqu'à St John's Church, en face de son domicile de Smith Square à Westminster, par six inspecteurs détectives.

« La plupart des meilleurs détectives actuels ont appris leur métier sous les ordres de Williamson, écrirait Griffiths en 1904. L'inspecteur en chef Butcher [...] qui aime autant les fleurs que son chef les aimait, se reconnaît à la belle rose qu'il porte à la boutonnière. » Cet amour des fleurs, qui avait pour origine le père de Whicher, le jardinier de Camberwell, semblait s'être transmis d'un homme à l'autre tout au long des soixante premières années d'existence du service.

Constance Kent fut transférée de prison en prison – de Millbank à Parkhurst, sur l'île de Wight, à Woking dans le Surrey, puis retour à Millbank. À Parkhurst, elle réalisa des mosaïques qui allèrent décorer le sol d'églises du sud de l'Angleterre : St Katharine, à Merstham dans le Surrey ; St Peter, à Portland dans le Dorset ; St Swithun, à East Grinstead dans le Sussex. Elle était une mosaïste de talent. Durant son séjour à Woking, elle réalisa un sol destiné à la crypte de la cathédrale St Paul de Londres. Comme son frère William, elle éprouvait un attrait pour le minuscule, pour les fragments racontant une histoire. Parmi les images figurant sur le sol de la crypte de St Paul, on remarque un petit garçon joufflu, les yeux écarquillés, comme s'il était effarouché, avec des ailes surgies sur les côtés de la tête.

À Millbank, Constance travailla dans les cuisines,

à la blanchisserie et à l'infirmerie – série de « salles nues et grillagées », écrit Henry James, baignées d'une « lumière cireuse ». Le major Arthur Griffiths, alors sous-directeur de l'établissement, loue son travail à l'infirmerie : « Rien ne pouvait surpasser l'attention dévouée qu'elle témoignait aux malades dans son rôle d'infirmière. » Il l'évoque dans ses souvenirs en ces termes :

Une petite créature pareille à une souris, avec beaucoup de la promptitude de cet animal, ou du lézard, à disparaître lorsque la peur les prend. L'approche de toute personne inconnue, dont elle craignait qu'elle ne fût venue l'épier, suscitait une réelle inquiétude chez Constance Kent. Lorsque quiconque avait ne fût-ce que demandé « Laquelle est Constance ? », elle s'était déjà dissimulée quelque part avec une rapidité et une astuce étonnantes. Elle constituait en tout point un mystère. Il était presque impossible de croire que cette petite personne insignifiante et inoffensive pouvait avoir égorgé son petit frère en des circonstances d'une telle atrocité. Sans doute sa physionomie présentait-elle des traits qu'un spécialiste de l'anthropométrie eût trouvé suggestifs d'une propension instinctive au crime – pommettes hautes, front bas aux arcades proéminentes, yeux petits et très enfoncés ; mais sa façon d'être faisait bonne impression et elle possédait une grande intelligence.

Il revient ailleurs sur la capacité de la jeune femme à se dissimuler :

À Millbank, Constance Kent était comme un fantôme ; se déplaçant avec légèreté, presque invisible. [...]

Elle ne parlait à personne et personne ne lui adressait la parole ; son désir d'effacement fut toujours respecté et l'on ne prononçait jamais son nom.

En 1877, Constance rédige une demande de libération anticipée à Richard Cross, Home Secretary du gouvernement conservateur de Benjamin Disraeli. Thomas Bennett, ancien beau-père de William, écrit lui aussi à Cross dans ce sens. Leur requête est rejetée. Cet été-là, le médecin de Millbank recommande que soit évité à la prisonnière le travail aux cuisines (travail difficile dans un local lugubre et dépouillé) et qu'elle soit plutôt affectée à l'atelier de couture. Il serait selon lui opportun que les autorités envisagent de la transférer dans une autre prison, car, sa santé s'affaiblissant, elle y bénéficierait d'un « changement d'air » ; toutefois, il ne recommande pas Woking du fait de « la grande aversion qu'elle nourrit pour une raison ou une autre à l'endroit de cet établissement ». On l'envoie donc dans le courant de l'année à la prison pour femmes de Fulham, au sud-ouest de Londres, qui abrite quatre cents détenues.

De la cellule 29 de Fulham, elle adresse en 1878 une nouvelle demande à Cross. Dans ses efforts pour susciter sa clémence, elle invoque sa jeunesse au moment des faits, son repentir, le caractère volontaire de ses aveux, sa bonne conduite en prison. En des phrases aussi hachées que pressantes, elle s'efforce d'expliquer ce qui l'a poussée au meurtre :

> *[...] l'insurmontable exécration pour celle qui lui avait appris à mépriser et à ne pas aimer sa propre mère, et qui avait privé cette dernière de l'affection de son mari et de sa fille, le sentiment, quand elle en prit conscience, du tort fait à sa mère devint encore plus fort une fois que celle-ci fut morte, celle qui lui succéda ne l'évoquant qu'avec des sarcasmes, elle a par conséquent cherché à lui faire payer la souffrance mentale que sa mère avait endurée.*

La demande est refusée. Elle la renouvelle en 1880, en 1881 et en 1882. Cette fois-ci, elle ajoute à la liste de ses malheurs une vue défaillante (elle souffrait d'une infection oculaire) et la « société dégradante » à laquelle elle est exposée en prison. Ces requêtes sont invariablement repoussées par le nouveau Home Secretary, sir William Vernon Harcourt, membre du gouvernement libéral de William Gladstone. Le révérend Wagner multiplie les courriers et engage d'autres ecclésiastiques, tels que l'évêque de Bloemfontein, à faire de même. Constance sollicite de nouveau vainement Harcourt en 1883. En 1884, elle a presque perdu espoir lorsqu'elle lui représente d'un ton implorant qu'elle est emprisonnée depuis presque vingt ans « sans la moindre lueur d'espoir pour éclairer une vie qui, aussi loin que remonte le souvenir, a connu l'enfermement, que ce soit en pension, au couvent ou en prison, tandis que ne l'attend que la perspective lugubre du grand âge qui approche au terme d'une jeunesse passée dans une attente toujours cruellement déçue, totalement coupée de ce qui fait que la vie vaut la peine d'être vécue, et dans

LE DÉNOUEMENT

un cadre qui répugne au corps comme à l'esprit ». Une fois encore, Harcourt écrit « refusé » sur sa requête.

Ce n'est qu'après avoir purgé au jour près les vingt ans de sa peine que, le 18 juillet 1885, Constance Kent est libérée.

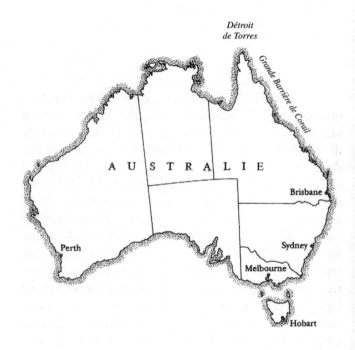

XIX

Royaume des fées en vrai

1884 -

En 1884, William et sa deuxième femme s'embarquent pour la Tasmanie. Il a accepté, moyennant un salaire de trois cent cinquante livres, un poste de directeur et inspecteur des pêcheries de la colonie. Ayant accolé son second prénom à son patronyme, il se fait maintenant appeler William Saville-Kent. Sa demi-sœur, Mary Amelia, à présent âgée de vingt-neuf ans, les accompagne, après avoir travaillé comme préceptrice auprès de deux fillettes dans une ferme du Wiltshire. Deux ans plus tard, ils sont rejoints à Hobart, chef-lieu de l'île, par son demi-frère et ses deux autres demi-sœurs, d'abord Acland (âgé de vingt-six ans, jusqu'à récemment représentant en linge à Manchester), puis Eveline (âgée de vingt-huit ans – le bébé qui dormait dans la nursery, la nuit de la mort de Saville) et enfin Florence (âgée de vingt-cinq ans).

Les principales tâches de William consistent à relancer l'exploitation de l'huître indigène, en danger de disparaître pour cause de surexploitation et de négligence, et à développer l'introduction du saumon dans les cours d'eau de la colonie. Il ne tarde pas à se faire des ennemis. Ses collègues se plaignent de ce qu'il néglige ses « véritables attributions » pour mener des expériences – il a construit dans sa maison de Hobart un énorme incubateur à alevins. Il se révèle aussi « enclin à taxer de façon désobligeante ses collaborateurs d'ignorance ». Il affirme que les Tasmaniens n'ont pas du tout réussi à introduire le saumon dans leurs eaux, uniquement la truite. Son contrat arrive à terme en 1887.

Tout dépourvu de sens diplomatique qu'il est, ses talents ne sont pas passés inaperçus en Australie. Au cours des dix années qui suivent, on lui confie différents postes de conseiller auprès des gouvernements du Victoria, du Queensland et de l'Ouest australien. Il habite pour commencer la ville méridionale de Melbourne, capitale du Victoria, connue dans les années 1880 comme « Melbourne la magnifique » ou « le Paris des antipodes ». Son demi-frère Acland se rend en 1887 sur les champs aurifères du Victoria, mais ne tarde pas à tomber malade. Il meurt à Melbourne la même année, avec William à son chevet.

Le couple emménage en 1889 dans une maison sise au bord du fleuve, non loin de Brisbane, vaste localité construite de bric et de broc qui tient lieu de capitale à l'État du Queensland. William adopte comme animaux de compagnie deux échidnés, qu'il baptise Prickles et Pins ; s'ils se sont montrés timides au début, écrit-il, se roulant en boule sous leurs piquants, ils se sont mis au bout de quelque temps à le suivre partout, dans la maison comme à l'extérieur, et à se laisser porter dans les bras comme de véritables chiens de manchon. Il a aussi fait l'acquisition d'une couple de chouettes, « grosses boules de duvet » aux « splendides yeux dorés », dont il raffole. Il s'est laissé pousser une barbe hirsute qui engloutit la moitié inférieure de son visage émacié, abandonnant toute son expression à ses yeux vifs et brillants. Ses cheveux, partagés par une raie au milieu, sont plaqués sur son crâne. Quand il part en tournée d'inspection des pêcheries et parcs à huîtres, il porte un complet en lin, des chaussures en tissu élastique et un casque colonial.

Il écrit quelque part qu'« excessivement timides », les chouettes changent de forme selon ce qu'elles ressentent. Elles font preuve d'un « délicieux abandon » avec les membres de la maisonnée, mais se figent et se recroquevillent au point de ressembler à de vulgaires bouts de bois à l'approche d'une personne étrangère. Quand leur maître rentre à la maison après quelques jours d'absence, le mâle enfle de contentement, gonflant chacune de ses plumes jusqu'à presque doubler de volume. Ces oiseaux, tout comme les Saville-Kent, n'ont point de progéniture, mais cela ne les empêche pas de construire chaque année un nid très élaboré. William y glisse un jour des œufs de poule naine et découvre que les deux rapaces se sont mis à couver, attendant que les poussins éclosent. Trois fois par jour, il les nourrit de viande de bœuf marinée dans de l'eau, leur offrant une sauterelle, un scarabée ou un papillon de nuit en manière de friandise. Afin de fixer l'étonnante variété des humeurs et postures de ses deux pensionnaires, il s'initie à la photographie. L'appareil photo, comme le microscope, apporte à son propriétaire une faculté visuelle accrue. William peut maintenant regarder plus longuement et de plus près, et montrer à d'autres ce qu'il a vu. Il prend des photos, les agrandit, les étudie à la loupe. Il se met à photographier les extraordinaires formes coralliennes de la Grande Barrière de Corail qui borde le littoral du Queensland sur douze cents miles, et qu'il décrit comme son « royaume des fées en vrai ».

En 1892, il rentre en Angleterre avec soixante caisses de spécimens à offrir au Muséum d'histoire naturelle et une provision de peintures et de photographies qu'il compte soumettre à un éditeur. Il est accompagné de sa femme et des deux chouettes. Pendant son séjour à Londres, le mâle prend goût aux fraises et la femelle aux limaces ; les deux sont friands des blattes de la grande ville.

The Great Barrier Reef de William Saville-Kent fut publié à Londres en 1893. Ce livre magnifiquement réalisé fit connaître le grand récif et resta pendant des dizaines d'années l'ouvrage de référence sur le sujet. Les plaques photographiques au nitrate d'argent de l'auteur y étaient reproduites, accompagnées de légendes décrivant les couleurs des madrépores : jaune citron, myrte, rose crevette, vert pomme, pourpre, bleu électrique. Les poissons qu'il avait photographiés avaient des airs de monstres marins, yeux luisants et écailles sombre comme du fer. À la fin du volume figuraient des reproductions de ses aquarelles de poissons et de coraux, d'anémones agitant leurs tentacules, primitifs, lumineux.

William retourne cette année-là aux antipodes pour rejoindre un poste aux pêcheries d'huîtres de Perth, dans l'Ouest australien. Si les chouettes l'accompagnent, Mary Ann, elle, reste en Angleterre. Il semble que leur couple batte de l'aile. Lors d'un séjour en Tasmanie, William, qui logeait chez la naturaliste et aquarelliste Louisa Anne Meredith, a eu une aventure avec la petite-fille de celle-ci, âgée de vingt et un ans.

Il revient cependant en Angleterre en 1895 et achète avec sa femme une maison sur les falaises truffées de fossiles du Hampshire, à une centaine de miles à l'est de la maison où Constance et lui ont vu le jour. Il élève des lézards dans la serre et des fringillidés dans le bureau. À Londres en 1896, il monte à Burlington House une exposition de ses photos et aquarelles, et, comme le rapporte le *Times*, de « quelques perles de l'Ouest australien de constitution insolite, dont une, d'un diamètre de deux pouces, évoque de façon frappante la tête et le torse d'un enfant ». Il fait don de deux reptiles au zoo de Londres, un lézard à collerette et un varan à queue épineuse. Avec le premier, il fait la démonstration que les lézards sont capables de marcher sur deux pattes, ce qui donne à penser que – comme l'a soutenu son père spirituel Huxley – ces créatures descendent des dinosaures bipèdes. Les lézards sont une « espèce chaînon » dans la chaîne de l'évolution.

William avait une passion pour le difforme, l'écailleux, les créatures bizarres, les laissés-pour-compte de l'histoire naturelle. Dans *The Naturalist in Australia* (1897), son second ouvrage sur l'hémisphère sud, il parle de son amour pour le baobab, avec son tronc boursouflé et sa couronne de branches hérissées. Il est frappé par la « ténacité à vivre » de cet arbre qui semble possédé d'une étrange force créatrice. Dans le bush, écrit-il, il n'est pas rare de voir un tronc de baobab « abattu, sans doute des siècles plus tôt par une tempête de force exception- nelle, à partir duquel un nouvel arbre a poussé, tel le Phénix, avec une jeunesse et une vigueur renouve- lées ». Il ne connaît qu'un seul baobab vraiment mort : le sujet a été frappé par la foudre, « défaite cataclysmique » suite à laquelle « la destruction de l'arbre est consommée ». Il prend une photo du tronc foudroyé dont une partie se dresse en forme d'« oiseau monstrueux qui a monté la garde et, tel un esprit désincarné, médite sur ce ravage ».

En 1904, il se laisse persuader de repartir et se rend en Australie pour dix-huit mois, à la solde d'une société privée qui essaie d'acclimater et d'éle- ver des huîtres perlières. De retour en Angleterre, il trouve des bailleurs de fonds pour son propre projet de culture de perles artificielles et prend une fois de plus la direction des îles du Pacifique-Sud.

Les perles sont les seuls joyaux fabriqués par des créatures vivantes, objets resplendissants enfermés dans un écrin primitif et biscornu. Aux alentours de 1890, William avait été le premier à cultiver des demi-perles ; il projette maintenant d'obtenir des perles sphériques, dites « libres », qui prennent forme dans la chair de l'huître. En 1906, il crée sur l'île de Thursday, dans le détroit de Torres, à l'extré- mité septentrionale de la Grande Barrière de Corail, une ferme perlière où il met au point une technique qui consiste à ouvrir le bivalve sans tuer l'huître et à introduire dans sa chair une particule de coquille. L'huître enrobe l'irritant de fines couches de nacre, finissant de la sorte par constituer une sphère chatoyante et irisée, issue de sa coquille et de sa chair. On a longtemps prêté à deux savants japonais d'avoir les premiers produit, en 1907, des perles sphériques, mais des travaux récents donnent à penser que William Saville-Kent développa la technique et peut-être obtint de ces perles avant eux. Il refusa de révéler à ses bailleurs de fonds les détails de sa méthode, mais consentit, dans l'éventualité de sa disparition, à les déposer couchés par écrit dans une banque.

En 1908, il tombe malade et rentre mourir en Angleterre. Il succombe le 11 octobre à une occlusion intestinale, tout comme sa mère et sa première femme. Quand ils ouvrent l'enveloppe déposée à la banque, ses investisseurs n'y trouvent rien d'intelligible ; en même temps que ses autres secrets, William a emporté dans la tombe celui de la culture des perles artificielles. Sa femme, qui héritait de cent soixante-six livres, fit recouvrir de coraux sa tombe de l'église de Tous-les-Saints, à Milford-on-Sea. Elle vendit le reste de ses coraux, éponges, coquillages et perles, et vécut seule dans leur maison perchée sur la falaise, jusqu'à ce que la mort l'emporte onze ans plus tard.

Mary Ann et Elizabeth, les sœurs aînées, avaient quitté en 1886 leur logement de Regent's Park pour l'hôpital St Peter, à Wandsworth, hospice qui abritait quarante-deux pensionnaires et comportait une chapelle, un réfectoire et une bibliothèque. Mary Ann mourut en 1913 à l'âge de quatre-vingt-deux ans, laissant ses biens (pour une valeur de cent vingt-neuf livres) à Elizabeth. Celle-ci la suivit neuf ans plus tard, à l'âge de quatre-vingt-dix ans, léguant deux cent cinquante livres à une cousine du nom de Constance Amelia Barnes et cent livres à sa demi-sœur Mary Amelia, avec qui elle avait correspondu jusqu'à la fin.

Constance Kent avait le don d'invisibilité. Les habitants de Dinan dans les années 1860 et les gardiennes de la prison de Millbank dans la décennie suivante avaient été frappés par sa capacité à se fondre dans le décor, à disparaître ; or, dans les années 1880, elle se volatilisa de façon encore plus définitive. Le public n'avait aucune idée de ce qu'il était advenu d'elle après sa sortie de prison, et on allait devoir attendre près d'un siècle pour le savoir.

On découvrit dans les années 1950 qu'à sa sortie de prison, le révérend Wagner l'accueillit au sein d'une subdivision de la communauté de St Mary, qu'il avait installée tout à côté de son domicile, à Buxted dans le Sussex. Chaque mois elle allait se présenter au commissariat de Brighton, distant d'une vingtaine de miles. Une des sœurs de Buxted se rappellerait qu'à son arrivée Constance se déplaçait « à la manière d'une détenue, l'air morne », des lunettes fumées sur le nez, les cheveux coupés ras et les mains calleuses. Elle se tenait mal à table. « Très renfermée » au début, elle se mit peu à peu à parler des mosaïques qu'elle avait réalisées en prison, en particulier celle de la crypte de St Paul. Elle n'évoquait jamais sa famille. Elle disait aux religieuses qu'elle allait émigrer au Canada et y trouver un emploi d'infirmière sous le nom d'Emilie King. Cela se révélerait en partie vrai.

On apprit dans les années 1970 que Constance

LE DÉNOUEMENT 411

s'embarqua au début de 1886 pour la Tasmanie en compagnie de ses demi-sœurs Eveline et Florence, sous le faux nom d'Emilie Kaye (homophone d'« Emily K. ») – Acland avait fait le voyage quelques mois plus tôt. Elles rejoignirent William et sa femme à Hobart. La proximité de ces frères et sœurs, qui auraient pu être divisés par le meurtre, rappelait à quel point la vie interne de la famille demeurait une affaire aussi privée que singulière.

Jusqu'à ce que la mort les sépare, Constance et William entretinrent une relation étroite et jamais démentie. En 1889, Constance emménagea à Brisbane avec son frère, sa belle-sœur et les chouettes timides. Un an plus tard, elle se rendit à Melbourne pour aider à soigner des victimes de la typhoïde et y resta afin de suivre une formation d'infirmière. Elle était employée comme surveillante générale dans un hôpital privé de Perth quand William y arriva en 1893. Au milieu des années 1890, elle se transporta à Sydney où son frère se rendit plusieurs fois entre 1895 et 1908. Elle travailla dans une léproserie de Long Bay et en tant que directrice dans un institut pour jeunes délinquants dans la banlieue de la ville.

Elle survécut à William. En 1911, toujours sous le nom d'Emilie Kaye, elle ouvrit à Maitland, au nord de Sydney, un dispensaire qu'elle dirigea jusqu'à son départ en retraite au milieu des années 1930. Elle passa la décennie suivante dans différentes maisons de retraite des faubourgs de Sydney. Elle resta en contact avec la fille de Mary Amelia, Olive, même si celle-ci ignorait que « miss Kaye » était sa tante – elle croyait avoir affaire à une vieille amie de sa mère et de ses tantes Eveline et Florence[1]. En 1943, Constance commanda pour le Noël de son petit-neveu, seul enfant d'Olive, un ouvrage de référence sur les oiseaux. Elle l'envoya à sa nièce assorti d'une lettre exprimant sa déception : « Je m'attendais à trouver des illustrations de nids, d'œufs, etc. comme cela se fait. Ce n'est qu'un simple catalogue ornithologique. » Au moins valait-il mieux que la plupart des livres pour enfants qui sont « choquants, bizarres et hideux [...] uniquement des histoires de monstres. La poupée noire, si grotesque, a remplacé la belle fée ».

Quand en février 1944 Constance atteint sa centième année, la feuille locale fait paraître une photo d'elle assise sur un sofa, souriant à l'appareil. Le journal rend hommage à « Emilie Kaye », « infirmière pionnière ». « Naguère, elle a soigné des lépreux », annonce-t-il, oublieux de son passé plus lointain. Le roi et la reine lui envoient un télégramme de félicitations. L'archevêque de Sydney passe lui remettre une brassée de fleurs. Olive assiste aux célébrations. Emilie Kaye était « une vieille dame vraiment merveilleuse, dira-t-elle plus tard, et tout à fait aimable. Tout le monde l'aimait bien ».

Miss Kaye s'éteignit deux mois plus tard. Elle légua plusieurs souvenirs à Olive, dont une broche,

---

1. Mary Amelia épousa un arboriculteur à Sydney en 1899 et donna naissance l'année suivante à Olive, son seul enfant. Eveline, que l'on appelait Lena, se maria en 1888 à un médecin dont elle eut un fils et une fille. Florence ne se maria pas et passa les dernières années de sa vie auprès de sa nièce Olive. (*N.d.A.*)

une montre et une chaîne en or, ainsi que deux coffrets qui restèrent fermés pendant plus de trente ans.

En 1974, Olive et son fils firent un voyage en Angleterre. Ils allèrent en pèlerinage à Baynton House où était née la mère d'Olive, et apprirent l'histoire du meurtre de Road Hill. Olive commença de subodorer qu'Emilie Kaye était la tante dont on avait perdu la trace, la meurtrière Constance Kent. De retour en Australie, Olive et son fils ouvrirent les coffrets laissés par « Miss Kaye » et trouvèrent, dans l'un, un daguerréotype d'Edward, le frère aîné de Constance, mort de la fièvre jaune à La Havane, et, dans l'autre, un portrait de la première Mrs Kent.

XX

La musique de la faux dehors sur la pelouse

En 1928, seize ans avant la mort de Constance Kent, l'auteur de romans policiers John Rhode publia un livre sur le meurtre de Road Hill House. En février de l'année suivante, son éditeur reçut une lettre anonyme oblitérée à Sydney en Australie, qui commençait par les instructions suivantes : « Cher monsieur, utilisez ceci comme bon vous semble. En cas de valeur monnayable, envoyez l'argent aux mineurs gallois, à ces hommes que notre civilisation torture au point de les faire dégénérer. Veuillez accuser réception dans la rubrique Amis disparus du *Sydney Morning Herald*. » La lettre dressait ensuite le portrait vu à travers des yeux d'enfant des débuts de la famille Kent. Il s'agissait d'un document étonnamment vivant d'environ trois mille mots, et il n'était guère pensable qu'il ait été écrit (ou dicté) par quelqu'un d'autre que Constance. Par endroits, il recoupait étroitement la lettre qu'elle avait adressée à Eardley Wilmot et ses courriers successifs au Home Secretary, dont aucun ne fut rendu public avant bien des années plus tard. Bien qu'elle ne fît nulle part mention du nom de Saville, cette lettre tentait d'expliquer les origines de sa mort.

Selon ce document, Constance aimait la « jolie et très capable gouvernante » engagée par son père au début des années 1840, et miss Pratt fit d'elle « son chouchou ». Cependant, l'arrivée de cette personne eut tôt fait de diviser la famille. Edward, le fils aîné, se querella avec son père lorsqu'il le vit sortir un matin de la chambre de la gouvernante. Il en résulta que lui et les deux sœurs aînées furent envoyés en pension. Quand ils rentraient pour les vacances, tous les trois préféraient se cantonner dans l'aile de la maison occupée par leur mère, de même que William, le plus jeune, auquel Mrs Kent était « profondément attachée ». Selon l'auteur de la lettre, Mary Ann et Elizabeth maintinrent toujours catégoriquement que leur mère était saine d'esprit. Constance, pendant ce temps, passait ses journées à la bibliothèque en compagnie de son père et de la gouvernante. Miss Pratt « parlait de Mrs Kent d'un ton méprisant, l'appelant "une certaine personne" et la tournant en ridicule. Constance se montrait parfois impolie avec sa mère et racontait à la gouvernante ce qu'elle avait dit, cette dernière ne faisant pas de commentaires en dehors d'un sourire à la Mona Lisa ». En présence de ses enfants, Mrs Kent avait coutume de se décrire comme leur « pauvre maman », ce qui laissait Constance perplexe.

La maisonnée se fit recluse et, les enfants grandissant, leurs fréquentations furent étroitement contrôlées. Un jour que Constance et William travaillaient à leur bout de jardin derrière le massif d'arbustes, leur attention fut attirée par des « rires joyeux » provenant de la propriété d'à côté. Ils regardèrent avec envie par-dessus la haie et, bien qu'il leur fût interdit d'aller jouer avec les petits voisins, ils ne purent résister à leur invitation à se joindre à eux. La transgression fut découverte et, en guise de punition, leurs « petites plantations » furent « arrachées et piétinées ». Tout ce qui venait du dehors était mal accueilli ; ainsi, deux oiseaux tropicaux envoyés par Edward à ses frère et sœurs furent confinés dans une pièce non chauffée où ils crevèrent.

Constance fut un jour encouragée à se lier d'amitié avec une fillette qui vivait à peut-être un mile de la maison, mais ce ne fut pas une réussite : « Au terme d'une période d'ennui réciproque, la fille accusa C. à tort de chercher à la dresser contre sa mère. » L'accusation est poignante, étant donné que Constance avait elle-même été dressée contre la sienne.

À mesure que Constance grandissait, l'affection entre elle et la gouvernante alla s'amenuisant. Les leçons étaient des circonstances particulièrement tendues. Si Constance se trompait sur une lettre ou un mot, elle était punie pour indocilité.

La lettre H lui valut de nombreuses heures d'enfermement dans une pièce, durant lesquelles elle prêta avec envie l'oreille à la musique de la faux dehors sur la pelouse. Quand on en vint à l'apprentissage des mots, les punitions se firent plus sévères : deux jours enfermée avec pour tout repas du pain sec, du lait et de l'eau. D'autres fois, elle était mise au coin dans le vestibule, psalmodiant entre deux sanglots : « Je veux être gentille, je le veux, je le veux ! », jusqu'à se pénétrer de l'idée que la gentillesse était impossible à un enfant et que son seul espoir consistait à grandir vite, car les grandes personnes ne se montraient jamais méchantes.

La lettre de Sydney était de bout en bout rédigée dans un style fiévreux, à la ponctuation approximative, comme si son auteur s'était hâté pour canaliser un torrent de souvenirs.

Quand la famille emménagea à Baynton House, dans le Wiltshire, miss Pratt se mit à réprimer les colères de Constance en l'enfermant dans une mansarde. La fillette prenait plaisir à plonger sa geôlière dans la perplexité. Elle avait coutume de « faire le singe » : une fourrure drapée autour du buste, elle grimpait par la lucarne pour ensuite escalader le toit, redescendre de l'autre côté et se glisser dans une autre partie des combles, après quoi, regagnant la pièce où elle avait été enfermée, elle en déverrouillait la porte et y entrait. « La gouvernante n'en revenait pas de toujours trouver la porte ouverte, clé dans la serrure ; les domestiques étaient interrogés, mais ils ne savaient rien, bien sûr. »

Enfermée dans la cave à vin, Constance s'allongeait sur un tas de foin et « s'imaginait dans la basse-fosse d'un grand château, prisonnière de guerre de Bonnie Prince Charlie[1] et promise au billot le lendemain matin ». Une fois, quand miss Pratt vint la libérer, elle trouva la fillette tout sourire, « l'air plu-

---

1. Surnom de Charles Edward Stuart (1720-1788), prince héritier du royaume d'Écosse.

tôt contente de ses élucubrations ». La gouvernante lui demanda pourquoi elle souriait.

— Oh, répondit-elle, c'est juste les rats si rigolos.

— Quels rats ? interrogea miss Pratt.

— Ils ne sont pas méchants, ils se contentent de danser et de gambader.

Le cachot fut ensuite la cave à bière, où elle arracha le fausset d'un fût, après quoi on l'enferma dans deux chambres d'appoint qui avaient la réputation d'être hantées – un jour, elle vit un « feu bleu » brûler dans la cheminée. Recluse dans le bureau paternel au rez-de-chaussée, elle s'en échappait pour grimper dans les arbres, « y faisant montre d'une disposition cruelle en empalant limaces et escargots sur des brindilles et appelant cela des crucifixions ». Elle était une enfant « querelleuse et colérique » qui aimait les émotions fortes, voire la violence. Elle avait coutume de se glisser dans les bois « mi-espérant, mi-redoutant d'y rencontrer un lion ou un ours ».

Au pensionnat, elle était « un mouton noir », disait encore l'auteur de la lettre, « réfractaire à l'autorité », « multipliant les bêtises », même si elle n'avait « rien eu à voir avec la fuite de gaz, probablement due au fait que les robinets étaient restés ouverts alors que le compteur avait été fermé ». (Le souci montré par l'auteur de disculper Constance de cette fuite de gaz est un détail convaincant.) Elle donnait des surnoms à ses professeurs. L'un était « Ours dans les broussailles » en raison de son épaisse chevelure noire. Un ministre du culte qui donnait des cours de catéchisme vint à apprendre son sobriquet de « Pie octogonale » (en référence à la forme de sa chapelle). Au lieu de la réprimander, il en rit et, « croyant possible d'en tirer du bon, se mit à lui consacrer plus d'attention ; cependant, voyant que les autres élèves en étaient jalouses, elle lui fit délibérément des réponses stupides et tomba par conséquent en disgrâce ». Après cela elle fit une tentative pour « devenir croyante », mais un livre du prêcheur puritain Richard Baxter la convainquit qu'elle avait déjà commis « l'impardonnable péché » – blasphémer le Saint-Esprit – et qu'elle pouvait aussi bien renoncer à la bonté.

La lettre affirmait que Constance avait lu Darwin lorsqu'elle était encore enfant et qu'elle avait scandalisé la famille en exprimant sa croyance en la théorie de l'évolution. Elle semblait, tout comme William, avoir trouvé dans la nature une délivrance. Des animaux peuplaient la lettre de Sydney comme autant d'émissaires de liberté – le lion, l'ours, le mouton, le singe, la pie, les oiseaux tropicaux, les rats danseurs, voire les escargots et limaces sacrifiés.

Après la mort de sa mère, Constance se mit en tête qu'« on ne voulait pas d'elle, que tout le monde était contre elle », et sa belle-mère lui en apporta la confirmation. Un jour qu'elle venait de rentrer du pensionnat, la deuxième femme de son père lui dit : « S'il n'avait tenu qu'à moi, vous seriez restée à l'école. Quand j'ai dit que vous veniez, une de vos sœurs s'est écriée : "Quoi ? Quelle barbe !" Vous voyez, elles ne veulent pas de vous. » L'auteur de la lettre expliquait que l'idée de s'enfuir et de partir en mer avec William lui était venue en lisant quelque chose sur « des femmes déguisées en homme qui gagnaient leur vie et n'étaient jamais démasquées jusqu'au jour de leur mort ». Elle persuada son frère de l'accompagner et fut ensuite « traitée comme un méchant garçon qui avait dévoyé son cadet ».

Elle commença de soupçonner que sa mère, dont elle avait eu coutume de se moquer, n'avait jamais été folle ; au contraire, « elle devait être une sainte ». « Regardant sa mère, il semblait y avoir elle ne savait quel mystère. » Le correspondant anonyme expliquait que Constance en était lentement venue à comprendre que son père et la gouvernante avaient été amants depuis l'époque où elle était toute petite. Avec le recul, elle se mit à conjecturer les secrets à caractère sexuel qu'on lui avait cachés – une fois mis en branle, ces souvenirs furent déformés par le soupçon. Très jeune, Constance « dormait dans une chambre en enfilade avec celle de la gouvernante, qui ne manquait jamais de fermer la porte de communication lorsqu'elle venait se coucher. La chambre et le dressing de Mr Kent se trouvaient en face. Quand il était en déplacement, la gouvernante disait avoir peur toute seule, et Constance était alors obligée de dormir avec elle ». Une fois, dans la bibliothèque, miss Pratt prit peur pendant un orage et se précipita vers Samuel. Il l'attira sur ses genoux et l'embrassa. « Oh ! pas devant la petite ! » s'exclamat-elle. Témoin de l'intimité de leurs rapports, dormant à l'intérieur de la chambre de la gouvernante, dans une pièce fermée à clé, ou prenant la place de son père dans le lit de cette dernière, Constance était empêtrée dans cet imbroglio sexuel.

Comme l'héroïne de Henry James dans *Ce que savait Maisie* (1897), Constance fut une enfant obligée « de voir beaucoup plus qu'elle n'en pouvait d'abord comprendre ». C'était ainsi que pouvait survenir le désir d'enquêter, dans le désarroi ou la peur, dans le besoin impérieux de voir clair dans les secrets pressentis du monde adulte. Constance déchiffra les indices disséminés dans sa prime enfance, reconstitua un forfait (la trahison de sa mère), en identifia les auteurs (son père et la gouvernante). Peut-être tous les détectives apprennent-ils la curiosité dans leur enfance et demeurent-ils particulièrement absorbés par le passé.

La lettre de Sydney émettait une suggestion troublante regardant l'histoire familiale des Kent. Son auteur faisait remarquer que Constance et William avaient des dents « hutchinsoniennes », que William avait un abcès à la jambe et que plusieurs de leurs frères et sœurs étaient morts en bas âge. Les dents hutchinsoniennes sont des incisives à l'arête crantée, identifiées dans les années 1880 par le médecin John Hutchinson comme symptôme d'une syphilis congénitale. Cette affection provoque également des ulcères aux jambes (la gomme) et fait de nombreuses victimes parmi les nouveau-nés. L'auteur de la lettre sous-entendait que la première femme de Samuel Kent était syphilitique.

La syphilis est une maladie facile à suspecter rétrospectivement, mais difficile à prouver – Isabella Beeton et son mari, Thomas Hardy et sa femme, Beethoven, Schubert, Flaubert, Nietzsche, Baudelaire et Van Gogh ont tous été identifiés comme de possibles malades. Fort étendue au dix-neuvième siècle – il n'y avait alors aucun remède –, la syphilis était surnommée « la grande imitatrice » en raison de sa capacité à imiter d'autres maux, à revêtir leur couleur à la manière d'un caméléon. Du fait qu'elle se contractait habituellement lors de rapports sexuels illicites, ses victimes taisaient son existence. Ceux qui avaient les moyens de se faire soigner discrètement parvenaient souvent à garder le secret.

À supposer que Samuel Kent se soit fait infecter à Londres, il est possible que les symptômes aient été la cause de sa démission de la société où il avait des parts, et de sa fuite dans le Devon en 1833 : la maladie se manifeste en effet par des chancres indolores, généralement sur les parties génitales au cours des premières semaines, puis donne lieu à de la fièvre, des douleurs et des éruptions disgracieuses sur l'ensemble du corps. Il se peut que Samuel ait éprouvé le besoin de disparaître à la vue de ses familiers. S'il avait la « vérole », son désir d'isolement et de discrétion est facile à comprendre, de même que son incapacité de trouver un autre emploi avant 1836.

La syphilis est terriblement infectieuse au cours des premiers mois – quand Samuel eut des rapports avec sa femme, il est presque certain que les bactéries issues de ses chancres auront envahi toute infime coupure ou lésion présentée par celle-ci. (Observées pour la première fois au microscope en 1905, ces bactéries sont appelées des spirochètes, du grec signifiant « longs cheveux ».) La première Mrs Kent aura involontairement transmis la maladie à ses bébés à l'intérieur même de sa matrice. Un fœtus atteint de syphilis congénitale avait toutes les chances de provoquer une fausse couche ou d'être mort-né, ou bien, s'il survivait, il était typiquement chétif, ratatiné, faible, à peine capable de téter et enclin à mourir en bas âge. La syphilis pouvait expliquer les plusieurs fausses couches de Mrs Kent, ainsi que les quatre nouveau-nés qu'elle avait vu mourir d'affilée. Certains enfants de mère syphilitique ne montraient aucun symptôme dans leur prime enfance, mais développaient par la suite des dents crantées, des jambes arquées ou autres indices identifiés par Hutchinson. Peut-être Joseph Stapleton suspectait-il un cas de syphilis lorsqu'il évoque la façon dont l'« intempérance » d'un homme – alcoolique, pécuniaire ou sexuelle – pouvait rejaillir sur ses enfants.

S'il avait la syphilis, Samuel Kent faisait probablement partie de cette heureuse majorité de malades qui, après un an ou deux, ne montre aucun symptôme évident. Sa femme paraît en revanche avoir appartenu à la malheureuse minorité qui, au bout de quelques années (généralement entre cinq et vingt ans), développe le stade tertiaire de la maladie, phase qui ne fut comprise que longtemps après sa mort. Ce stade se manifeste par des troubles de la personnalité, puis par la parésie, « la paralysie généralisée des fous », détérioration régulière et irréversible du cerveau. Tout en expliquant sa faiblesse et sa maladie mentale, la syphilis tertiaire pouvait rendre compte de sa mort précoce (à quarante-quatre ans) d'une occlusion intestinale – les troubles gastro-intestinaux font partie des nombreux symptômes possibles, et la mort survient généralement entre quinze et trente ans après l'infection initiale.

Il est tentant d'imputer à la syphilis le décès tout aussi précoce de la deuxième Mrs Kent, qui fut atteinte de paralysie et d'une quasi-cécité avant de mourir à l'âge de quarante-six ans au pays de Galles – ces symptômes sont caractéristiques du tabès, également manifestation du stade tertiaire –, mais elle pouvait ne l'avoir contractée que si son mari s'était fait réinfecter. La chose était possible. Samuel se sera cru guéri une fois apaisés ses chancres et éruptions cutanées. On se figurait à l'époque que cette maladie ne pouvait s'attraper deux fois, mythe résultant du fait qu'une réinfection ne s'accompagnait ni de lésions ni de rougeurs.

Il ne s'agit là que de présomptions. L'auteur de la lettre de Sydney n'avait probablement lui-même aucune certitude. Mais si l'on conjecture à rebours à partir des dents hutchinsoniennes, il se peut que le commencement de la tragédie de cette famille ait été un rapport sexuel entre le père de Saville et une prostituée londonienne au début des années 1830. Il se peut en définitive que la clé s'en soit trouvée dans cet univers quasi invisible qui captivait tant William Saville-Kent, dans une minuscule créature argentée et entortillée, pareille à un cheveu, qui ne se pouvait voir qu'à travers l'optique d'un microscope.

Le lien entre la syphilis et des maladies telles que le tabès et la parésie ne fut pas connu avant la fin du dix-neuvième siècle, aussi ne peut-on que soupçonner rétrospectivement Samuel Kent d'avoir causé la mort de ses deux épouses. Quand il rendit publiques la folie de la première ou la paralysie et la cécité de la seconde, il n'avait aucune idée d'être peut-être en train de livrer des indications sur la dégradation de son propre organisme.

Chose étrange, la lettre de Sydney n'éclaircissait en rien les éléments peu vraisemblables des aveux de Constance en 1865, bien que le livre de John Rhode qui l'avait provoquée ait décrit ces aveux comme « franchement incroyables » et si « peu satisfaisants » que l'on était fondé à douter de la culpabilité de la jeune fille. « Sa psychologie paraît si surprenante que presque n'importe quelle spéculation s'y rapportant est justifiée, écrit Rhode. Il est tout à fait possible que, dans l'atmosphère intensément religieuse de l'hôpital St Mary, elle ait conçu l'idée de s'offrir en holocauste afin de dissiper le nuage qui pesait sur sa famille. » La personne la mieux placée pour résoudre un crime devait être son auteur. Comme le faisait observer le *Times* du 28 août 1865 : « L'échec de toutes les investigations antérieures avait démontré que les mystères du meurtre ne pouvaient être éclaircis que par la personne qui l'avait commis. » Constance s'était révélée un détective imparfait et dans ses aveux et dans la lettre anonyme où elle paraissait livrer son âme à nu : sa solution était défectueuse. Cela signifiait-il qu'elle n'était pas l'assassin ?

Les lacunes de son récit ouvraient la voie à d'autres hypothèses, qui furent d'abord formulées en privé, puis en public une fois morts tous les principaux acteurs de l'affaire. Longtemps avant cela, Whicher eut une théorie capable d'expliquer les omissions du témoignage de Constance. Elle ne fut jamais rendue publique, mais elle est esquissée dans ses rapports confidentiels à sir Richard Mayne.

Dans son premier rapport – de ceux qui subsistent – Whicher note que Constance « était la seule personne à dormir seule, exception faite de son frère,

lui aussi rentré pour les vacances (et que je soupçonne d'avoir prêté la main lors du meurtre, bien
que je n'aie pas encore suffisamment d'éléments
pour l'appréhender) ». De retour à Londres après
que Constance a été mise en liberté sous caution, il
fait observer que le frère et la sœur sont rentrés à la
maison deux semaines avant le meurtre. « À supposer que miss Constance soit coupable et qu'elle ait
eu un complice, celui-ci est selon moi en toute probabilité son frère William [...] à en juger d'après la
connivence existant entre eux deux. » Il ajoute :

*[...] dans la mesure où je peux avancer que le
meurtre a été commis soit par la seule miss Constance
dans un accès de démence soit par elle et son frère pour
des motifs de rancune et de jalousie à l'endroit des
enfants plus jeunes et de leurs parents, et je penche fortement pour cette dernière possibilité, à en juger par la
sympathie qui les lie, par le fait que chacun occupe une
chambre seul, et surtout par l'état d'abattement de ce
garçon avant et après l'arrestation de sa sœur, et je
pense que le père ou une autre personne de la famille
n'aurait pas eu grand mal à obtenir de lui des aveux
pendant que sa sœur était en prison, mais je ne peux
prôner un tel parti compte tenu des circonstances particulières de l'affaire.*

Il paraîtrait naturel que William se soit trouvé
« dans un état d'abattement » après la mort de son
frère ; pour que Whicher l'ait noté, il fallait que cet
abattement ait revêtu une forme particulière, celle
d'un repli sur soi, d'une culpabilité ou d'une peur
à glacer les sangs. Le détective expose clairement

l'alternative qu'il entrevoit : ou bien Constance a opéré seule sous l'effet d'un accès de démence, ou bien elle avait toute sa tête et a tué Saville avec l'aide de William. Dès le début, il a soupçonné les deux adolescents d'avoir prémédité et perpétré le crime ensemble. Lorsqu'il s'en repart de Road, il en est quasi certain.

Il pensait qu'étant la plus âgée, la plus singulière et la plus résolue, Constance avait été l'instigatrice du projet, mais qu'elle avait fait cela pour son frère et avec son concours. William avait le mobile le plus manifeste : Saville l'avait supplanté dans l'affection de ses parents, et son père lui disait fréquemment qu'il était inférieur à son petit frère. Si Constance et lui avaient comploté ensemble la mort de Saville, le passage à l'acte en devenait moins surprenant : il était concevable que, isolés et pleins d'amertume, ces deux enfants aient vécu dans un monde imaginaire conforté par une croyance réciproque, et qu'ils se soient figuré agir pour se défendre mutuellement et défendre leur défunte mère. Leur résolution avait alors été affermie par la volonté de ne pas se laisser l'un l'autre tomber.

Il est possible que Samuel Kent ait incité les policiers à suspecter Constance afin de protéger son fils. Peut-être le protégeait-il également lorsqu'il raconta à Stapleton l'histoire de la fugue jusqu'à Bath, déformant son récit de sorte à faire apparaître le caractère émotif de son fils et l'inébranlable sang-froid de sa fille. À l'époque de l'enquête, William fut souvent écarté de la liste des possibles suspects en raison de sa timidité. Whicher le pensait cependant capable d'avoir pris part au meurtre. Les articles de presse sur l'escapade à Bath laissent entendre que le garçon avait une nature volontaire et inventive, ce que sa vie d'adulte a confirmé.

Nombreux furent ceux qui, d'un bout à l'autre de l'enquête, soutinrent que cet assassinat avait été commis à deux. Si William aida Constance, cela explique que la literie du lit de Saville ait été soigneusement repliée, que celui-ci soit resté silencieux pendant que l'on manœuvrait portes et fenêtres, que les pièces à conviction aient été ensuite détruites. Si Constance n'avait évoqué que le rasoir dans ses aveux, cela tenait à ce qu'elle n'avait elle-même utilisé que ledit rasoir, tandis que William, lui, maniait le couteau. La lettre de Sydney se gardait d'évoquer le meurtre ; peut-être parce qu'il n'était pas d'explication qui ne mît en cause le complice.

Plusieurs des œuvres de fiction qui se sont inspirées de l'affaire paraissent hantées par la possibilité que Constance et William aient eu un secret en commun. Dans *La Pierre de lune* l'héroïne protège celui qu'elle aime en s'offrant comme suspecte. Le frère et la sœur en fuite du *Mystère d'Edwin Drood* partagent une ténébreuse histoire. L'énigme du *Tour d'écrou* réside dans le silence de deux enfants, un frère et une sœur liés par un secret[1].

1. Le roman de Henry James parut en 1898, âge d'or de la production des Sherlock Holmes. *Le Tour d'écrou* traite l'histoire policière à rebours en défaisant tout ce qui pourrait rassurer : il se refuse à dissiper le mystère du silence des enfants ; il compromet le détective et narrateur dans l'innommable crime ; et il s'achève, plutôt qu'il ne commence, sur la mort d'un enfant. (*N.d.A.*)

Que William ait été son complice ou bien simplement son confident, Constance œuvra toujours à le couvrir. Dès ses premiers aveux, elle insista sur le fait qu'elle avait agi « seule et sans aide ». Elle dit à son avocat qu'elle refusait de plaider la folie parce qu'elle voulait protéger William, et elle adapta à cette fin ses déclarations sur le crime et son mobile. Dans aucune de celles-ci, elle ne parla de lui. Bien qu'elle se fût plainte auprès de ses amies de classe de la façon dont il était traité par Samuel et Mary Kent – les humiliantes comparaisons à Saville, l'obligation de pousser une voiture d'enfant à travers le bourg –, elle n'en dit pas un mot en 1865. « Je n'en ai jamais voulu à l'un ou l'autre en raison de leur comportement envers moi », déclara-t-elle à propos de son père et de sa belle-mère, évitant soigneusement la rancune qu'elle pouvait nourrir contre eux relativement à quelqu'un d'autre. La solution du mystère du meurtre de Saville pourrait bien en définitive se trouver dans le silence de Constance, et tout particulièrement dans son silence au sujet de ce frère qu'elle aimait.

Constance se dénonça dans l'année précédant le vingt et unième anniversaire de William, lors duquel il devait toucher les mille livres du legs de sa mère. Il espérait pouvoir utiliser cet argent pour entrer dans la carrière des sciences, mais était encore entravé par l'incertitude et la suspicion entourant sa famille. Plutôt que de les voir vivre tous les deux sous l'ombre portée par le meurtre, Constance choisit de l'amasser au-dessus d'elle seule. Son acte de contrition libéra William, rendant possible son avenir.

Postface

Le troisième chapitre du livre de Joseph Stapleton est consacré à l'autopsie du corps de Saville. Parmi les nombreuses constatations du médecin figure la description, dans le style ampoulé qui est le sien, de deux blessures à la main gauche du garçonnet.

Toutefois, sur la main – cette main gauche, cette main magnifiquement ciselée pendant inerte à l'extrémité d'un corps qui aurait pu, même mutilé, servir d'étude et de modèle à un sculpteur – se trouvent deux courtes entailles – l'une presque jusqu'à l'os ; l'autre, juste une égratignure – sur une des phalanges de l'index. Comment furent-elles pratiquées ?

L'explication de ces blessures par Stapleton ramène brièvement, brutalement, Saville au premier plan. De la nature et de la position des plaies, le médecin déduit que l'enfant s'est réveillé juste avant d'être assassiné et qu'il a levé la main gauche pour parer le coup dirigé vers son cou ; le couteau lui a entaillé la phalange ; il a levé la main une deuxième fois, avec moins de force, et la lame lui a écorché le doigt tout en plongeant dans sa gorge.

Cette représentation rend Saville subitement présent : il ouvre les yeux pour voir son assassin et voir la mort s'abattre sur lui. Lorsque je les ai lues, ces lignes de Stapleton m'ont rappelé dans un sursaut que ce petit garçon avait été bien vivant. En débrouillant l'histoire de son assassinat, je l'avais, lui, oublié.

Peut-être est-ce l'objet des investigations des détectives, réels ou imaginaires, que de transformer le sensationnel, l'horreur et le chagrin en une énigme, pour ensuite résoudre cette énigme et la chasser au loin. « Le roman policier, observe Raymond Chandler en 1949, est une tragédie qui se termine bien. » Un détective de roman commence par nous mettre en présence d'un meurtre et, à la fin, il nous en absout. Il nous disculpe. Il nous soulage de l'incertitude. Il nous soustrait à la présence de la mort.

Jonathan Whicher

Jonathan Whicher

Post-scriptum

Quatre mois après la parution de ce livre, une lectrice m'a écrit pour m'informer de sa découverte d'une photographie de Jonathan Whicher. Cette photo figurait dans les archives de Frederick Bowker, avocat avec lequel Whicher avait travaillé sur l'affaire du requérant Tichborne, et se trouve aujourd'hui confiée à l'administration des musées du Hampshire. Lorsque je suis allée consulter les archives à Winchester, j'y ai découvert une deuxième photographie. Les deux furent prises au début des années 1870. Il s'agissait là des premières représentations que je voyais de Whicher.

Sur le portrait en pied, reproduit en page 433, Whicher campe un fringant personnage, badin, guilleret et sûr de soi. On l'imagine aisément sortir un portefeuille volé de la poche d'un filou bien mis en lançant un joyeux « cela me suffit ! ». Le photographe l'a fait poser devant une toile peinte représentant l'intérieur du salon d'une gentilhommière, avec une haute fenêtre donnant sur une étendue de pelouse. Cet air d'allègre prospérité est de mise : en 1870, ses conclusions sur le meurtre de Road Hill se sont avérées ; il a démasqué le requérant Tichborne, ancien boucher de Wapping ; il a épousé une veuve aisée. Rien d'étonnant à ce qu'il ait adopté une démarche élastique.

Sur l'autre portrait, en buste, reproduit en page 434, il paraît plus tempéré, plus proche de l'homme naguère décrit par Dickens : sans prétentions, trapu avec « un air réservé et pensif, comme s'il était plongé dans des calculs d'arithmétique ». Les yeux sont doux, humides, pâles au point de paraître presque bleus. La bouche forme un demi-sourire ironique teinté de bonhomie. Il semble légèrement plus âgé que sur le portrait en pied – l'œil plus gonflé, les favoris plus grisonnants –, mais cela tient peut-être au fait que la prise de vue est plus rapprochée. Il porte les mêmes vêtements, sans doute sa meilleure tenue, et la même montre en or avec sa chaîne, probablement celle qu'il léguera à son ami John Potter. Quelque chose pend à son cou, retenu par une cordelette ; peut-être un monocle.

Prises à l'époque du procès Tichborne, ces épreuves, tirées sur papier albuminé et collées sur un fort carton de quatre pouces par deux et demi, étaient destinées à la vente. Elles devaient coûter un shilling pièce, comme des douzaines d'autres – représentant le requérant, les Tichborne, les différents avocats, etc. – qui furent produites comme souvenirs de l'affaire. Le gros plan de Whicher fut imprimé par la London and Provincial Photographic Company, sise en face de la gare de Charing Cross, à l'extrémité occidentale du Strand, alors que le portrait en pied est estampillé « Powell, Charing-cross ».

Sidney Powell tenait un studio au 38 Chandos

Street, de l'autre côté du Strand en venant de la gare. Il semble que ce particulier, qui se donnait pour photographe et opticien – combinaison courante en ce milieu du dix-neuvième siècle –, ait été passablement fripon. Il fut poursuivi en 1862 pour avoir vendu des photographies pirates d'un tableau alors très prisé, *La Foire aux chevaux* de Rosa Bonheur. Sept ans plus tard, un inspecteur de police en civil rend visite à sa boutique en se faisant passer pour un client. Powell lui propose deux huiles érotiques pour la somme de cent guinées. Peut-être s'agissait-il de ces petits formats « fort curieux et très recherchés », signés François Boucher, pour lesquels il avait inséré une annonce l'année précédente dans la *Pall Mall Gazette*. Il montra ensuite quelques photographies obscènes à son faux client, tout en le mettant en garde contre une police qui devenait « très maligne » pour coincer les revendeurs d'images licencieuses. Sur quoi, l'inspecteur révéla son identité et l'arrêta. Powell fut condamné à dix-huit mois de travaux forcés pour trafic de photographies ordurières, mais il avait repris ses activités en 1871, date à laquelle il passa une annonce dans *The Era* pour un portrait commémoratif « d'après nature » de Charles Dickens entouré de vingt-deux de ses personnages, pour un coût de deux shillings, franco de port. Un ou deux ans plus tard, il photographiait Whicher.

Le studio de Powell se trouvait à deux pâtés de maisons à l'ouest de l'ancien domicile de Dickens à Wellington Street, où le romancier fait la connaissance de Whicher au cours de l'été de 1850. À l'invitation de Dickens, un groupe de policiers – les inspecteurs Field et Walker, les sergents Whicher,

Thornton, Kendall, Smith et Shaw – se retrouve par une étouffante fin de journée dans les locaux du *Household Words*. Dickens a décrit sa réunion avec cette « amicale fraternité » autour d'une table ronde amplement pourvue de verres et de cigares, tandis que le brouhaha des conducteurs de fiacre, des bateliers du fleuve et des habitués des théâtres de Covent Garden monte par les fenêtres ouvertes. Les collègues de Whicher insistent pour qu'il raconte comment il a capturé le célèbre escroc et voleur de chevaux « Taïaut » Thompson. « Ce n'est pas une bonne chose que de chercher à se faire mousser, déclare l'intéressé ; mais attendu que je n'avais personne avec moi et que, par conséquent, je suis seul à pouvoir vous narrer la chose, je vais m'exécuter du mieux que je pourrai. » Il boit une gorgée de brandy et, « légèrement penché en avant, les mains sur les genoux », se lance dans une relation de sa traque aussi astucieuse qu'opiniâtre du dénommé Taïaut à travers les cabarets et bureaux de poste du pays. Le récit, enlevé, s'achève sur l'arrestation du voleur de chevaux dans un pub du Northamptonshire, où Whicher boit un verre avec son prisonnier. « Je crois savoir qu'il me porte aux nues, dit-il à Dickens, et me tient pour un des meilleurs hommes de la terre. »

Vingt ans plus tard, Whicher se faisait une nouvelle fois portraiturer à deux pas du Strand, cette fois en image plutôt qu'en mots. De nouveau, tout lui souriait. De nouveau, il donnait à voir une attitude tranquille, pleine d'assurance, avec juste une pointe de mystère.

POST-SCRIPTUM   439

Le même mois, celui où une lectrice m'a signalé l'existence d'une photographie de Jack Whicher, un autre correspondant m'a fait parvenir deux photographies anciennes de Road Hill House. Cet homme, Richard Rose, avocat de son état, était tombé dessus en fouillant dans une boîte de cartes stéréoscopiques présentées sur l'étal d'un marché de l'Ouest londonien. Ayant entendu une adaptation radiophonique de mon livre, il avait remarqué sur l'une de celles-ci le nom de « Road Hill House ». L'ayant achetée cinq livres, il m'en a envoyé une copie accompagnée d'une visionneuse stéréoscopique en plastique et d'une lettre explicative. Les deux photos de cette carte, reproduites dans le second hors-texte du présent livre, montrent les arrières du bâtiment ; sur la droite de chaque image se voit le croissant formé par les fenêtres du salon, dont celle du centre, trouvée ouverte le matin de la mort de Saville Kent. Il s'agit des seules photographies de la maison prises au dix-neuvième siècle que j'aie eues sous les yeux, et – comme Mr Rose me le faisait remarquer – elles présentent une sinistre et suggestive étrangeté.

Une carte stéréoscopique est constituée de deux photos presque identiques montées côte à côte. Regardées à travers l'objectif d'un stéréoscope, elles forment une image unique tridimensionnelle. Les détails du premier plan – la fine barrière et la végétation des environs immédiats de la maison – ressortent vivement, conférant à l'image une illusion de volume et de profondeur. De tous les gadgets optiques des années 1850 et 1860, ce fut le stéréoscope qui connut le plus grand succès. Des millions de ces cartes se vendirent, en même temps que des milliers de coffrets et binoculaires à travers lesquels les visionner.

Avant de me faire parvenir ces photos de Road Hill House, Richard Rose les avait scannées et agrandies sur ordinateur afin de les examiner en détail. Les épreuves destinées à être montées sur une carte stéréoscopique étaient d'habitude prises simultanément à l'aide d'un appareil à double objectif conçu à cet effet. Or Mr Rose a découvert que le photographe de Road Hill House utilisait un appareil ordinaire, à un seul objectif : il prit une première image, puis déplaça son boîtier de deux pouces et demi sur la platine du trépied et prit une seconde image. Les deux prises de vue ainsi obtenues étaient à bien des égards identiques, hormis l'infime changement de perspective nécessaire à l'obtention de l'effet stéréoscopique. Il y eut toutefois, cette fois-là, une différence de taille. « Entre les deux expositions, très probablement séparées de moins de deux minutes, quelque chose s'est produit », m'écrivait Mr Rose. Sur la première, celle de droite, les vitres de la fenêtre centrale sont vides, leur teinte sombre n'étant rompue que par les reflets du soleil hivernal filtrant à travers nuages et branchages. Sur celle de gauche en revanche, deux visages se dessinent derrière les carreaux. Dans le laps de temps qu'il fallut au photographe pour régler son appareil avant de prendre la seconde vue, un homme brun à barbe épaisse et une autre personne, légèrement moins grande, sont venus se poster à la fenêtre.

L'identité de ces deux silhouettes était mystérieuse. Richard Rose : « Quand je les ai découvertes, j'ai été parcouru d'un frisson, comme lorsque

Montague Rhodes James glisse un détail effrayant dans une de ses nouvelles ou quand Peter Quint fait une apparition dans *Le Tour d'écrou*. »

Depuis la parution de mon livre j'ai reçu des courriers où l'on me parlait de revenants. D'anciens habitants de Baynton House, où mourut la première Mrs Kent, et de Langham House, nom actuel de Road Hill House, y faisaient état de bruits et de visions étranges : une femme en gris arpentant les couloirs, un garçonnet assis sur une chauffeuse, les mains tendues d'une fille semblant sortir d'un mur, des pleurs d'enfant après minuit. Comme si les pièces de ces maisons étaient imprégnées du chagrin de la famille Kent. Ainsi que la lettre de Mr Rose me le rappelait, on trouve également des traces de cette tragédie dans des histoires publiées de fantômes. Dans *Mezzo-tinto* de M.R. James, le conservateur d'un musée reçoit une gravure représentant une maison de campagne semblable à Road Hill House : le bâtiment date du début du dix-neuvième siècle, possède trois rangées de fenêtres à guillotine et un portique en façade. Notre conservateur en trouve le dessin très ordinaire. Toutefois, en y regardant de plus près, il avise une forme près de la marge : « Guère plus qu'une tache noire à l'extrême bord de la gravure, la tête d'un homme ou d'une femme, passablement emmitouflé, tournant le dos au spectateur et regardant en direction de la maison. » Quelques heures plus tard, il examine de nouveau l'image : « Au milieu de la pelouse, face à cette bâtisse inconnue, se tenait une silhouette là où il n'y en avait point à cinq heures de l'après-midi. Elle se dirigeait à quatre pattes vers la maison. » À la grande horreur du conservateur, la gravure continue de se transformer. Lorsqu'il la contemple derechef, une fenêtre est ouverte et la créature l'a empruntée pour entrer ; puis la fenêtre a été refermée et la silhouette est de nouveau sur la pelouse, s'éloignant de la maison avec un enfant dans les bras. À la fin de la nouvelle, le personnage découvre que ce bâtiment a été, un siècle plus tôt, le théâtre d'un rapt d'enfant. La gravure dont il est propriétaire fut réalisée par le père, recru de chagrin, du petit garçon.

À l'instar de ce mezzo-tinto, la carte stéréoscopique de Road Hill House paraît se modifier lorsqu'on l'examine avec plus d'attention et révéler un secret. Agrandies, les deux photographies proposent un récit aussi succinct que crypté, un avant et un après, deux images d'un même film. Afin d'élucider le sens de ces apparitions à la fenêtre, il me fallait trouver quand ces photos avaient été prises et par qui.

Voici ce qu'on peut lire au dos de la carte : « Road Hill House. Nightingale, photographe à Trowbridge. Également disponible, pour 2 shillings franco de port, une série de cinq photographies formant un panorama complet des lieux dans leur ensemble. » On trouve dans le recensement de Trowbridge pour 1861 et 1871, ainsi que dans l'annuaire des commerçants, un William Brookman Nightingale, photographe, actuaire et agent d'assurances. Il possédait une maison dans Fore Street et un studio sur la Parade. À l'époque du meurtre de Road Hill, il venait d'avoir trente ans.

À en juger par les arbres, presque entièrement dénudés, William Nightingale photographia la propriété au début de l'hiver. Comme l'année n'était pas précisée sur la carte, j'ai cherché dans les journaux locaux pour voir s'il n'avait pas fait de la réclame, et j'ai trouvé cet encart dans le premier numéro du *Trowbridge Chronicle, Volunteers' Gazette, and West of England Advertiser :* « Vues de Road Hill House pour le Stéréoscope, montées sur carte, 1 shilling, grand format 2 shillings 6 pence. WB Nightingale. » Le journal est daté du 11 mai 1861, ce qui signifie que les photographies furent prises au cours de l'hiver 1860-1861, époque où les Kent habitaient encore les lieux.

Il semble qu'après avoir réalisé ses tirages, Nightingale en ait tiré des dessins : le *Marlborough Times* du 15 mai annonce que « Mr Nightingale, artiste photographique », a vendu des gravures de Road Hill House lors de l'adjudication qui s'y est tenue au mois d'avril, immédiatement après le départ des Kent pour Weston-Super-Mare. La vente a eu lieu par un samedi glacial et pluvieux, ajoute le journal ; les livres furent vendus en premier, puis ce fut le tour du vin « dont une grande quantité a été "goûtée" ». Les images de Nightingale offraient des souvenirs peu coûteux de la scène du crime – meilleur marché en tout cas que les pièces de mobilier ; mais le journal rapporte que certains visiteurs se sont servis en souvenirs gratuits, cassant des branches aux arbres de la propriété ou arrachant des morceaux aux plinthes de la maison.

Un autre article explique comment Nightingale en est venu à prendre ces photographies. Selon le *Morning Post* du 18 avril 1861, le livre de Joseph Stapleton qui devait paraître sur l'affaire inclurait

« un plan de la maison et plusieurs gravures tirées de photographies du bâtiment et de la propriété réalisées expressément à cet effet ». Stapleton et Nightingale étaient proches voisins dans Fore Street et il semble que le chirurgien-auteur ait chargé l'actuaire-photographe de lui fournir les illustrations de son ouvrage. En mai 1861, ces photographies paraissent, sans mention d'auteur, dans *The Great Crime of 1860*. Deux des images dudit ouvrage sont reproduites dans le présent livre : le plan de la maison en page 162 et la vue d'ensemble de la propriété dans le premier hors-texte, que Nightingale élabora sans doute à partir de son panorama en cinq prises de vue.

Nous savons que Samuel Kent approuva le texte de *The Great Crime of 1860*, qui désignait sa fille Constance comme le probable meurtrier de son fils. Il apparaît clairement que les photographies furent, elles aussi, faites avec son consentement : les plaques au collodion utilisées au milieu du dix-neuvième siècle devaient être développées et fixées sitôt exposées, aussi Nightingale aura-t-il dû installer une chambre noire à Road Hill House, soit sous une tente dans le jardin soit dans une des pièces de la maison. Peut-être Nightingale et Stapleton rendirent-ils visite ensemble à Samuel Kent au cours de l'hiver de 1860. Pendant que le premier sortait prendre ses photos, les deux autres auront gagné le salon afin de parler des détails du récit et, avisant le photographe et son trépied sur la pelouse près de la rivière, se seront approchés de la fenêtre pour le regarder travailler. Nightingale avait déjà pris une première photo et se préparait à en prendre une deuxième, cette photo supplémentaire dont il avait besoin pour monter une carte stéréoscopique. Il se peut donc que la silhouette floue à cheveux blancs qu'il photographia sans s'en rendre compte ait été Samuel Kent, alors âgé de soixante ans, et que le personnage barbu à côté de ce dernier ait été son ami Joseph Stapleton, âgé de quarante-six ans. Les deux hommes se trouvaient à distance suffisante pour que Nightingale ne les remarque pas au moment où il ouvrait son obturateur, ni même par la suite quand il fit développement et tirage.

Si les choses se passèrent ainsi, ces photographies saisissent le début de la seconde vie de l'affaire de Road Hill. Elles tentent de fixer la maison dans son époque, et cependant l'écart infime qui les sépare inaugure une autre histoire. L'image à l'intérieur de l'image – ces ombres qui nous regardent à travers la vitre – montre deux hommes méditant le premier livre sur l'assassinat de Saville Kent.

Kate Summerscale
Londres, 2008.

Notes

Prologue

P. 25 – *Le dimanche 15 juillet 1860... moyennant un shilling et six pence.* Notes de frais de Whicher, dossiers de la police métropolitaine aux Archives nationales (MEPO 3/61).

P. 25 – *Il faisait bon... autour des vingt-cinq degrés.* Bulletins météorologiques des numéros de juillet, août et septembre de *The Gentleman's Magazine*.

P. 26 – *En 1856, dans cette même gare... excellait à démêler.* Tiré d'articles du *Times* des 7 et 12 avril 1856, et des 3, 4 et 12 mai 1858.

P. 27 – *Dickens rapporte que « d'un coup d'œil »... « nulle part la chronique ».* Tiré de « A Detective Police Party », parties I et II, *Household Words*, 27 juillet et 10 août 1850.

P. 27 – « le prince des détectives ». Tiré de *Scotland Yard Past and Present : Experiences of Thirty-Seven Years* (1893) par l'ex-inspecteur principal Timothy Cavanagh.

P. 27 – « plus petit et plus enveloppé »... marqué de la variole. Tiré de « A Detective Police Party », *Household Words*, 27 juillet 1850.

P. 28 – *William Henry Wills... d'un détective anglais.*

Tiré de « The Modern Science of Thief-taking », *Household Words*, 13 juillet 1850. Dickens participa probablement à l'écriture de cet article. Pour plus de détails sur cette revue et ses collaborateurs, voir *Household Words : A Weekly Journal, 1850-1859* par Anne Lohrli (1973).

P. 29 – *Les seules indications... les yeux bleus.* Documents de la police métropolitaine de mise à la retraite (MEPO 21/7).

P. 30 – *Un câble du Great Western... en moins d'une heure.* Informations tirées de *Black's Picturesque Tourist and Road and Railway Guidebook* (1862) ; de *Stokers and Pokers : or, the London and North-Western Railway, the Electric Telegraph and the Railway Clearing-House* (1849) par Francis Bond Head ; de *Paddington Station : Its History and Architecture* (2004) par Steven Brindle ; des horaires de chemin de fer dans le *Trowbridge Advertiser* de janvier 1860.

Chapitres I à III

Le contenu de ces trois chapitres s'inspire en grande partie d'articles de journaux ayant trait aux témoignages reçus par les magistrats du Wiltshire entre juillet et décembre 1860, de déclarations écrites sous serment adressées à la cour supérieure de justice, et du premier ouvrage paru sur l'affaire, *The Great Crime of 1860* (qui renferme « une récapitulation des faits relatifs au meurtre commis à Road ; une étude critique de ses aspects sociaux et scientifiques ; une description autorisée de la famille ; un appendice contenant les dépositions recueillies lors des différentes enquêtes ») par J.W. Stapleton (publié en mai 1861). Les sources de presse sont le *Somerset and Wilts Journal*, le *Trowbridge and North Wilts Advertiser*, le *Bristol Daily Post*, le *Bath Chronicle*, le *Bath Express*, le *Western Daily Press*, le *Frome Times*, le *Bristol Mercury*, le *Times*, le *Morning Post*, le *Lloyds Weekly Paper* et le *Daily Telegraph*. Certains détails sur l'ameublement sont tirés d'articles de journaux sur la vente du contenu de Road Hill House en avril 1861.

Chapitre III

P. 83 – *Lors d'un séjour... « un château dans sa maison ».* Tiré de *The King of Saxony's Journey through England and Scotland in the Year 1844* (1846) par Carl Gustav Carus.

P. 83 – *Le poète américain... « l'intimité de leurs foyers ».* Tiré de *English Traits* (1856) par Ralph Waldo Emerson. Cité dans *The English Home and its Guardians 1850-1940* (1998) par George K. Behlmer.

Chapitre IV

P. 89 – *Il faisait encore jour... comme de l'herbe.* D'après un article sur la météorologie et l'état des cultures en juillet dans le *Devizes and Wiltshire Gazette* du 2 août 1860.

P. 89 – *Whicher prit pied sur un quai étroit.* Rowland Rodway, anciennement avocat de Samuel Kent, avait pris la tête d'une campagne pour l'amélioration des équipements de la gare de Trowbridge. Les quais en étaient dangereusement étroits, soutenait-il ; il n'y avait point de passage surélevé pour traverser la voie et point de salle d'attente. Le *Trowbridge and North Wilts Advertiser* du 21 juillet 1860 évoque cette campagne.

P. 89 – *Trowbridge s'était enrichie... à très bas prix.* Historique de Trowbridge et ses environs dans *The Book of Trowbridge* (1984) par Kenneth Rogers ; *John Murray's Handbook for Travellers in Wilts, Dorset, and Somerset* (1859) ; photographies et cartes géographiques du musée d'histoire locale de Trowbridge. Articles sur le négoce de la laine dans le *Lloyds Weekly* du 15 juillet 1860.

P. 90 – *du vin, du cidre, des alcools.* Selon une réclame parue dans le *Trowbridge and North Wilts Advertiser* du 4 août 1860.

P. 91 – *Je ne pouvais mieux faire... garder courage.* Dans « A Detective Police Party », *Household Words* du 27 juillet 1850.

P. 91 – *Jonathan Whicher naquit... de francs vauriens.* Les détails sur la famille de Whicher proviennent des registres de baptême de St Giles (London Metropolitan Archives-X097/236) et de l'acte de mariage de Sarah Whicher et James Holliwell. Les détails sur l'historique de Camberwell sont tirés du *London and Counties Directory, 1823-1824*, de *The Parish of Camberwell* (1875) par Blanch, de *Camberwell* (1841) par D. Allport et de *The Story of Camberwell* (1996) par Mary Boast.

P. 92 – *Quand Jack Whicher fit sa demande... sa bonne réputation.* Les garants de Whicher étaient John Berry, peintre en bâtiment habitant au 12,

NOTES 453

High Street à Camberwell, puis à Providence Row, et John Hartwell, également de Camberwell. Tiré de MEPO 4/333 (registre des recrues de la police métropolitaine) et du recensement de 1841. Les critères et procédure d'entrée dans la police sont tirés de *Sketches in London* (1838) par James Grant.

P. 92 – *À l'instar de plus d'un tiers... posa sa candidature.* Les autres constables étaient d'anciens bouchers, boulangers, cordonniers, tailleurs, soldats, domestiques, charpentiers, maçons, forgerons, tourneurs, employés de bureau, vendeurs, mécaniciens, plombiers, peintres, marins, tisserands et tailleurs de pierre. Tiré de *Scotland Yard : Its History and Organisation, 1829-1929* (1929) par George Dilnot.

P. 92 – *Son salaire hebdomadaire... un peu plus assuré.* Barèmes des salaires de la police dans les Documents parlementaires de 1840, à la British Library. Pour comparer à ce que gagnaient les ouvriers, voir « The Metropolitan Police and What is Paid for Them », *Chambers Journal* du 2 juillet 1864.

P. 93 – *Ces trois mille cinq cents agents... seizième siècle).* On comptait un agent pour 425 habitants. Chiffres tirés de *Sketches in London* (1838) par James Grant. Les surnoms sont tirés de *The London Underworld* (1970) par Kellow Chesney et de *London Labour and the London Poor* (1861) par Henry Mayhew, Bracebridge Hemyng, John Binny et Andrew Halliday.

P. 93 – *Whicher toucha... pousser des favoris.* Les détails sur l'uniforme sont tirés de *Mysteries of Police & Crime* (1899) par Arthur Griffiths ; de *Scotland Yard : Its History and Organisation 1829-1929*

(1929) par George Dilnot ; et de *Scotland Yard Past and Present : Experiences of Thirty-Seven Years* (1893) par Timothy Cavanagh.

P. 94 – *À une époque où tous les costumes... dose de stupidité.* Dans « The Policeman : His Health » par Harriet Martineau, *Once a Week* du 2 juin 1860.

P. 94 – *Andrew Wynter... ni espoirs ni craintes ».* Dans « The Police and the Thieves », *Quarterly Review*, 1856. Un autre commentateur, James Greenwood, se fait l'écho de cette opinion : « Tant que le constable de base demeurera une machine bien réglée et remplira sa fonction sans commotion ni bruit superflu, nous n'en demanderons pas plus. » Dans *Seven Curses of London* (1869). Les deux sont cités dans *Cops and Bobbies : Police Authority in New York and London, 1830-1870* (1999) par Wilbur R. Miller.

P. 94 – *Whicher partageait... King's Cross.* Tiré des données du recensement de 1841.

P. 94 – *Il s'agissait d'une solide bâtisse... et un foyer.* Tiré du Metropolitan Police Historical Collection, Charlton, Londres SE7.

P. 95 – *Tous les célibataires... chaque pub situé sur le parcours.* Les détails du règlement proviennent de *Policing Victorian London* (1985) par Philip Thurmond Smith ; de *London's Teeming Streets 1830-1914* (1993) par James H. Winter ; et des Metropolitan Police rules and orders (Archives nationales). Le détail de la journée du policier est tiré de *The Making of a Policeman : a Social History of a Labour Force in Metropolitan London, 1829-1914* (2002) par Haia Shpayer-Makov ; de « The Metropolitan Protectives » par Charles Dickens dans

NOTES 455

Household Words du 26 avril 1851 ; et des opus cités
de Grant, Cavanagh et Martineau.

P. 96 – *quatre destitutions sur cinq... la boisson pour
motif.* Estimation du colonel Rowan et de Richard
Mayne, préfets de police, communiquée en 1834 à
une commission d'enquête parlementaire. Voir *The
English Police : A Political and Social History* (1991)
par Clive Emsley.

P. 97 – *Holborn grouillait de malfaiteurs... cambriolaient des maisons.* Expressions d'argot tirées de
London Labour and the London Poor (1861) par
Henry Mayhew et de *The Victorian Underworld*
(1970) par Kellow Chesney. Sur les voleurs dans le
rôle de compères, le *Times* du 21 novembre 1837.

En 1837, année où Whicher entra dans la police,
près de dix-sept mille personnes furent arrêtées à
Londres, dont 107 cambrioleurs, 110 voleurs par
effraction, 38 bandits de grand chemin, 773 pickpockets, 3 657 « voleurs ordinaires », 11 voleurs de
chevaux, 141 voleurs de chiens, 3 faussaires,
28 faux-monnayeurs, 317 « écouleurs de fausse
monnaie », 141 « individus s'étant procuré des marchandises par des moyens frauduleux », 182 « autres
fraudeurs », 343 receleurs de marchandises volées,
2 768 « perturbateurs coutumiers de la paix
publique », 1 295 vagabonds, 50 auteurs de lettres
quémandant de l'argent, 86 utilisateurs de telles
lettres, 895 prostituées bien mises résidant en maison close, 1 612 prostituées faisant le trottoir et
3 864 prostituées « de rang inférieur » exerçant dans
les quartiers pauvres. Tiré de *Scotland Yard : Its
History and Organisation 1829-1929* (1929) par
George Dilnot.

P. 98 – *L'ensemble des forces de police... couronnement de Victoria.* Le *Times* du 30 juin 1838.

P. 98 – *La police avait déjà connaissance... à l'asile.* Le *Times* du 23 décembre 1837.

P. 98 – *La première arrestation effectuée par Whicher.* Tiré de *The First Detectives and the Early Career of Richard Mayne, Commissioner of Police* (1957) par Belton Cobb, et du *Times* du 15 décembre 1840.

P. 99 – *Quand il avait transpiré... fait scandale.* Ce policier se nommait Popay ; il s'agissait d'une réunion de chartistes – voir *Scotland Yard : Its History and Organisation 1829-1929* (1929) par George Dilnot. Peel avait déclaré en 1822 devant la Chambre des communes qu'il était résolument opposé à un « système d'espionnage ».

P. 99 – *Les archives des tribunaux... l'acheter avec des pièces blanches.* Archives judiciaires au London Metropolitan Archive – références WJ/SP/E/013/35,38 et 39, WJ/SP/E/017/40, MJ/SP/1842.04/060.

P. 100 – *Les dossiers de la police métropolitaine révèlent... commandée par deux inspecteurs.* Les détails sur la traque de Daniel Good et la formation de l'unité de détectives sont tirés de MEPO 3/45 (dossier de police sur le meurtre) ; de *The First Detectives* (1957) par Belton Cobb ; de *The Rise of Scotland Yard : A History of the Metropolitan Police* (1956) par Douglas G. Browne ; et de *Dreadful Deeds and Awful Murders : Scotland Yard's First Detectives* (1990) par Joan Lock.

P. 100 – *(Dickens décrira plus tard... coffre son client. »)* Dans « A detective Force Party », *Household Words* du 27 juillet 1850. Selon le recensement de 1851, Thornton était né à Epsom en 1803. Il était marié à une femme de dix-sept ans plus âgée, qui lui donna deux filles.

P. 101 – *Whicher eut droit à une augmentation... de primes et de récompenses.* Information sur sa solde trouvée dans les dossiers de la police métropolitaine déposés aux Archives nationales et dans les archives du Parlement sur les effectifs et les barèmes de salaire déposées à la British Library – 1840 (81) XXXIX.257.

P. 101 – « *Des hommes intelligents... un chacun.* » Tiré de *Chambers Journal* XII.

P. 101 – *Au sein de la pègre... attribuer une classe sociale.* Ce terme de « Jacks » est rapporté dans *The Victorian Underworld* (1970) par Kellow Chesney. Les détectives de la police devinrent également connus sous l'appellation de « stops », selon *The Slang Dictionary* publié par J.C. Hotten en 1864, et de « noses », selon l'édition de 1874. Celle de 1864 inclut une part du jargon des détectives londoniens : « *to pipe* un homme » signifiait le prendre en filature ; *to smoke* signifiait flairer ou « percer un stratagème ».

P. 102 – *La première fiction policière anglaise...* Waters ». Dans le *Chambers's Edinburgh Journal* du 28 juillet 1849. Ce périodique publia onze autres récits de Waters entre 1849 et septembre 1853. Ils furent tous les douze réunis dans un volume en 1856.

P. 102 – « *Ils sont tous, les uns autant que les autres... à qui ils parlent.* » Dans « A Detective Force Party », *Household Words* du 27 juillet 1850.

P. 102 – *George Augustus Sala... jamais de les interroger* ». Dans *Things I Have Seen and People I Have Known* (deux tomes, 1894) par George Augustus Sala. De plus récents commentateurs, tels que Philip Collins dans *Dickens and Crime* (1962), jugent un peu condescendante la relation du romancier avec les détectives.

P. 102 – *Dans* Tom Fox... *intelligence bien supérieure* ». Ce recueil de nouvelles – vendu un shilling et six pence – fut publié en avril 1860 et mis en réimpression cet été-là.

P. 103 – *En 1851, Whicher... fuyant la banque avec leur butin.* Reportages relatifs à des cambriolages de banques dans le *Times* et *News of the World,* juin et juillet 1851.

P. 103 – *« La reconnaissance de leur savoir-faire... montées à la tête.* Cette année-là également, Field fut critiqué pour la manière dont il arrêta deux hommes qui avaient tenté de faire sauter la voie de chemin de fer à Cheddington, dans le Buckinghamshire. Il se déguisa, selon le *Bedford Times,* en marchand d'allumettes, se logea en ville et prit ses habitudes dans les pubs locaux, où il se présentait par plaisanterie comme « négociant en bois », ce jusqu'à ce qu'il obtienne l'information qu'il recherchait. Voir *Dickens and Crime* (1962) par Philip Collins.

P. 104 – *De même que ce dernier... au petit doigt* ». Les détectives imaginaires étaient discrets et silencieux. Dans *Henry Dunbar* (1864), roman de Mary Elizabeth Braddon, Carter, du Yard, a l'air de quelque chose qui se situerait entre « un capitaine en demi-solde vivant une misère digne et un agent de change malheureux en affaires ». Le détective de *Remèdes désespérés* (1864) de Thomas Hardy est « en tout point banal hormis ses yeux ». Le narrateur de *Tom Fox* (1860), roman de John Bennett, déclare : « Je faisais continuellement usage de mes yeux et de mes oreilles, et parlais peu – précepte que tout détective

NOTES   459

devrait s'attacher à appliquer. » Dans *La Trace du ser-*
pent (1860) de Braddon, le détective ne dit pas un
mot.
P. 105 – *En 1850, Charley Field... Une idée formi-*
dable ! ». Tiré de « Three "detective" anecdotes »
dans *Household Words*, 14 septembre 1850.
P. 106 – *Le caractère artistique du crime... son intelli-*
gence analytique. Les « romans Newgate » des années
1820 à 1840 étaient des mélodrames mettant en
scène d'intrépides criminels, tels Dick Turpin ou
Jack Sheppard. Pour l'ascendance du héros détective,
voir par exemple : *Bloody Murder : From the*
Detective Story to the Crime Novel – a History (1972)
par Julian Symons ; *Bloodhounds of Heaven : The*
Detective in English Fiction from Godwin to Doyle
(1976) par Ian Ousby ; *Detective Fiction and the Rise*
of Forensic Science (1999) par Ronald Thomas ; et
The Pursuit of Crime : Art and Ideology in Detective
Fiction (1981) par Dennis Porter. Le changement de
perspective a été décrit par Michel Foucault dans
Discipline et punition (1975) : « On est passé de
l'exposition des faits ou de l'aveu au lent processus
de la découverte, de l'exécution à l'investigation, de
la confrontation physique à l'affrontement intellectuel entre criminel et enquêteur. »
P. 106 – *Whicher, dont on disait... à la tête du service.*
Dans MEPO 4/333, états de service, et MEPO
21/7, registre des retraités de la police.
P. 106 – *En 1858, Whicher arrêta le valet... champ de*
blé de l'Essex. Articles dans le *Times*, 30 juin, 6 et 12
juillet 1858. Enquête sur le meurtre du constable
Clark (MEPO 3/53).
P. 106 – *En 1859... poursuivrait Bonwell pour adul-*

tère. L'affaire Bonwell donna lieu à un éditorial peu commun dans le *Daily Telegraph* du 10 octobre 1859 : « Cette ville de Londres est un amalgame de mondes qui s'entre-pénètrent, et les événements quotidiens nous convainquent qu'il n'est pas un seul de ces mondes qui n'ait ses propres mystères et ses crimes spécifiques. [...] On dit [...] que les égouts de Hampstead abritent une espèce monstrueuse de pourceaux noirs qui ont proliféré et s'ébattent sans frein dans leur gluant margouillis, et dont les féroces groins renverseront un jour le porche de Highgate, cependant qu'ils rendent Holloway invivable avec leurs grognements. » Cité dans *Black Swine in the Sewers of Hampstead : Beneath the Surface of Victorian Sensationalism* par Thomas Boyle (1988). Voir également les articles dans le *Times* des 19 septembre et 16 décembre 1859.

P. 107 – *Deux mois environ avant d'être envoyé... bagues montées de diamants.* Tiré d'articles dans le *Times* des 25 avril, 4 et 7 mai, 12 juin 1860.

P. 108 – *« un excellent agent... à n'importe quelle affaire ».* Dans *A Life's Reminiscences of Scotland Yard* (1890) par Andrew Lansdowne.

P. 108 – *S'il était certain... à me rendre la pareille. »* Dans « A Detective Police Party », *Household Words* du 27 juillet 1850.

P. 108 – *Il ne dédaignait pas... la joue gauche.* Dans *Scotland Yard Past and Present : Experiences of Thirty-Seven Years* (1893) par l'ex-inspecteur principal Timothy Cavanagh.

Chapitres V à XIV

Les principales sources pour ces chapitres furent : les archives de la police métropolitaine, MEPO 3/61, où figurent les rapports de Whicher relatifs au meurtre, les notes de frais de Whicher et de Williamson, les lettres envoyées par le public et des notes du préfet de police ; *The Great Crime of 1860* (1861) par J.W. Stapleton ; et les journaux, dont le *Somerset and Wilts Journal*, le *Bath Chronicle*, le *Bath Express*, le *Bristol Daily Post*, le *Frome Times*, le *Trowbridge and North Wilts Advertiser*, le *Devizes Advertiser*, le *Daily Telegraph* et le *Times*. Les autres sources sont détaillées ci-dessous.

Chapitre V

P. 111 – *Le temps restait sec... sillonnaient le ciel.* Détails sur les oiseaux dans *Natural History of a Part of the County of Wilts* (1843) par W.G. Maton ; *A History of British Birds* (1885) par Thomas Bewick ; *The Birds of Wiltshire* (1981) par John Buxton. Conditions météorologiques, ici et par la suite, dans les journaux locaux et dans *Agricultural Records, 220-1968* (1969) par John Stratton.

P. 112 – *Dans cette partie de l'Angleterre... et du thou.* Tiré de *The Dialect of the West of England* (1825, révisé en 1869) par James Jennings et de *Dialect in Wiltshire* (1987) par Malcolm Jones et Patrick Dillon.

P. 113 – *Samuel Kent n'était... trois ou quatre shillings par semaine.* Dans un article du *Frome Times* du 17 octobre 1860. Joseph Stapleton nie que Samuel Kent ait été impopulaire. Il affirme que « l'urbanité et l'esprit de concession » de son ami ont beaucoup fait pour rendre populaire « une loi détestable ». Ailleurs dans le livre, il écrit toutefois que Samuel Kent a été en butte aux persécutions de ceux à qui il était « personnellement odieux du fait d'un exercice sans faille de ses fonctions ».

P. 114 – *Temperance Hall.* Il s'agissait d'un bâtiment construit grâce à la souscription d'habitants opposés à la consommation d'alcool, particulièrement à la vente de bière le dimanche, et à l'habitude d'envoyer les enfants chercher de la bière pour leurs parents. Le *Somerset and Wilts Journal* rapporte que, le mercredi précédant le meurtre, un grand nombre de gens se sont réunis à Temperance Hall pour entonner, tandis qu'il pleuvait à torrents au-dehors, des chansons prônant la tempérance. Ils étaient accompagnés par le Fife and Drum Band de Road, avec Charles Happerfield, receveur des postes, au piano.

P. 115 – *Un négociant en drap... des plus belles demeures des environs.* Information sur Ledyard dans *A History of the County of Wiltshire : Volume 8* (1965) par Elizabeth Crittall.

P. 118 – *Les gens aisés de l'époque... dans leurs propres quartiers.* Dans *The Gentleman's House : Or, How to Plan English Residences from the Parsonage to the Palace* (1864) par Robert Kerr. L'auteur y donne ce conseil : « La famille constitue une communauté, les domestiques une autre. Quels que puissent être leur respect et leur confiance mutuels en tant que per-

NOTES 463

sonnes vivant sous le même toit, chaque classe est fondée à fermer sa porte à l'autre et à se retrouver seule. » Cité dans *A Man's Place : Masculinity and the Middle-Class Home in Victorian England* (1999) par John Tosh.

P. 121 – *Whicher était habitué à ce genre de feinte... une mauvaise piste.* Dans « The Modern Science of Thief-taking », par W.H. Wills, *Household Words*, 13 juillet 1850.

P. 123 – *Les auteurs du milieu du dix-neuvième siècle... semble coupé ».* Tiré de *Mary Barton* (1848) par Elizabeth Gaskell ; *The Female Detective* (1864) par Andrew Forrester ; « The Modern Science of Thief-taking », *Household Words*, 13 juillet 1850.

P. 124 – *L'affaire que voici... Greenacre fut pendu en mai 1837.* Sur la capture de Greenacre, voir *Dreadful Deeds and Awful Murders : Scotland Yard's First Detectives* (1990) par Joan Lock.

P. 125 – *En 1849, les détectives londoniens... d'une consigne de gare.* Sur le meurtre de Patrick O'Connor par les Manning, voir *The Bermondsey Horror* (1981) par Albert Borowitz, ainsi que MEPO 3/54, le dossier de police sur ce crime.

P. 125 – *Les détectives... en vapeur.* Pendant l'enquête – le 1er septembre 1849 –, l'*Illustrated London News* trouve quelque consolation dans le fait que « le détective est assuré de ne pas lâcher le criminel d'une semelle. L'infortuné coupable, fuyant sur les ailes de la vapeur à trente miles par heure, est pisté par un messager plus rapide encore. L'éclair, par la merveilleuse entremise du télégraphe électrique, envoie dans les parties les plus reculées du royaume la relation de son crime et la description de sa personne ».

P. 125 – *Whicher fit la tournée des gares... incriminant les assassins.* Détails sur le rôle joué par Whicher lors de l'enquête dans MEPO 3/54 et dans *Dreadful Deeds and Awful Murders : Scotland Yard's First Detectives* (1990) par Joan Lock.

P. 125 – *deux millions et demi d'exemplaires.* Chiffre tiré de *Victorian Studies in Scarlet* (1970) par Richard D. Altick.

P. 125 – *Une série de gravures... en fringants aventuriers.* Dans *The Progress of Crime : Or, The Authentic Memoirs of Maria Manning* (1849) par Robert Huish.

P. 126 – *Il accorda à Whicher... quinze livres.* MEPO 3/54.

P. 126 – *L'année suivante... le détective avisa un bouton.* Dans « The Modern Science of Thief-taking », *Household Words*, 13 juillet 1850.

P. 127 – *C'est en 1829... des deux enfants suivants, Saville et Eveline.* Outre *The Great Crime of 1860* (1861) par J.W. Stapleton, ce tableau du passé de la famille Kent a puisé dans les certificats de naissance, de mariage et de décès, ainsi que dans les documents conservés au Home Office, dossier HO 45/6970.

Chapitre VI

P. 137 – *Joshua Parsons était né... les vivaces rustiques.* Renseignements sur Parsons tirés des données des recensements de 1861 et de 1871, et de « Dr Joshua Parsons (1814-1892) of Beckington, Somerset, General Practitioner » par N. Spence Galbraith, dans *Somerset Archaeology and Natural History*, numéro 140 (1997).

P. 139 – *Appelés docteurs des fous... de vrais petits démons ».* Tiré de « Moral Insanity », dans le *Journal of Mental Science* du 27 juillet 1881. Dans *The Borderlands of Insanity* (1875) Andrew Wynter écrit : « Tous les médecins aliénistes s'accordent sur le fait que les filles ont beaucoup plus de chances d'hériter de la folie de leur mère que de leur autre parent. [...] La propension de la mère à transmettre sa maladie mentale est [...] dans tous les cas plus forte que celle du père ; certains médecins affirment même qu'elle est deux fois supérieure. » Pour les écrits de Savage et Wynter, voir *Embodied Selves : An Anthology of Psychological Texts, 1830-1890* (1998), textes réunis par Jenny Bourne Taylor et Sally Shuttleworth.

P. 140 – *une femme presque nue poignardant le garçonnet à l'intérieur des cabinets.* L'idée que l'assassin était nu devait revenir périodiquement. Le *Western Daily Press* du 4 août 1860 faisait observer que, près de la porte de la cuisine, « si la personne était nue, deux frictions avec un peu d'eau pouvaient avoir suffi pour laver n'importe quelle tache ».

P. 141 – *Les objets ne pourraient retrouver leur innocence que lorsque l'assassin serait confondu.* Pour un exposé sur la façon dont les objets se chargent de sens lors d'une enquête policière et retrouvent par la suite leur banalité, voir *The Novel and the Police* (1988) par D.A. Miller.

P. 141 – *la version originale du meurtre au manoir.* Les circonstances horribles dans lesquelles fut retrouvé le corps de Saville jouèrent elles aussi un rôle dans l'instauration des conventions du genre.

Dans un essai intitulé *The Guilty Vicarage : Notes on the Detective Story, by an Addict* (1948), W.H. Auden écrit que le cadavre dans un roman policier « doit choquer non seulement pour ce qu'il est, mais aussi parce que, même pour un cadavre, il est terriblement déplacé, comme lorsqu'un chien s'oublie sur le tapis du salon ». Le meurtre au manoir classique est une atteinte à la bienséance, la révélation agressive de besoins et de désirs abjects.

P. 142 – « *sensibilité... propre au détective.* » Dans *Villette* (1853).

P. 142 – *à les* « *jauger* ». Dans « A Detective Police Party », *Household Words*, 27 juillet 1850.

P. 142 – « *Si vous me demandez comment... placer les voleurs en sûreté.* » Dans « The Police and the Thieves », *Quarterly Review*, 1856. « Entre le détective et le voleur, point d'animosité, écrit Andrew Wynter dans cet article ; quand ils se rencontrent, ils s'adressent un petit clin d'œil de reconnaissance – le voleur souriant comme pour dire : "Je ne m'en fais pas, vous savez" ; et le détective lui répondant d'un regard s'interprétant comme : "Nous ferons prochainement connaissance." Tous deux ont en somme le sentiment de gagner leur vie en se servant de leurs méninges, et il y a entre eux une sorte de connivence tacite qui veut que chacun joue sa partie du mieux qu'il peut. »

P. 143 – « *Cela m'a suffi* ». Dans « A Detective Police Party », *Household Words*, 27 juillet 1850.

P. 143 – « *je parvenais même à discerner son œil... elle le vit occupé* ». Tiré de *The Casebook of a Victorian Detective* (1975), choix d'extraits, réunis par George Scott-Moncreiff, de l'autobiographie en deux volumes

de James McLevy, *Curiosities of Crime in Edinburgh*
et *The Sliding Scale of Life,* tous les deux publiés en
1861.

P. 144 – *le journaliste William Russell... comparant les
deux ».* Tiré de « Isaac Gortz, the Charcoal-Burner »
dans *Experiences of a Real Detective* (1862) par l'inspecteur « F », « présenté » par Waters.

P. 144 – *« L'œil... invisibles pour d'autres yeux ».* Tiré
de « The Modern Science of Thief-taking »,
Household Words, 13 juillet 1850. Le jour où
Dickens accompagne Charley Field dans un sous-sol
de St Giles, il remarque « l'œil [du détective]
fouillant chaque recoin de la cave tandis qu'il parle ».
Il décrit les lanternes portées par les collègues de
Field comme « des yeux ardents » qui tracent « de
virevoltants sentiers lumineux ». (« On Duty with
Inspector Field », *Household Words,* 14 juin 1851.)
Pour une réflexion sur la surveillance et les yeux du
détective de fiction, voir *From Bow Street to Baker
Street : Mystery, Detection and Narrative* (1992) par
Martin A. Kayman.

P. 144 – *Il arrêta un jour... au vol à la tire).* Dans le
Times du 4 juin 1853.

P. 145 – *La vision apparemment surnaturelle... théories de Sigmund Freud.* Sur la capacité du détective
imaginaire à lire visages et corps comme s'ils étaient
des livres, voir *Detective Fiction and the Rise of
Forensic Science* (1999) par Ronald Thomas.

P. 145 – *Le texte de référence sur l'art de lire les
visages.* Les essais de Lavater furent publiés en 1789 ;
une neuvième édition parut en 1855. Voir *Embodied
Selves : An Anthology of Psychological Texts 1830-*

1890 (1998), textes réunis par Jenny Bourne Taylor et Sally Shuttleworth.

P. 148 – *Le sang-froid était le préalable d'un crime ingénieux.* Dickens écrivit un essai sur ce sujet, « The Demeanour of Murderers », *Household Words*, 14 juin 1856.

P. 149 – *Déjà, avant l'arrivée de Whicher...* Daily Telegraph *de la veille.* Lettres reproduites dans le *Bristol Daily Post* du 12 juillet 1860 et dans le *Somerset and Wilts Journal* du 14 juillet 1860.

P. 150 – *Une bosse derrière l'oreille... le siège de la dissimulation.* Trouvé dans l'édition de 1853 du *System of Phrenology* de George Combe.

P. 150 – *Sans doute est-ce ce même... un tigre d'un mouton.* » Lettre publiée dans le *Somerset and Wilts Journal* du 14 juillet 1860.

●

Chapitre VII

P. 153 – *Il faisait encore chaud... éclipse partielle du soleil.* D'après le *Frome Times* du 25 juillet 1860.

P. 153 – *un épisode singulier qui avait eu lieu quatre ans plus tôt, en juillet 1856.* La relation de cet épisode de la fugue figure dans les rapports de Whicher à Mayne (MEPO 3/61), dans *The Great Crime of 1860* par Stapleton et dans la presse locale.

P. 154 – *Dans un des journaux... l'affection de la sœur.* » Probablement le *Bath Express* – l'article est repris, sans attribution, dans le *Frome Times* du 25 juillet 1860 et dans le *Devizes Advertiser* du 26 juillet 1860.

P. 155 – *Un autre article... la raie sur le côté* ». Dans le *Bath and Cheltenham Gazette* du 23 juillet 1856.

P. 155 – *« La fillette... dont elle était assise. »* Dans l'article repris par le *Frome Times* du 25 juillet 1860.

P. 156 – *Emma Moody, âgée de quinze ans... ouvriers laineurs.* D'après le recensement de 1861.

P. 156 – *« Je l'ai entendue dire... ou bien l'inverse." »* Ce dialogue est reconstitué à partir de la déposition d'Emma Moody devant les magistrats le 27 juillet 1860.

P. 157 – *Selon les rapports adressés par Whicher... à ma place ?* » MEPO 3/61.

P. 157 – *« la sagacité coutumière ».* Article dans le *Times* du 23 juillet 1860 ; *« l'expertise et la sagacité ».* Dans une lettre de Dickens de 1852 ; *« la vulpine sagacité ».* Tiré de « Circumstantial Evidence » dans *Experiences of a Real Detective* (1862) par l'inspecteur « F », « présenté » par Waters.

P. 159 – *un « limier ».* Dans *Shirley* (1849).

P. 160 – *« La chasse le talonnait... sur la bonne piste ».* Tiré de *Recollections of a Police-Officer* (1856) par Waters.

P. 160 – *« S'il est de nos jours une profession... la société de ses nuisibles. »* Dans *The Casebook of a Victorian Detective.*

P. 160 – *« une vaste forêt... d'être découvert ».* Tiré de *An Enquiry into the Causes of the Late Increase of Robbers* (1757), cité dans *The English Police : A Political and Social History* (1991) par Clive Emsley.

P. 160 – *Ainsi, il arrêta en 1847... plumages de colibri.* Articles dans le *Times* des 9, 15 et 19 avril 1847, et du 14 octobre 1848.

P. 161 – *Le double fictif... toutes ses défroques. »* « Vous autres détectives, lâche un autre personnage de la pièce, soupçonneriez votre propre père. » Créé en mai 1863 à l'Olympic Theatre de Londres, *The Ticket-of-Leave Man* connut un énorme succès.

Chapitre VIII

P. 163 – « *Il y a sur l'arrière de la maison... d'un accès très facile.* » Déposition du 1er octobre 1860 rapportée par le *Bristol Daily Post*.

P. 164 – *Avant l'arrivée de Whicher... laissé des traces.* » Déposition de Francis Wolfe du 2 octobre 1860 rapportée par le *Bristol Daily Post*.

P. 164 – « *Notre connaissance approfondie... des garnements du village* ». Dans le *Somerset and Wilts Journal* du 13 octobre 1860.

P. 169 – « *Je trouvai moyen... très parlants.* » Tiré de « Circumstantial Evidence » dans *Experiences of a Real Detective* (1862) par l'inspecteur « F », « présenté » par Waters.

P. 169 – *Nous avons dans les deux cas affaire... procédés d'investigation.* Dans *La psychanalyse et l'établissement des faits en matière judiciaire* (1906) par Sigmund Freud.

P. 170 – *Cette fille d'un architecte de Glasgow... chocolat chaud.* Voir *The Trial of Madeleine Smith* (1905) par A. Duncan Smith. Henry James cité dans « To Meet Miss Madeleine Smith » dans *Mainly Murder* (1937) par William Roughead.

P. 171 – *une sorte d'héroïne.* Dans *Latter-day Pamphlets* (1850) par Thomas Carlyle.

P. 172 – *Suite à l'étourdissante expansion... en 1860.*

NOTES   471

Ces chiffres proviennent de *Black Swine in the Sewers of Hampstead* (1988) par Thomas Boyle. Le développement de la presse fut dopé par l'abrogation en 1855 de la loi sur le timbre, qui permit l'avènement un an plus tard des premiers journaux à un penny, et l'abrogation en 1860 de la taxe sur le papier.

P. 174 – *Cet homme avait appris comment tuer... faire de même*. Si, selon des avis parus dans le *Times*, le musée anatomique du Dr Kahn n'était accessible qu'aux messieurs, les personnes des deux sexes sachant lire n'avaient qu'à ouvrir les journaux.

P. 174 – *En réponse à leurs questions... mon frère de m'accompagner*. » Tiré des notes prises par l'avocat Peter Edlin, présent lors de l'interrogatoire, et remises à l'écrivain Cecil Street, qui publia *The Case of Constance Kent* (1928) sous le nom de plume de John Rhode. Ces notes et d'autres pièces réunies par les enquêteurs se trouvent dans des archives créées par Bernard Taylor, auteur de *Cruelly Murdered : Constance Kent and the Killing at Road Hill House* (1979, révisé en 1989), et aujourd'hui conservées par l'auteur de romans policiers Stewart Evans.

P. 175 – *À mesure que la semaine s'écoulait... du corps de Saville*. Une version en partie exacte de la rumeur est donnée par le *Somerset and Wilts Journal* du 21 juillet 1860.

P. 175 – *Dans la soirée du samedi 30 juin... besoin d'être mouchées*. D'après les dépositions de Samuel Kent, Foley, Urch et Heritage en octobre et novembre 1860.

P. 178 – « *Chaque Anglais... fermé au monde*. » Dans *Notes on England* (1872).

P. 178 – *L'intimité était devenue... ou un thé*. Sur la

vie domestique de la classe moyenne dans l'Angleterre victorienne, voir, par exemple, *Family Fortunes : Men and Women of the English Middle Class 1780-1850* (1987) par Leonore Davidoff et Catherine Hall ; *The Spectacle of Intimacy : A Public Life for the Victorian Family* (2000) par Karen Chase et Michael Levenson ; et *The Victorian Family : Structures and Stresses* (1978) sous la direction de A. Wohl. Dans un essai de cette anthologie, Elaine Showalter écrit que la pratique du secret était « la condition fondamentale et nécessaire de la vie de la classe moyenne. [...] L'impossibilité à connaître chaque individu et la collaboration de la société dans l'entretien d'une façade derrière laquelle étaient tapis d'innombrables mystères sont les thèmes auxquels s'intéressèrent beaucoup de romanciers du milieu du siècle ».

En 1935, le philosophe allemand Walter Benjamin associa cette nouvelle vie privée à la naissance de la fiction policière : « Pour le citoyen privé, l'espace dans lequel il vit entre pour la première fois en opposition avec celui du travail quotidien. [...] Les traces de l'habitant s'impriment sur l'*intérieur*, et c'est de cela qu'est issu le roman policier, qui suit ces traces. » Cité (et traduit) par Stefano Tani dans *The Doomed Detective : The Contribution of the Detective Novel to Postmodern American and Italian Fiction* (1984).

P. 179 – *Un meurtre tel que celui-ci pouvait révéler... claquemuré de la classe moyenne.* Dans un article sur la vogue du roman policier, Bertolt Brecht écrivit : « Nous acquérons notre connaissance de la vie sur un mode catastrophique. L'histoire s'écrit *en fonction* des catastrophes [...] La mort a eu lieu. Qu'est-ce qui se tramait au préalable ? Que s'était-il passé ?

NOTES 473

Pourquoi une situation en a-t-elle résulté ? Tout ceci peut peut-être désormais être déduit. » Publié en 1976 dans les œuvres complètes de Brecht et cité dans *Delightful Murder : A Social History of the Crime Story* (1984) par Ernest Mandel.

P. 179 – *Rendant compte, un mois avant le meurtre... plus souvent encore une famille ».* Dans *Notes on Nursing,* cité par le *Devizes and Wiltshire Gazette* du 31 mai 1860.

P. 182 – *Dans la soirée... le temps de mûrir.* Informations sur le temps et les récoltes dans le *Trowbridge and North Wilts Advertiser* du 21 juillet 1860, et bilan de l'agriculture pour juillet dans le *Devizes and Wiltshire Gazette* du 2 août 1860.

Chapitre IX

P. 183 – *Le président de l'assemblée... les services d'un détective.* Les informations regardant les magistrats proviennent de *The Book of Trowbridge* (1984) par Kenneth Rogers et du recensement de 1861.

P. 184 – *Peu avant trois heures de l'après-midi... Elle ne m'a plus rien dit »,* précisera Whicher. Déposition de Whicher plus tard dans la journée.

P. 189 – *« Ne vous fatiguez pas... avaient capitulé.* Tiré de « A Detective Police Party », *Household Words,* 27 juillet 1850.

P. 190 – *Dolly était un garçon énergique... d'une bibliothèque dans un commissariat.* D'après le recensement de 1841 et *Critical Years at the Yard : The Career of Frederick Williamson of the Detective Department and the CID* (1956) par Belton Cobb.

P. 190 – *Dolly logeait... seize autres policiers céliba-taires.* D'après le recensement de 1861.

P. 191 – *L'un de ceux-ci, Tim Cavanagh... comprenez un lièvre.* » *Scotland Yard Past and Present* (1893) par Timothy Cavanagh.

P. 192 – *Son collègue Stephen Thornton... secours à la petite.* Dans le *Times* du 18 novembre 1837.

P. 193 – *En 1859, une fillette de onze ans... imagina-tion lascive et dépravée* ». Dans l'*Annual Register* de 1860.

P. 194 – *Le samedi matin... condisciples de Constance.* D'après des notes de frais (MEPO 3/61) et les recensements de 1841 et 1861.

P. 195 – « *Elle m'a parlé... le petit qui est mort.* » Dépo-sition de Louisa Hatherill devant la cour des magis-trats du Wiltshire le 27 juillet 1860.

P. 196 – *Alors que Constance était en prison... lui aussi incarcéré.* Cette rumeur est évoquée dans le *Bristol Daily Post* du 24 juillet 1860.

P. 197 – *Le samedi 22 juillet, dans sa chambre... contre Constance.* Dans son rapport du 22 juillet, Whicher se donne pour adresse le Woolpack Inn, mais, selon les réclames passées dans la presse, l'éta-blissement est le Woolpacks Inn.

P. 198 – *Whicher a soin de se prémunir... d'autres poli-ciers.* Quinze ans auparavant, en mars 1845, Mayne avait réprimandé Whicher et son collègue le sergent détective Henry Smith pour avoir « de façon fort peu discrète et tout à fait injustifiée » manqué de respect à des officiers de police haut placés. Comme c'était la première fois que des détectives « entraient à tort en conflit » avec leurs collègues en tenue, Mayne les tint quittes avec une simple mise en garde, mais il les avertit que toute faute de cet ordre serait à l'avenir sévèrement sanctionnée. MEPO 7/7, ordres et notifications des services du préfet de police, cité dans *The Rise of Scotland Yard : A History of the Metropolitan Police* (1956) par Douglas G. Browne.

P. 202 – *Quant à un soi-disant amant... dans les environs ».* Note de la main de Whicher sur une lettre de sir John Eardley Wilmot, le 16 août 1860 (MEPO 3/61).

P. 202 – *La version longue... pêché dans la rivière.* Rapporté par le *Somerset and Wilts Journal* du 13 octobre 1860.

P. 203 – *Un mois plus tôt, il avait représenté devant le tribunal... un autre éleveur.* Dans le *Frome Times* du 20 juin 1860.

Chapitre X

P. 205 – *À North Leverton... Elle perdit connaissance.* Exposé de l'affaire Sarah Drake à partir d'articles parus dans le *Times* du 8 décembre 1849 et du 10 janvier 1850.

P. 208 – *Au printemps de 1860... le nom de son employeur.* Dans *News of the World* du 3 juin 1860.

P. 209 – *Des aliénistes énumérèrent... la tête froide.* La monomanie fut décrite en 1808 par le médecin français Jean-Étienne Dominique Esquirol. Cf. *Embodied Selves : An Anthology of Psychological Texts, 1830-1890* (1998), textes réunis par Jenny Bourne Taylor et Sally Shuttleworth.

P. 209 – *Le* Times... la clé de l'asile ? Le 22 juillet 1853.

P. 210 – *Il fut même avancé... de manie puerpérale.* Stapleton fait état de cette rumeur dans son livre.

P. 212 – « *L'expérience a démontré... apparemment aucun rapport.* » Dans *Le Mystère de Marie Roget* (1842) par Edgar Allan Poe.

P. 212 – « *J'ai mené la semaine dernière une enquête privée... rencontré une vétille.* » Sherlock Holmes, le détective privé d'Arthur Conan Doyle, pratique les mêmes techniques : « Vous connaissez ma méthode. Elle est basée sur l'observation des vétilles ; il n'est rien d'aussi important que les vétilles. » Dans *The Man with the Twisted Lip* (1891).

P. 212 – *Whicher demanda à Sarah Cox... dans l'heure qui suivait.* D'après les rapports de Whicher (MEPO 3/61) et la déposition de Cox devant la cour des magistrats du Wiltshire le 27 juillet 1860.

P. 214 – « *Quand je suis au comble de la perplexité... dénouer mes problèmes.* » Dans *Diary of an Ex-Detective* (1859), « présenté » par Charles Martel (en réalité écrit par le libraire de New Bond Street, Thomas Delf). Dans un passage similaire de *Experiences of a Real Detective* (1862) par Waters, le narrateur retourne une affaire dans sa tête comme s'il assemblait un puzzle ou un collage : « Je m'allongeai sur un sofa et me plongeai dans une profonde réflexion, agençant tantôt de cette façon-ci, tantôt de cette façon-là, les différents éléments, fragments et indices qui m'étaient fournis, afin d'établir comment ils s'ordonnaient et à quoi ils ressemblaient ainsi réunis. »

P. 216 – *Comme le dit Mr Bucket... de mon point de vue.* » La meilleure arme du détective est, selon Dickens, son ingéniosité. « Constamment à l'affût, toutes facultés tendues à l'extrême, ces policiers doi-

NOTES   477

vent [...] se piéter contre toutes les ruses et subtilités nouvelles que peut concevoir l'imagination combinée de tous les malfrats sans foi ni loi d'Angleterre, et ne jamais se laisser déborder par les inventions de ce genre. » Dans la seconde partie de « A Detective Police Party », *Household Words*, 10 août 1850.

Dans *The Perfect Murder* (1989), David Lehman fait observer que « le roman policier a sorti le meurtre du domaine de l'éthique pour le verser dans celui de l'esthétique. Dans une histoire criminelle, le meurtre devient une espèce de concetti poétique, souvent passablement baroque ; le criminel est un artiste, le détective un esthète et un critique, et le policier balourd un philistin ». Voir également *The Aesthetics of Murder : A Study in Romantic Literature and Contemporary Culture* (1991) par Joel Black.

P. 217 – *La chemise de nuit était son chaînon manquant... descendait bien du singe.* Une chemise de nuit reliant une adolescente de bonne famille à un meurtre était, tout comme les ossements qui prouveraient le lien entre l'homme et le singe, un objet terrible, qu'il fallait redouter autant que rechercher. Sur les angoisses suscitées par la notion de chaînon manquant, voir *Forging the Missing Link : Interdisciplinary Stories* (1992) par Gillian Beer. Sur les preuves négatives et le souci du dix-neuvième siècle de décrypter les éléments, voir *Victorian Detective Fiction and the Nature of Evidence : The Scientific Investigations of Poe, Dickens and Doyle* (2003) par Lawrence Frank, et, du même auteur, « Reading the Gravel Page : Lyell, Darwin and Conan Doyle » dans *Nineteenth-Century Literature*, décembre 1989.

P. 217 – *Dickens compare les détectives... une nouvelle*

478 L'AFFAIRE DE ROAD HILL HOUSE

forme de crime. Dans la seconde partie de « A Detective Police Party », *Household Words*, 10 août 1850. En ce milieu du dix-neuvième siècle, la notion de détection marqua de son empreinte l'histoire naturelle, l'astronomie, le journalisme, toute activité pouvant être perçue comme une quête de la vérité.

P. 222 – *Dans* Governess Life... *destruction de la paix des familles.* » Sur la perplexité sexuelle et sociale provoquée par le personnage de la gouvernante, voir *The Victorian Governess* (1993) par Kathryn Hughes.

P. 222 – *Forbes Benignus Winslow... leurs enfants* ». Dans *On Obscure Diseases of the Brain, and Disorders of the Mind* (1860). Un extrait en est cité dans *Embodied Selves : An Anthology of Psychological Texts, 1830-1890* (1998), textes réunis par Jenny Bourne Taylor et Sally Shuttleworth.

P. 223 – *Le détective était un autre... souiller un foyer de la classe moyenne.* Sur la manière dont domestiques et policiers menaçaient la vie privée de la classe moyenne, voir *Domestic Crime in the Victorian Novel* (1989) par Anthea Trodd.

Chapitre XI

P. 239 – *À l'époque où Whicher conduit ses investigations... crime épouvantable.* » Dans le *Frome Times* du 18 juillet 1860.

P. 240 – *Le mot « détecter »... fascination que le public éprouve pour l'affaire.* Voir *Domestic Crime in the Victorian Novel* (1989) par Anthea Trodd. Dans *Le Diable boiteux* (1707) d'Alain-René Lesage,

NOTES   479

Asmodée se juche sur le clocher d'une église espagnole et tend le bras pour soulever tous les toits de la ville, révélant les secrets qu'ils cachent. Le *Times* décrit en 1828 le détective français Vidocq comme « un Asmodée ». Dans *Dombey et fils* (1848), Dickens appelle de ses vœux « un bon esprit qui soulèverait les toitures, d'une main plus ferme et bienveillante que le démon boiteux de la fable, et montrerait à un peuple chrétien quelles formes ténébreuses sortent de ses foyers ». En 1850, dans des articles publiés par *Household Words*, il parle du démon capable de découvrir le cerveau des hommes, comme on découvre un toit, et de le lire, comme si les corps étaient des bâtiments ; et il y évoque le fait qu'il lui arrive, par la fenêtre d'une voiture de chemin de fer, de « jeter un coup d'œil, tel Asmodée, dans la vie intérieure » des maisons. Janin évoque Asmodée dans *Paris, ou les cent un*.

P. 240 – « *Si chaque pièce... qu'une exhibition foraine.* » Tiré de *The Casebook of a Victorian Detective*.

P. 241 – *Mrs Kent donna naissance... le prénomma Acland Saville.* Acland était le nom de jeune fille de la mère de Mrs Kent ; Francis, premier prénom de Saville, était le nom de baptême du père de celle-ci.

Chapitre XII

P. 243 – *Whicher arriva à la gare de Paddington... chez une famille de tapissiers.* Les données sur le lien entre Whicher et Holywell Street proviennent des recensements de 1851, 1861 et 1871, de *Police*

Informations du 20 janvier 1858 (MEPO 6/92) et des petites annonces du *Times* du 3 février 1858. « Les astuces des détectives de la police » dans *The Female Detective* (1864) par Andrew Forrester.

P. 244 – *l'horloge surnommée « Big Ben »... à incandescence.* Tiré d'articles dans le *News of the World* du 17 juin 1860.

P. 244 – *Dickens visita Millbank... aussi bien que n'importe qui.* » Dans une lettre du 1er février 1861 à W.W.F. de Cerjat, publiée dans *The Letters of Charles Dickens 1859-1861* (1997) réunies par Madeline House et Graham Storey.

P. 245 – *Situé au bord du fleuve... la puanteur qui émanait du fleuve.* Les descriptions de Pimlico sont tirées de la « Stanford's Library Map of London in 1862 », de *The Criminal Prisons of London and Scenes of London Life* (1862) par Henry Mayhew et John Binny, et de *The Three Clerks* (1858) par Anthony Trollope.

P. 245 – *Bien que l'adresse fût... au sud coulait la Tamise.* La description de Scotland Yard provient de gravures et de plans conservés à la bibliothèque de Westminster, et de *Scotland Yard Past and Present : Experiences of Thirty-Seven Years* (1893) par l'ex-inspecteur principal Timothy Cavanagh. En 1890, le siège de la police métropolitaine se transporta dans un bâtiment situé sur la berge de la Tamise, qui fut baptisé New Scotland Yard, puis en 1967 dans un immeuble de bureaux de Victoria Street, qui conserva le même nom.

P. 246 – *De telles lettres, adressées tantôt à Mayne... de ce mois de juillet.* La plupart de ces lettres se trouvent dans MEPO 3/61.

NOTES 481

P. 249 – *Au début du mois d'août... recruté comme détective, ou quoi ?* » Ces deux lettres sont conservées au Home Office dans le dossier sur l'affaire, HO 144/20/49113. Sir John Eardley Wilmot, âgé de cinquante ans, marié et père de huit enfants, était juge au tribunal du comté à Bristol. Il fut ensuite député conservateur du South Warwickshire de 1874 à 1885. S'il ne fut pas un très brillant homme de loi, selon le *Dictionary of National Biography*, il fit néanmoins obtenir en 1881 un dédommagement à Edmund Galley qui avait été condamné à tort pour meurtre en 1835. Eardley Wilmot mourut en 1892.

P. 252 – *Fasciné par l'homicide... l'enquête qui s'ensuivait.* Le magazine *Punch* avait fait la satire en 1849 du « culte du meurtre ». Voir *Victorian Studies in Scarlet* (1970) par Richard D. Altick.

Dans un essai de 1856, George Eliot analyse l'attrait exercé par les romans de Wilkie Collins : « Le grand intérêt réside dans l'excitation causée soit par la curiosité soit par la terreur. [...] Au lieu de blêmir face à un fantôme, on fronce les sourcils et bâtit des hypothèses pour l'expliquer. Les histoires d'Edgar Poe furent une géniale tentative pour concilier les deux tendances, pour faire appel à l'imagination tout en satisfaisant l'intellect, et à cet égard Mr Wilkie Collins marche souvent sur les brisées de Poe. » Dans une critique de *Quand la nuit tombe* de Collins dans le *Westminster Review*.

P. 257 – *Le mardi 31 juillet... il dit : « Fort bien. »* Articles sur les meurtres de Walworth dans le *Times* des 1, 8, 14, 16, 17 et 20 août 1860, et dans le *News of the World* du 2 septembre 1860.

P. 262 – *Les victoriens voyaient dans le détective... ils* *le rejetaient.* Beaucoup apprirent à trouver ces émotions plutôt dans la fiction policière. « La plupart des romans traditionnels offrent un peu des plaisirs du trou de la serrure, observe Dennis Porter dans *The Pursuit of Crime : Art and Ideology in Detective Fiction* (1981), mais en dehors des différentes formes d'érotisme, nul ne le fait plus systématiquement que la fiction policière. Le secret de son pouvoir tient pour une grande part à ce tour qui fait du voyeurisme un devoir. »

P. 262 – *Quelques voix... sa défense.* Le *Law Times* était certain que Whicher avait identifié la meurtrière et son mobile. « L'enfant était le chouchou de sa mère, or *de la malveillance à l'encontre de cette mère* – un désir diabolique de lui infliger une blessure à travers lui – constituerait un mobile ni impossible ni improbable. [...] Tous les deux, le frère et la sœur [William et Constance], nourrissaient de très forts sentiments d'hostilité, équivalant presque à de la haine pour la mère de l'enfant. [...] Ils savaient qu'elle s'était gagné l'affection de leur père du vivant de leur mère. Ils s'étaient plaints de négligence et de mauvais traitement de la part de cette femme, ainsi que de sa partialité en faveur de ses propres enfants. » Et le journal d'ajouter que, considérant que Saville avait été emporté de son lit par « une main douce et exercée », une femme avait dû participer à son enlèvement.

P. 262 – *Le toujours loyal* Somerset and Wilts Journal... *la théorie de la chemise de nuit.* Le *Northern Daily Express* fait observer : « La chemise de nuit de Constance Kent, avec ses volants sans recherche – la demoiselle n'ayant pas encore l'âge de la maturité et de la dentelle –, a de bonnes chances de devenir aussi célèbre que la fraise de la reine Elizabeth ou celle de Shakespeare, le costume couleur tabac à priser du docteur Johnson, le bonnet de nuit de Cowper tel que le peignit Romney, ou le gilet à rayures de Burns. »

Chapitre XIII

P. 268 – *Une semaine plus tard... pleurer sans retenue ».* Récit de l'exécution de Youngman dans le *News of the World* du 9 septembre 1860.

P. 270 – *Slack clôt son enquête... tout à fait innocente.* Un an plus tard, au terme d'un contentieux prolongé, le Home Office versait sept cents livres au cabinet de Slack pour son travail sur l'affaire. Voir HO 144/20/49113.

P. 276 – *Mrs Dallimore était la réplique vivante...* The Female Detective *(1864).* Des femmes détectives amateurs apparaissent également dans *Le Journal d'Anne Rodway* (1856) par Wilkie Collins et dans *Revelations of a Lady Detective* (1864), signé « Anonyme » (W. Stephens Hayward). La jaquette de ce livre montre la femme détective comme une créature dangereusement émancipée et sensuelle. Elle porte un large ruban rouge et blanc autour du cou, un chapeau croulant de fleurs, une étole de fourrure et des parements de velours. Elle adresse à son futur lecteur un regard de biais, tout en soulevant son grand manteau noir pour révéler le bas de sa robe rouge.

P. 278 – *« Si le regretté Edgar Poe...* Poe était mort en 1849 à l'âge de quarante ans. De son vivant, il avait souffert d'alcoolisme, de dépression et de bouffées délirantes. Le critique Joseph Wood Krutch écrivit que Poe « inventa l'histoire policière pour ne pas sombrer dans la folie ». *Edgar Allan Poe : A Study in Genius* (1926), cité par David Lehman dans *The Perfect Murder* (1989).

P. 281 – *« Mr Kent fricotant... et s'en débarrasse. »* Cf. *The Letters of Charles Dickens 1859-1861* (1997) réunies par Madeline House et Graham Storey.

P. 281 – *En septembre, le* Saturday Review... *quitter leur routine ».* Dans le *Saturday Review* du 22 septembre 1860.

P. 281 – *L'idée se faisait jour... l'esprit de nos compatriotes. »* Dans *Once a Week* du 13 octobre 1860. L'auteur fait observer que, selon ce raisonnement, peu d'assassinats auraient dû se produire sous le soleil du sud de l'Europe, qui connaissait en fait de nombreuses morts violentes.

P. 282 – *Un orage phénoménal... là où Saville Kent était mort.* Le naturaliste et météorologiste George Augustus Rowell donna une conférence sur la tempête du 21 mars 1860 et la publia par la suite sous forme de brochure avec pour titre *A Lecture on the Storm in Wiltshire.*

Chapitre XIV

P. 288 – *Saunders demanda à Foley... je pense bien que non ! »* Dans une lettre au *Times,* Stapleton affirme qu'un microscope n'aurait pas aidé à déterminer la nature du sang sur la chemise de nuit. « C'est sans hésitation que j'ai déclaré aux autorités que la chemise de nuit qui m'a été montrée [...] ne pouvait fournir aucune indication relativement à ce crime. [...] J'ai espéré qu'elle soit définitivement soustraite à l'attention du public. Mais Mr Saunders l'a ressortie de ses ténèbres, ce qui, me semble-t-il, constitua une violation gratuite autant qu'inutile de la décence publique et de la sensibilité privée. » Les chemises de nuit étaient devenues l'emblème de la pudeur et de l'intimité de la famille Kent ; spéculer de nouveau sur le sujet revenait à répéter la violation de son foyer.

P. 292 – *La persistance du sentiment... de la chemise de nuit ? »*). Dans *The Road Murder : Being a Complete Report and Analysis of the Various Examinations and Opinions of the Press on this Mysterious Tragedy* (1860) par Un Avocat.

P. 293 – *Ses collègues étaient contraints de mener... un congé exceptionnel de six mois.* Correspondances (HO 45/6970).

P. 294 – *Dans les derniers jours de novembre... une entente secrète ».* Cette lettre ne fut rendue publique que le 24 juillet 1865, lorsqu'elle fut publiée par le *Times*, mais elle était datée du 23 novembre 1860. Un courrier que Constance écrivit le même jour a également survécu, billet dans lequel elle remercie Peter Edlin, l'avocat, pour « la jolie paires de mitaines et le foulard » qu'il lui a donnés. Ils lui rappelleront, écrit-elle, à chaque fois qu'elle les verra, tout ce qu'elle doit à celui qui les lui a offerts.

Chapitre XV

P. 301 – *Au début de 1861... une nouvelle instruction.* Aucune importance ne fut non plus attachée aux allégations selon lesquelles le jury avait été composé favorablement à Samuel Kent. Avant l'ouverture de l'enquête du coroner, James Morgan, constable de la paroisse, et Charles Happerfield, receveur des postes, avaient demandé que soient remplacés par « des hommes de jugement » deux des jurés sélectionnés au hasard. Ces deux jurés congédiés étaient un tailleur (dont l'épouse avait demandé à ce qu'il soit excusé) et le père de William Nutt, cordonnier vivant dans le hameau proche de Road Hill House. Leurs remplaçants furent le révérend Peacock et un fermier prospère du nom de William Dew, qui – comme Happerfield – était activiste au sein du mouvement pour la tempérance.

P. 302 – *« Je suppose que l'on parle... le fin mot de cette histoire. »* Dans une lettre du 1ᵉʳ février 1861 à W.W.F. de Cerjat, publiée dans *The Letters of Charles Dickens 1859-1861* (1997) réunies par Madeline House et Graham Storey.

P. 303 – *Plus tard dans le mois, Samuel Kent s'adressa... accéder à sa demande. »* Correspondances (HO 45/6970).

P. 304 – *Ils demandèrent à un commissaire-priseur... réaliser leurs biens.* Compte rendu de cette vente dans le *Somerset and Wilts Journal* et le *Trowbridge and North Wilts Advertiser*.

P. 306 – *Les commissaires aux manufactures... dans la vallée de la Dee.* (HO 45/6970) Il se peut que

William ait rendu visite à Constance en Bretagne cet été-là – selon les archives du service des passeports, un dénommé William Kent reçut le 10 août un passeport pour se rendre sur le continent.

P. 307 – *Travaillant sur des affaires peu retentissantes... à l'attention du public.* Le nom de Whicher apparut dans le *Times* du 2 mars 1861 lorsqu'il déposa contre un homme accusé d'avoir volé à la London Dock Company une caisse d'opium d'une valeur de mille livres, mais il s'agissait d'une affaire dont il avait été chargé un an plus tôt. L'homme qu'il avait arrêté fut acquitté. Peut-être les jurés n'accordèrent-ils aucune foi aux témoins de l'accusation, un détenu et un revendeur d'opium. Ou bien, au lendemain de l'affaire de Road Hill, peut-être ne firent-ils pas confiance à Whicher.

P. 307 – *Une seule fut tant soit peu couverte... le testament de son oncle.* Whicher se procura l'adresse de l'ecclésiastique en se faisant passer pour un avocat – l'adoption d'une fausse identité était de la part des détectives une pratique courante bien qu'impopulaire. Tiré d'articles dans le *Times* et de la transcription du procès de James Roe à l'Old Court, les 21 et 22 août 1861.

P. 307 – *Dans le courant de l'été de 1861... une enquête sur un meurtre.* Compte rendu du meurtre de Kingswood dans MEPO 3/63, dossier de la police métropolitaine sur l'affaire ; et articles dans le *Times*, le *Daily Telegraph* et l'*Annual Register* de 1861.

P. 313 – *L'enquête de Kingswood s'était déroulée... le savoir-faire des détectives.* L'avocat de Franz proposa à Dickens un article sur les ahurissantes coïncidences de l'affaire (cf. la lettre de Dickens à W.H. Wills du

31 août 1861, dans *The Letters of Charles Dickens*).
Cet article fut publié sans nom d'auteur dans *All the Year Round* du mois de janvier suivant.

P. 313 – « *Si je n'étais pas le plus malin... chu d'elles-mêmes.* » Tiré de « Bigamy and Child-Stealing » dans *Experiences of a Real Detective* (1862) par l'inspecteur « F », « présenté » par Waters.

P. 314 – « *Je pense qu'un enchaînement... ni corrompre.* » Tiré de « Circumstantial Evidence » dans *Experiences of a Real Detective*.

P. 315 – « *La valeur du détective... à leur interprétation.* » Dans *The Female Detective* (1864) par Andrew Forrester.

P. 315 – *Ce roman, qui connut... d'une révélation publique.* Il fut réimprimé huit fois en l'espace de trois mois.

P. 317 – « *ces mystères des plus mystérieux... garnis populeux de Londres* ». Dans « Miss Braddon », critique non signée dans *The Nation* du 9 novembre 1865.

P. 318 – *En 1863, le philosophe Henry Mansel... apparaître à Road.* La littérature à sensations, selon Mansel, façonnait les esprits et formait les goûts de sa génération « en prêchant ses peurs ». Tiré d'une critique non signée dans le *Quarterly Review* d'avril 1863. Pour des réflexions sur le roman à sensations, voir *Black Swine in the Sewers of Hampstead : Beneath the Surface of Victorian Sensationalism* (1988) par Thomas Boyle ; *Domestic Crime in the Victorian Novel* (1989) par Anthea Trodd ; *From Bow Street to Baker Street : Mystery, Detection and Narrative* (1992) par Martin A. Kayman ; *The Novel and the Police* (1988) par D. A. Miller ; *In the Secret Theatre* *of Home : Wilkie Collins, Sensation Narrative, and Nineteenth-Century Psychology* (1988) par Jenny Bourne Taylor ; « What is "Sensational" About the Sensation Novel ? » par Patrick Brantlinger dans *Nineteenth-Century Fiction 37* (1982).

P. 319 – *L'ouvrage de Joseph Stapleton... Rowland Rodway.* Il coûtait sept shillings et six pence.

P. 320 – *À croire que l'ange domestique... une goule assoiffée de sang.* D'autres auteurs avaient remarqué l'enthousiasme des femmes pour les crimes brutaux. Edward Bulwer-Lytton, par exemple, soutient dans *England and the English* (1833) que ce sont elles qui témoignent « l'intérêt le plus profond pour un récit ou une pièce tragiques ou sombres. [...] Si l'on observe un vendeur de romances criant sa marchandise, ce sont les histoires de meurtre les plus sanguinaires que les femmes achètent ».

P. 321 – *Stapelton suggère que ce meurtre... de péchés corrupteurs.* » Médecin de son état, Stapleton devait connaître des essais tels que *Treatise on the Degeneration of the Human Species* par Benedict Morel, paru en livraison dans le *Medical Circular* en 1857, qui soutenait que les péchés des parents se retrouvaient sous forme de débilité physique chez leurs enfants.

P. 321 – *Mansel cite lui aussi... et de l'adultère.* Dans « Manners and Morals », dans le magazine *Fraser's* de septembre 1861.

P. 321 – *Son influence est évidente... Mary Elizabeth Braddon (1863).* « Je pense à une paisible famille du Somerset au sein de laquelle a été commis un acte épouvantable, déclare la narratrice d'*Aurora Floyd*, dont la clé n'a pas encore été révélée et ne le sera peut-être pas avant le jour du Jugement dernier. Qu'a dû endurer chaque membre de cette famille ? Quelles sourdes agonies, quels supplices toujours grandissants, tandis que ce mystère cruel était le sujet de conversation "à sensations" dans maint cercle familial heureux, dans mainte salle d'auberge, dans maint club agréable. »

Dans les années 1950, l'historienne Elizabeth Jenkins écrivit un essai sur l'influence exercée par l'histoire de la famille Kent sur le roman de Charlotte Yonge *The Young Step-Mother ; Or, A Chronicle of Mistakes* (1861). La belle-mère du titre se marie au sein de la famille Kendal et se trouve en butte à une belle-fille adolescente maussade dont quatre des frères et sœurs sont morts en bas âge. Ladite belle-fille assomme accidentellement son demi-frère, garçonnet de trois ans qui est « une merveille de beauté, de croissance et d'intelligence ». Jenkins découvrit par la suite que la majeure partie de ce roman avait été publiée sous forme de feuilleton au cours de la première moitié de l'année 1860, soit avant le meurtre de Road Hill. Son erreur met en garde contre la tentation de voir partout l'influence de Road Hill ; encore que Jenkins ait fait remarquer que l'antériorité du roman par rapport au meurtre pouvait conférer « encore plus d'étrangeté » à ces similarités.

P. 322 – *La romancière Margaret Oliphant... ni pour les mœurs* ». Tiré de « Sensation Novels », critique non signée parue dans *Blackwood's Edinburgh Magazine* de mai 1862.

P. 322 – *Un an plus tard, elle déplore... de la fiction moderne* ». Dans le *Quaterly Review* d'avril 1863.

P. 323 – *un succès de librairie en 1861. Curiosities of Crime in Edinburgh* et *The Sliding Scale of Life*, tous les deux publiés en 1861 – le premier se vendit à vingt mille exemplaires en trois mois, selon un article dans le *Times* en juillet de cette année-là.

P. 324 – « *Le détective moderne est généralement fautif... déficient et misérable* ». Tiré de « Crime and Detection », article non signé de Thomas Donnelly dans le *Dublin Review* de mai 1861.

P. 324 – *Le mot « clueless »... en 1862. Selon* l'*Oxford English Dictionary*, cette première occurrence fut : « cluesless wanderings in the labyrinth of scepticism ». (« Des errements sans fil conducteur dans le labyrinthe du scepticisme. »)

P. 324 – « *un géant aussi pleutre qu'empoté... qu'il croise sur son chemin* ». Publié le 25 octobre 1863 et cité dans *Cops and Bobbies : Police Authority in New York and London, 1830-1870* (1999) par Wilbur R. Miller.

P. 324 – *Dans le* Saturday Review... *au sein de la classe moyenne*. Dans « Detectives in Fiction and in Real Life », *Saturday Review*, juin 1864.

P. 325 – *Cet établissement... d'un couvent*. Voir *Wagner of Brighton : The Centenary Book of St Paul's Church, Brighton* (1949) par H. Hamilton Maughan.

P. 325 – *En septembre 1861, son ami... placé à la tête du service*. Voir recensement de 1861, certificat de décès de Thornton, MEPO 4/2 (registre des décès au sein de la police métropolitaine) et MEPO 4/333 (registre des engagements et promotions). L'unité des détectives s'était un peu étoffée, mais se bornait à une douzaine d'hommes, au sein de forces de police qui alignaient quelque sept mille éléments.

P. 326 – *En septembre 1862... la famille du tsar.*

Cf. MEPO 2/23, dossier de la police métropolitaine de 1862 sur l'aide apportée au gouvernement russe pour réorganiser la police de Varsovie. Le père de Joseph Conrad, Apollo, fut un des meneurs de cette insurrection jusqu'en 1861, année de son arrestation et de sa déportation en Russie.

P. 326 – *le commissaire Walker*. Walker se trouvait avec les détectives lorsqu'ils firent la connaissance de Dickens en 1850. Ce dernier le surnomma « Stalker ». Il n'était pas lui-même détective, mais membre des services du préfet de police.

P. 326 – *Le 18 mars 1864... transport au cerveau »*. Cf. MEPO 21/7, dossier sur les départs en retraite.

P. 326 – *une « tension mentale prolongée »*. Dans *A Practical Treatise on Apoplexy (with essay on congestion of the brain)* (1866) par William Boyd Mushet.

Chapitres XVI et XVII

La relation dans ces deux chapitres des événements de l'année 1865 est principalement tirée d'articles dans le *Daily Telegraph*, le *Times*, le *Salisbury and Whinchester Journal*, l'*Observer*, le *Western Daily Press*, le *Somerset and Wilts Journal*, le *Penny Illustrated Paper*, le *News of the World* et le *Bath Chronicle*, et des dossiers MEPO 3/61, HO 144/20/49113 et ASSI 25/46/8. Les sources additionnelles sont citées ci-dessous.

NOTES   493

Chapitre XVI

P. 329 – *Le mardi 25 avril 1865... Covent Garden.*
Conditions météorologiques d'après des articles sur
le Spring Derby d'Epsom, à dix-sept miles de Londres,
qui tombait cette année-là le 25 avril. Après le mois
de mars le plus froid depuis 1845, la rencontre hip-
pique fut, selon le *Times*, la plus chaude depuis bien
des années, les températures dépassant la moyenne
de juillet.

P. 329 – *Le palais de justice de Bow Street... de couleur
passée.* Selon le *Builder* d'avril 1860, le tribunal était
inconfortable en hiver, insupportable en été. Les
magistrats tentaient d'obtenir de nouveaux locaux
depuis les années 1840. On trouve une description
des lieux dans *Oliver Twist* (1838) de Charles
Dickens et dans *Survey of London Volume 36* (1970)
établi sous la supervision de F.H.W. Sheppard.

P. 331 – *Wagner était un personnage très connu... dangereux pour l'Église d'Angleterre.* Cf. *Wagner of Brighton :
The Centenary Book of St Paul's Church, Brighton*
(1949) par H. Hamilton Maughan, et *Aubrey
Beardsley : A Biography* (1999) par Matthew Sturgis.

P. 334 – *Le commissaire Durkin et l'inspecteur
Williamson... en cours d'audience.* Depuis son retour
de Road, Dolly Williamson s'était marié et avait
maintenant une fille, Emma, âgée de deux ans. En
juillet 1861, Durkin avait été chargé d'une affaire
qui avait fait du bruit et avait inspiré un des essais de
Roundabout Papers par William Makepeace
Thackeray. Un prêteur sur gages de Northumberland Street, non loin du Strand, avait fait feu sur un

nouveau client, le major William Murray du 10ᵉ Hussard, vétéran de Crimée. Murray s'était défendu et avait fini par tuer son agresseur en le frappant à la tête avec une bouteille. Il ressortit que la rage du prêteur sur gages venait d'une secrète obsession pour l'épouse de Murray.

« Après cela, écrit Thackeray, à quoi bon tergiverser sur les probabilités et possibilités lorsque l'on écrit de la fiction ? [...] Après cela, qu'est-ce qui n'est pas possible ? Il est possible que le marché de Hungerford soit miné et explose un de ces jours. » L'éruption d'une violence irrationnelle pouvait susciter de la fièvre, de l'étonnement, voire de la stupeur ; la sûreté du monde se trouvait subitement réduite à néant et n'importe quoi pouvait s'ensuivre. Le crime de Northumberland Street, qui apparaît également dans *La Pierre de lune*, est une des affaires étudiées dans *Deadly Encounters : Two Victorian Sensations* (1986) par Richard D. Altick.

P. 336 – *(John Foley était décédé... à l'âge de soixante-neuf ans).* Il est précisé dans son certificat de décès qu'il mourut d'un hydrothorax à St George's Terrace, Trowbridge, le 5 septembre 1864.

P. 337 – *« l'ange du foyer ».* Ce terme provient d'un poème publié en 1854 par Coventry Patmore, dans lequel l'auteur décrit la pureté, l'abnégation et le dévouement de sa femme, Emily.

P. 337 – *« D'aucuns affirment que Constance Kent... autre entremise que la leur. »* Dans le *Times* du 26 avril 1865. Le *Bath Express* montre un semblable cynisme à propos des instincts de la femme. Il affirme le 29 avril que ce crime a été marqué d'un « raffinement de cruauté » dont seule une femme était capable. Le *Saturday Review* dit espérer que Constance était un « monstre psychologique » plutôt que l'incarnation de l'adolescence féminine. Sur l'attitude à l'égard des meurtriers de sexe féminin, voir *Twisting in the Wind : The Murderess and the English Press* (1998) par Judith Knelman.

P. 340 – *L'inspecteur détective Tanner... chez des messieurs seuls.* Tanner prit sa retraite de la police en 1869 pour raisons de santé et ouvrit un hôtel à Winchester. Il mourut en 1873 à l'âge de quarante-deux ans. Cf. *Dreadful Deeds and Awful Murders : Scotland Yard's First Detectives* (1990) par Joan Lock.

P. 348 – *Le révérend James Davies... jeune femme très méchante et cruelle.* » Dans *The Case of Constance Kent, viewed in the Light of the Holy Catholic Church* (1865) par James Davies, et *The Case of Constance Kent viewed in the Light of the Confessional* (1865) par Edwin Paxton Hood.

P. 350 – *James Redding Ware refit paraître son pamphlet... à la mort de son frère.* » Tiré de *The Road Murder : Analysis of this Persistent Mystery, Published in 1862, Now Reprinted, with Further Remarks* (1865) par J.R. Ware. Le pamphlet de 1862 fut également publié sous forme de nouvelle dans *The Female Detective* (1864) par Andrew Forrester. « Forrester » était un pseudonyme renvoyant probablement à une agence familiale de détectives privés basée dans la City.

P. 350 – *De sa cellule... détromper le public sur ce point.* Rodway communiqua ce document à la presse ; il fut repris par plusieurs journaux cet été-là.

P. 352 – *Les enfants, écrit-il ailleurs... le personnage de l'enfant.* Cf. *Embodied Selves : An Anthology of*

Psychological Texts, 1830-1890 (1998), textes réunis par Jenny Bourne Taylor et Sally Shuttleworth. « La leçon morale à en retirer est la présence de passions mauvaises même dans le cœur de jeunes enfants », lit-on dans le *Medical Times and Gazette* du 22 juillet 1865 – cité dans *Victorian Murderesses : A True History of Thirteen Respectable French and English Women Accused of Unspeakable Crimes* (1977) par Mary S. Hartman.

P. 353 – *Bucknill confia par la suite au Home Secretary... de son père et de son frère.* Dans une lettre du 30 août 1865 (HO 1144/20/49113).

P. 353 – *Rodway expliquait le raisonnement de sa cliente... valoir cette circonstance.* » Dans une lettre conservée dans HO 1144/20/49113.

Chapitre XVII

P. 356 – *John Duke Coleridge... préparer ma plaidoirie* ». Selon le *Dictionary of National Biography*, Coleridge gagnait plus de quatre mille livres par an. Les extraits de son journal sont tirés de *Life and Correspondence of John Duke, Lord Coleridge* (1904).

P. 356 – *Il rédigea une lettre... les innocents.* » Correspondance dans les archives de Bernard Taylor, conservées par Stewart Evans.

P. 360 – *Sitôt prononcée la peine capitale...* D'une vierge mourant au bout de la hart ! Les ballades, dans l'ordre de citation : *The Road Hill Murder Confession of the Murderess*, publiée par Disley, 1865 ; ballade sans titre citée par le *North Wilts Herald* du 10 septembre 1865 ; *Trial and Sentence of*

Constance Kent, également imprimée chez Disley, 1865, et reprise dans *Curiosities of Street Literature* (1966) par Charles Hindley. Voir l'article de Roly Brown sur Constance Kent et le meurtre de Road dans le n° 15 de sa série sur la circulation de ces ballades au dix-neuvième siècle, dans le magazine *Musical Traditions* (mustrad.org.uk).

P. 361 – *Un magistrat du Devon... à ses crises de démence.* Déclaration écrite sous serment, datée du 24 juillet 1865, de Gustavus Smith (HO 1144/20/49113).

P. 363 – *Dans la matinée du jeudi 27 juillet... pas la moindre émotion.* » Pritchard fut pendu le vendredi.

P. 364 – *(en fait, Willes avait décidé... entendu en confession »).* Lettre de Coleridge à W.E. Gladstone en date du 6 avril 1890, citée dans *Saint – with Red Hands ?* (1954) par Yseult Bridges.

P. 370 – *Bucknill achève sa lettre... pourrait succomber à la folie.* Dans une conférence intitulée « Insanity in its Legal Relations », donnée treize ans plus tard, en avril 1878, devant le Royal College of Physicians, Bucknill en dit plus sur le mobile de Constance. L'adolescente avait amassé « un fonds de colère et de vindicte » à l'encontre de son « impudente » marâtre en raison des commentaires désobligeants que celle-ci tenait sur sa mère « partiellement folle ». Constance tenta de fuir la « présence haïe » de sa belle-mère, puis, une fois reprise et ramenée à la maison, résolut de se venger. Estimant que le poison ne serait pas « un vrai châtiment », elle préféra tuer Saville. Et Bucknill de conclure : « Il s'agit là d'une histoire épouvantable, mais qui pourrait ne pas éprouver de la pitié devant le malheur domestique

498   L'AFFAIRE DE ROAD HILL HOUSE

qu'elle dénote ? » Cité dans *Celebrated Crimes and Criminals* (1890) par Willoughby Maycock.

P. 372 – *Quarante ans plus tard... tous les pores de sa peau.* » Tiré de « Fragment of an Analysis of a Case of Hysteria » (1905) dans *The Standard Edition of the Complete Psychological Works of Sigmund Freud* (1953-1974) sous la direction de James Strachey, Alix Strachey et Alan Tyson. Cet essai avait trait à l'une des premières patientes de Freud, « Dora », alors âgée de dix-huit ans.

Chapitre XVIII

P. 373 – *Au mois d'octobre 1865... à un pâté de maisons de là.* Les informations sur la prison de Millbank sont tirées de *The Criminal Prisons of London and Scenes of London Life* (1862) par Henry Mayhew et John Binny ; de *La Princesse Casamassima* (1886) par Henry James ; et du *Penny Illustrated Paper* du 14 octobre 1865.

P. 375 – *En 1866, il épousa sa logeuse... où paissaient des moutons.* Voir certificat de mariage de Whicher sur lequel il se donne pour célibataire et non pas veuf. Hippolyte Taine parle de moutons paissant autour de l'abbaye de Westminster dans ses *Notes sur l'Angleterre* (1872).

P. 376 – *Quoique incertain, le travail était bien payé... pour divorcer.* Article dans le *Times* du 9 décembre 1858.

P. 376 – *Dans son nouveau rôle, Whicher prit part... du requérant Tichborne.* Exposé de l'affaire du requérant Tichborne dans *Famous Trials of the Century*

NOTES   499

(1899) par J.B. Atlay ; *The Tichborne Tragedy : Being the Secret and Authentic History of the Extraordinary Facts and Circumstances Connected with the Claims, Personality, Identification, Conviction and Last Days of the Tichborne Claimant* (1913) par Maurice Edward Kenealy ; *The Tichborne Claimant : A Victorian Mystery* (1957) par Douglas Woodruff ; *The Man Who Lost Himself* (2003) par Robyn Annear ; et dans des articles du *Times*.

P. 377 – « *Elle a pesé comme un cauchemar sur l'esprit du public* ». Tiré de *The Tichborne Romance* (1872), signé « Un avocat en liberté » (A. Steinmedz), cité dans *Victorian Sensation* (2003) par Michael Diamond.

P. 381 – « *Vous m'entendez sans doute fréquemment insulté... Votre vieil ami, Jack Whicher.* » Cité dans *Scotland Yard : Its History and Organisation, 1829-1929* (1929) par George Dilnot.

P. 381 – *Jack Whicher vivait toujours... jusqu'à leur mort.* Données des recensements de 1861, 1871 et 1881 ; certificat de mariage de Sarah Whicher et James Holliwell ; citation de Holliwell pour la Victoria Cross.

P. 382 – « *Il s'agit d'une histoire fort curieuse... de tout premier ordre ?* » Citation de Dickens dans une lettre à W.H. Wills – cf. *The Letters of Charles Dickens 1868-1870* (2002), réunies par Graham Storey, Margaret Brown et Kathleen Tillotson. Lettre de Robert Louis Stevenson datée du 5 septembre 1868, citée dans *Wilkie Collins : The Critical Heritage* (1974) par Norman Page.

P. 385 – *En 1927, T.S. Eliot...* faillibles. Dans un article du *Times Literary Supplement* du 4 août 1927.

P. 385 – *Henry James parla à leur sujet... de réalisa-*

tions scientifiques. » Tiré de « Miss Braddon », critique non signée dans *The Nation* du 9 novembre 1865.

P. 385 – *En mai 1866, Samuel Kent réitéra sa demande... d'une congestion pulmonaire.* Documents relatifs à la demande de Samuel Kent pour partir en retraite avec son plein traitement (HO 45/6970). En mars, le rapport annuel rédigé par l'inspecteur des manufactures Robert Baker avait évoqué le grand préjudice subi par Samuel Kent au cours des années qui avaient suivi la mort de Saville. Un extrait de ce rapport sur les épreuves endurées par son collègue, y compris la « cécité qui menaçait » et la subséquente paralysie de Mrs Kent, fut publié dans le *Times* du 24 mars 1866. Selon son certificat de décès, Mary Kent mourut à Llangollen le 17 août 1866 – son mari assista à ses derniers instants.

P. 386 – *Dans l'été, il avait reçu... cruelle et vulgaire.* Cf. le *Times* du 9 juillet 1866.

P. 387 – *Durant l'hiver de 1867.* Informations sur la vie de William Kent après 1865 dans *Savant of the Australian Seas* (1997) par A.J. Harrison. Une seconde édition de cet ouvrage est accessible en ligne sur le site de la State Library of Tasmania (members.trump.net.au/ahvem/Fisheries/Identities/Savant.html).

P. 387 – *Il baptisa « prophétie rétrospective »... un mot tel que "*backteller*" ! » disait Huxley.* Dans un essai intitulé *On the Method of Zadig : Retrospective Prophecy as a Function of Science* (1880). Dans *Le Secret de lady Audley*, Mary Braddon décrit la façon de procéder du détective comme une « investigation rétrograde ». Le philosophe américain Charles

Sanders Peirce développa aux alentours de 1865 sa théorie de l'« abduction » ou déduction rétrospective. « Il faut atteindre à la vérité par la conjecture, écrit-il, ou n'y pas atteindre du tout. » Sur l'idée de « conjecturer à rebours », voir *The Sign of Three : Dupin, Holmes, Peirce* (1983) édité par Umberto Eco et Thomas A. Seebeok ; *The Perfect Murder* (1989) par David Lehman ; et *Forging the Missing Link : Interdisciplinary Stories* (1993) par Gillian Beer.

P. 388 – « *Seul peut-être de tous les auteurs... plus essentielle et plus étrange.* » Tiré de *Appreciations and Criticisms of the Works of Charles Dickens* (1911) par G.K. Chesterton. Chesterton y adaptait Job 19 : « Car je sais que mon rédempteur est vivant et qu'il se lèvera au dernier jour sur la terre. »

D'autres ont trouvé décevante la fin des romans policiers. « La solution d'un mystère est toujours moins saisissante que le mystère lui-même, écrit Jorge Luis Borges dans sa nouvelle *Abenhacan El Bokhari mort dans son labyrinthe* (1951). « Le mystère a quelque chose du surnaturel et même du divin ; sa solution est cependant toujours entachée d'un tour de passe-passe. »

P. 390 – *Il léguait son argent... un ami de la famille.* Testament de Samuel Kent daté du 19 janvier 1872 et homologué par William le 21 février de la même année.

P. 390 – *En janvier 1872, Samuel Kent... d'un garçon mort-né.* Les détails biographiques sont tirés de *Savant of the Australian Seas* (1997, révisé en 2005) par A.J. Harrison ; de *Guidebook of the Manchester Aquarium* (1875) par William Kent ; *A Manual of* *the Infusoria* (1880-1882) par le même ; des certificat de décès et testament de Samuel Kent, faire-part de naissance dans le *Times*, certificat de mariage de William Kent ; du recensement de 1881.

P. 393 – *En 1875, Elizabeth, la femme de William... d'une occlusion intestinale.* Selon le certificat de décès, elle s'éteignit à Withington, Manchester, le 15 février.

P. 393 – *Aux alentours de 1880, Jack et Charlotte Whicher... champs de lavande.* Les détails sur Lavender Hill sont tirés de *Directory for Battersea Rise and the Neighbourhoods of Clapham and Wandsworth Commons* (1878) ; de *The Buildings of Clapham* (2000) par Alyson Wilson ; et de *Battersea Past* (2002) par Patrick Loobey.

P. 393 – *Au début de l'été de 1881... allait à sa femme.* D'après le certificat de décès, le testament de Whicher et son homologation, conservés au siège de l'état civil et au tribunal des successions.

P. 395 – *À la mort de son mari... exécuteur testamentaire.* D'après le testament de Charlotte Whicher et son homologation, conservés au tribunal des successions.

P. 395 – *Williamson était alors... ses heures de loisir ».* Dans *Fifty Years of Public Service* (1904) par Arthur Griffiths.

P. 395 – *Le commissaire divisionnaire... une partie d'échecs.* Dans *Scotland Yard : Its History and Organisation, 1829-1929* (1929) par George Dilnot.

P. 395 – *« écossais de la tête aux pieds... fonctionnaire très droit et précieux ».* Dans *Scotland Yard Past and Present : Experiences of Thirty-Seven Years* (1893) par Timothy Cavanagh.

P. 396 – *Field – qui se retrouva presque réduit à la*

pauvreté dans les années 1870. Dans une lettre écrite en janvier 1874 de « Field Lodge », son domicile de Chelsea, il supplie un client de lui verser une livre que celui-ci lui doit – il a, dit-il, passé les quatre derniers mois cloué au lit par la maladie, et les honoraires de son médecin s'élèvent à trente livres. Lettre conservée dans les manuscrits de la British Library (Add.42580 f.219). Field mourut la même année.

P. 396 – *En 1877, lors d'un procès retentissant... six inspecteurs détectives*. Tiré de *Critical Years at the Yard : The Career of Frederick Williamson of the Detective Department and the CID* (1956) par Belton Cobb, et du recensement de 1881. Wilkie Collins mourut la même année, à Londres, à l'âge de soixante-cinq ans.

P. 396 – *Il était, selon un préfet de police... d'un travail harassant »*. Préfet de police dont le nom n'est pas précisé, cité dans *Scotland Yard : Its History and Organisation, 1829-1929* (1929) par George Dilnot.

P. 397 – *la crypte de la cathédrale St Paul de Londres*. Selon le registre des délibérations du chapitre de St Paul, la majeure partie des sols en mosaïque de la crypte fut réalisée entre 1875 et 1877 par des détenues de la prison de Woking.

Au début des années 1870, une centaine de femmes étaient employées à l'atelier de mosaïque de Woking pour un salaire quotidien d'un shilling et deux pence. Elles brisaient des déchets de marbre en petits fragments, assemblaient ces tesselles en panneaux ornementaux, puis les ponçaient à la pierre de York. Lorsque le sol en mosaïque noir et blanc réalisé par les détenues de Woking fut posé en 1872 au musée de Bethnal Green, dans l'Est londonien, les autorités de la prison firent état des grandes qualités de Constance en tant que mosaïste. *The Graphic* du 29 juin rapporta : « Il paraît que Constance Kent s'entend à enseigner ce travail à ses codétenues. » Deux ans plus tard, les rapports s'étaient toutefois dégradés. Visitant l'atelier de mosaïque de Woking en décembre 1874, un journaliste du *Daily News* découvre que Constance n'y travaille plus. Alors qu'il s'apprête à quitter la prison, il avise une rangée de « tricoteuses de bas » à l'extérieur de leurs cellules. Elles se lèvent à l'approche de la directrice et du journaliste. « Je remarquai une femme d'une trentaine d'années au bout de l'alignement, écrira celui-ci. Elle avait un visage plein, le teint cireux, les yeux foncés, et ses cheveux noirs étaient relevés sous sa coiffe. Elle ressortait du lot en ce que, tandis qu'au passage de la directrice toutes les autres faisaient la révérence en quêtant un sourire mécanique de reconnaissance, elle, après un rapide et farouche regard aux nouveaux arrivants, avait adopté une attitude maussade, les yeux rivés au sol. « Qui est-ce ? » demandai-je à Mrs Gibson lorsque nous nous fûmes éloignés. « Cette prisonnière, me répondit la directrice, est Constance Kent, et une personnalité qui nous donne du fil à retordre. Elle fait partie des rares détenues de cette prison dont je n'arrive pas à "m'aider". »

Un article du même journaliste, paru en 1878, explique pour quelle raison Constance avait été écartée de l'atelier de mosaïque : « Elle avait plus d'une fois tenté de s'évader. À l'époque de ma visite, elle subissait une punition particulière après avoir été surprise en train d'entretenir une correspondance secrète, qu'elle avait inaugurée avec beaucoup d'astuce et poursuivait avec une détermination singulière. »

La photographie de Constance figurant dans le second hors-texte de ce livre fut prise à Woking cette année-là.

P. 398 – *Le major Arthur Griffiths... une grande intelligence.* Dans *Secrets of the Prison House* (1894) par Arthur Griffiths.

P. 398 – *Il revient ailleurs sur la capacité de la jeune femme... l'on ne prononçait jamais son nom.* Dans *Fifty Years of Public Service* (1904) par Arthur Griffiths.

P. 399 – *En 1877, Constance rédige une demande... écrit « refusé » sur sa requête.* Demandes de libération et lettres de soutien (HO 144/20/49113).

Chapitre XIX

P. 403 – *En 1884, William... Florence (âgée de vingt-cinq ans).* Pour ce chapitre, les informations sur William et sa famille proviennent principalement de *Savant of the Australian Seas* (1997, révisé en 2005) par A.J. Harrison. Elles sont augmentées de faits tirés de « Emigration of Women to Australia : Forced and Voluntary », communication prononcée à Londres le 31 août 2005 devant la Society of Genealogists par Noeline Kyle ; du recensement anglais de 1881 ; et de deux des ouvrages de William, *The Great Barrier Reef* (1893) et surtout *The Naturalist in Australia* (1897).

P. 407 – *À Londres en 1896, il monte à Burlington*

House... le torse d'un enfant ». Dans le *Times* du 11 juin 1896.

P. 409 – *On a longtemps prêté à deux savants japonais... avant eux.* C. Dennis George, spécialiste australien de la perle, fait remarquer que le beau-père de ces deux pionniers japonais passa plusieurs mois sur l'île de Thursday en 1901 et eut l'occasion d'observer les méthodes de William Saville-Kent. Il soutient également que Saville-Kent réussit à obtenir des perles entières avant sa mort, et affirme qu'en 1984 une monture de celles-ci a été retrouvée en la possession d'une femme vétérinaire de Brisbane ; une autre monture serait en la possession d'une famille irlandaise. Cf. *Savant of the Australian Seas* (1997, révisé en 2005) par A.J. Harrison.

P. 409 – *Mary Ann et Elizabeth... correspondu jusqu'à la fin.* Les informations sur la famille Kent proviennent des certificats de décès et testaments, de la correspondance conservée dans les archives de Bernard Taylor et de recherches menées en Australie par A.J. Harrison et Noeline Kyle. L'hôpital St Peter est décrit dans *Old and New London : Volume 6* (1878).

P. 410 – *On découvrit dans les années 1950... sous le nom d'Emilie King.* Tiré de *Saint – with Red Hands ?* (1954) par Yseult Bridges. Bridges affirme avoir obtenu l'information de première main, d'une femme qui avait vingt-deux ans lorsqu'elle fit la connaissance de Constance Kent en 1885. Quand elle écrivit son livre, on ignorait encore ce qu'il était advenu de Constance.

P. 410 – *On apprit dans les années 1970... Miss Kaye s'éteignit deux mois plus tard.* On apprit l'exil australien de Constance dans *Cruelly Murdered* (1979) par

Bernard Taylor. Le criminologue amateur Ivor Cantle (1919-1980) passa une bonne partie de sa vie à tenter de découvrir ce qu'étaient devenus les Kent. Lui aussi suivit la piste de Constance jusqu'en Australie. Il se lia par la suite d'amitié avec Olive et sa famille.

P. 412 – *Elle légua... de la première Mrs Kent.* Dans son testament, rédigé en 1926, Constance léguait l'établissement qu'elle avait fondé à une infirmière, Hilda Ford, et laissait son argent à la fondation Joseph Fels. Fels (1853-1914), magnat juif américain du savon, philanthrope et réformateur, fonda en Angleterre et aux États-Unis des communautés modèles pour chômeurs et artisans. Il pensait que l'impôt devait se baser uniquement sur la propriété foncière. L'exposé de la découverte des portraits de famille laissés à Olive provient de la correspondance conservée dans les archives de Bernard Taylor.

Chapitre XX

P. 415 – *En 1928... les origines de sa mort.* Rhode cite et examine cette lettre dans un essai contenu dans *The Anatomy of Murder : Famous Crimes Critically Considered by Members of the Detection Club* (1936). L'original de la lettre fut détruit lors d'une attaque ennemie au cours de la Seconde Guerre mondiale, mais la copie dactylographiée de Rhode a survécu.

P. 419 – *Au pensionnat... est un détail convaincant.)* La fuite de gaz fut évoquée en 1865 dans le *Somerset and Wilts Journal.* Constance était en pension dans un établissement de Bath lorsque « ayant été offensée par un professeur, elle ouvrit délibérément le gaz dans tout l'immeuble, ne faisant pas secret de ce que son intention était de provoquer une explosion ».

P. 420 – *La lettre affirmait que Constance avait lu Darwin.* C'est vraisemblable, car *De l'origine des espèces* avait fait énormément de bruit lors de sa publication en 1859. La lettre comportait cependant une impossibilité : son auteur affirmait que la jeune Constance avait coutume de choquer les gens en évoquant « la divine Sarah » Bernhardt, mais l'actrice – née la même année qu'elle – ne devint célèbre que dans les années 1870.

P. 421 – *Comme l'héroïne... absorbés par le passé.* Dans un essai de 1949 Geraldine Pederson-Krag suggère que le meurtre dans un roman policier est une version de la scène primordiale au cours de laquelle un enfant réalise que ses parents ont des rapports sexuels. La victime représente un des parents, les indices représentent les bruits nocturnes, les taches et plaisanteries que l'enfant relève mais ne comprend qu'obscurément. Le lecteur d'un roman policier, poursuit Pederson-Krag, satisfait sa curiosité infantile en s'identifiant au détective et « en réparant ainsi l'inadaptation impuissante et la culpabilité anxieuse inconsciemment mémorisées dans l'enfance ». Cf. « Detective Stories and the Primal Scene » dans *Psychoanalytic Quarterly* n° 18. En 1957, le psychologue Charles Rycroft soutient que le lecteur n'est pas seulement le detective mais également le meurtrier vivant ses sentiments hostiles envers le parent. Cf. « A Detective Story » dans *Psychoanalytic Quarterly* n° 26. Ces thèses sont examinées dans *Bloody Murder : From the Detective Story* *to the Crime Novel – a History* (1972) par Julian Symons.

P. 422 – *La lettre de Sydney émettait une suggestion... la dégradation de son propre organisme.* Les données sur la syphilis proviennent de *Pox : Genius, Madness and the Mysteries of Syphilis* (2004) par Deborah Hayden, et de Alastair Barkley, dermatologue à Londres.

Depuis la première parution de ce livre, un nouveau témoignage a été mis au jour relativement aux frasques sexuelles de Samuel Kent à Londres au début des années 1830. En 2008, une femme du nom de Josephine Bridges a écrit à l'auteur pour dire qu'elle pensait que son arrière-arrière-grand-mère, costumière d'un théâtre londonien, eut de lui une fille aux alentours de 1835. Cette enfant, Rosa Kent Fuller, épousa plus tard Edwin Martin, charpentier à Iden, dans l'est du Sussex ; le premier enfant du couple naquit au cours de l'été où Saville Kent fut assassiné. Par la suite, les Martin tinrent un passage à niveau, sur lequel Rosa fut renversée et tuée par un automobiliste en 1908. Elle fut enterrée au cimetière d'Iden.

La mère et la grand-mère de Josephine Bridges lui dirent que Samuel Kent rendait souvent visite à sa fille illégitime et la traitait bien. Rosa Kent Fuller est néanmoins répertoriée dans le recensement de 1841 comme une « indigente » âgée de huit ans, vivant à la West London Union School d'Edmondton dans le Middlesex, institution recevant des enfants pauvres du quartier londonien du Strand. Il se peut que sa mère ait été cette Mary Ann Fuller, âgée d'environ vingt-cinq ans, répertoriée cette année-là comme pensionnaire de l'hospice Strand Union, sis à Cleveland Street, dans le quartier de Fitzrovia. Les mères célibataires étaient presque toujours envoyées à l'hospice, et le Conseil des tuteurs, institué à Londres dans les années 1830, séparait habituellement les enfants pauvres de leurs parents en les envoyant dans des pensionnats à l'extérieur de Londres.

Si Samuel était bien le père de Rosa, Mrs Bridges et sa famille sont les seuls descendants anglais connus des Kent.

P. 426 – *le livre de John Rhode. The Case of Constance Kent* (1928).

P. 426 – *La personne la mieux placée pour résoudre un crime... son auteur.* Dans *Œdipe-Roi* de Sophocle, parfois cité comme le roman policier originel, Œdipe est à la fois meurtrier et détective ; il commet et résout les crimes. « Dans toute enquête, le vrai détective est le suspect, écrit John Burnside dans *The Dumb House* (1997). Il est celui qui fournit les indices, celui qui se dénonce. »

P. 426 – *Les lacunes de son récit ouvraient la voie... les principaux acteurs de l'affaire.* Dans *Murder and its Motives* (1924), Fryniwyd Tennyson Jesse admet la culpabilité de Constance, mais déplore qu'elle soit née à une époque incapable de comprendre et admettre sa psychologie complexe. Dans *The Rebel Earl and Other Studies* (1926) William Roughhead regrette que les aliénistes n'aient pas reconnu que Constance avait « un esprit malade ». Dans *Saint – with Red Hands ?* (1954), Yseult Bridges avance que les vrais meurtriers étaient Samuel Kent et Elizabeth Gough, et que Constance a avoué afin de les protéger. Dans *Victorian Murderesses* (1977),

Mary S. Hartman convient que Constance a probablement fait de faux aveux pour dissimuler la culpabilité de son père. Dans *Cruelly Murdered* (1979), Bernard Taylor émet la possibilité que Constance ait tué Saville et que Samuel, qui avait une liaison avec Gough, ait mutilé le corps pour masquer la culpabilité de sa fille.

Au nombre des versions fictives de l'histoire figure une scène du film d'horreur britannique *Dead of Night* (1945), dans laquelle une jeune fille rencontre le fantôme de Saville dans un coin reculé de la maison – il lui parle de la malveillance de Constance à son endroit. Deux ans plus tard, *Angel*, pièce de Mary Hayley Bell, mise en scène à Londres par son mari, sir John Mills, déconcerta tant le public par sa sympathie pour Constance que les représentations s'arrêtèrent au bout de quelques semaines et que la carrière de dramaturge de Bell en fut presque interrompue. Eleanor Hibbert, qui signait ses romans historiques Jean Plaidy, romança l'affaire dans *Such Bitter Business* (1953) sous le pseudonyme d'Elbur Ford. Deux personnages d'*Other People's World* (1980) de William Trevor deviennent obsédés par le meurtre de Road Hill, ceci avec d'horribles résultats. Dans *Act of Darkness* (1983), Francis King place l'action dans l'Inde coloniale des années 1930 ; le garçonnet est tué accidentellement par sa sœur et la nurse au moment où il les surprend en pleine étreinte saphique. Dans *Taking the Veil* (1989), James Friel situe l'affaire dans le Manchester des années 1930 ; le garçon est tué par son père et sa tante, qui fait office de nurse, après qu'il les a vus avoir un rapport sexuel ; sa demi-sœur adolescente

mutile le corps et fait une fausse confession pour protéger le père qui l'a violée. En 2003, Wendy Walker comprime l'histoire en un long poème, *Blue Fire* (non encore paru), qui utilise un mot de chaque ligne du livre de Stapleton *The Great Crime of 1860*.
P. 426 – *dans ses rapports confidentiels à sir Richard Mayne*. MEPO 3/61.

Postface

P. 431 – *L'explication de ces blessures... plongeant dans sa gorge*. Joshua Parsons, qui réalisa l'autopsie, n'était pas d'accord avec cette interprétation des coupures sur le doigt de Saville. Ces incisions n'avaient pas saigné, déclara-t-il devant les magistrats le 4 octobre 1860, ce qui signifiait qu'elles avaient dû être faites après le décès sans doute par accident. Il pensait que, de toute manière, les lésions se trouvaient sur la main droite, non la gauche. Sa lecture du corps venait à l'appui de la thèse selon laquelle l'enfant avait été étouffé, idée que Stapleton avait résolu de réfuter. Cette dispute de médecins renvoie Saville dans le domaine de l'énigme et de la glose. L'image de l'enfant vivant s'estompe.
P. 432 – « *Le roman policier... qui se termine bien.* » Dans une lettre du 2 juin 1949 à James Sandoe, dans *The Raymond Chandler Papers : Selected Letters and Non-Fiction, 1909-1959* (2000) édité par Tom Hiney et Frank MacShane. Chandler soutient dans cette même lettre qu'un roman policier et un roman d'amour ne se pourraient jamais combiner parce que le roman policier est « incapable d'amour ».

Liste des illustrations

Page 88 : Des inspecteurs découvrent un cadavre sous le sol de la cuisine de Frederick et Maria Manning en 1844 à Bermondsey, au sud de Londres (tiré de *Mysteries of Police and Crime* par Arthur Collins).

Page 110 : Plan de niveau de Road Hill House (d'après un plan figurant dans le livre de J.W. Stapleton, *The Great Crime of 1860*).

Page 134 : Plan du bourg de Road.

Page 152 : Carte des environs de Road.

Page 162 : Plan de niveau inexact de Road Hill House publié dans le *Bath Chronicle* du 12 juillet 1860 (avec la permission de Daniel Brown, Bath in Time, Bath Central Library).

Page 242 : Plan du centre de Londres.

Page 300 : Lady Audley et un aliéniste (tiré de la publication sous forme de feuilleton [1863] dans le *London Journal* du *Secret de Lady Audley* de Mary Elizabeth Braddon).

Page 328 : Les aveux de Constance Kent, avril 1865.

Page 354 : Carte de visite de Constance Kent, imprimée en 1865.

Page 402 : Carte de l'Australie.

Bibliographie

Les sources additionnelles sont mentionnées dans les Notes.

SOURCES PRINCIPALES

Police métropolitaine, Home Office et archives judiciaires
ASSI 25/46/8
HO 45/6970
HO 144/20/49113
MEPO 2/23
MEPO 3/61
MEPO 3/53
MEPO 3/54
MEPO 4/2
MEPO 4/333
MEPO 7/7
MEPO 21/7

Journaux
The Bath Chronicle
The Bristol Daily Post
The Daily Telegraph

The Frome Times
The Morning Post
The News of the World
The Observer
The Penny Illustrated Paper
The Somerset and Wilts Journal
The Times
The Trowbridge & North Wilts Advertiser
The Western Daily Press

Magazines
All the Year Round
The Annual Register
Chambers's Edinburgh Journal
Household Words
The Law Times
Once a Week

Livres et brochures
A Barrister-at-Law, *The Road Murder: Being a Complete Report and Analysis of the Various Examinations and Opinions of the Press on this Mysterious Tragedy* (Londres, 1860).

« Anonyma » (W. Stephens Hayward), *Revelations of a Lady Detective* (Londres, 1864).

Braddon, Mary Elizabeth, *Le Secret de lady Audley* (Londres, 1862).

Cavanagh, Timothy, *Scotland Yard Past and Present: Experiences of Thirty-Seven Years* (Londres, 1893).

Coleridge, Ernest Hartley, *Life and Correspondence of John Duke, Lord Coleridge* (Londres, 1904).

Collins, Wilkie, *La Dame en blanc* (Londres, 1860).

Collins, Wilkie, *La Pierre de lune* (Londres, 1868).

Davies, James, *The Case of Constance Kent, viewed in the Light of the Holy Catholic Church* (Londres, 1865).

Dickens, Charles, *Bleak House* (Londres, 1853).

BIBLIOGRAPHIE

Dickens, Charles, *Le Mystère d'Edwin Drood* (Londres, 1870).

Forrester, Andrew, *The Female Detective* (Londres, 1864).

Griffiths, Arthur, *Secrets of the Prison House* (Londres, 1894).

Griffiths, Arthur, *Mysteries of Police & Crime* (Londres, 1899).

Griffiths, Arthur, *Fifty Years of Public Service* (Londres, 1904).

Hood, Edwin Paxton, *The Case of Constance Kent viewed in the Light of the Confessional* (Londres, 1865).

Hotten, John Camden, *The Slang Dictionary ; or, The Vulgar Words, Street Phrases, and « Fast » Expressions of High and Low Society, etc.* (Londres, 1864).

House, Madeline et Storey, Graham, *The Letters of Charles Dickens 1859-1861* (Londres, 1997).

Huish, Robert, *The Progress of Crime ; or, The Authentic Memoirs of Maria Manning* (Londres, 1849).

James, Henry, *Le Tour d'écrou* (Londres, 1898).

Kenealy, Maurice Edward, *The Tichborne Tragedy : Being the Secret and Authentic History of the Extraordinary Facts and Circumstances Connected with the Claims, Personality, Identification, Conviction and Last Days of the Tichborne Claimant* (Londres, 1913).

Kent, William, *Guidebook to the Manchester Aquarium* (Manchester, 1875).

Kent, William, *A Manual of the Infusoria: Including a Description of All Known Flagellate, Ciliate and Tentaculiferous Protozoa, British and Foreign, and an Account of the Organisation and Affinities of the Sponges* (Londres, 1880-1882).

Lansdowne, Andrew, *A Life's Reminiscences of Scotland Yard* (Londres, 1890).

Mayhew, Henry, *London Labour and the London Poor* (Londres, 1861).

Mayhew, Henry et Binny, John, *The Criminal Prisons of London and Scenes of London Life* (Londres, 1862).

McLevy, James, *The Casebook of a Victorian Detective*, présenté par George Scott-Moncreiff (Édimbourg,

1975), extraits de *Curiosities of Crime in Edinburgh* et de *The Sliding Scale of Life* (Édimbourg, 1861).

Poe, Edgar Allan, *L'Homme de la foule* (1840), *Le Double Assassinat dans la rue Morgue* (1841), *Le Mystère de Marie Roget* (1842), *Le Cœur révélateur* (1843).

Saville-Kent, William, *The Great Barrier Reef* (Londres, 1893).

Saville-Kent, William, *The Naturalist in Australia* (Londres, 1897).

Stapleton, Joseph Whitaker, *The Great Crime of 1860: Being a Summary of the Facts Relating to the Murder Committed at Road ; a Critical Review of its Social and Scientific Aspects ; and an Authorised Account of the Family ; With an Appendix, Containing the Evidence Taken at the Various Inquiries* (Londres, 1861).

Ware, James Redding, *The Road Murder: Analysis of this Persistent Mystery, Published in 1862, Now Reprinted, with Further Remarks* (Londres, 1865).

« Waters » (William Russell), *Recollections of a Detective Police-Officer* (Londres, 1856).

« Waters » (William Russell), *Experiences of a Real Detective* par l'inspecteur « F » (Londres, 1862).

SOURCES ANNEXES

Altick, Richard D., *Victorian Studies in Scarlet* (New York, 1970) et *Deadly Encounters: Two Victorian Sensations* (Philadelphie, 1986).

Atlay, J.B., *Famous Trials of the Century* (Londres 1899).

Beer, Gillian, *Forging the Missing Link: Interdisciplinary Stories* (Cambridge, 1992).

Boyle, Thomas, *Black Swine in the Sewers of Hampstead : Beneath the Surface of Victorian Sensationalism* (New York, 1988).

Bridges, Yseult, *Saint – with Red Hands ?: The Chronicle of a Great Crime* (Londres, 1954).

BIBLIOGRAPHIE

Browne, Douglas G., *The Rise of Scotland Yard: A History of the Metropolitan Police* (Londres, 1956).

Chesney, Kellow, *The Victorian Underworld* (Londres, 1970).

Cobb, Belton, *Critical Years at the Yard: The Career of Frederick Williamson of the Detective Department and the CID* (Londres, 1956).

Cobb, Belton, *The First Detectives and the Early Career of Richard Mayne, Commissioner of Police* (Londres, 1957).

Collins, Philip, *Dickens and Crime* (Londres, 1962).

Dilnot, George, *Scotland Yard: Its History and Organisation 1829-1929* (Londres, 1929).

Emsley, Clive, *The English Police: A Political and Social History* (Londres, 1991).

Frank, Lawrence, *Victorian Detective Fiction and the Nature of Evidence: The Scientific Investigations of Poe, Dickens and Doyle* (New York, 2003).

Harrison, A.J., *Savant of the Australian Seas* (Hobart, 1997).

Hartman, Mary S., *Victorian Murderesses* (New York, 1977).

Hughes, Kathryn, *The Victorian Governess* (Londres, 1993).

Kayman, Martin A., *From Bow Street to Baker Street: Mystery, Detection and Narrative* (Basingstoke, 1992).

Knelman, Judith, *Twisting in the Wind: The Murderess and the English Press* (Toronto, 1998).

Lehman, David, *The Perfect Murder: A Study in Detection* (New York, 1989).

Lock, Joan, *Dreadful Deeds and Awful Murders: Scotland Yard's First Detectives 1829-1878* (Somerset, 1990).

Maugham, Herbert Hamilton, *Wagner of Brighton: The Centenary Book of St Paul's Church, Brighton* (Loughlinstown, 1949).

Miller, D.A., *The Novel and the Police* (Berkeley, 1988).

Miller, Wilbur R., *Cops and Bobbies: Police Authority in New York and London, 1830-1870* (Chicago, 1999).

Ousby, Ian, *Bloodhounds of Heaven: The Detective in English Fiction from Godwin to Doyle* (Cambridge, Massachusetts, 1976).

Porter, Dennis, *The Pursuit of Crime: Art and Ideology in Detective Fiction* (New Haven, 1981).

Rhode, John, *The Case of Constance Kent* (Londres, 1928).

Rogers, Kenneth, *The Book of Trowbridge* (Buckingham, 1984).

Roughead, William, *The Rebel Earl and Other Studies* (Édimbourg, 1926).

Shpayer-Makov, Haia, *The Making of a Policeman: A Social History of a Labour Force in Metropolitan London, 1829-1914* (Aldershot, 2002).

Symons, Julian, *Bloody Murder: From the Detective Story to the Crime Novel – a History* (Londres, 1972).

Taylor, Bernard, *Cruelly Murdered: Constance Kent and the Killing at Road Hill House* (Londres, 1979, révisé en 1989).

Taylor, Jenny Bourne, *In the Secret Theatre of Home: Wilkie Collins, Sensation Narrative, and Nineteenth-Century Psychology* (Londres, 1988).

Taylor, Jenny Bourne et Shuttleworth, Sally, *Embodied Selves: An Anthology of Psychological Texts, 1830-1890* (Oxford, 1998).

The Anatomy of Murder: Famous Crimes Critically Considered by Members of the Detection Club (Londres, 1936).

Thomas, Ronald, *Detective Fiction and the Rise of Forensic Science* (Cambridge, 1999).

Trodd, Anthea, *Domestic Crime in the Victorian Novel* (Basingstoke, 1989).

Wohl, A., *The Victorian Family: Structures and Stresses* (Londres, 1978).

Woodruff, John Douglas, *The Tichborne Claimant: A Victorian Mystery* (Londres, 1957).

Remerciements

Je suis très reconnaissante à Bernard Taylor, qui a fait preuve d'une générosité hors du commun en me donnant accès à ses documents d'archives sur le meurtre de Road Hill et en me permettant de puiser dans l'iconographie réunie par ses soins. Merci également à Stewart Evans, conservateur de ces archives, pour ses conseils et son hospitalité, ainsi qu'à Cynthia Yates pour s'être montrée une hôtesse accueillante et une informatrice précieuse à Langham (anciennement Road Hill) House. Pour leur aide sur des questions spécifiques, merci à Joseph Wisdom de la cathédrale Saint-Paul, à Susanna Lamb du musée de cires de Madame Tussaud, à Eleri Lynn du Victoria & Albert Museum, à Katherine White du musée de Trowbridge, à Anthony J. Harrison en Australie. Et merci à Leslie Robinson pour les plans. Plus généralement, je suis l'obligée du personnel des Archives nationales, du Centre d'enregistrement des familles, de la bibliothèque de Battersea, de la bibliothèque d'histoire locale de Southwark, du musée de Trowbridge, du musée de Frome, de la bibliothèque de Londres, de la British Library, des

London Metropolitan Archives et du fonds historique de la police métropolitaine.

Pour les éléments nouveaux ajoutés dans l'édition de poche, un grand merci à Richard Rose, Lesley Grayson, Josephine et Michael Bridges, Gina Sanders, au professeur Clyde Binfield, à James Fergusson, Eric Jenkins, Gillian Roberts, Christopher Parsons, Michael Yelton et Gill Arnott de l'administration des musées du Hampshire.

Pour leurs conseils et encouragements, un immense merci à ma famille et à mes amis, au nombre desquels Ben Summerscale, Juliet Summerscale, Valerie Summerscale, Peter Summerscale, Robert Randall, Daniel Nogués, Victoria Lane, Toby Clements, Sinclair McKay, Lorna Bradbury, Alex Clark, Will Cohu, Ruth Metzstein, Stephen O'Connell, Keith Wilson et Miranda Fricker. Aux premiers stades de ma recherche, j'ai été orientée vers d'excellentes sources par Sarah Wise, Rebecca Gowers, Robert Douglas-Fairhurst et Kathryn Hughes. Sur la fin, j'ai trouvé de merveilleux lecteurs en Anthea Trodd et Peter Parker. Ma gratitude va également à PD James pour ses observations sur l'affaire et à l'ancien inspecteur principal Douglas Campbell pour ses commentaires sur l'investigation policière en général.

Parce qu'ils se sont voués sans compter à la publication de ce livre, je remercie Alexandra Pringle, Mary Morris, Kate Tindal-Robertson, Meike Boening, Kathleen Farrar, Polly Napper, Kate Bland, David Mann, Phillip Beresford, Robert Lacey, ainsi que le reste du remarquable personnel de la maison Bloomsbury. Merci à mes éditeurs de chez Walker

& Co, les excellents George Gibson et Michele Amundsen, de même qu'aux autres éditeurs qui ont cru en ce livre, dont Andreu Jaume de Lumen S.A. à Barcelone, Dorothee Grisebach de Berlin Verlag, Dominique Bourgois de Christian Bourgois Éditeur à Paris, Andrea Canobbio de Giulio Einaudi Editore à Turin et Nikolai Naumenko d'AST à Moscou. Ma reconnaissance va également à Angus Cargill et à Charlotte Greig pour leur intérêt et leurs encouragements de la première heure. Mes remerciements aux excellents Laurence Laluyaux, Stephen Edwards et Hannah Westland de Rogers, Coleridge & White Ltd, à Julia Kreitman de The Agency, ainsi qu'à Melanie Jackson, de New York. Un merci tout particulier à David Miller, mon ami et agent, pour avoir toujours paru comprendre mieux que moi ce que j'avais en tête de faire. Sa contribution à ce livre a été inestimable. Sam, mon fils, a déjà été récompensé (une sortie à Legoland) de s'être montré patient pendant que je travaillais, mais je tiens à le remercier ici d'être absolument fantastique.

Table

Introduction 11
Chronologie familiale 17
Liste des personnages 19
Note sur la valeur de l'argent 23
Prologue 25

Première partie
La Mort

I.	Voir ce qu'il nous faut voir	35
II.	Horreur et stupéfaction	55
III.	Dieu ne va-t-il pas tout élucider ?	69

Deuxième partie
Le Détective

IV.	Un homme de mystère	89
V.	Chaque fil conducteur semble coupé	111
VI.	Quelque chose sur sa joue sombre	135
VII.	Avatars	153
VIII.	Claquemuré	163

IX.	Je sais qui vous êtes	183
X.	Regarder une étoile par coups d'œil	205
XI.	Ce qui se joue	225
XII.	Fièvre détective	243
XIII.	Agencer ceci et cela en dépit du bon sens	265
XIV.	Les femmes ! Tenez votre langue !	283

Troisième partie
Le Dénouement

XV.	Comme un besoin maladif	301
XVI.	Mieux vaudrait qu'elle soit folle	329
XVII.	Mon amour s'est mué	355
XVIII.	Notre véritable détective est assurément vivant	373
XIX.	Royaume des fées en vrai	403
XX.	La musique de la faux dehors sur la pelouse	415

Postface	431
Post-scriptum	435
Notes	447
Liste des illustrations	513
Bibliographie	515
Remerciements	521

Impression réalisée par

Brodard & Taupin

La Flèche (Sarthe), 54862
N° d'édition : 4197
Dépôt légal : septembre 2009
Nouveau tirage : octobre 2009

Imprimé en France